Verloren in der Wüstenstadt

W0235890

ECON Historischer Kriminalroman

Zum Buch:

Nachdem sie bereits an den wichtigsten archäologischen Stätten Ägyptens gegraben haben, träumen Amelia Peabody, ihr reizender Mann Emerson und
der elfjährige Ramses nun davon, Ausgrabungen an einem bisher gänzlich
unerforscht gebliebenen Ort vorzunehmen: an den Ruinen der antiken Stadt
Napata im Herzen des Sudan.
Doch es dauert nicht lange, und ihre Pläne werden durchkreuzt: Zum einen
vom britischen Empire, das ausgerechnet dort einen Krieg führen muß, zum
zweiten von einem ehrwürdigen Engländer, der ihnen einen haarsträubenden
Auftrag erteilt. Sie sollen den Entdecker Willoughby Forth finden, der vor
vierzehn Jahren mit seiner jungen Frau in die Nubische Wüste gezogen und
seitdem verschollen ist. Doch nun hat sein Großvater, Viscount Blacktower,
eine seltsame Nachricht von ihm erhalten – zusammen mit einer Landkarte.
Emerson ist sich ziemlich sicher, daß die Nachricht auf dem Papyrus das
Werk eines impertinenten Fälschers ist. Über die Karte möchte er das allerdings nicht sagen, denn es handelt sich um die Karte, von der Forth immer
geglaubt hat, daß sie zu einer geheimen Oase führt, wo ein Goldschatz von
unermeßlichem Wert ruhen soll.
Obwohl ihr gesunder Menschenverstand ihnen dringend davon abrät, in
Forths Fußstapfen zu treten, werden Amelia & Co. magisch von der Nubischen Wüste angezogen. Und keiner der Emerson-Peabodys ahnt, daß dies
das gefährlichste und aufregendste Abenteuer ihres Lebens werden wird.

Die Autorin:

Elizabeth Peters ist eine der beliebtesten Krimiautorinnen in den USA und in
Großbritannien, und auch bei uns wird ihre Fangemeinde immer größer.
Die *Washington Post* schrieb über sie: »Ihre Bücher sind das literarische
Äquivalent zu doppelten Gin-Tonics oder zu Chocolate Sundaes mit Nüssen
und Schlagsahne.« Die promovierte Ägyptologin, deren wirklicher Name Bar-
bara Mertz lautet, hat über zwanzig Krimis geschrieben und ebenso viele
Thriller unter dem Pseudonym Barbara Michaels. 1986 gewann sie den An-
thony Grand Master Award, 1989 den Agatha Award.
Elizabeth Peters hat zwei Kinder und zwei Enkelkinder. Sie lebt in Chicago
und in Frederick, Maryland.

Elizabeth Peters

VERLOREN IN DER WÜSTENSTADT

Ein Kriminalroman aus dem 19. Jahrhundert

Aus dem Amerikanischen
von Karin Dufner

ECON Taschenbuch Verlag

Deutsche Erstausgabe

© 1995 by ECON Taschenbuch Verlag GmbH, Düsseldorf
© 1991 by Elizabeth Peters
First published by Warner Books, Inc.
Titel des amerikanischen Originals: *The Last Camel Died At Noon*
Aus dem Amerikanischen übersetzt von Karin Dufner, Kollektiv Druck-Reif
Umschlaggestaltung: Molesch/Niedertubbesing, Bielefeld
Titelabbildung: The Complete Encyclopedia of Illustration, J. G. Heck,
Park Lane, New York
Lektorat: Maria Buchwald
Gesetzt aus der Bodoni und Quorum
Satz: HEVO GmbH, Dortmund
Druck und Bindearbeiten: Ebner Ulm
Printed in Germany
ISBN 3-612-25098-1

Für Ellen Nehr
mit Grüßen von der Autorin
und Ahmet, dem Kamel

DANKSAGUNG

Die Übersetzung von Ramses' lateinischer Anmerkung verdanke ich der Freundlichkeit von Miss Tootie Godlove-Ridenour. Eventuelle Fehler sind vermutlich auf meine mangelnde Sorgfalt bei der Übertragung oder (was wahrscheinlicher ist) auf Ramses' Hast zurückzuführen.

Meinen Hut ziehe ich vor Charlotte MacLeod, denn sie hat mich auf eine besonders widerwärtige Methode hingewiesen, einen Gegner schachmatt zu setzen. Tropenhelm ab, Dr. Lyn Green, denn Ihnen verdanke ich den Zugang zu seltenen ägyptologischen Forschungsmaterialien.

Am meisten jedoch, geneigte, intelligente Leserin, werter Leser, stehe ich in Ihrer Schuld. Wie Amelia (und Emerson, obwohl er es nicht zugibt) liebe auch ich die Romane von Sir Henry Rider Haggard. Er war ein Meister der literarischen Form, wie man sie leider in diesen oberflächlichen Zeiten nur noch selten antrifft. Da mir der Lesestoff ausgegangen war, beschloß ich, selbst ein Buch zu schreiben, das ich dem verehrten Autor in Zuneigung, Bewunderung und voller Sehnsucht nach vergangenen Tagen widme.

INHALT

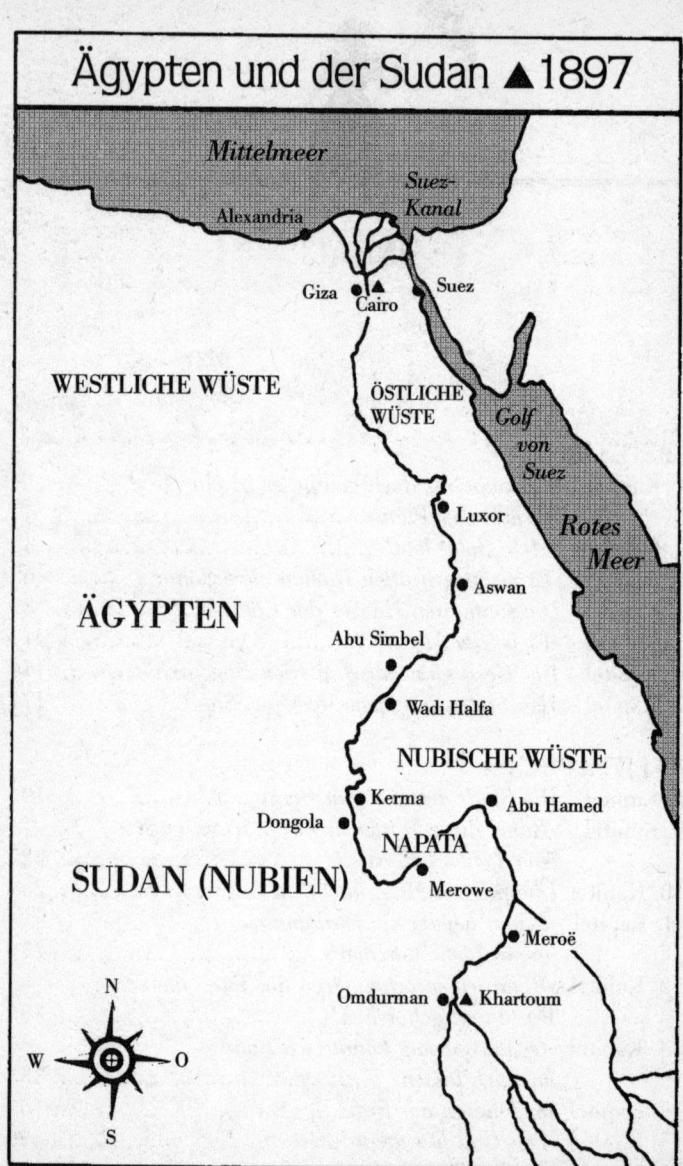

ERSTES BUCH

1. KAPITEL

»Ich habe dir doch gesagt, es ist ein hirnrissiger Plan!«

D ie Hände in die Hüften gestemmt, stand Emerson da und starrte den darniederliegenden Wiederkäuer fassungslos an. Ein mitfühlender Freund (wenngleich zweifelhaft ist, ob Kamele über mitfühlende Freunde verfügen) hätte Trost in dem Umstand gefunden, daß der Sand rund um die Stelle seines Dahinscheidens kaum aufgewühlt war. Wie seine Artgenossen in unserer Karawane, von denen allein es übriggeblieben war, hatte das Tier plötzlich innegehalten, war in die Knie gesunken und hatte still und friedlich das Zeitliche gesegnet. (Ein Verhalten, das, wie ich hinzufügen darf, für Kamele – ganz gleich ob lebendig oder todgeweiht – äußerst untypisch ist.)

Auch für Emerson ist ein solches Verhalten untypisch. Diejenigen Leser, die bereits persönlich oder anhand meiner früheren Werke Gelegenheit hatten, die Bekanntschaft meines hochgeschätzten Gatten zu machen, wird seine Reaktion auf den Tod des Kamels nicht weiter überraschen: Er tat, als habe das Tier

Selbstmord begangen, und zwar einzig und allein in der Absicht, ihm Unannehmlichkeiten zu bereiten. Die Augen in seinem markanten, gebräunten Gesicht blitzten wie zwei Saphire, als er sich den Hut vom Kopf riß, ihn in den Sand schleuderte und ihm einen Tritt versetzte, so daß er ein gutes Stück weit fortflog. Dann richtete er seinen lodernden Blick auf mich.

»Verdammt, Amelia! Ich habe dir doch gesagt, es ist ein hirnrissiger Plan!«

»Ja, Emerson, das stimmt«, erwiderte ich. »In genau diesen Worten, wenn ich mich recht entsinne. Und falls du dich an unser erstes Gespräch über diese Unternehmung erinnern solltest, wirst du vielleicht noch wissen, daß ich damals deine Meinung teilte.«

»Was…« Emerson drehte sich einmal um die eigene Achse. Grenzenlos und kahl erstreckte sich die karge, brettebene Wüste bis hin zum Horizont. »Was zum Teufel tun wir dann hier?« brüllte er.

Das war eine durchaus vernünftige Frage, die sich wahrscheinlich auch dem Leser dieser Geschichte aufdrängen wird. Professor Radcliffe Emerson, Mitglied der Londoner Akademie der Wissenschaften, Angehöriger der Britischen Akademie, Doktor der Rechte (Edinburgh), Doktor der keltischen Literatur (Oxford), Mitglied der Amerikanischen Philosophischen Gesellschaft und so weiter und so fort und überdies angesehenster Ägyptologe aller Zeiten, war jedoch häufig an ungewöhnlichen, wenn nicht sogar eigenartigen Orten anzutreffen. Nie werde ich den zauberhaften Augenblick vergessen, als ich ihn in einer Höhle inmitten einer einsamen Klippenlandschaft nahe des Nils vorfand: Er fieberte stark, brauchte dringend Hilfe und war zu schwach, sich dagegen zu wehren. Das Band, das durch meine fachkundige Pflege zwischen uns entstand, wurde durch die später gemeinsam überstandenen Gefahren unauflöslich. Und nach einer angemessenen Zeit heiratete ich ihn. Seit diesem denkwürdigen Tag haben wir an allen bedeutsamen Stätten Ägyptens Ausgrabungen durchgeführt und unsere Entdeckungen in unzähligen Publikationen festgehalten. Die Bescheidenheit verbietet mir, meinen Anteil an unserem wissenschaftlichen

Ruhm allzu sehr hervorzuheben. Allerdings hätte Emerson als
letzter abgestritten, daß wir stets an einem Strang zogen – sowohl in der Archäologie als auch in der Ehe.

Hand in Hand (natürlich nur bildlich gesprochen) hatten wir
Ägypten von den sandigen, verlassenen Gräberfeldern in Mem-
phis bis zur Nekropolis in Theben durchquert und waren dabei
auf Gegenden gestoßen, die fast ebenso unwirtlich waren wie
die Wüste, die uns im Augenblick umgab. Jedoch hatten wir uns
nie zuvor weiter als einige Kilometer vom Nil und seinen leben-
spendenden Wassern entfernt. Nun lag der Fluß weit hinter uns.
Keine Pyramide, kein Überrest einer Mauer waren zu sehen,
geschweige denn ein Baum oder ein Anzeichen dafür, daß hier
Menschen lebten. Was wollten wir eigentlich hier? Ohne Kamele waren wir buchstäblich Gestrandete in einem Meer aus Sand.
Nur, daß unsere Lage um einiges verzweifelter aussah als die
von Schiffbrüchigen.

Ich setzte mich auf den Boden und lehnte mich an das Kamel. Die Sonne stand hoch am Himmel, und außer dem armen
Tier gab es nichts, was mir hätte Schatten spenden können.
Emerson lief schimpfend auf und ab und wirbelte Sand auf.
Sein Talent für Verbalinjurien hatte ihm bei unseren ägyptischen Arbeitern den Ehrentitel »Vater der Flüche« eingebracht,
und diesmal übertraf er sich selbst. Zwar hatte ich Verständnis
für seine Gefühle, aber die Pflicht zwang mich, ihn zu tadeln.

»Du vergißt dich, Emerson«, bemerkte ich und wies auf unsere Begleiter.

Sie standen nebeneinander da und betrachteten mich besorgt.
Ich muß sagen, daß die beiden ein komisches Gespann abgaben. Viele Bewohner des Niltals sind ungewöhnlich hochgewachsen, und Kemit, unser einziger verbleibender Diener, maß
fast einen Meter neunzig. Er trug einen Turban und ein weites
Gewand aus blauweiß gestreifter Baumwolle. Mit seinen ebenmäßigen, bronzefarbenen Gesichtszügen ähnelte er sehr seinem
Freund, nur daß dieser weniger als einen Meter zwanzig groß
war. Außerdem war er mein Sohn, Walter Peabody Emerson,
auch als »Ramses« bekannt. Und eigentlich hätte er gar nicht
hier sein dürfen.

Emerson brach mitten in seiner Schimpfkanonade ab, obgleich er an dieser Anstrengung fast erstickte. Da er jedoch immer noch ein Ventil für seine brodelnden Gefühle brauchte, ließ er sie an mir aus.

»Wer hat diese verfl… verflixten Kamele ausgesucht?«

»Das weißt du ganz genau«, antwortete ich. »Ich suche stets die Tiere für unsere Expeditionen aus und kümmere mich auch um ihre Gesundheit. Die Leute hier behandeln ihre Esel und Kamele so schlecht…«

»Erspare mir deine Vorträge über Veterinärmedizin und Tierliebe!« brüllte Emerson. »Ich wußte es… Ich wußte, die Wahnvorstellung, du verfügtest über medizinische Kenntnisse, würde uns eines Tages ins Unglück stürzen. Du hast diesen verd… vermaledeiten Tieren Medizin verabreicht; was hast du ihnen gegeben?«

»Emerson! Beschuldigst du mich allen Ernstes, ich hätte die Kamele vergiftet?« Nur mit Mühe konnte ich meine Entrüstung über diesen ungeheuerlichen Vorwurf hinunterschlucken. »Ich glaube, jetzt bist du vollkommen übergeschnappt.«

»Auch wenn dem so sein sollte, habe ich im Moment wohl allen Grund dazu«, erwiderte Emerson in etwas gemäßigterem Ton. Er rückte näher an mich heran. »Unsere Lage ist so verzweifelt, daß selbst ein ausgeglichener Mensch wie ich die Fassung verlieren kann. Äh… ich bitte dich um Verzeihung, meine liebe Peabody. Weine nicht.«

Emerson nennt mich nur Amelia, wenn er böse auf mich ist. Peabody ist mein Mädchenname; und so sprach mich Emerson in seinen kümmerlichen Versuchen, sarkastisch zu sein, während der ersten Zeit unserer Bekanntschaft an. Inzwischen mit liebevollen Erinnerungen verknüpft, ist diese Anrede mittlerweile zu meinem Kosenamen geworden, der – wenn man so sagen will – Zuneigung und Respekt ausdrücken soll.

Ich ließ das Taschentuch sinken, das ich mir an die Augen gehalten hatte, und lächelte ihn an. »Ich habe nur Sand ins Auge bekommen, Emerson. Nie wirst du erleben, daß ich hilflos in Tränen ausbreche, wenn Entschlußkraft gefordert ist. Und das weißt du ganz genau.«

»Hmmm«, brummte Emerson.

»Wie dem auch sei, Mama«, mischte sich Ramses ein. »Papa hat etwas Bedenkenswertes angesprochen. Anzunehmen, daß alle Kamele plötzlich und ohne Krankheitssymptome innerhalb von achtundvierzig Stunden sterben, hieße, den Zufall überzustrapazieren.«

»Du kannst dir sicher sein, Ramses, daß mir dieser Gedanke auch schon gekommen ist. Sei jetzt bitte so gut und hole Papas Hut zurück. Nein, Emerson, ich weiß, wie sehr du Hüte verabscheust, aber ich bestehe darauf, daß du ihn aufsetzt. Es würde uns gerade noch fehlen, wenn du zu allem Überfluß einen Sonnenstich bekommst.«

Emerson antwortete nicht. Er blickte der kleinen Gestalt seines Sohnes nach, der gehorsam dem Sonnenhut nachtrottete. Sein Gesichtsausdruck war so wehmütig, daß sich mein Blick verschleierte. Es war nicht die Angst um sein eigenes Leben, die meinem Gatten zu schaffen machte, es war nicht einmal die Sorge um mich. Gemeinsam hatten wir nicht nur eine, sondern unzählige Begegnungen mit dem Tod heil überstanden. Emerson wußte, er konnte darauf vertrauen, daß ich dem finsteren Gesellen mutig und lächelnd gegenübertreten würde. Nein, der Gedanke an das Schicksal, das Ramses bevorstand, ließ seine Augen feucht werden. Bewegt gelobte ich mir, Emerson nicht daran zu erinnern, daß sein Sohn und Erbe nun durch die Schuld des eigenen Vaters mit einem langsamen, qualvollen und schmerzhaften Tod durch Verdursten zu rechnen hatte.

»Wie dem auch sei, wir haben schon Schlimmes erlebt«, sagte ich. »Wenigstens wir drei, und ich nehme an, Kemit, daß auch Ihnen Gefahren nicht fremd sind. Haben Sie einen Vorschlag, mein Freund?«

Auf meine Handbewegung hin kam Kemit näher und kauerte sich neben mich. Ramses tat es ihm sofort nach. Inzwischen bewunderte er diesen schweigsamen, gutaussehenden Mann sehr, und der Anblick der beiden – man mußte an einen Storch mit seinem Küken denken – brachte mich immer wieder zum Lächeln.

Emerson hingegen war ganz und gar nicht nach Lächeln zumute. Er fächelte sich mit seinem Hut Kühlung zu und höhnte: »Falls Kemit einen Einfall hat, wie er uns aus diesem Schlamassel retten kann, ziehe ich den Hut vor ihm. Wir…«

»Du kannst den Hut nicht ziehen, ehe du ihn nicht aufgesetzt hast«, unterbrach ich ihn.

Emerson klatschte den Gegenstand meiner Stichelei so heftig auf seinen schwarzen, zerzausten Schopf, daß seine Wimpern erzitterten. »Wie ich bereits sagte, sind wir sechs Tage vom Nil entfernt, das heißt mit der Schrittgeschwindigkeit eines Kamels. Zu Fuß dauert es erheblich länger. Wenn man der sogenannten Karte, der wir gefolgt sind, trauen kann, gibt es, wenn man weiter geradeaus geht, eine Oase oder ein Wasserloch. Mit einem Kamel würde der Weg etwa zwei Tage in Anspruch nehmen, aber wir haben keins. Unser Wasser reicht für etwa zwei Tage, vorausgesetzt, wir rationieren es streng.«

Das war eine akkurate und besorgniserregende Bestandsaufnahme. Dabei hatte Emerson eines nicht erwähnt, weil wir es sowieso alle wußten, nämlich daß unsere Lage noch aus einem anderen Grund verzweifelt war: Unsere Diener hatten uns im Stich gelassen. In der letzten Nacht hatten sie sich gemeinsam aus dem Staub gemacht und alle Wasserschläuche, bis auf die halbvollen Behälter in unseren Zelten und die Feldflasche, die ich immer am Gürtel trage, mitgenommen. Allerdings hätte es noch schlimmer kommen können: Sie hatten es wenigstens unterlassen, uns zu ermorden. Doch diese Rücksichtnahme war mit Sicherheit nicht auf Menschenfreundlichkeit zurückzuführen. Emerson ist für seine Körperkraft und seine aufbrausende Art berüchtigt, und viele der schlichten Eingeborenen glauben, daß er übernatürliche Kräfte hat. (Ich selbst habe auch einen gewissen Ruf als Sitt Hakim, Spenderin geheimer Heiltränke.) Deshalb hatten sie es vorgezogen, sich in der Dunkelheit davonzustehlen, anstatt es auf eine Auseinandersetzung ankommen zu lassen. Kemit behauptete, man habe ihn niedergeschlagen, als er versucht habe, die Abtrünnigen aufzuhalten. Warum er sich nicht ebenfalls den Meuterern angeschlossen hatte, konnte ich mir nicht erklären. Vielleicht war es Treue – obwohl er uns nicht mehr zu Dank verpflichtet war als die anderen, die schon genauso lange für uns arbeiteten. Möglicherweise hatte man ihn einfach nicht aufgefordert, mitzukommen.

Kemit hatte vieles an sich, das einer Erklärung bedurfte. Obwohl er nun mit ausdruckslosem Gesicht auf dem Boden hockte, wobei seine Knie fast die Ohren berührten, wirkte er alles andere als komisch. Seine markanten Züge erinnerten mich an einige Skulpturen aus der Vierten Dynastie, besonders an das ausgezeichnete Portrait König Chephrens, des Erbauers der Zweiten Pyramide. Ich hatte Emerson auf diese Ähnlichkeit angesprochen, und seine Antwort hatte gelautet, das sei nicht weiter überraschend. Schließlich fließe das Blut vieler Völker in den Adern der alten Ägypter, und einige der nubischen Stämme seien wahrscheinlich ihre entfernten Abkömmlinge. (Ich sollte hinzufügen, daß diese Theorie meines Gatten – er betrachtete sie nicht als Theorie, sondern als Tatsache – von der Mehrheit seiner Kollegen abgelehnt wurde.)

Ich stelle fest, daß ich vom roten Faden meiner Erzählung abgekommen bin, wie es mir häufig passiert, wenn wissenschaftlich interessante Fragen aufgeworfen werden. Lassen Sie mich also die Seiten meines Tagebuchs zurückblättern und in der richtigen zeitlichen Reihenfolge erzählen, wie wir überhaupt in diese außergewöhnlich mißliche Lage geraten waren. Dahinter, werter Leser, steht nicht die unlautere Absicht, Ihre Sorge um unser Überleben ins Unerträgliche zu steigern. Denn schließlich verfügen Sie über die Intelligenz, die ich von meinen Lesern erwarte, und wissen deshalb, daß ich diesen Bericht nicht schreiben könnte, wenn ich das Schicksal der Kamele geteilt hätte.

Ich muß nicht nur einige, sondern viele Seiten zurückblättern und Sie in unser ruhiges Landhaus in Kent entführen. Es war fast Herbst, und die Blätter färbten sich schon golden. Nach einem geschäftigen Sommer voller Lehrveranstaltungen und Vorträge und der Fertigstellung der letztjährigen Ausgrabungsberichte bereiteten wir uns allmählich auf unsere jährliche Winterexpedition nach Ägypten vor. Emerson saß an seinem Schreibtisch; ich schritt, die Hände auf dem Rücken, rasch im Zimmer auf und ab. Die Büste von Sokrates – seltsam schwarz gefleckt, da Emerson die Angewohnheit hatte, seinen Füllfederhalter nach ihr zu werfen, wenn ihm die Inspiration versagt blieb oder ihn sonst etwas verärgerte – beobachtete uns mit gütigem Blick.

Unser Gespräch drehte sich, so glaubte ich damals zumindest, um die zukünftige intellektuelle Entwicklung unseres Sohnes.

»Ich teile deine Vorbehalte gegen Privatschulen aus ganzem Herzen, Emerson«, versicherte ich ihm. »Aber der Junge muß irgendwo und irgendwann irgendeine Form von Schulbildung erhalten. Er wächst auf wie ein kleiner Wilder.«

»Du gehst zu hart mit dir ins Gericht«, nuschelte Emerson und versenkte den Blick in der Zeitung.

»Er hat sich gebessert«, räumte ich ein. »Er redet nicht mehr so viel wie früher und hat sich schon seit einigen Wochen nicht mehr in Lebensgefahr gebracht. Doch er hat keine Ahnung vom Umgang mit Gleichaltrigen.«

Emerson runzelte die Stirn. »Aber, aber, Peabody, das ist nicht richtig. Letzten Winter mit Ahmeds Kindern...«

»Natürlich spreche ich von englischen Kindern, Emerson.«

»An englischen Kindern ist nichts Natürliches. Mein Gott, Amelia, in unseren Privatschulen gibt es ein Kastensystem, schlimmer als in Indien, und die auf den unteren Sprossen der Leiter werden schrecklicher gequält als jeder Unberührbare. Und falls du seinen ›Umgang‹ mit Angehörigen des anderen Geschlechts meinst, hoffe ich nur, daß du Ramses nicht an Freundschaften mit Mädchen hindern willst. Genau darauf zielen Privatschulen bekanntermaßen ab.« Emerson war nun richtig in Fahrt gekommen. Er sprang auf, so daß Papiere in alle Richtungen stoben, und fing an, ebenfalls auf und ab zu laufen, wobei sein Weg den meinen im rechten Winkel kreuzte. »Verdammt, manchmal frage ich mich, wie es die sogenannten besseren Leute in diesem Land überhaupt schaffen, sich zu vermehren. Wenn ein junger Bursche die Universität verläßt, fürchtet er sich derart vor Mädchen seiner Gesellschaftsschicht, daß er fast nicht mehr in der Lage ist, ein vernünftiges Wort mit ihnen zu wechseln! Und wenn er es täte, würde er ohnehin keine vernünftige Antwort bekommen, denn die Schulbildung von Frauen, wenn man sie überhaupt so nennen kann – Autsch! Entschuldige, Liebling. Habe ich dir weh getan?«

»Nicht im geringsten.« Ich nahm die Hand, die er mir entgegenstreckte, um mir beim Aufstehen zu helfen. »Aber wenn du darauf bestehst, während deines Vortrags auf und ab zu laufen, solltest du neben mir hergehen, anstatt meinen Weg im rechten Winkel zu kreuzen. Der Zusammenstoß war unvermeidlich.«

Seine finstere Miene ging in ein sonniges Lächeln über, und er umarmte mich liebevoll. »Solange es bei dieser Art von Zusammenstößen bleibt. Komm schon, Peabody, du weißt, daß wir beide einer Ansicht sind, was die Unzulänglichkeiten unseres Bildungssystems betrifft. Du willst doch nicht, daß die Persönlichkeit des Kindes gebrochen wird?«

»Nur ein wenig zurechtgebogen«, sagte ich leise. Allerdings ist es so schwer, Emerson zu widerstehen, wenn er lächelt und… Ganz gleich, was er tat; ich möchte nicht mehr sagen, als daß er saphirblaue Augen, dichtes, schwarzes Haar und eine Figur so muskulös wie die eines griechischen Athleten hat – nicht zu vergessen das Grübchen in seinem Kinn und die Begeisterung, mit der er seinen ehelichen Pflichten nachkommt… Nun, ich glaube, ich brauche nicht deutlicher zu werden. Doch ich bin mir sicher, jede Frau mit gesundem Menschenverstand wird begreifen, warum mich Ramses' Schulbildung plötzlich nicht mehr interessierte.

Nachdem Emerson sich wieder gesetzt und zur Zeitung gegriffen hatte, wandte ich mich erneut diesem Thema zu, jedoch in weitaus milderer Stimmung. »Mein lieber Emerson, deine Überredungskünste – genauer gesagt, deine Argumente – sind sehr wirksam. Ramses könnte in Kairo zur Schule gehen. Es gibt dort eine neue Akademie für junge Gentlemen, über die ich Gutes gehört habe. Und da wir in Sakkara Ausgrabungen durchführen werden…«

Die Zeitung, hinter die Emerson sich zurückgezogen hatte, raschelte laut. Ich hörte auf zu sprechen und wurde von einer schrecklichen Vorahnung ergriffen – die allerdings, wie sich noch herausstellen würde, von den Ereignissen an Grauen übertroffen werden sollte. »Emerson«, meinte ich sanft, »du hast doch die Genehmigung beantragt? Du hast doch nicht etwa den Fehler wiederholt, den du vor einigen Jahren machtest? Damals hast du den Antrag nicht rechtzeitig eingereicht, und statt eine Genehmigung für Dahshoor zu bekommen, mußten wir uns mit der langweiligsten und unergiebigsten Ausgrabungsstätte von ganz Unterägypten begnügen. Emerson! Leg die Zeitung weg und antworte mir! Hast du von der Altertumsverwaltung die Genehmigung erhalten, in dieser Saison Ausgrabungen in Sakkara durchzuführen?«

Emerson ließ die Zeitung sinken. Als er mein Gesicht nur wenige Zentimeter von seinem entfernt bemerkte, fuhr er zurück. »Kitchener«, sagte er, »hat Berber eingenommen.«

Mir ist es unvorstellbar, daß zukünftige Generationen meine Begeisterung für das Studium der Geschichte möglicherweise nicht teilen könnten. Außerdem fehlt mir jegliches Verständnis für Briten, die nichts über dieses bemerkenswerteste Kapitel der Historie ihres Empires wissen. Allerdings sind schon merkwürdigere Dinge vorgekommen. Und angesichts einer solchen Katastrophe (denn anders würde ich das nicht nennen), bitte ich Sie, meine Leser, um Erlaubnis, Ihnen Fakten in Erinnerung zu rufen, die Ihnen genauso vertraut sein sollten wie mir.

Als ich im Jahre 1884 zum erstenmal Ägypten besuchte, war der Mahdi für die meisten Engländer nichts weiter als einer von vielen zerlumpten religiösen Fanatikern, und das, obwohl seine Gefolgsleute bereits den halben Sudan überrannt hatten. Dieses Land, das sich von den felsigen Katarakten in Assuan bis zu den Urwäldern südlich der Stelle, wo der Blaue und der Weiße Nil zusammenfließen, erstreckt, wurde im Jahre 1821 von Ägypten erobert. Die Regierung der Paschas – eigentlich keine Ägypter, sondern Nachkommen eines albanischen Abenteurers – herrschte in dieser Region noch korrupter und unfähiger als in Ägypten selbst. Obgleich die wohlwollende Intervention einiger Großmächte (besonders Großbritanniens) Ägypten vor einer Katastrophe bewahrte, verschlechterte sich die Lage im Sudan zu-

sehends. Schließlich erklärte sich ein gewisser Mohammed Ahmed Ibn el-Sayyid Abdullah zum Mahdi, zur Wiederverleibli-
chung des Propheten, und zettelte eine Rebellion gegen die
ägyptische Tyrannei und Mißwirtschaft an. Seine Anhänger hielten ihn für den Nachkommen einer Familie von Scheichs, seine
Gegner verspotteten ihn als armen, unwissenden Bootsbauer.
Doch ungeachtet seiner Herkunft verfügte er über eine erstaunlich charismatische Persönlichkeit und ein bemerkenswertes
rhetorisches Geschick. Nur mit Knüppeln und Speeren bewaffnet, hatten seine zerlumpten Soldaten Meter um Meter des Landes erobert und bedrohten nun die sudanesische Hauptstadt
Khartum.

Gegenspieler des Mahdi war der heldenhafte General Gordon.
Anfang des Jahres 1884 hatte man ihn nach Khartum geschickt,
um den Rückzug der dort und im nahe gelegenen Omdurman
stationierten Truppen einzuleiten. In der Öffentlichkeit war diese Entscheidung sehr umstritten, denn Khartum zu verlassen
bedeutete, den gesamten Sudan aufzugeben. Damals und auch
später warf man Gordon vor, er habe von Anfang an die Absicht
gehabt, den Befehl nicht zu befolgen. Jedenfalls verzögerte er
den Truppenabzug, aus welchen Gründen auch immer. Als ich
im Herbst 1884 in Ägypten eintraf, belagerten die wilden Hor-
den das Mahdi Khartum. Das ganze Umland bis zur ägyptischen
Grenze befand sich in den Händen der Rebellen.

Der heldenhafte Gordon hielt Khartum, und die britische
Öffentlichkeit, angeführt von der Königin persönlich, forderte
seine Befreiung. Also schickte man schließlich eine Expedition
los, die die belagerte Stadt jedoch erst im Februar des folgenden Jahres erreichte – drei Tage nachdem Khartum gefallen
und der heldenhafte Gordon im Garten seines eigenen Hauses
niedergemetzelt worden war. »Zu spät!« schrie man in England
gequält auf. Eine Laune des Schicksals wollte es, daß der Mahdi
seinen großen Gegner nur um sechs Monate überlebte. Daraufhin nahm einer seiner Offiziere, Khalifa Abdullah el-Taashi, seinen Platz ein, der noch tyrannischer herrschte als sein ehemali-
ger Anführer. Mehr als ein Jahrzehnt lang stöhnte das Land
unter seinen Grausamkeiten, während der britische Löwe seine

Wunden leckte und sich weigerte, seinen gefallenen Helden zu rächen.

Die politischen, wirtschaftlichen und militärischen Gründe, die zu der Entscheidung führten, den Sudan zu erobern, sind zu komplex, um sie hier zu erörtern. Es sei nur so viel gesagt, daß der Feldzug 1896 begann. Im Herbst des folgenden Jahres rückten unsere Streitkräfte unter der Führung des heldenhaften Kitchener, den man inzwischen Sirdar der ägyptischen Armee nannte, zum Vierten Katarakt vor.

Aber was, mag man fragen, hatten diese welterschütternden Ereignisse mit den Winterplänen zweier unschuldiger Ägyptologen zu tun? Ich kannte die Antwort nur zu gut und ließ mich auf einen Stuhl neben den Schreibtisch sinken. »Emerson«, begann ich. »Emerson, ich flehe dich an. Sag mir jetzt nicht, du willst diesen Winter im Sudan graben.«

»Meine liebe Peabody!« Emerson schleuderte die Zeitung beiseite und richtete seinen leuchtenden Blick unverwandt auf mich. »Du weißt ganz genau, daß ich schon seit Jahren in Napata oder Meroë Ausgrabungen vornehmen will. Schon im letzten Jahr hätte ich mich daran gemacht, hättest du nicht so ein Theater veranstaltet – oder wärest du bereit gewesen, mit Ramses in Ägypten zu bleiben, während ich mich an die Arbeit machte.«

»Um auf die Nachricht zu warten, daß sie deinen Kopf auf eine Stange gespießt haben wie Gordons«, meinte ich leise.

»Unsinn. Für mich hätte keine Gefahr bestanden. Einige meiner besten Freunde waren Anhänger des Mahdi. Aber ganz gleich«, fuhr er rasch fort, um meinem Widerspruch zuvorzukommen, der mir schon auf den Lippen lag. Nicht, daß ich an der Wahrheit seiner Worte gezweifelt hätte; Emerson hat Freunde in den merkwürdigsten Winkeln der Erde. Allerdings hatte ich Einwände gegen den Plan als solchen. »Inzwischen hat sich die Situation völlig geändert, Peabody. Die Region um Napata ist bereits in ägyptischer Hand. Wenn Kitchener mit der jetzigen Geschwindigkeit weiter vorrückt, hat er zum Zeitpunkt unserer Ankunft in Ägypten Khartum erobert, und Meroë, mein Hauptziel, liegt nördlich von Khartum. Es besteht keine Gefahr.«

»Aber Emerson…«

»Pyramiden, Peabody.« Emersons Stimme sank zu einem verführerischen Knurren. »Königspyramiden, die noch kein Archäologe gesehen hat. Die Pharaonen der Fünfundzwanzigsten Dynastie waren Nubier – stolze Männer und Soldaten, die vom Süden aus losmarschierten, um die verkommenen Herrscher eines dekadenten Ägyptens zu stürzen. Diese Helden wurden in ihrer Heimat Kusch begraben – früher Nubien, heute der Sudan…«

»Das weiß ich, Emerson, aber…«

»Nachdem Ägypten seine Unabhängigkeit an die Perser, die Griechen, die Römer und die Moslems verloren hatte, entstand im Kusch ein blühendes Königreich«, fuhr Emerson poetisch – und ein wenig ungenau – fort. »Die ägyptische Kultur überlebte in einem fernen Land – der Region, aus der sie meiner Meinung nach eigentlich stammt. Stell dir vor, Peabody! Wir würden nicht nur die Weiterentwicklung dieser großen Zivilisation erforschen können, sondern vielleicht auch ihre Wurzeln…«

Er wurde von Gefühlen übermannt. Die Stimme versagte ihm, seine Augen wurden feucht.

Nur zwei Dinge konnten Emerson in einen solchen Zustand versetzen. Eines davon war die Vorstellung, sich an einen Ort zu begeben, wo noch kein Wissenschaftler vor ihm jemals gewesen war, und neue Welten, neue Zivilisationen zu entdecken. Brauche ich noch zu betonen, daß auch ich diesen edlen Drang verspürte? Nein. Mein Puls beschleunigte sich. Ich spürte, wie meine Vernunft vor der Leidenschaft seiner Worte die Waffen streckte. Nur ein letzter Rest gesunden Menschenverstandes ließ mich murmeln: »Aber…«

»Kein ›aber‹, Peabody.« Er nahm meine Hände in die seinen – diese kräftigen, gebräunten Hände, die Hacke und Schaufel mit mehr Schwung handhaben konnten, als es einer seiner Arbeiter vermochte, und die doch in der Lage waren, mich so unglaublich sanft zu berühren. Er sah mir in die Augen; ich hatte das Gefühl, daß die gleißenden, saphirblauen Strahlen direkt in mein verwirrtes Gehirn drangen. »Du willst das gleiche wie ich, das weißt du ganz genau, Peabody, mein Liebling – diesen Winter in Meroë!«

Er zog mich hoch und nahm mich wieder in seine kräftigen Arme. Ich sagte nichts mehr. Oder besser, ich konnte nichts mehr sagen, da er seine Lippen auf meine preßte. Nun gut, Emerson, ich komme mit – aber Ramses bleibt in der Akademie für junge Gentlemen in Kairo.

Ich irre mich selten. Und wenn ich mich doch einmal irren sollte, habe ich meist Emersons Starrsinn oder Ramses' exzentrische Anwandlungen unterschätzt – manchmal auch beides. Zur Verteidigung meiner wahrsagerischen Fähigkeiten muß ich allerdings sagen, daß die bizarre Wendung, die unsere Expedition nehmen sollte, ihre Ursache nicht in unserer kleinen ehelichen Meinungsverschiedenheit hatte. Vielmehr lag der Grund in einem überraschenden Ereignis, das keiner von uns, nicht einmal ich, hätte vorhersehen können.

Es trug sich an einem regnerischen Herbstabend zu, nicht lange nach dem Gespräch, das ich bereits geschildert habe. Ich hatte verschiedene Vorbehalte gegen Emersons Pläne für diesen Winter, nachdem die durch seine Überzeugungsversuche ausgelöste Euphorie verflogen war. Und ich hatte keine Hemmungen, diese Vorbehalte laut zu äußern. Obwohl der Norden des Sudan bis hinunter nach Dongola offiziell »befriedet« war und unter ägyptischer Besatzung stand, wäre nur ein Dummkopf davon ausgegangen, in dieser Region ungefährdet reisen zu können. Die unglücklichen Bewohner der Gegend hatten einen Krieg, Unterdrückung und Hungersnot durchmachen müssen. Viele waren obdachlos, es fehlte an Lebensmitteln, und wer ohne bewaffnete Eskorte zwischen ihnen herumlief, forderte seine eigene Ermordung geradezu heraus. Emerson tat diesen Einwand ab. Wir würden nicht zwischen ihnen herumlaufen, sondern in einem Gebiet arbeiten, das unter militärischer Besatzung stand. Außerdem seien einige seiner besten Freunde ohnehin…

Nachdem ich mich mit seinen Plänen abgefunden hatte –

und ich gebe zu, die Aussicht auf Pyramiden, meine große Leidenschaft, hatte darauf einigen Einfluß –, traf ich eilig die Vorbereitungen für unsere Abreise. Nach so vielen Jahren hatte ich zwar einige Routine darin, doch wenn wir uns in eine so abgelegene Region vorwagten, würden wir besondere Vorsichtsmaßnahmen treffen und eine Unmenge zusätzlicher Ausrüstung einpacken müssen. Natürlich half mir Emerson kein bißchen. Er brütete tagaus, tagein über merkwürdigen Folianten, um ihnen das wenige Bekannte über die Ureinwohner des Sudan zu entnehmen. Ansonsten führte er stundenlange Gespräche mit seinem Bruder Walter. Walter war ein brillanter Linguist, der sich auf die alten Sprachen Ägyptens spezialisiert hatte. Bei der Aussicht, Texte in der geheimnisvollen und immer noch nicht entzifferten meriotischen Sprache in die Finger zu bekommen, geriet er ganz aus dem Häuschen. Anstatt Emerson von seinem gefährlichen Vorhaben abzubringen, bestärkte er ihn noch darin.

Walter hatte meine liebe Freundin Evelyn, Enkelin und Erbin des Herzogs von Chalfont, geheiratet. Ihre Ehe war sehr glücklich und mit vier – nein, damals waren es, wie ich glaube, schon fünf – Kindern gesegnet. (Man verlor bei Evelyn leicht den Überblick, wie mein Gatte einmal unflätig bemerkte. Dabei übersah er, wie Männer es so häufig tun, daß sein Bruder mindestens ebensoviel Anteil daran hatte.) An besagtem Abend waren Evelyn, Walter und ihre Kinder bei uns zu Besuch. So sehr ich mich auch über die Gelegenheit freute, meine liebste Freundin, meinen Schwager, den ich sehr schätze, und natürlich auch ihre fünf (oder waren es doch sechs?) reizenden Kinder wiederzusehen, hatte ich sie aus einem ganz bestimmten Grund eingeladen. Ich hatte die Hoffnung noch nicht ganz aufgegeben, Emerson davon zu überzeugen, Ramses in England zurückzulassen, wenn wir zu unserer gefährlichen Reise aufbrachen. Ich wußte, ich konnte mich auf Evelyn verlassen. Sie würde – ebenso wie ich – ihre sanften Überredungskünste einsetzen. Und aus Gründen, die ich nie begreifen werde, liebte sie Ramses abgöttisch.

Es ist unmöglich einen Eindruck von Ramses zu vermitteln,

indem man seine Eigenheiten beschreibt. Man muß ihn in Aktion erleben, um zu verstehen, wie selbst die bewundernswertesten Eigenschaften verdreht oder so übertrieben werden können, daß sie sich von Tugenden ins Gegenteil verwandeln.

Damals war Ramses zehn Jahre alt. Er konnte Arabisch sprechen wie ein Eingeborener und drei verschiedene altägyptische Schriften ebenso mühelos lesen wie Latein, Hebräisch und Griechisch – was bedeutet, daß er sie wie seine Muttersprache beherrschte. Außerdem kannte er eine Unmenge schmutziger arabischer Lieder und vermochte auf fast allem zu reiten, was vier Beine hatte. Andere nützliche Fähigkeiten hatte er nicht.

Er liebte seine hübsche, sanfte Tante, und ich hoffte, sie würde ihn dazu überreden, diesen Winter lieber bei ihr zu verbringen. Seine Vettern und Cousinen stellten einen weiteren Anreiz dar, denn Ramses mochte sie sehr, obwohl ich nicht sicher bin, inwieweit sie diese Gefühle erwiderten.

An jenem Tag war ich mit weniger Sorge als sonst, wenn ich Ramses zu Hause zurückließ, nach London gefahren, schließlich regnete es wie aus Kannen, und ich ging davon aus, Evelyn würde den Kindern verbieten, nach draußen zu gehen. Ich hatte Ramses jegliches chemische Experiment strengstens untersagt, ebenso die Fortführung seiner Ausgrabungen im Weinkeller und das Messerwerfen im Haus. Weiterhin war es ihm nicht gestattet, der kleinen Amelia seine mumifizierten Mäuse vorzuführen oder seinen Vettern und Cousinen irgendwelche arabischen Lieder beizubringen. Außerdem gab es da noch eine Reihe anderer Dinge. Ich habe sie inzwischen vergessen, doch ich war mir einigermaßen sicher, daß ich an alles gedacht hatte. Deshalb konnte ich in aller Seelenruhe meinen Erledigungen nachgehen, obwohl es um mein körperliches Wohlbefinden nicht sehr gut bestellt war. Der Kohlenruß, der über London wabert, hatte sich mit dem Regen zu einer schwärzlichen Schmiere vermischt, die sich klebrig auf Kleider und Haut legte. Auf den Straßen stand knöcheltief der Schlamm. Als ich am späten Nachmittag aus dem Zug stieg, war ich froh, daß die Kutsche schon wartete. Zwar hatte ich die meisten meiner Einkäufe liefern lassen, aber ich war trotzdem mit Paketen beladen, den Rock bis zum Knie durchnäßt.

Die Lichter von Amarna House schienen mir warm und einladend durch die Abenddämmerung entgegen. Wie sehr freute ich mich auf ein Wiedersehen mit all jenen, die ich am meisten liebte. Nicht zu verachten waren auch einige weitere zwar geringere, doch trotzdem angenehme Freuden – ein heißes Bad, trockene Kleider und eine Tasse des Getränks, das einen zwar anregt, aber nicht berauscht. Als die Kälte aus feuchten Schuhen und klammen Röcken an mir emporstieg, entschloß ich mich, statt dessen lieber doch zu einem berauschenden Getränk zu greifen – das besagte Wirkung jedoch nur hat, wenn man es in unmäßigen Mengen zu sich nimmt, was ich ohnehin niemals tue. Gegen eine Erkältung gibt es nichts besseres als einen ordentlichen Whisky Soda.

Gargery, unser ausgezeichneter Butler, hatte schon nach der Kutsche Ausschau gehalten. Während er mir aus dem nassen Mantel half, sagte er fürsorglich: »Darf ich mir den Vorschlag erlauben, Madam, daß Sie etwas als Vorbeugung gegen eine Erkältung zu sich nehmen sollten? Wenn Sie wollen, schicke ich einen der Diener sofort damit hinauf.«

»Eine famose Idee, Gargery«, antwortete ich. »Ich danke Ihnen.«

Beinahe hatte ich mein Zimmer erreicht, als ich bemerkte, daß es im Haus unnatürlich still war. Keine Stimmen erhoben sich in angeregter Debatte aus dem Arbeitszimmer meines Gatten, kein Kinderlachen, kein…

»Rose!« rief ich und riß meine Tür auf. »Rose, wo… ach, da sind Sie ja.«

»Ihr Bad ist fertig, Madam«, sagte Rose aus der offenen Badezimmertür, wo sie, von Dampf umwallt, dastand wie ein wohlwollender Geist. Sie sah ein wenig erhitzt aus, aber die hübsche Rötung ihrer Wangen rührte sicherlich vom heißen Badewasser her.

»Danke, Rose, ich wollte gerade fragen…«

»Ziehen Sie das scharlachrote Nachmittagskleid an, Madam?«

Sie eilte zu mir hin und begann, an meinen Kleiderknöpfen herumzuzerren.

»Ja. Aber wo… Meine liebe Rose. Sie schütteln mich ja wie ein Terrier eine Ratte. Ein bißchen weniger heftig, wenn ich bitten darf.«

»Ja, Madam. Aber Ihr Badewasser wird gleich kalt.« Nachdem sie mich von meinem Kleid befreit hatte, machte sie sich an die Unterröcke.

»Nun gut, Rose. Was hat Ramses jetzt wieder angestellt?«

Es dauerte eine Weile, bis ich ihr die Wahrheit entlockt hatte. Rose hat keine Kinder, woraus sich zweifellos ihre eigenartige Liebe zu Ramses erklärt, den sie seit seiner Geburt kennt. Es ist richtig, daß er sie mit Geschenken überhäuft – Sträußen aus meinen preisgekrönten Rosen oder stacheligen Wildblumen, kleinen Pelztierchen und geschmacklosen Handschuhen, Schals und Handtaschen, die er selbst aussucht und mit seinem Taschengeld bezahlt. Doch selbst, wenn seine Geschenke passend wären, was sie meistens nicht sind, können sie die Stunden nicht aufwiegen, die Rose damit verbringt, hinter ihm herzuputzen. Ich habe schon vor langer Zeit aufgegeben, diese irrationale Ader in einer sonst so vernünftigen Frau verstehen zu wollen.

Nachdem Rose mich entkleidet und in die Wanne gesetzt hatte, war sie der Meinung, die beruhigende Wirkung des heißen Wassers habe mich nun genügend besänftigt, so daß ich die Wahrheit ertragen könne. Eigentlich war diese Wahrheit weniger schlimm als befürchtet. Ich hatte offenbar nur vergessen, Ramses zu verbieten, ein Bad zu nehmen.

Rose versicherte mir, die Decke in Professor Emersons Arbeitszimmer habe keinen großen Schaden davongetragen, und der Teppich hätte eine Wäsche ohnehin einmal nötig gehabt. Ramses habe den Wasserhahn eigentlich zudrehen wollen, doch dann habe Bastet, die Katze, eine Maus gefangen. Wäre er dem Tier nicht sofort zur Hilfe geeilt, hätte Bastet ihm den Garaus gemacht. Dank Ramses' schnellem Eingreifen liege die Maus nun friedlich mit verbundenen Wunden in seinem Schrank.

Rose haßt Mäuse. »Lassen Sie's gut sein«, sagte ich müde. »Ich will nichts mehr hören. Ich will überhaupt nicht wissen, weshalb Ramses sich gezwungen sah, sich den Qualen eines Bades zu unterziehen. Ich will auch gar nicht wissen, was Professor Emerson gesagt hat, als das Wasser von seiner Decke herabrann: Geben Sie mir nur das Glas, Rose, und dann gehen Sie ganz leise hinaus.«

Der Whisky Soda war serviert worden. Die innerliche Wirkung des Getränks und die äußere des heißen Wassers weckten schließlich wieder meine Lebensgeister. Und als ich ins Wohnzimmer trat, in scharlachrote Rüschen gehüllt und – wie ich glaube – so gutaussehend wie eh und je, las ich in den lächelnden Gesichtern meiner lieben Familie, daß alles in Ordnung war.

Evelyn trug ein hellblaues Kleid, das ihre blauen Augen noch strahlender erscheinen ließ und ihr blondes Haar gut zur Geltung brachte. Das Kleid war bereits kläglich zerknittert, weil sich Kinder auf meine liebe Freundin stürzen wie Bienen auf eine Blume. Sie hielt das Baby auf dem Schoß; die kleine Amelia saß neben ihr, an ihren mütterlichen Arm geschmiegt. Die Zwillinge hockten ihr zu Füßen und zerknautschten ihren Rock. Raddie, mein ältester Neffe, beugte sich über die Lehne des Sofas, auf dem seine Mutter saß, und Ramses lehnte sich an Raddie, um dem Ohr seiner Tante so nah wie möglich zu kommen. Wie immer redete er.

Als ich hereinkam, verstummte er, und ich musterte ihn nachdenklich. Er war ungewöhnlich sauber. Hätte ich den Grund nicht gekannt, ich hätte ihn in ironischem Tonfall gelobt, denn dieser Zustand ist bei ihm unnatürlich. Aber ich hatte beschlossen, den harmonischen Abend nicht durch Anspielungen auf unangenehme Ereignisse der Vergangenheit zu verderben. Allerdings muß etwas in meinem Gesichtsausdruck Emerson meine Gedanken verraten haben. Er kam auf mich zu, küßte mich herzhaft und drückte mir ein Glas in die Hand.

»Wie hübsch du aussiehst, meine geliebte Peabody. Ist das Kleid neu? Es steht dir.«

Ich gestattete ihm, mich zu einem Sessel zu geleiten. »Ich danke dir, mein lieber Emerson. Dieses Kleid habe ich schon seit einem Jahr, und du hast es schon mindestens ein dutzendmal gesehen. Doch ich freue mich trotzdem über das Kompliment.«

Auch Emerson war äußerst sauber. Sein dunkles Haar legte sich in weiche Wellen, wie immer, wenn er es gerade erst gewaschen hat. Ich schloß daraus, daß ihm eine erhebliche Menge Wasser auf den Kopf getropft sein mußte. Vielleicht war sogar Putz heruntergefallen. Wenn er über den Vorfall hinwegsehen wollte, durfte ich nicht zurückstehen. Also wandte ich mich an meinen Schwager, der am Kamin stand und uns mit einem liebevollen Lächeln beobachtete.

»Ich habe heute deinen Freund und Rivalen Frank Griffiths getroffen, Walter. Er läßt dich grüßen. Außerdem soll ich dir ausrichten, daß er mit den Oxyrynchos-Papyrus ausgezeichnete Fortschritte macht.«

Walter ist ein Gelehrter und sieht auch so aus. Die Falten in seinen mageren Wangen vertieften sich, und er rückte seine Brille zurecht. »Aber, aber, meine liebe Amelia. Versuche nicht, zwischen mir und Frank einen Konkurrenzkampf zu entfachen. Er ist ein großartiger Linguist und ein guter Freund. Ich beneide ihn nicht um seinen Papyrus; Radcliffe hat mir ganze Wagenladungen meroitischer Inschriften versprochen. Ich kann es kaum erwarten.«

Walter gehört zu den wenigen, die Emerson mit seinem Vornamen ansprechen dürfen, den er verabscheut. Er zuckte sichtlich zusammen, antwortete jedoch nur: »Also, warst du im Britischen Museum, Peabody?«

»Ja.« Ich nahm einen Schluck von meinem Whisky. »Zweifellos wird es dich sehr überraschen, Emerson, daß Budge diesen Herbst ebenfalls in den Sudan reisen will. Genauer gesagt, ist er bereits fort.«

»Hmmm«, brummte Emerson. »Ach nein! Wirklich?«

Emerson hält die meisten Ägyptologen für ausgemachte Pfuscher – was sie nach seinen strengen Maßstäben auch sind –, und Wallis Budge, der Verwalter der ägyptischen und assyrischen Altertümer im Britischen Museum, war sein Intimfeind.

»Wirklich?« wiederholte Walter. Seine Augen funkelten. »Nun, das dürfte deinen Winter noch interessanter werden lassen,

Amelia. Wenn du die beiden davon abhalten mußt, einander an die Gurgel zu gehen…«

»Pah!« stieß Emerson hervor. »Walter, ich muß dich für diese Anspielung tadeln. Wie kannst du nur glauben, ich könnte die Würde meines Berufsstandes und meine eigene Selbstachtung so weit vergessen… Zudem beabsichtige ich gar nicht, mich in der Nähe dieses Mistkerls aufzuhalten. Und er geht mir besser aus dem Weg, sonst erwürge ich ihn.«

Evelyn, die Friedensstifterin, versuchte, das Thema zu wechseln. »Hast du etwas Neues über Professor Petries Verlobung gehört, Amelia? Stimmt es, daß er bald heiratet?«

»Ich glaube schon, Evelyn. Alle reden darüber.«

»Klatschen, meinst du wohl«, schnaubte Emerson höhnisch. »Mitansehen zu müssen, wie Petrie, der immer mit seinem Beruf verheiratet war, sich Hals über Kopf in ein Flittchen verliebt… Es heißt, sie sei zwanzig Jahre jünger als er.«

»Und wer verbreitet jetzt üblen Klatsch?« wollte ich wissen. »Sie ist eine anständige junge Frau, und er ist ganz vernarrt in sie. Wir müssen uns ein passendes Hochzeitsgeschenk einfallen lassen, Emerson. Vielleicht einen silbernen Tafelaufsatz?«

»Was zum Teufel soll Petrie mit einem Tafelaufsatz anfangen?« fragte Emerson. »Der Mann lebt wie ein Wilder. Wahrscheinlich würde er Tonscherben darin einweichen.«

Wir waren noch bei diesem Thema, als sich die Tür öffnete. Ich blickte auf und erwartete Rose, die die Kinder zu Bett bringen wollte. Doch es war Gargery, und auf dem Gesicht des Butlers stand ein finsterer Ausdruck, der auf eine unangenehme Nachricht hindeutete.

»Ein Gentleman möchte Sie sprechen, Herr Professor. Ich habe ihm mitgeteilt, daß Sie um diese Zeit keine Besuche empfangen, aber er…«

»Er muß einen wichtigen Grund haben, uns zu sehen«, unterbrach ich, als ich sah, daß mein Gatte die Augenbrauen zusammenzog. »Ein Gentleman, sagten Sie, Gargery?«

Der Butler senkte den Kopf. Dann ging er zu Emerson hinüber und hielt ihm das Tablett hin, auf dem eine schlichte weiße Visitenkarte lag.

»Hmmm«, brummte Emerson und nahm die Karte. »Honourable Reginald Forthright. Nie von ihm gehört. Schicken Sie ihn weg, Gargery.«

»Einen Moment«, sagte ich. »Ich glaube, du solltest ihn empfangen, Emerson.«

»Amelia, deine unersättliche Neugier wird mich noch einmal ins Grab bringen!« rief Emerson aus. »Ich will diesen Menschen nicht sehen. Ich will meinen Whisky Soda, ich will das Beisammensein mit meiner Familie genießen, ich will mein Abendessen. Ich weigere mich…«

In diesem Augenblick flog die Tür auf, die Gargery hinter sich geschlossen hatte. Der Butler taumelte zurück, als der Neuankömmling schwungvoll an ihm vorbeistürmte. Barhäuptig, tropfnaß und leichenblaß durchquerte er das Zimmer. Immer wieder hielt er inne, krümmte sich und schwankte, bis er vor Walter angekommen war, der ihn entgeistert anstarrte.

»Herr Professor!« keuchte er. »Ich weiß, ich störe… Ich flehe Sie an, mir zu verzeihen… und mich anzuhören…«

Und dann, noch ehe Walter sich von seiner Überraschung erholt hatte und wir anderen auch nur einen Finger rühren konnten, kippte der Fremde um und stürzte bäuchlings auf den Kaminvorleger.

2. KAPITEL

»Mein Sohn lebt!«

Emerson brach als erster das Schweigen.

»Stehen Sie sofort auf, Sie tolpatschiger, junger Esel«, fauchte er gereizt. »Noch nie habe ich so eine ungeheuerliche Unverschämtheit…«

»Um Himmels willen, Emerson!« rief ich aus und eilte auf den Gestürzten zu. »Siehst du denn nicht, daß er ohnmächtig ist? Beim bloßen Gedanken daran, welches unvorstellbar schreckliche Ereignis ihn in diesen entsetzlichen Zustand versetzt haben muß, schaudert mir.«

»Nein, das stimmt nicht«, widersprach Emerson. »Du liebst unvorstellbar schreckliche Ereignisse. Bitte zügle deine ausufernde Phantasie. Ohnmächtig, daß ich nicht lache! Wahrscheinlich ist er betrunken.«

»Bitte sofort ein Glas Brandy«, befahl ich. Mit einiger Mühe – denn der Bewußtlose war schwerer, als sein zierlicher Körperbau vermuten ließ – drehte ich ihn auf den Rücken und legte seinen Kopf auf meinen Schoß.

Mit verschränkten Armen stand Emerson da und beobachtete mich. Ein höhnisches Grinsen verzerrte seine wohlgeformten Lippen. Ramses näherte sich mit dem verlangten Glas Brandy. Als ich es entgegennahm, stellte ich, wie erwartet, fest, daß nicht nur das Innere des Glases naß war, sondern auch die Außenseite.

»Ich fürchte, ich habe etwas verschüttet«, erklärte Ramses. »Mama, darf ich einen Vorschlag machen...«

»Nein«, erwiderte ich.

»Aber ich habe gelesen, daß es nicht ratsam ist, einem Bewußtlosen Brandy oder eine andere Flüssigkeit zu verabreichen. Es besteht die Gefahr...«

»Ja, ja, Ramses, ich weiß. Und jetzt sei still.«

Offenbar war Mr. Forthrights Zustand nicht ernst. Seine Gesichtsfarbe gab Anlaß zur Zuversicht, und ich konnte auch keine Verletzungen an ihm feststellen. Ich schätzte ihn auf Anfang Dreißig. Seine Züge waren eher angenehm als hübsch zu nennen: Die Augen standen unter geschwungenen Brauen weit auseinander, seine Lippen waren voll und sanft gerundet. Doch sein außergewöhnlichstes Merkmal war das Haar, das seine Oberlippe und seinen Kopf schmückte: Es war von einem leuchtenden, unmodischen, aber nichtsdestotrotz interessanten Kupferrot, mit goldenen Strähnen durchzogen, und lockte sich ganz reizend an seinen Schläfen.

Ich fuhr mit meinen Bemühungen fort, und so dauerte es nicht lange, bis der junge Mann die Augen aufschlug und mich erstaunt ansah. Seine ersten Worte lauteten: »Wo bin ich?«

»Auf meinem Kaminvorleger«, antwortete Emerson, der drohend vor ihm aufragte. »Was für eine verd... äh... verflixt dumme Frage. Sagen Sie, was Sie hier wollen, Sie unverschämter Wicht, ehe ich Sie hinauswerfen lasse.«

Forthright errötete heftig. »Sie... Sind Sie Professor Emerson?«

»Einer von beiden.« Emerson wies auf Walter, der seine Brille zurechtrückte und mißbilligend hüstelte. Zugegebenermaßen entsprach er dem landläufigen Bild von einem Gelehrten mehr als mein Mann, dessen wache, blaue Augen, gebräunte Haut und – nicht zu vergessen – eindrucksvolle Muskeln in ihm eher einen Mann der Tat als des Gedankens vermuten lassen.

»Oh, ich verstehe. Ich entschuldige mich vielmals. Aber ich hoffe, Sie werden mir verzeihen und mir Ihre Hilfe nicht verweigern, wenn Sie erst einmal meine Geschichte gehört haben. Ich suche den Ägyptologen Professor Emerson, dessen Mut und Körperkraft ebenso berühmt sind wie seine intellektuellen Fähigkeiten.«

»Äh, hmmm«, brummte Emerson. »Nun, Sie haben ihn gefunden. Und wenn Sie sich jetzt bitte aus den Armen meiner Frau lösen würden, die Sie ja derart mit Blicken verschlingen, daß es Ihr anfängliches schlechtes Benehmen noch überbietet...«

Der junge Mann schnellte hoch wie eine Feder und fing an, Entschuldigungen zu stammeln. Emerson half ihm in einen Sessel – oder besser gesagt, er stieß ihn hinein – und zog mich ebenso unsanft auf die Füße. Als ich mich umwandte, bemerkte ich, daß Evelyn die Kinder um sich geschart hatte und sie nun aus dem Zimmer scheuchte. Ich nickte ihr dankbar zu und wurde wie immer mit einem liebreizenden Lächeln belohnt.

Unser unerwarteter Besucher begann seinen Bericht mit einer Frage: »Ist es wahr, Herr Professor, daß Sie in diesem Jahr eine Reise in den Sudan planen?«

»Wo haben Sie das denn gehört?« lautete Emersons Gegenfrage.

Mr. Forthright lächelte. »Was Sie tun, Herr Professor, ist stets Gegenstand des Interesses – nicht nur in Archäologenkreisen, sondern auch in der breiten Öffentlichkeit. Wie es der Zufall will, gibt es zwischen mir und ersterer Personengruppe eine indirekte Verbindung. Mein Name wird Ihnen unbekannt sein, aber der meines Großvaters ist Ihnen sicherlich ein Begriff. Schließlich ist er ein berühmter Förderer der Archäologie: Baron Blacktower.«

»Guter Gott!« rief Emerson aus.

Mr. Forthright fuhr zusammen. »Äh... wie darf ich das verstehen, Herr Professor?«

Emersons Gesicht, das rot vor Wut war, hätte wohl jeden ins Bockshorn gejagt. Allerdings war sein finsterer Blick nicht auf Mr. Forthright gerichtet, sondern auf mich. »Ich habe es geahnt«, meinte Emerson erbost. »Werde ich denn nie Ruhe vor ihnen haben? Du ziehst sie an, Amelia. Ich weiß nicht, wie du das machst, aber es wird mit der Zeit zu einer unangenehmen Angewohnheit. Schon wieder ein vermaledeiter Adliger!«

Walter konnte sich ein Kichern nicht verkneifen, und ich muß zugeben, daß auch ich ein wenig amüsiert war. Emerson klang wie ein fanatischer Jakobiner, der die verhaßten Aristokraten am liebsten auf dem Schafott gesehen hätte.

Mr. Forthright blickte Emerson verängstigt an.

»Ich werde mich so kurz wie möglich fassen«, fing er an.

»Gut«, entgegnete Emerson.

»Äh... aber ich befürchte, ich werde Ihnen einige Hintergrundinformationen nicht vorenthalten können, damit Sie verstehen, in welchen Schwierigkeiten ich stecke.«

»Verdammt«, sagte Emerson.

»Mein... mein Großvater hatte zwei Söhne.«

»Zum Teufel mit ihm«, brummte Emerson.

»Äh... mein Vater war der jüngere. Sein älterer Bruder, selbstverständlich der Erbe, hieß Willoughby Forth.«

»Willie Forth, der Entdecker?« wiederholte Emerson. Sein Tonfall hatte sich schlagartig geändert. »*Sie* sind sein Neffe? Aber Ihr Name...«

»Mein Vater heiratete eine Miss Wright, die einzige Tochter eines reichen Kaufmanns. Auf Wunsch seines Schwiegervaters fügte er den Namen Wright seinem eigenen hinzu. Da die meisten Menschen diesen Doppelnamen ohnehin als ein Wort verstehen, erschien es mir einfacher, diese Version zu übernehmen.«

»Wie entgegenkommend von Ihnen«, meinte Emerson. »Sie ähneln Ihrem Onkel in keinster Weise, Mr. Forthright. Sie können ihm nicht das Wasser reichen.«

»Der Name kommt mir bekannt vor«, mischte ich mich ein. »War er derjenige, der endgültig nachgewiesen hat, daß der Weiße Nil im Viktoriasee entspringt?«

VERLOREN IN DER WÜSTENSTADT

»Nein. Er klammerte sich stur an die Auffassung, der Luala-
bafluß sei Teil des Nils, bis Stanley ihn widerlegte. Er segelte
tatsächlich den Lualaba bis zum Kongo und von da aus zum
Atlantik hinunter.« Willoughby Forths Neffe lächelte spöttisch.
»Leider wiederholten sich solche traurigen Ereignisse in seinem
Leben immer wieder. Er war stets einige Monate zu spät dran
oder irrte sich um ein paar hundert Meilen. Sein größter
Wunsch war es, als großer Entdecker in die Geschichte einzugehen – was er dabei entdeckte, war Nebensache. Allerdings ging
dieser Wunsch nie in Erfüllung.«

»Und er kostete ihn das Leben«, ergänzte Emerson nachdenklich. »Das seiner Frau ebenfalls. Sie sind vor zehn Jahren im
Sudan verschollen.«

»Vor vierzehn Jahren, um genau zu sein.« Forthright fuhr zusammen. »Ist da jemand an der Tür?«

»Ich habe nichts gehört.« Emerson musterte ihn prüfend.
»Oder habe ich heute abend etwa mit einem zweiten unerwarteten Besucher zu rechnen?«

»Das befürchte ich. Aber lassen Sie mich bitte fortfahren. Sie
müssen meine Geschichte hören, ehe...«

»Mr. Forthright, die Entscheidung darüber, was in meinem
Haus getan oder nicht getan wird, überlassen Sie bitte mir«, sagte Emerson. »Ich bin kein Freund von Überraschungen und ziehe es vor, wenn meine Gäste sich ankündigen, besonders wenn
es sich dabei um Adlige handelt. Erwarten Sie Ihren Großvater?«

»Ja. Bitte, Herr Professor, so lassen Sie mich doch erklären.
Onkel Willoughby war immer sein Lieblingssohn. Er teilte nicht
nur Großvaters Interesse an der Archäologie und Geographie,
sondern verfügte auch über die Körperkraft und den Mut, die
seinem jüngeren Bruder fehlten. Mein armer, lieber Vater war
immer recht schwächlich...«

An Emersons Gesichtsausdruck erkannte ich, daß er im Begriff war, etwas Unhöfliches zu sagen. Also schaltete ich mich
ein. »Kommen Sie auf den Punkt, Mr. Forthright.«

»Was? Ach, ja. Verzeihen Sie bitte. Großvater hat sich nie damit abgefunden, daß sein geliebter Sohn nicht mehr am Leben

ist. Aber er muß tot sein, Herr Professor! Sonst hätten wir doch schon längst eine Nachricht von ihm erhalten.«

»Allerdings hat Ihnen auch niemand Mitteilung von seinem Tod gemacht«, wandte Emerson ein.

Forthright vollführte eine wegwerfende Handbewegung. »Wie denn? Im Dschungel und in der Wüste gibt es keine Telegrafenämter. Juristisch gesehen hätte man meinen Onkel und seine arme Gattin bereits vor Jahren für tot erklären lassen können. Doch mein Großvater weigert sich, diesen Schritt zu unternehmen. Nach dem Tod meines Vaters im letzten Jahr...«

»Aha«, meinte Emerson. »Jetzt kommen wir der Sache ein wenig näher. Solange Ihr Onkel nicht offiziell für tot erklärt ist, sind Sie nicht der rechtmäßige Erbe Ihres Großvaters.«

Der junge Mann wich Emersons höhnischem Blick nicht aus. »Wenn ich leugnete, daß ich mir auch darüber Gedanken mache, wäre ich ein Heuchler, Herr Professor. Aber ob Sie es glauben oder nicht, es geht mir nicht hauptsächlich darum. Früher oder später werde ich Titel und Vermögen ohnehin erben, da ich der einzige Nachkomme bin. Doch mein Großvater...«

Er brach ab und blickte sich ruckartig um. Diesmal war es kein Irrtum, denn das Getöse in der Vorhalle war so laut, daß man es sogar durch die geschlossene Tür hören konnte. Gargerys entrüstet erhobene Stimme wurde durch ein Geräusch, so durchdringend und schrill wie das Trompeten eines Elefantenbullen, übertönt. Dann flog die Tür krachend auf, und auf der Schwelle stand die beeindruckendste Gestalt, die mir jemals begegnet war.

Das Bild des beklagenswerten, trauernden alten Vaters, das vor meinem geistigen Auge gestanden hatte, zerbarst angesichts der Wirklichkeit in tausend Scherben. Lord Blacktower – denn nur er konnte es sein – war ein Hüne von einem Mann mit Schultern wie ein Ringer und einer struppigen roten Haarmähne. Obwohl es inzwischen ausgebleicht und mit grauen Strähnen durchzogen war, mußte es einmal geleuchtet haben wie ein Sonnenuntergang. Er wirkte viel zu jung, um der Großvater eines Mannes jenseits der Dreißig zu sein, bis man sich sein Gesicht näher ansah. Es war von tiefen Falten durchfurcht

wie ein Stück sonnenverdorrte Erde – und man konnte wilde
Leidenschaft und einen ungesunden Lebenswandel darin lesen.

Sein plötzliches Erscheinen und sein rücksichtslos herrisches
Auftreten ließen uns alle einen Moment lang erstarren. Seine
Augen schweiften durch den Raum. Mit kühler Gleichgültigkeit
glitt sein Blick über die Männer hinweg und blieb schließlich
an mir hängen. Er zog elegant den Hut und verbeugte sich mit
einer Anmut, die ich von einem so massigen Mann nie erwartet
hätte. »Madam! Ich entschuldige mich vielmals für diese Störung. Darf ich mich vorstellen? Ich bin Franklin Lord Blacktower. Habe ich die Ehre mit Mrs. Radcliffe Emerson?«

»Äh... ja«, erwiderte ich.

»Mrs. Emerson!« Auch wenn er lächelte, wirkte er nicht ein-
nehmender als vorhin, denn seine Augen blieben kalt und un-
durchdringlich wie persische Türkise. »Schon lange freue ich
mich auf das Vergnügen, Sie kennenzulernen.«

Mit würdevollen, wiegenden Schritten kam er auf mich zu
und hielt mir die Hand hin. Ich reichte ihm meine und machte
mich schon auf einen knochenzermalmenden Griff gefaßt. Doch
statt dessen hob er meine Finger an die Lippen und drückte
einen geräuschvollen, langen und feuchten Kuß darauf.
»Hmmm«, murmelte er. »Ihre Photographien werden Ihnen
nicht im mindesten gerecht, Mrs. Emerson.«

Eigentlich rechnete ich damit, daß Emerson gegen diese Vor-
gänge Einspruch erheben würde, denn das Gemurmel und Ge-
küsse nahm eine geraume Weile in Anspruch. Aber mein Gatte
gab keinen Mucks von sich, weshalb ich meine Hand zurückzog
und Lord Blacktower aufforderte, Platz zu nehmen. Dieser jedoch strafte den von mir angewiesenen Sessel mit Nichtachtung
und ließ sich so heftig neben mir auf dem Sofa nieder, daß das
gesamte Möbel erzitterte. Von Emerson war immer noch nichts
zu vernehmen. Ebenfalls nicht von Mr. Forthright; der war wieder in den Sessel zurückgesunken, von dem er beim Eintreten
seines Großvaters aufgefahren war.

»Darf ich Ihnen eine Tasse Tee oder ein Glas Brandy anbieten, Lord Blacktower?« fragte ich.

»Wie großzügig von Ihnen, Madam, aber ich habe Ihnen bereits genug Umstände gemacht. Wenn ich Ihnen nur kurz erklären darf, was der Grund meines ungehörigen Eindringens ist, werde ich mich umgehend entfernen – und auch meinen Enkel, dessen Anwesenheit die Ursache meines ungehörigen Betragens darstellt, obgleich sie keine Entschuldigung dafür ist.« Er würdigte Mr. Forthright keines Blickes, sondern fuhr, ohne Luft zu holen, fort: »Eigentlich wollte ich mich auf üblichem Wege an Sie und Ihren verehrten Herrn Gatten wenden. Nachdem ich heute nachmittag zufällig erfuhr, daß mein Enkel beschlossen hatte, mir zuvorzukommen, sah ich mich gezwungen, rasch zu handeln. Mrs. Emerson...« Er beugte sich zu mir hinüber und legte mir die Hand aufs Knie. »Mrs. Emerson! Mein Sohn lebt! Finden Sie ihn. Bringen Sie ihn mir zurück.«

Seine Hand war bleischwer und kalt wie Eis. Ich betrachtete die Venen, die sich wie dicke, blaue Würmer unter der Haut ringelten, und die rötlichgrauen Haarbüschel auf seinen Fingern. Und noch immer kein Einspruch von Emerson! Ich verstand die Welt nicht mehr.

Nur das mütterliche Mitgefühl mit einem Vater, den der Verlust eines geliebten Kindes um den Verstand gebracht hat, hinderte mich daran, seine Hand wegzustoßen. »Lord Blacktower«, fing ich an.

»Ich weiß, was Sie sagen wollen.« Sein Griff wurde fester. »Sie glauben mir nicht. Reginald hat Ihnen wahrscheinlich erzählt, ich sei ein vertrottelter alter Mann, der sich an eine Wahnidee klammert. Aber ich habe Beweise, Mrs. Emerson – eine Botschaft von meinem Sohn, die Einzelheiten enthält, über die nur er Bescheid wissen kann. Ich habe sie vor einigen Tagen erhalten. Finden Sie ihn, und ich werde Ihnen geben, was Sie verlangen. Ich möchte Sie nicht beleidigen, indem ich Ihnen Geld anbiete...«

»Das wäre auch Zeitverschwendung«, entgegnete ich kühl.

Er fuhr fort, als habe er mich nicht gehört. »... obgleich ich es als Ehre betrachten würde, Ihre zukünftigen Expeditionen finanzieren zu dürfen, und zwar mit einer Summe in jeder beliebigen Höhe. Möglicherweise hat Ihr Gatte auch Interesse an

einem Lehrstuhl in Archäologie. Oder an einem Adelstitel. Lady
Emerson, klänge das nicht gut?«

Sein Tonfall war derb geworden, und seine Ausdrucksweise
– ganz zu schweigen von seiner Hand – wurde zunehmend ver-
traulicher. Allerdings war nicht die Beleidigung seiner Frau,
sondern die seiner eigenen Person Ursache dafür, daß Emerson
endlich das Wort ergriff.

»Sie verschwenden immer noch Ihre Zeit, Lord Blacktower.
Ich pflege nicht für Auszeichnungen zu bezahlen, und ich lasse
auch nicht zu, daß ein anderer das an meiner Statt tut.«

Der alte Mann lachte brüllend auf. »Ich fragte mich schon,
was ich tun muß, um Sie zu provozieren, Herr Professor. Ich
weiß, daß jeder Mann seinen Preis hat. Aber der Ihre ist wohl
zu hoch für mich. Ich glaube, ich habe Sie ganz richtig eingeschätzt. Nichts von dem, was ich Ihnen angeboten habe, könnte
Sie in Versuchung führen. Allerdings wüßte ich etwas, das auch
Sie nicht abtun werden. Hier – sehen Sie sich das an.«

Er griff in die Tasche und zog einen Briefumschlag heraus.
Ich strich meine Röcke glatt. Mir kam es vor, als spürte ich
immer noch den Abdruck seiner Hand – brennend und gleichzeitig kalt – auf meiner Haut.

Emerson nahm den unversiegelten Umschlag entgegen. Vorsichtig, wie er es bei zerbrechlichen Antiquitäten tut, zog er einen langen, flachen Gegenstand heraus. Er war beige und zu
dick, um aus gewöhnlichem Papier zu bestehen, aber es stand
etwas darauf geschrieben. Ich konnte die Worte nicht entziffern.

Schweigend studierte Emerson die Schrift eine Weile. Dann
kräuselte er spöttisch die Lippen. »Eine außergewöhnlich unver-
frorene und schlechte Fälschung.«

»Fälschung! Dann handelt es sich also nicht um Papyrus?«

»Das schon«, räumte Emerson ein. »Und er ist vergilbt und
brüchig genug, um aus dem alten Ägypten zu stammen. Allerdings ist die Schrift weder alt noch ägyptisch. Was soll dieser
Unsinn?«

Der alte Mann bleckte die Zähne, deren Farbe der des Papyrus glich. »Lesen Sie es, Herr Professor. Lesen Sie die Botschaft
laut.«

Emerson zuckte die Achseln. »Nun denn. ›Der junge Löwe grüßt den alten Löwen. Dein Sohn und deine Tochter leben; doch nicht mehr lang, wenn nicht bald Hilfe kommt. Blut ruft Blut, alter Löwe; ist jedoch der Ruf nicht stark genug, suche die Schätze der Vergangenheit an jenem Ort, wo ich dich erwarte.‹ Von allen kindischen...«

»Kindisch, das ist richtig. Es begann, als er ein Knabe war und Romane und Abenteuergeschichten las, und entwickelte sich zu einer Art Geheimsprache. Er schrieb sonst an niemanden so – keiner wußte davon. Und es wußte auch keiner, daß er mich den alten Löwen nannte.« In diesem Augenblick sah er wirklich aus wie ein alter Löwe – ein müder, alter Löwe mit hängendem Kiefer und Augen, die tief in runzeligen Höhlen lagen.

»Es ist trotzdem eine Fälschung«, beharrte Emerson stur. »Eine geschicktere, als ich ursprünglich glaubte, aber nichtsdestotrotz eine Fälschung.«

»Verzeih, Emerson, aber du denkst in die falsche Richtung«, wandte ich ein. Obwohl Emerson mir einen verärgerten Blick zuwarf, fuhr ich fort: »Nehmen wir doch einmal an, diese Botschaft stammt tatsächlich von Mr. Willoughby Forth. Möglicherweise war er all die Jahre lang Gefangener oder wurde sonst irgendwie festgehalten. Nehmen wir weiterhin an, ein wagemutiges Paar – äh – das heißt, ein wagemutiger Abenteurer wäre gewillt, ihm zur Hilfe zu eilen. Wohin sollte dieser Abenteurer reisen? Jemand, der um Hilfe bittet, sollte zumindest eine Wegbeschreibung beilegen.«

»Genau das«, meinte mein Gatte, »wollte ich auch gerade sagen, Amelia.«

Der alte Mann grinste. »Da ist noch etwas in dem Umschlag, Herr Professor. Nehmen Sie es bitte heraus.«

Die Anlage war weniger mysteriös als das eigentliche Schreiben. Sie bestand nur aus einem Blatt gewöhnlichen Papiers, das einige Male gefaltet war. Allerdings löste es bei Emerson eine bemerkenswerte Reaktion aus. Er stand da und starrte die Seite so entrüstet an, als handle es ich um eine Morddrohung (wie ich hinzufügen möchte, ein Genre der Korrespondenz, das ihm

nicht fremd war). Ich sprang auf und nahm ihm das Papier aus
der Hand. Es war vergilbt, staubig und abgegriffen. Der Text
darauf war in Englisch abgefaßt, und zwar in einer Schrift, die
mir so vertraut war wie meine eigene.

»Das sieht aus wie eine Seite aus einem deiner Notizbücher,
Emerson!« rief ich aus. »Wie zum Teufel ist es in Ihre Hände
geraten, Lord Blacktower?«

»Der Umschlag samt Inhalt lag auf der Schwelle meines Hauses am Berkeley Square. Mein Butler gab zu, er habe mit dem
Gedanken gespielt, ihn in den Müll zu werfen. Glücklicherweise
tat er es nicht.«

»Es ist also nicht mit der Post gekommen«, murmelte Emerson und untersuchte den Umschlag. »Demzufolge muß ein Bote
den Brief gebracht haben. Wer war es? Warum sprach er nicht
bei Ihnen vor und verlangte eine Belohnung?«

»Das weiß ich nicht, und es ist mir auch einerlei«, antwortete
der alte Mann gereizt. »Die Schrift auf dem Kuvert ist die meines Sohnes. Ebenfalls die Schrift auf dem Papyrus. Welche Beweise brauchen Sie denn noch?«

»Jeder, der Ihren Sohn kannte und einmal einen Brief von
ihm erhielt, hätte seine Handschrift fälschen können«, wandte
ich freundlich, aber mit Nachdruck ein. »Mich interessiert viel
mehr, wie der Betreffende an eine Seite aus dem Notizbuch
meines Mannes kommt. Und ich verstehe nicht, in welchem Zusammenhang sie mit Mr. Forths Verschwinden steht.«

»Drehen Sie das Blatt um«, antwortete Lord Blacktower.

Ich kam der Aufforderung nach. Auf den ersten Blick sahen
die ausgeblichenen Linien aus wie das willkürliche Gekritzel eines kleinen Kindes. Lord Blacktowers Kehle entstieg ein gräßliches, kratzendes Geräusch. Ich nahm an, es handelte sich um
ein Lachen.

»Erinnern Sie sich jetzt, Professor Emerson? Stammt diese
Karte von Ihnen oder von meinem Sohn?«

»Karte?« wiederholte ich, während ich das Gekritzel einer
gründlicheren Prüfung unterzog.

»Ich erinnere mich«, meinte Emerson zögernd. »Und unter
den gegebenen Umständen – vor allem angesichts der Leiden

eines trauernden Vaters – werde ich eine Ausnahme von meiner
Regel machen, die da lautet, nicht auf die unverschämten Fragen von Fremden zu antworten.« Ich räusperte mich tadelnd,
denn Emersons Tonfall – insbesondere, als er die Leiden eines
trauernden Vaters erwähnte – ließ seine Ansprache unhöflicher
klingen, als es der gedruckte Wortlaut verrät. Doch Blacktower
grinste nur.

»Das ist keine Karte«, sagte Emerson. »Sondern ein Hirngespinst – Fiktion. Dieses Geschmier kann uns keine Hinweise auf
das Schicksal Ihres Sohnes liefern. Jemand erlaubt sich einen
grausamen Scherz mit Ihnen, Lord Blacktower. Vielleicht plant
dieser Jemand auch, Sie übers Ohr zu hauen.«

»Genau das habe ich meinem Großvater auch gesagt, Herr
Professor!« rief Mr. Forthright aus.

»Dummkopf!« fauchte Blacktower. »Ich würde mich nie von
einem Betrüger hinters Licht führen lassen...«

»Da wäre ich mir nicht so sicher«, unterbrach Emerson. »Ich
sah Slatin Pascha im Jahr 1895, nachdem er elf Jahre des Hun-
gers und der Folter in Khalifas Gefangenschaft überstanden hatte. Und ich habe ihn nicht erkannt; seine eigene Mutter hätte
ihn nicht erkannt. Wie dem auch sei, an diese Art Betrug habe
ich nicht gedacht. Welche Summe wollten Sie mir für Organisation und Ausrüstung einer Rettungsexpedition zur Verfügung
stellen?«

»Aber Sie wollten sich doch nicht bestechen lassen, Herr Professor.«

»Das will ich immer noch nicht«, gab Emerson zurück. »Ach,
zum Teufel! Es hat keinen Sinn, daß ich Ihnen etwas rate, denn
Sie würden meinen Rat sowieso in den Wind schlagen. Wie
meine Familie Ihnen bestätigen wird, Lord Blacktower, bin ich
ein äußerst geduldiger Mensch, doch meine Geduld ist langsam
zu Ende. Leben Sie wohl.«

Mühsam stand der alte Mann auf. »Auch ich bin ein geduldiger Mensch, Herr Professor. Seit vierzehn Jahren warte ich nun
schon auf meinen Sohn. Er lebt. Das weiß ich. Und eines Tages
werden Sie zugeben müssen, daß ich recht hatte und daß Sie,
Sir, sich irrten. Guten Abend, meine Herren. Guten Abend, Mrs.

Emerson. Sie brauchen nicht nach dem Butler zu läuten, ich finde selbst hinaus. Komm, Reginald.«

Er ging zur Tür und schloß sie leise hinter sich.

»Leben Sie wohl, Mr. Forthright«, sagte Emerson.

»Lassen Sie mich noch etwas hinzufügen, Herr Professor...«

»Aber fassen Sie sich kurz«, erwiderte Emerson mit blitzenden Augen.

»Vielleicht handelt es sich, wie Sie schon sagten, wirklich um ein schmutziges Spiel. Aber es gibt noch eine weitere Möglichkeit. Mein Großvater hat Feinde...«

»Ach wirklich! Das überrascht mich aber!« rief Emerson aus.

»Wenn keine weitere Botschaft eintrifft und wenn er keinen fähigen Mann findet, um eine solche Expedition zu leiten, wird er sich selbst auf den Weg machen. Sehen Sie mich nicht so zweifelnd an, ich versichere es Ihnen, denn ich kenne ihn gut. Er ist davon überzeugt, daß die Botschaft echt ist. Und da er das glaubt...«

»Sie wollten sich doch kurz fassen, und nun reden Sie wie ein Wasserfall.«

»Ehe ich zulasse, daß mein Großvater bei einem solchen Vorhaben sein Leben aufs Spiel setzt, gehe ich selbst«, fuhr Forthright fort. »Wenn ich nur glauben könnte, daß die geringste Chance besteht...«

»Verdammt!« brüllte Emerson. »Muß ich Sie eigenhändig vor die Tür setzen?«

»Nein.« Der junge Mann wich, gefolgt von Emerson, in Richtung Ausgang zurück. »Aber falls Sie Ihre Meinung ändern sollten, Herr Professor, möchte ich Sie unbedingt begleiten.«

»Eine hübsche Rede, ich muß schon sagen«, verkündete Emerson. Dabei füllte er sein Glas so schwungvoll mit Whisky, daß ein Teil davon auf dem Tisch landete. »Und er besitzt die Frechheit anzudeuten, ich könnte es mir anders überlegen. Ich überlege es mir niemals anders.«

»Vermutlich verfügt er über mehr Menschenkenntnis, als du ihm zutraust«, wandte Walter ein. »Auch mir ist an dir etwas aufgefallen. Du warst nicht ganz ehrlich mit uns, Radcliffe.«

Emerson zuckte zusammen. Ob das an der ungewohnten Anrede oder an dem angedeuteten Vorwurf lag, konnte ich nicht feststellen. Er schwieg.

Ich ging zum Fenster und öffnete die Vorhänge. Der Regen hatte aufgehört. Nebel lag über dem Rasen, und die Laternen der Kutsche leuchteten in der Dunkelheit. Dann versperrte mir eine massige Gestalt den Blick aufs Licht: Lord Blacktower stieg in seine Kutsche. In seinem Kapuzenumhang und von Nebelfetzen umweht, hatte er etwas Gespenstisches an sich. Mich beschlich das unangenehme Gefühl, weder Mensch noch Tier, sondern die elementaren Mächte der Dunkelheit vor mir zu sehen.

Als ich hörte, wie sich hinter mir die Tür öffnete, drehte ich mich um. Evelyn kam herein. »Die Köchin droht mit Kündigung, wenn sie nicht sofort das Abendessen servieren kann«, sagte sie lächelnd. »Und Rose sucht Ramses. Er ist nicht mit den anderen hinaufgekommen; ist er… Ach, da bist du ja, mein Junge.«

Und da war er in der Tat. Er erhob sich hinter dem Sofa, wie ein Flaschengeist seinem Gefäß entsteigt – oder wie ein Spion seinem Versteck. Meine unheimlichen Vorahnungen wurden von Ärger abgelöst, und als mein Sohn gehorsam zu seiner Tante hinüberlief, sagte ich in scharfem Ton: »Ramses, was hast du da?«

Ramses blieb stehen. Er sah aus wie ein kleiner Teufel – sein Lockenschopf war pechschwarz, und das Gesicht darunter so sonnengebräunt wie das eines Ägypters. »Was ich da habe, Mama? Oh…« Mit überrascht-unschuldigem Gesichtsausdruck betrachtete er das Papier in seiner Hand. »Es sieht aus wie eine Seite aus Papas Notizbuch. Ich habe es vom Boden aufgehoben.«

Daran hatte ich nicht den geringsten Zweifel. Ramses bevorzugte, wenn möglich, die Wahrheit. Ich hatte das Papier auf den

Tisch gelegt. Also mußte er es heruntergeschubst haben, ehe er es aufhob.

Nachdem er mir das Blatt übergeben und das langwierige Gutenachtritual absolviert hatte, gingen wir ins Speisezimmer.

Schon lange hatte ich aufgegeben, Emerson an der Erörterung privater Familienangelegenheiten in Gegenwart der Dienstboten zu hindern. Und um ehrlich zu sein, hatte ich mir seine Auffassung zu eigen gemacht – daß es sich nämlich um eine alberne und bedeutungslose Sitte handelte, da die Dienstboten ohnehin bestens über sämtliche Vorfälle informiert waren. Außerdem erwiesen sich ihre Ratschläge häufig als sehr nützlich, da sie oft über mehr gesunden Menschenverstand verfügten als ihre sogenannten Herrschaften. Also erwartete ich, daß mein Gatte auf die soeben stattgefundenen außergewöhnlichen Ereignisse zu sprechen kommen würde. Gargery, unser Butler, rechnete offenbar ebenfalls damit; obwohl er das Servieren der Mahlzeit fachmännisch wie immer überwachte, strahlte er übers ganze Gesicht, und seine Augen funkelten. Ihm machte es stets einen Heidenspaß, wenn wir ihn in unsere kleinen Abenteuer miteinbezogen. Und das eigenartige Verhalten unserer Besucher hatte ihn in dem Verdacht bestärkt, daß ein solches kurz bevorstand.

Können Sie sich also meine Überraschung vorstellen, als Emerson, nachdem er seinen Suppenteller geleert und somit den ersten Hunger gestillt hatte, sich mit der Serviette die Lippen abtupfte und bemerkte: »Schreckliches Wetter für diese Jahreszeit.«

»Allerdings nicht ungewöhnlich«, antwortete Walter unschuldig.

»Hoffentlich hört es auf zu regnen. Sonst werdet ihr auf dem Heimweg noch naß.«

»Ganz recht«, stimmte Walter zu.

Ich räusperte mich, aber Emerson sagte rasch: »Und was hast du heute abend für uns ausgesucht, Peabody? Ach, Lammbraten. Und Pfefferminzgelee. Pfefferminzgelee mag ich ganz besonders gern! Eine ausgezeichnete Idee.«

»Mrs. Bates hat das Lamm ausgesucht«, antwortete ich, als

Gargery mit einem sichtbaren Schmollen die Teller vorlegte.
»Du weißt, daß ich die Speisenfolge ihr überlasse, Emerson. Ich
habe nicht die Zeit, mich um so etwas zu kümmern. Besonders
jetzt, wo wir so viele zusätzliche Ausrüstungsgegenstände bestellen...«

»Ganz recht«, sagte Emerson.

»Pfefferminzgelee, Sir?« fragte Gargery in einem Tonfall, der
diese gallertartige Substanz eigentlich zum Eisklumpen hätte erstarren lassen müssen. Ohne eine Antwort abzuwarten, gab er
etwa einen halben Teelöffel davon auf Emersons Teller.

Wie sein Bruder kümmerte sich auch Walter meist nicht um
Konventionen; weniger allerdings, weil er Emersons radikale
Sozialtheorien teilte, sondern eher, weil er alles vergaß, wenn
ihn die berufliche Begeisterung überkam. »Ich muß sagen, Radcliffe«, fing er an, »daß ich dieses Stück Papyrus ziemlich faszinierend fand. Hätte ein altägyptischer Schreiber Englisch
schreiben können, wäre das Ergebnis dieser Botschaft überaus
ähnlich gewesen. Ich wünschte, ich hätte die Gelegenheit, sie
genauer in Augenschein zu nehmen.«

»Das kannst du nach dem Essen tun«, sagte ich. »Durch einen
merkwürdigen Zufall hat Lord Blacktower sie bei seinem hastigen Aufbruch vergessen. Es war doch ein Zufall, oder, Emerson?«

»Du weißt genauso gut wie ich, daß es Absicht war«, fauchte
Emerson. »*Pas devant les domestiques*, wie du mir immer sagst,
Peabody.«

»Pah«, entgegnete ich freundlich. »Inzwischen hat Ramses bestimmt Rose schon alles erzählt. Ich kenne dich gut, mein lieber Emerson, und ich lese in deinem Gesicht wie in einem offenen Buch. Dieses angeblich bedeutungslose Gekritzel hinten auf
der Notizbuchseite hat für dich sehr wohl eine Bedeutung. Das
weiß ich genau. Und Seine Lordschaft wußte das auch. Ziehst
du uns ins Vertrauen, oder zwingst du uns, zu unorthodoxen
Maßnahmen zu greifen, um die Wahrheit ans Licht zu bringen?«

Emerson funkelte uns zornig an – mich, Walter, Evelyn und
Gargery, der mit hocherhobenem Haupt das Pfefferminzgelee
bewachte. In jeder Falte seines Gesichts war gekränkte Würde

zu lesen. Dann erhellten sich Emersons Züge, und er brach in lautes Gelächter aus. »Du bist unverbesserlich, meine liebe Peabody. Ich möchte lieber gar nicht wissen, an welche unorthodoxen Maßnahmen du im besonderen gedacht hast... Und eigentlich gibt es keinen Grund, warum ich euch nicht das wenige erzählen soll, was ich über diese Angelegenheit weiß. Kann ich jetzt noch etwas Pfefferminzgelee haben, Gargery?«

Nachdem sich eine weitere Portion dieser Köstlichkeit auf seinem Teller befand, fuhr Emerson fort. »Als ich Blacktower sagte, dieses Stück Papier gebe uns keinerlei Hinweis auf Forths Schicksal, habe ich nicht gelogen. Trotzdem war es ein unheimliches Gefühl, es nach so vielen Jahren wieder vor mir zu sehen. Mir war, als halle die hohle Stimme eines Toten aus einem Grab empor...«

»Wer steigert sich jetzt in seine blühende Phantasie hinein?« spöttelte ich. »Red schon weiter, Emerson, bitte.«

»Zuerst«, meinte Emerson, »müssen wir Evelyn erzählen, was geschah, nachdem sie mit den Kindern hinausgegangen war.«

Das tat er auch, und zwar unnötig ausführlich. Gargery allerdings fand es höchst interessant. »War es eine Karte, Sir?« fragte er, während er Emerson noch mehr Pfefferminzgelee auf den Teller löffelte.

»Nehmen Sie dieses verdammte Zeug weg«, sagte Emerson und betrachtete angewidert den grünen Matsch. »Ja, es war eine Karte – sozusagen.«

»Wahrscheinlich von der Straße zu König Salomons Diamantenminen«, meinte Walter lächelnd. »Oder zu den Smaragdminen Kleopatras. Oder den kuschitischen Goldminen.«

»Von einem fast ebenso unwahrscheinlichen Hirngespinst, Walter. Jetzt erinnerte ich mich wieder an meine merkwürdige letzte Begegnung mit Willie Forth.« Er hielt inne, damit Gargery Zeit hatte, die Teller abzuräumen und den nächsten Gang zu servieren.

»Es war im Herbst 1883 – in dem Jahr bevor ich dich kennenlernte, meine liebste Peabody, in dem Jahr, als Walter mich nicht begleitete. Da mir deshalb anregende Gesellschaft fehlte, wußte ich eines Abends in Kairo nichts mit mir anzufangen und

beschloß, in ein Café zu gehen. Dort saß Forth, und als er mich
sah, sprang er auf und rief meinen Namen. Er war ein Hüne
von einem Mann mit einem borstigen schwarzen Schopf, der
wirkte, als habe er schon seit Wochen weder Schere noch Bürste gesehen. Nun, wir tranken in aller Freundschaft ein oder
zwei Gläser; dann wollte er einen Toast auf seine Braut ausbringen, denn er hatte vor kurzem geheiratet. Ich nahm ihn wegen
dieser unerwarteten Neuigkeit ein wenig auf den Arm. Er war
ein eingefleischter Junggeselle von mehr als vierzig Jahren und
hatte immer steif und fest behauptet, keine Frau würde ihn jemals einfangen können. Aber er grinste nur verlegen und
schwärmte dann von ihrer Schönheit, ihrer Unschuld und ihrem Charme wie ein verliebter Pennäler. Später kamen wir auf
seine Pläne für den Winter zu sprechen. Anfangs wollte er nicht
damit herausrücken, doch ich sah ihm an, daß er nicht nur wegen des Eheglücks so guter Dinge war. Nach ein oder zwei weiteren Gläsern in aller Freundschaft gab er zu, daß er nicht, wie
er mir vorher gesagt hatte, nach Assuan wolle, sondern weiter
in den Süden. ›Wie ich glaube, haben Sie in Napata Ausgrabungen durchgeführt‹, meinte er beiläufig. Ich konnte mit meiner
Überraschung und auch meiner Mißbilligung nicht hinter dem
Berg halten. Die Nachrichten aus dem Sudan waren zutiefst be-
unruhigend, und Forth hatte mir gesagt, daß er seine Frau mitnehmen wolle. Meine Einwände schob er beiseite: ›Die Aufstän-
de finden hauptsächlich in Kordofan statt, also viele hundert
Meilen von meinem Ziel entfernt. Außerdem ist General Hicks
auf dem Weg dorthin. Er wird diese Burschen in ihre Schran-
ken weisen, noch ehe wir in Wadi Halfa angekommen sind.‹«
Emerson wandte sich an den Butler. »Wadi Halfa liegt am Zweiten Katarakt, Gargery, einige hundert Meilen südlich von Assuan.«

»Vielen Dank, Sir. Und diese andere Stadt – Nabada?«

»Hmmm, nun, darüber ist man sich noch nicht im klaren.
Die Kuschiten oder Nubier hatten zwei Hauptstädte: Meroë, die
zweite und jüngere der beiden, liegt in der Nähe des Sechsten
Katarakts, nördlich von Khartum. Ihre Ruinen wurden entdeckt
und konnten genau zugeordnet werden. Von der Lage Napatas,

der älteren Hauptstadt, haben wir eine ungefähre Vorstellung, denn es gibt Pyramidenfriedhöfe in der näheren Umgebung. Doch der genaue Standort ist noch unbekannt.

Nun, wir alle wissen, was aus Hicks geworden ist. (Seine Armee, mein lieber Gargery, wurde entgegen aller Vorhersagen – mit Ausnahme von meiner – durch die Truppen des Mahdi aufgerieben.) Die Nachricht von dieser Katastrophe traf erst nach Forths Abreise in Kairo ein. Ich hatte ihm in jener Nacht nicht mehr sagen können, als daß ich an einem Ort gewesen sei, den ich für Napata hielt. Allerdings würde ich in dieser Gegend – um es milde auszudrücken – nicht unbedingt meine Flitterwochen verbringen wollen. ›Sie wollen doch Ihre Braut nicht allen Ernstes in so ein primitives, fieberverseuchtes und gefährliches Drecksloch bringen?‹ fragte ich ihn.

Inzwischen spürte Forth schon die Wirkung unserer vier oder fünf Gläser. Er grinste mich betrunken an. ›Noch weiter, Emerson, noch viel weiter.‹

›Nach Meroë? Das ist sogar noch abgelegener und gefährlicher als der Gebel Barkal. Sie sind vollkommen übergeschnappt, Forth.‹

›Und Sie liegen immer noch daneben, Emerson.‹ Forth beugte sich vor und stützte sich mit beiden Ellbogen auf den schmutzigen Tisch. Mit leuchtenden Augen sah er mich an. Ich hatte eine unheilvolle Vorahnung, und es hätte mich nicht gewundert, wenn hinter ihm Gevatter Tod mit der Sense erschienen wäre. ›Was geschah nach dem Fall von Meroë mit der königlichen Familie und dem Adel? Wohin sind sie geflohen? Sie kennen doch die arabischen Legenden über die Söhne Kuschs, die der untergehenden Sonne entgegenwanderten – nach Westen durch die Wüste in eine verborgene Stadt...‹

›Geschichten, Legenden, Märchen!‹ rief ich aus. ›Sie beruhen genausowenig auf Fakten wie die Sage von König Artus, der von drei Königinnen auf die Insel Avalon entführt wurde. Oder die von Karl dem Großen, der mit seinen Rittern unter einem Berg schläft...‹

›Oder die homerischen Legenden über Troja‹, entgegnete Forth.

Ich beschimpfte ihn und Heinrich Schliemann, dessen Entdeckungen Verrückte wie meinen Freund in ihren Wahnideen bestärkt hatten. Forth hörte mir nur dümmlich grinsend zu und kramte dann in seinen Jackentaschen – ich nahm an, er suche seine Pfeife. Statt dessen zog er eine kleine Schachtel heraus, reichte sie mir und forderte mich mit einer großartigen Geste auf, den Deckel zu öffnen. Als ich das tat... Peabody, du erinnerst dich doch noch an die Ferlini-Sammlung im Berliner Museum?«

Von dieser Frage überrascht, wollte ich schon den Kopf schütteln. Doch dann rief ich aus: »Die Juwelen, die Ferlini vor fünfzig Jahren aus Meroë mitgebracht hat?«

»Genau.« Emerson holte einen Bleistift aus der Tasche und fing an, aufs Tischtuch zu malen. Gargery, der diese Angewohnheit Emersons und auch meine übliche Reaktion darauf bereits kannte, schob geschickt ein Blatt Papier unter den Bleistift. Nachdem Emerson mit seiner Skizze fertig war, reichte er sie Gargery, der sie zuerst eingehend betrachtete und sie dann wie eine Gemüseplatte jedem der Anwesenden vorlegte. »Vor mir in der Schachtel lag ein goldenes Armband«, fuhr Emerson fort. »Die Verzierungen, bestehend aus heiligen Kobras, Rauten und Lotosknospen, waren mit roter und blauer Emaille unterlegt.«

Stirnrunzelnd betrachtete Walter die Skizze. »Ich habe einmal eine Lithographie eines ähnlichen Schmuckstücks gesehen, Radcliffe.«

»In Lepsius' *Denkmäler*«, erwiderte Emerson. »Oder vielleicht im offiziellen Katalog des Berliner Museums aus dem Jahre 1894. Ein Armband des gleichen Typs und mit ähnlicher Verzierung wurde von Ferlini in Meroë gefunden. Also war mein erster Gedanke, daß Forths Armband ebenfalls aus Meroë stammen mußte. Die Bewohner dieser Gegend plündern schon seit Ferlinis Zeiten die Pyramiden und hoffen, einen weiteren Schatz zu finden. Allerdings war das verdammte Ding nahezu unbeschädigt, und die Emaille war so frisch, als habe man sie eben erst eingebrannt. Es mußte sich um eine moderne Fälschung handeln – aber welcher Fälscher würde Gold benutzen, das so rein war, daß man es mit den Fingern biegen konnte?

Ich fragte Forth, woher er es habe, und er erzählte mir eine
unglaubwürdige Geschichte: Ein zerlumpter Einheimischer
habe ihm das Schmuckstück angeboten und ihm vorgeschlagen,
ihn zu der Quelle dieser Reichtümer zu führen. Dieser Ort liege
weit in der westlichen Wüste in einer geheimen Oase, wo es Gebäude so groß wie die Tempel in Luxor gebe. Außerdem lebe
dort ein merkwürdiger Stamm von Zauberern, die goldenen
Schmuck trügen und ihren dämonischen Göttern Blutopfer dar-
brächten...« Emerson schüttelte den Kopf. »Ihr könnt euch vorstellen, wie ich mich wegen dieser absurden Geschichte über
ihn lustig gemacht habe. Vor allem, als er mir mitteilte, der bedauernswerte Einheimische habe an einem Fieber gelitten, dem
er wenige Tage später erlegen sei.

Meine Argumente verfehlten ihre Wirkung auf Forth. Er
trank ziemlich viel, und als ich es schließlich aufgab, ihm seinen verrückten Plan ausreden zu wollen, stellte ich fest, daß
man ihn in seinem Zustand nicht sich selbst überlassen durfte.
Er wäre sofort überfallen und ausgeraubt worden. Deshalb erbot ich mich, ihn zu seinem Hotel zu begleiten. Er war einverstanden und sagte, ich müsse unbedingt seine Frau kennenlernen.

Sie hatte auf ihn gewartet, aber nicht damit gerechnet, daß er
einen Fremden mitbringen würde. Sie war in ein flauschiges,
weißes Gewand gehüllt, das von Spitzen und Rüschen nur so
überquoll; es gehörte wohl zu ihrem Brautkleid. Sie war ein
traumhaftes Geschöpf und sah nicht älter als Achtzehn aus, mit
großen, träumerischen blauen Augen, Haar wie gesponnenes
Gold und einer Haut so weiß wie Elfenbein. Und sie war kalt.
Eine Schneekönigin, die nicht mehr menschliche Wärme aus-
strahlte als eine Statue. Die beiden waren ein eigenartiger Gegensatz. Forth mit seinem derben, strahlenden Gesicht und dem
schwarzen Schopf, seine Frau ganz in Weiß und von einer
durchscheinenden Blässe – die Schöne und das Biest, wie man
sie sich immer vorstellt. Ich malte mir aus, wie die Hitze ihre
lilienweiße Haut versengen, der Sand sie aufscheuern und die
Sonne ihr schimmerndes Haar ausdörren würde. Und, bei Gott,
Peabody, ich spürte nur das Bedauern, das man empfindet,

wenn ein Kunstwerk geschändet wird – kein menschliches Mitgefühl. Doch solche Empfindungen und Wahrnehmungen waren
ihr offenbar sowieso fremd. Nein, mein Mitgefühl galt Willie
Forth. Die bloße Vorstellung, solch eine Eisstatue in die Arme
zu nehmen, mit ihr... Äh... hmmm. Du verstehst schon, was
ich meine, Peabody.«

Ich spürte, daß ich errötete. »Ja, Emerson, ich verstehe.
Trotzdem tut sie mir leid. Sie konnte ja nicht ahnen, was sie
erwartete.«

»Ich versuchte, es ihr zu erklären. Forth war auf dem Bett
zusammengesunken und lag nun da, schnarchend und die
Schachtel mit dem Armband mit beiden Händen umklam-
mernd. Ich sprach mit ihr wie ein Bruder, Peabody. Ich sagte
ihr, es sei Wahnsinn, in eine derartige Gegend zu reisen, und
auch, daß er verrückt sei, sie überhaupt mitzunehmen. Ich hätte genausogut zu einem elfenbeinernen Standbild reden können. Schließlich gab sie mir zu verstehen, daß meine Anwesenheit ihr lästig sei, und ich verabschiedete mich. Wie ich zu
meinem Bedauern gestehen muß, knallte ich die Tür hinter mir
zu. Seitdem habe ich die beiden nicht mehr gesehen.«

»Aber die Karte, Emerson«, meinte ich. »Wann hast du...«

»Oh«, hüstelte Emerson. »Die Karte. Nun, zum Teufel, Peabody, ich hatte auch einige Gläser intus, und ich hatte einige
arabische Schriftsteller aus dem Mittelalter gelesen...«

»Das Buch der verborgenen Perlen?«

Emerson grinste verlegen. »Verdammt, Peabody, du bist mir
immer einen Schritt voraus. Das muß an deiner blühenden
Phantasie liegen. Aber selbst die unglaubwürdigsten Legenden
enthalten oft ein Körnchen Wahrheit. Ich kann mir durchaus
vorstellen, daß es in der westlichen Wüste unbekannte Oasen
gibt, viel südlicher noch als die Oasen Ägyptens, von denen wir
wissen. In seinem Buch aus dem Jahr 1835 erwähnt Wilkinson
drei; Araber hatten ihm davon berichtet. Die Bevölkerung von
Dakhla – eine der bekanntesten Oasen in Südägypten – erzählte sich Geschichten über Fremde, hochgewachsene schwarze
Männer, die aus dem Süden kamen. Und El Bekri, ein Schriftsteller aus dem elften Jahrhundert, schildert eine Riesin, die in

Dakhla gefangengenommen wurde; sie habe eine unverständliche Sprache gesprochen, und als man sie freiließ, um sie bis zu ihrem Herkunftsort verfolgen zu können, lief sie davon und entfloh.«

»Faszinierend«, hauchte Evelyn. »Aber was ist mit dem *Buch der verborgenen Perlen?*«

»Ach, das ist wirklich nichts als Legende«, antwortete Emerson mit einem freundlichen Lächeln. »Es handelt sich um ein mystisches Werk aus dem fünfzehnten Jahrhundert, das Geschichten von vergrabenen Schätzen erzählt. Einer der erwähnten Orte ist Zerzura, die weiße Stadt, wo der König und die Königin auf ihrem Thron schlafen. Der Schlüssel zu dieser Stadt liegt im Schnabel eines Vogels, der ins große Tor eingeschnitzt ist. Aber wenn man den Schatz holen will, darf man den König und die Königin nicht wecken.«

»Das ist nur ein Märchen«, meinte Walter zweifelnd.

»Natürlich. Allerdings wird Zerzura auch in anderen Quellen erwähnt. Der Name ist wahrscheinlich aus dem arabischen *zarzar* abgeleitet, was Spatz bedeutet. Also heißt Zerzura: ›Die Stadt der kleinen Vögel‹. Und es gibt weitere Geschichten, weitere Hinweise…« Emersons Gesicht nahm den nachdenklichen, verträumten Ausdruck an, den nur wenige Menschen in seinem Bekanntenkreis je beobachten dürfen. Er gibt sich gern als reiner Verstandesmensch und hat für müßige Phantasien nichts als Hohn übrig. In Wirklichkeit aber ist der Gute so sensibel und sentimental, wie man es Frauen für gewöhnlich zum Vorwurf macht (obwohl Frauen meiner Erfahrung nach um einiges praktischer veranlagt sind als Männer).

»Denkst du an Harkhuf?« fragte Walter. »Es stimmt, daß das Rätsel nie gelöst wurde, wenigstens nicht zu meiner Zufriedenheit. Wohin führten seine Expeditionen? Woher stammten die Schätze, die er nach Ägypten brachte? Gold und Elfenbein und der tanzende Zwerg, der dem Kindkönig, dem er diente, so viel Freude machte… Und dann sind da noch Königin Hatschepsuts Reisen nach Punt…«

»Punt hat damit nichts zu tun«, widersprach Emerson. »Es muß irgendwo an der Küste des Roten Meeres östlich des Nils liegen. Was Harkhuf betrifft, so ist das schon mehr als viertausend Jahre her. Vielleicht ist er auf der Darb el Arba'in gereist... Siehst du nun, welche Faszination in müßigen Spekulationen liegt? Wir haben Mutmaßungen angestellt, tranken in aller Freundschaft einige Gläser und kritzelten bedeutungslose Linien auf ein Stück Papier. Wenn Forth so dumm war, dieser sogenannten Karte zu folgen, hat er den unangenehmen Tod verdient, der ihm unzweifelhaft beschieden war. Genug davon. Peabody, was sitzt du noch hier herum? Warum stehst du nicht auf, damit die Damen sich zurückziehen können?«

Diese Frage war als Provokation gedacht. Emerson wußte genau, daß diese Sitte in unserem Haus nicht befolgt wurde. »Also ziehen wir uns alle zurück«, sagte ich.

Walter eilte zur Tür und hielt sie mir auf. »Es ist schon ein komischer Zufall«, meinte er arglos. »Der Aufstand der Derwische hatte eben erst begonnen, als Mr. Forth verschwand. Nun ist er offenbar gerade vorbei, und prompt trifft eine Botschaft ein...«

»Walter, sei nicht so naiv. Wenn jemand einen Betrug plant, ist die Wahl des Zeitpunkts keineswegs zufällig. Die Nachricht von Slatin Paschas Flucht nach all den Jahren der Gefangenschaft hat möglicherweise ein kriminelles Hirn beflügelt...«

Mit einem erstickten Laut brach Emerson ab. Das Blut schoß ihm in die Wangen.

Ich wußte, woran er gerade dachte. Ich weiß immer, woran Emerson gerade denkt, denn das geistige Band zwischen uns ist unzertrennlich. Der finstere Schatten des Meisterverbrechers, unseres altbekannten Unglücksboten, würde uns wohl bis in alle Ewigkeit verfolgen – besonders mich, da ich (sehr zu meinem Erstaunen, denn ich verhalte mich stets gesittet) eine wilde Leidenschaft in seinem abartigen, wenngleich auch brillanten Geist entfacht hatte.

»Nein, Emerson!« rief ich aus. »Das kann nicht sein. Vergiß sein Versprechen nicht, daß er nie mehr...«

»Das Versprechen einer Schlange hat keinen Wert, Peabody. Das ist genau die Sorte Plan...«

»Dann erinnere dich an dein Versprechen, Emerson. Du wolltest nie mehr...«

»Ach, verdammt«, murmelte Emerson.

Obwohl sie nicht wußte, wovon wir sprachen (zumindest hoffte ich das), wechselte Evelyn taktvoll das Thema. »Erklär mir, lieber Schwager, was du in Meroë zu finden hoffst und warum du nicht wie sonst immer in Ägypten arbeiten kannst? Es macht mir Angst, wenn ich daran denke, daß Amelia und du euch so in Gefahr begebt.«

Emerson antwortete ihr, obwohl er dabei ständig an seinem Kragen zerrte, als schnüre dieser ihm die Luft ab. »Das alte Kusch ist eine ganz und gar unbekannte Zivilisation, Evelyn. Von allen qualifizierten Wissenschaftlern ist nur Lepsius dort gewesen. Allerdings konnte er nicht viel mehr tun, als schriftlich festzuhalten, was er im Jahr 1844 vorfand. Das ist die wichtigste Aufgabe, die uns erwartet – eine genaue Bestandsaufnahme der Denkmäler und Inschriften anzufertigen, ehe die Zeit und Schatzsucher alles zerstören.«

»Besonders die Inschriften«, warf Walter begeistert ein. »Die Schrift ist von den ägyptischen Hieroglyphen abgeleitet, aber bis jetzt hat noch niemand die Sprache übersetzt. Ich darf gar nicht daran denken, wie schnell die Relikte auf Nimmerwiedersehen verschwinden; am liebsten würde ich dich begleiten. Du und Amelia könnt nicht etwa...«

Bei diesen Worten stieß Evelyn einen Angstschrei aus und klammerte sich an Walters Arm, als wolle er auf der Stelle nach Afrika aufbrechen. Emerson beruhigte sie auf seine übliche Art: »Walter ist schlaff und fett geworden, Evelyn. In Nubien würde er keinen Tag überstehen. Walter, du hast strenge Leibesübungen dringend nötig, und wenn du diesen Winter brav Sport treibst, darfst du in der nächsten Saison vielleicht mitkommen.«

Mit solch lebhaften und freundlichen Alltagsgesprächen verging die nächste Stunde. Die beiden Männer hatten um Erlaubnis gebeten, Pfeife rauchen zu dürfen, was ihnen natürlich gestattet wurde. Evelyn war zu sanft, um jemandem eine Bitte zu verweigern, und ich hätte nicht im Traum daran gedacht, Emerson in seinem eigenen Wohnzimmer an irgend etwas zu hin-

dern. (Obwohl ich mich gelegentlich dazu gezwungen sah, ihn
um Aufschub einer gewissen Beschäftigung zu bitten, bis ein an-
gemessener Grad an Intimsphäre hergestellt war.)

Schließlich ging ich zum Fenster, um frische Luft hereinzu-
lassen. Die Wolken hatten sich verzogen, und das Mondlicht legte einen silbernen Hauch auf den Rasen. Als ich so dastand und
die Schönheit der Nacht bewunderte (denn ich bin eine große
Naturfreundin), störte auf einmal ein jähes Krachen den träumerischen Frieden. Darauf folgten rasch ein zweites und ein
drittes.

Ich wandte mich um. Mein Blick traf den von Emerson.

»Wilderer«, meinte Walter träge. »Gut, daß der kleine Ramses
schläft. Er wäre sofort da draußen…«

Emerson stürmte mit der Behendigkeit eines Panthers zur
Tür hinaus. Ich lief ihm nach, wobei ich mir nur noch Zeit ließ
zu erklären: »Keine Wilderer, Walter! Das waren Pistolenschüs-
se! Bleib hier bei Evelyn.«

Ich raffte meine scharlachroten Rüschen und jagte meinem
Gatten nach. Er war noch nicht weit. Als ich hinauskam, stand
er auf dem Rasen und spähte in die Finsternis. »Ich kann nichts
feststellen«, meinte er. »Aus welcher Richtung kamen die Geräusche?«

Wir konnten uns nicht auf eine Antwort einigen. Nach einer
heftigen Auseinandersetzung – in deren Verlauf Emerson mein
Ansinnen, uns aufzuteilen, damit wir rascher ein größeres Gebiet absuchen konnten, rundheraus ablehnte – marschierten wir
in die Richtung los, die ich vorgeschlagen hatte: zum Rosengar-
ten und dem kleinen Waldstück, das dahinterlag. Obwohl wir
alles sorgfältig durchkämmten, fanden wir nichts Außergewöhnliches. Ich wollte schon Emersons Aufforderung folgen, die restliche Suche auf morgen zu verschieben, als wir die Räder eines
Fahrzeugs hörten.

»Da drüben!« rief ich und zeigte mit dem Finger.

»Das ist nur der Karren eines Bauern, der zum Markt fährt«,
sagte Emerson.

»Um diese Uhrzeit?« Ich lief los und rannte quer über den
Rasen zu der Baumreihe hinüber, die unser Grundstück nach

Norden hin begrenzt. Da das Gras sehr naß war, erreichte ich
– auch wegen meiner zierlichen Abendschuhe – nicht meine
gewohnte Geschwindigkeit. Also hatte Emerson mich bald über-
holt, und er achtete nicht auf meine Bitten, doch auf mich zu
warten. Als ich endlich neben ihm angekommen war, hatte er
schon das Tor in der Ziegelmauer – den Seiteneingang zu unserem Garten – durchschritten. Er stand reglos da und betrachtete etwas auf dem Boden.

Dann drehte er sich um und hielt mich mit ausgestrecktem
Arm zurück. »Bleib stehen, Peabody. Das ist eines meiner Lieb-
lingskleider. Es wäre schade, wenn es verdorben würde.«

»Was…«, fing ich an, aber es war überflüssig, die Frage auszusprechen. Wir befanden uns am Ende der Baumreihe. Ein
schmaler Pfad, der normalerweise nur von Karren und land-
wirtschaftlichen Fahrzeugen benutzt wird, verlief längs der
Mauer. Auf der zerfurchten Erde schimmerte die Lache im
Mondschein so schwarz wie Tinte, und die Lichtstrahlen liebko-
sten ihre Oberfläche mit zittrigen, silbernen Fingern. Doch es
war keine Tinte. Im Tageslicht würde die Flüssigkeit eine völlig
andere Farbe haben – etwa die gleiche wie mein scharlachroter
Rock.

3. KAPITEL

»Er versprach allen Damen
viele Söhne.«

Mit dem auffälligen Mangel an Intelligenz, der ihren Berufsstand auszeichnet, weigerten sich unsere Dorfpolizisten zu glauben, daß hier ein Mord geschehen war. Aber zumindest teilten sie meine Auffassung, kein Lebewesen könne einen derartigen Blutverlust überstehen. Sie verkündeten, dies sei ein Indiz mehr dafür, daß hier ein Verbrechen an einem Tier verübt worden sei, weshalb es sich gar nicht um ein Verbrechen handelte – wenigstens nicht um Mord. Als ich sie darauf hinwies, daß Wilderer nur selten zu Handfeuerwaffen greifen, lächelten sie nur höflich und schüttelten die Köpfe – nicht aufgrund dieser allzu offensichtlichen Tatsache, sondern über die Vorstellung, eine Frau könne in der Lage sein, die beiden Geräusche voneinander zu unterscheiden. Dann fragten sie – sogar noch höflicher –, aus welchem Grund der mutmaßliche Mörder die Leiche seines Opfers fortgeschafft haben sollte.

Das genau war der Schwachpunkt meiner Theorie. Denn

man hatte weder eine Leiche noch blutige Schleifspuren gefunden. Anscheinend hatte der Täter den Ermordeten mittels eines Karrens oder Wagens abtransportiert, dessen Räder Emerson und ich gehört hatten. Allerdings mußte ich zugeben, daß meine These ohne *corpus delicti* auf tönernen Füßen stand.

Emerson unterstützte mich keineswegs mit dem Engagement, das ich mit vollem Fug und Recht erwartet hätte. Besonders verärgerte ihn meine Bemerkung, der Vorfall könne mit der Familie Forth in Zusammenhang stehen. Doch ich bin sicher, daß meine werten Leser diese Auffassung teilen, wie es die Vernunft gebietet. Zwei seltsame Ereignisse an ein und demselben Abend müssen einfach etwas miteinander zu tun haben. Trotzdem aber wies alles auf das Gegenteil hin. Meine Erkundigungen, auf denen ich bestand, erbrachten, daß sich sowohl Lord Blacktower als auch sein Enkel bester Gesundheit erfreuten und den Grund meiner Besorgnis nicht verstanden.

Der Lord teilte mir außerdem erfreut mit, daß sich niemand bei ihm gemeldet und Geld für eine Auskunft oder für die Ausrüstung einer Rettungsexpedition gefordert habe. Offenbar hielt er das für den Beweis, daß Emerson die Botschaft falsch gedeutet hatte. Mir allerdings kam die Sache dadurch nur noch rätselhafter vor. Gewiß, falls jemand einen Betrug im Schilde führte, wäre mit weiteren Botschaften zu rechnen gewesen. Doch das gleiche traf auch zu, wenn der Hilferuf echt war. Wie war der Brief von einem unbekannten Ort nach London gelangt? Und warum hatte der Überbringer nicht beim Empfänger vorgesprochen? Und in welchem Zusammenhang stand – wenn überhaupt – die abscheuliche Blutlache auf dem Weg mit dieser Angelegenheit?

Die schriftlichen Belege – der Papyrusfetzen und die Seite aus Emersons Notizbuch – stifteten bei näherer Betrachtung nur weitere Verwirrung. Der Papyrus war alt, unter der neuen Schrift waren Spuren eines früheren Texts zu erkennen. Dieses Phänomen kam bei antiken ägyptischen Schriftstücken häufig vor, denn da Papyrus teuer war, wurde der ursprüngliche Text zum Zweck der Wiederverwendung häufig gelöscht. Für einen Ägyptenreisenden war es (wie ich leider sagen muß) nicht weiter schwer, sich Stücke von altem Papyrus zu beschaffen. Und die Seite aus Emersons Notizbuch konnte genausogut einem oder mehreren Unbekannten in die Hände geraten sein. Emerson gab zu, daß er sich an den Verbleib der Seite nicht mehr erinnerte. Vielleicht habe Forth sie in die Tasche gesteckt, möglicherweise hatte er sie auch auf dem Tisch im Café liegengelassen.

Wie es schien, war ich mit meinem Fall in einer Sackgasse gelandet. Und da nicht einmal mir einfiel, was man jetzt noch unternehmen könnte, beschloß ich widerwillig, die Sache ruhen zu lassen; besonders deshalb, da weitere Schwierigkeiten Emersons Geduld auf eine harte Probe stellten.

Emerson lebt in dem Glauben, er sei Herr seines Schicksals und Herrscher seiner gesamten Umgebung. Das männliche Geschlecht ist anfällig für diese Selbsttäuschung, die Grund für die rasende Wut ist, mit der es auf die kleinste Widrigkeit reagiert. Frauen haben sich aufgrund ihrer Abhängigkeit vom Mann an das unvernünftige Verhalten des Menschen gewöhnt, der ihr Leben bestimmt. Deshalb überraschte es mich auch nicht weiter, als Emersons Zuversicht den ersten Dämpfer erhielt: Anstatt weiter auf Khartum vorzurücken, bezogen die ägyptischen Expeditionstruppen ihr Winterquartier in Merawi (nicht zu verwechseln mit Meroë, das einige hundert Meilen weiter südlich liegt).

Eine Frau hätte sich nun ins Unvermeidliche gefügt, nicht aber Emerson. Er verschwendete eine Menge Zeit, indem er Pläne schmiedete, wie sich dieses Hindernis wohl umgehen ließe. Auch weigerte er sich, auf die völlig einleuchtenden Einwände einzugehen, es sei sinnlos in einer Gegend zu arbeiten, wo sowohl Lebensmittel als auch erfahrene Arbeiter Mangelware waren.

»Wenn wir Nahrung für die Arbeiter auftreiben könnten, würden sie uns die Bude einrennen«, grollte er, wobei er heftig an seiner Pfeife sog. »Das Gerede über die angeborene Faulheit der Sudanesen beruht nur auf europäischen Vorurteilen. Allerdings sehe ich auch keine Möglichkeit, wie wir es schaffen sollen. Sämtliche Verkehrswege südlich von Wadi Halfa stehen unter

dem Kommando des Militärs, und wir können schließlich
schlecht einen Eisenbahnwaggon beschlagnahmen und ihn mit
Lebensmitteln vollpacken…« Er hielt inne, und seine Augen
leuchteten, als er diesen Einfall überdachte.

»Nicht ohne Aufsehen zu erregen«, spottete ich. »Du müßtest
außerdem eine Lokomotive beschlagnahmen, um den Waggon
zu ziehen. Und Holz, um den Kessel zu heizen, und einen Lok-
führer und noch einiges andere mehr. Nein, ich fürchte, es ist
nicht durchführbar. Wir müssen es aufgeben, Emerson, wenigstens für dieses Jahr. Im nächsten Herbst haben unsere tapferen
Soldaten sicher schon Khartum erobert und den Schandfleck
getilgt, der die britische Flagge verunziert, seit wir versäumt haben, den tapferen Gordon zu rächen.«

»Ein tapferer Idiot war er«, schnaubte Emerson. »Man hatte
ihn losgeschickt, damit er Khartum evakuiert, nicht damit er
herumhockt wie eine Kröte in einer Pfütze und brav wartet,
daß der Mahdi ihn umbringt. Nun denn, vielleicht ist es das
beste so. Selbst wenn das Land befriedet wäre, hat es doch sehr
gelitten. Kein passender Aufenthaltsort für unseren Jungen,
wenn er auch noch so robust ist.«

»Ramses hat damit nichts zu tun«, widersprach ich. »Er geht
in Kairo zur Schule. Wo werden wir *dann* unsere Ausgrabungen
machen, Emerson?«

»Es gibt nur einen Ort, Peabody. Napata.«

»Napata?«

»Am Gebel Barkal in der Nähe von Merawi. Ich bin überzeugt, daß dort die erste kuschitische Hauptstadt liegt, die
sechshundert Jahre lang blühte und gedieh, bis die Kuschiten
den Berg hinauf nach Meroë zogen. Budge ist schon dort – zum
Teufel mit ihm«, fügte Emerson hinzu und biß so fest auf das
Mundstück seiner Pfeife, daß ein Knacken zu vernehmen war.
»Ich wage gar nicht daran zu denken, was er mit den Pyramiden anstellen wird.«

Also trug der arme Mr. Budge die Schuld, weil er die Frechheit besaß, sich bereits im Sudan zu befinden. Es wäre sinnlos
gewesen, Emerson darauf hinzuweisen, daß er selbst sofort dorthin gereist wäre, hätte sich ihm nur die Gelegenheit geboten –

mittels einer Einladung durch die britischen Behörden. »Einladung, daß ich nicht lache...«, höhnte Emerson nur und gab dann eine Reihe Ausdrücke von sich, die mich zwangen, mir die Ohren zuzuhalten. »Er hat sich selbst eingeladen! Er hat solange gedroht, gedrängelt und gekatzbuckelt, bis man ihn fahren ließ. Mein Gott, Peabody, wenn dieser Drecksskerl mit Nubien fertig ist, wird dort kein Stein mehr auf dem anderen stehen. Und er wird alles, was in diesem Land nicht niet- und nagelfest ist, für sein verdammtes Museum stehlen...«

Und so weiter und so fort – ein Ende war nicht abzusehen. Obwohl ich mich normalerweise bemühte, Mr. Budge vor Emersons unvernünftigen Angriffen in Schutz zu nehmen, muß ich zugeben, daß ich diesmal auch ein wenig verärgert über ihn war. In einem Bericht, den er auf dem militärischen Dienstweg hatte weiterleiten lassen, brüstete er sich, er habe die Strecke von Kairo nach Kerma in nur zehneinhalb Tagen zurückgelegt. Ich wußte nur zu gut, welche Wirkung diese Behauptung auf meinen aufbrausenden Ehemann haben würde. Emerson würde darauf bestehen, Budges Rekord zu brechen.

Die erste Etappe, von Kairo nach Assuan, war uns bereits wohlbekannt, so daß ich nicht mit besonderen Schwierigkeiten rechnete. Ich hatte recht, doch Assuan, einst ein verschlafenes kleines Dorf, hatte sich in ein riesiges Armeedepot verwandelt. Obwohl Captain Pedley es uns gegenüber nicht an Höflichkeit fehlen ließ, besaß er doch die Taktlosigkeit, Emerson zu sagen, er solle seiner Frau keine Reise in eine so einsame und gefährliche Gegend erlauben. »Erlauben!« wiederholte Emerson. »Sagten Sie ›erlauben‹?«

Obwohl ich gleichermaßen verärgert war, hielt ich es für das beste, das Thema zu wechseln. Man durfte nie vergessen, wie beschränkt doch so ein Soldatengehirn war, wie ich Emerson später erklärte. Nach einem gewissen Alter – irgendwann Anfang Zwanzig – wird es nahezu unmöglich, es mit einem neuen Gedanken, ganz gleich welcher Art, vertraut zu machen.

Da eine Schiffsreise durch die reißenden und steinigen Stromschnellen des Ersten Katarakts voller Gefahren steckt, mußten wir den Dampfer in Assuan verlassen und mit der Bahn nach Shellâl am südlichen Ende des Katarakts fahren. Dort bekamen wir glücklicherweise Plätze auf einem Schaufelraddampfer. Der Kapitän entpuppte sich als ein alter Freund Emersons. Zudem wurde mein Gatte in jedem kleinen Dorf, wo der Dampfer Holz für seine Heizkessel aufnehmen mußte, von den Einwohnern lautstark begrüßt: »*Essalâmu 'aleikum*, Emerson Effendi! Marhaba, oh Vater der Flüche!« Es war schmeichelhaft, aber auch ein wenig peinlich, besonders wenn die Begrüßung (wie bei einer Gelegenheit) von einem weiblichen Wesen kam, deren geschminkte Lippen und freizügige Kostümierung wenig Zweifel an ihrem Beruf ließen.

Unsere Kabinen, obwohl weit entfernt von der Sauberkeit, auf der ich normalerweise bestehe, waren recht gemütlich. Trotz einiger Unbequemlichkeiten (und der bereits geschilderten peinlichen Erlebnisse) genoß ich die Reise sehr. Da mir die Gegend südlich von Assuan fremd war, wurde ich es nicht müde, die beeindruckend schroffe Landschaft und die Ruinen, die das Ufer säumten, zu betrachten.

Selbstverständlich machte ich mir umfangreiche Notizen, doch da ich beabsichtige, meinen Bericht anderweitig zu veröffentlichen, werde ich dem geneigten Leser Einzelheiten ersparen. Allerdings komme ich nicht umhin, einen Anblick zu erwähnen, der sich meinem Auge bot: Es ist unmöglich, an dem majestätischen Tempel von Abu Simbel vorbeizufahren, ohne ein Wort des Respekts und der Wertschätzung fallenzulassen.

Dank meiner sorgfältigen Vorbereitungen und der freundlichen Mithilfe von Emersons Freund, dem Kapitän, erreichten wir dieses atemberaubende Gebäude bei Sonnenaufgang, und zwar an einem von zwei Tagen im Jahr, an dem die Strahlen der Sonne, die über den Bergen im Osten aufgeht, geradewegs durch den Eingang in die entfernteste Nische des Altarraums dringen, wo sie wie eine himmlische Flamme auf dem Altar ruhen. Die Wirkung war ehrfurchtgebietend, und selbst nachdem die Sonne gestiegen und der pfeilähnliche Lichtstrahl verblaßt war, ließ uns der Anblick reglos an der Reling verharren. Vier riesige Statuen von Ramses II. bewachen den Eingang und begrüßen mit imposanter Würde das tägliche Eintreffen des Gottes, dem zu Ehren der Tempel erbaut worden war. So halten sie es Tag um Tag, schon seit fast dreitausend Jahren.

Ramses stand neben uns an der Reling; seiner sonst so ungerührten Miene sah man an, daß er bewegt war, als er das gewaltigste Bauwerk des Herrschers betrachtete, dessen Namen er trug. (Eigentlich war er ja nach seinem Onkel benannt worden, doch schon als kleines Kind hatte sein Vater ihm diesen Spitznamen gegeben. Er behauptete, der Knabe erinnere ihn in seiner herrschsüchtigen Art und seiner monomanischen Ich-Bezogenheit an den egoistischsten aller Pharaonen. Der Name war meinem Sohn geblieben, und zwar aus Gründen, die allen Lesern meiner Berichte bekannt sein sollten.)

Nun aber werden Sie sich wahrscheinlich fragen, was Ramses hier an der Reling des Dampfers zu suchen hatte. Er hätte doch eigentlich in der Schule sein sollen.

Er war nicht in der Schule, denn die Akademie für junge Gentlemen hatte sich außerstande gesehen, ihn aufzunehmen. Dieses Wort – »außerstande« – hatte der Direktor gebraucht. Er behauptete, er habe keinen Platz für einen weiteren Zögling. Möglicherweise sprach er die Wahrheit. Ich konnte ihm das Gegenteil nicht beweisen. Und ich konnte mir auch keinen anderen Grund vorstellen, warum man meinen Sohn nicht an einer Schule für junge Gentlemen hätte aufnehmen sollen.

Das meine ich nicht ironisch, obwohl einem Menschen, der meine Kommentare zu meinem Sohn kennt, dieser Verdacht kommen könnte. Doch Ramses hatte sich in den letzten Jahren sehr gebessert (oder ich hatte mich an ihn gewöhnt; es heißt ja, man kann sich an alles gewöhnen).

Damals war er zehn Jahre alt und hatte seinen Geburtstag im vergangenen Spätsommer gefeiert. In den letzten Monaten war er wie die meisten Jungen seines Alters ziemlich in die Höhe geschossen. Wahrscheinlich würde er einmal so groß werden wie sein Vater, obwohl er sicherlich nicht dessen wohlgeformte Gestalt geerbt hatte. Seine Züge waren immer noch zu groß für

sein mageres Gesicht, aber ich hatte in letzter Zeit den Ansatz
eines Grübchens an seinem Kinn entdeckt, ähnlich dem, das
Emersons ebenmäßigem Gesicht solchen Charme verleiht. Ramses verabscheute ebenso wie sein Vater Anspielungen auf dieses
Merkmal. Ich muß zugeben, daß die pechschwarzen Locken des
Jungen und die olivfarbene Haut ihn eher wie einen jungen
Araber – aus guter Familie – als wie einen englischen Knaben
wirken ließen. Doch daß er ein Gentleman war, wenigstens von
seiner Abstammung her, konnte niemand bestreiten. Daß sich
seine Manieren gebessert hatten, war vor allem auf meine uner-
müdlichen Bemühungen zurückzuführen, obwohl die natürlichen Folgen des Reifungsprozesses selbstverständlich auch eine
Rolle spielten. Die meisten kleinen Jungen sind Barbaren. Es ist
ein Wunder, daß der Großteil von ihnen das Erwachsenenalter
überhaupt erreicht.

Ramses hatte inzwischen bis zu seinem zehnten Lebensjahr
durchgehalten – und seine selbstzerstörerischen Neigungen traten nun weniger zutage. Deshalb erfüllte mich der Gedanke
daran, daß er uns begleitete, zwar nicht mit Begeisterung, aber
ich sah es auch nicht mehr als Katastrophe. Insbesondere deshalb, weil ich keine andere Wahl hatte. Emerson hatte sich geweigert, gemeinsam mit mir Druck auf den Direktor der Akademie für junge Gentlemen auszuüben. Er hatte Ramses schon
von Anfang an in den Sudan mitnehmen wollen.

Ich legte meine Hand auf die Schulter des Jungen. »Nun,
Ramses, ich hoffe, du weißt es zu schätzen, daß deine Eltern die
Güte haben, dir solche Möglichkeiten zu eröffnen. Beein-
druckend, findest du nicht?«

Ramses markante Nase zuckte skeptisch. »Prunkvoll und
grandios. Verglichen mit dem Tempel in Deir el-Bahri allerdings…«

»Was für ein gräßlicher kleiner Snob du bist!« rief ich aus.
»Hoffentlich erfüllen die Kunstschätze in Napata deine überzo-
genen Erwartungen.«

»Aber er hat eigentlich recht«, meinte Emerson. »In einem
solchen Tempel liegt keine architektonische Subtilität, kein Ge-

heimnis – er ist einfach nur groß. Die Tempel am Gebel Barkal
dagegen...«

»Tempel, Emerson? Du hast mir Pyramiden versprochen.«

Emerson richtete seinen Blick starr auf die Fassade des Tempels, der nun in seiner majestätischen Gesamtheit von der Sonne beschienen wurde. »Äh... sicher, Peabody. Aber wir sind bei
der Wahl unserer Ausgrabungsorte eingeschränkt. Nicht nur
durch die verdammten Militärbehörden, sondern auch durch...
durch... durch ein gewisses Individuum, dessen Namen ich
nicht mehr ausspreche, wie ich geschworen habe.«

Ich hatte ihn aufgefordert, Mr. Budges Namen nicht mehr in
den Mund zu nehmen, solange er das nicht konnte, ohne zu
fluchen (er konnte es nicht). Unglücklicherweise aber war ich
nicht in der Lage, andere daran zu hindern, Budges Namen zu
erwähnen. Er war vor uns angekommen, und jeder, dem wir
begegneten, sprach uns auf ihn an – wahrscheinlich in der Absicht, uns damit, daß wir einen gemeinsamen Bekannten hatten,
eine Freude zu machen.

Ramses lenkte Emerson ab, indem er auf die Reling kletterte,
was ihm eine Gardinenpredigt über die Gefahren des Über-
Bord-Fallens einbrachte. Ich belohnte meinen Sohn mit einem
beifälligen Lächeln. Es hatte niemals die geringste Gefahr bestanden, daß er über Bord fiel, denn er kletterte wie ein Affe.
Mit derartigen Beschäftigungen und einigen hitzigen Debatten
über archäologische Themen verbrachten wir eine angenehme
Zeit bis zu unserer Ankunft in Wadi Halfa.

Halfa, wie man es allgemein nennt, war einst eine kleine An-
sammlung von Lehmhütten gewesen. Als sich jedoch die britischen Truppen im Jahr 1885 aus Khartum zurückzogen, machten sie das Dorf zum südlichen Grenzposten. Heute ist es ein
geschäftiges Städtchen, wo Vorräte und Waffen für die weiter
südlich stationierten Truppen gelagert werden. Nachdem ich einen jungen Offizier um Rat gefragt hatte, kaufte ich Konserven
in rauhen Mengen, Zelte, Moskitonetze und weitere Ausrüstungsgegenstände. Emerson und Ramses hatten sich allein auf
einen Erkundungsgang begeben. Diesmal beschwerte ich mich
nicht darüber, daß sie mich im Stich ließen, denn Emerson

kommt nicht gut mit Militärangehörigen zurecht. Captain Buck-
man war genau die Sorte junger Engländer, die meinen Gatten
ganz besonders auf die Palme brachte – vorstehende Zähne,
kein nennenswertes Kinn und die Angewohnheit, beim Lachen
den Kopf zurückzuwerfen. Das Lachen selbst klang wie ein
schrilles Keuchen. Trotzdem war er mir eine große Hilfe. Er
bewunderte Mr. Budge, den er im September kennengelernt
hatte. »Ein ganz normaler Bursche, nicht wie die anderen Archäologen, wenn Sie verstehen, was ich meine, Ma'am.«

Ich verstand, was er meinte, verdrückte mich nach angemessenen Dankesbezeugungen und machte mich auf die Suche
nach meiner verschollenen Familie. Wie erwartet, hatte Emerson einige »alte Bekannte« in Halfa und war bei einem von ihnen zu Gast, mit dem wir ohnehin eine Verabredung hatten.
Sein Name war Sheikh Mahmud al-Araba. Nach nubischen
Maßstäben ähnelte sein Haus einem Palast. Es bestand aus
Lehm und war rund um einen von hohen Mauern umgebenen
Innenhof gebaut. Ich hatte mich schon auf eine Auseinandersetzung mit dem Türhüter gefaßt gemacht, da diese Leute mich
meistens in den Harem anstatt vor den Herrn des Hauses führen wollten. Doch diesmal war der alte Mann offenbar vorge-
warnt worden; er begrüßte mich mit *salaam* und rief immer
wieder *marhaba* (willkommen), ehe er mich in den Salon
brachte. Dort saßen der Scheich, ein weißbärtiger, aber stattli-
cher Mann, und mein Gatte nebeneinander auf einer Bank an
der Wand. Sie rauchten *narghiles* (Wasserpfeifen) und betrachteten dabei die Darbietung einer jungen Frau, die sich, begleitet
von dem Jaulen einer kleinen Kapelle (bestehend aus zwei
Trommlern und einem Flötenspieler), durchs Zimmer schlängel-
te. Ihr Gesicht war verschleiert. Vom Rest ihrer Gestalt konnte
man das nicht behaupten.

Emerson sprang auf. »Peabody! Ich hatte dich nicht so früh
erwartet.«

»Ganz offensichtlich«, gab ich zurück, erwiderte dann die
würdevolle Begrüßung des Scheichs und nahm auf seine Aufforderung hin Platz. Die Kapelle wimmerte weiter, das Mädchen
fuhr fort, sich zu winden, und Emersons hohe Wangenknochen

nahmen die Farbe einer reifen Pflaume an. Sogar die intelligen-
testen Männer legen in ihrem Umgang mit Frauen eine gewisse
Inkonsequenz an den Tag. Emerson behandelte mich wie einen
gleichberechtigten Menschen (mit weniger hätte ich mich auch
nicht zufriedengegeben), wenn es sich um geistige Belange
drehte. Jedoch war er nicht in der Lage, seine albernen Vorstellungen von der Empfindsamkeit des weiblichen Geschlechts
über Bord zu werfen. Die Araber hingegen behandelten mich
um einiges vernünftiger, obwohl sie mit ihren eigenen Frauen
schlichtweg schändlich umgingen. Da sie offenbar beschlossen
hatten, mich als eine Art weiblichen Mann zu betrachten, be-
wirteten sie mich wie ihre übrigen Gäste.

Als die Darbietung vorüber war, applaudierte ich höflich, was
die junge Frau anscheinend überraschte. Nachdem ich dem
Scheich mein Lob ausgesprochen hatte, frage ich: »Wo ist Ramses? Wir müssen los, Emerson. Ich habe Anweisung gegeben,
die Vorräte ans Pier zu liefern, aber ohne deine Aufsicht...«

»Ganz recht«, meinte Emerson. »Am besten holst du Ramses
sofort. Die Damen unterhalten ihn gerade – oder umgekehrt.«

»Ach, du meine Güte«, sagte ich und erhob mich rasch. »Ja,
am besten hole ich ihn sofort – und«, fügte ich in Arabisch hinzu, »ich würde gern den Damen des Hauses meine Aufwartung
machen.«

Außerdem, so dachte ich bei mir, wollte ich mit der jungen
Frau ein Wörtchen reden, die den – wahrscheinlich hätte sie es
»Tanz« genannt – für uns aufgeführt hatte. Ich hätte mich wie
eine Verräterin an meinem Geschlecht gefühlt, hätte ich mir die
Gelegenheit entgehen lassen, den armen unterdrückten Ge-
schöpfen im Harem einen Vortrag über ihre Rechte und Privilegien zu halten – obwohl wir Engländerinnen bei Gott ebenfalls
noch lange nicht alle Rechte besitzen, auf die wir eigentlich Anspruch hätten.

Ein Diener führte mich durch den Hof, wo ein kleiner Brunnen im Schatten einiger magerer Palmen plätscherte, in den
Teil des Hauses, der den Frauen vorbehalten war. Dort war es
dunkel und heiß wie in einem Dampfbad. Selbst die Fenster,
die auf den Hof hinausgingen, waren mit durchbrochenen Lä-

den verschlossen, damit auch ja kein kühnes, männliches Auge einen Blick auf die verbotenen Schönheiten dahinter erhaschte. Der Scheich hatte drei Ehefrauen, obwohl das islamische Recht ihm eigentlich vier zugestanden hätte. Dazu verfügte er noch über eine Anzahl von Dienerinnen – Konkubinen, um es geradeheraus zu sagen. Sie alle hatten sich in einem Zimmer versammelt, und schon aus der Ferne hörte ich Kichern und Aufschreie schriller Stimmen. Ich rechnete mit dem Schlimmsten, da Ramses' Arabisch sehr fließend und dazu umgangssprachlich gefärbt ist, doch dann stellte ich fest, daß ich seine Stimme in dem Tumult nicht ausmachen konnte. Wenigstens unterhielt er die Damen also nicht mit schmutzigen Witzen oder anzüglichen Liedern.

Als ich hereinkam, verstummten die Frauen und schienen sichtlich erschrocken. Doch nachdem sie erkannt hatten, daß ich es war, beruhigten sie sich wieder. Eine von ihnen – ihrer Aufmachung und gebieterischen Art nach zu urteilen, die Hauptfrau – trat vor, um mich zu begrüßen. Ich war es gewöhnt, daß Haremsdamen sich um mich drängten. Die Armen hatten so wenig Abwechslung im Leben, daß eine Europäerin ihnen wie ein Wesen von einem anderen Stern erscheinen mußte. Doch diesmal wandten sie ihre Aufmerksamkeit nach einem kurzen Blick auf mich wieder einem Gegenstand – oder, wie ich vermutete, einer Person – hinter ihnen zu.

Die Hitze, die Dunkelheit, der starke Parfümgeruch der Frauen (und der Gestank ungewaschener Körper, den sie mit diesen Parfüms zu überdecken versuchten) waren mir nichts Neues. Doch mir stieg ein weiterer, unterschwelliger Geruch in die Nase – widerwärtig süßlich und leicht durchdringend. Möglicherweise ließ mich dieser eigenartige Geruch die Regeln der Höflichkeit vergessen. Vielleicht war es auch die Ungewißheit, was mit meinem Sohn geschehen war. Jedenfalls schob ich die Frauen beiseite, damit ich etwas sehen konnte.

Auf dem Boden lag ein Teppich oder eine gewebte Matte mit blauem, orangerotem, grünem und braunem Muster. Darauf saß mein Sohn im Schneidersitz. Seine Hände hielt er seltsam starr mit nach oben gedrehten Handflächen von sich gestreckt. Ihm gegenüber kauerte die merkwürdigste Gestalt, die mir jemals untergekommen war – und ich bin schon vielen merkwürdigen Gestalten begegnet. Auf den ersten Blick wirkte sie wie ein gefaltetes oder zerknittertes dunkles Stoffbündel, aus dem in eigenartigen Winkeln ein Skelett aus Knochen oder Holz stak. Mein wacher Verstand identifizierte es als ein hockendes menschliches Wesen. Mein Mutterherz wurde von einer Erregung ergriffen, die an Todesangst grenzte, als meine suchenden Augen am oberen Ende dieser kantigen Gestalt kein menschliches Antlitz zu sehen vermochten. Dann regte sich die Gestalt. Ein dicht verschleiertes Gesicht erschien, und eine dunkle Stimme murmelte in leisem Singsang: »Schweigt. Schweigt. Der Zauber ist gesprochen. Weckt den Schlafenden nicht.«

Die Hauptfrau trat an meine Seite. Schüchtern legte sie mir die Hand auf die Schulter und tuschelte: »Er ist ein Zauberer und hat übernatürliche Kräfte. Sitt Hakim – so wie du. Ein alter Mann, ein heiliger Mann – eine große Ehre für den Knaben. Ihr sagt es doch nicht meinem Gebieter? Es ist ganz harmlos, aber...«

Der alte Scheich mußte ein nachsichtiger Gebieter sein, denn sonst hätten die Frauen wohl kaum gewagt, sich einen Mann – ganz gleich, wie heilig er auch sein mochte – in ihren Harem zu holen. Allerdings würde er sich gezwungen sehen, einen solch himmelschreienden Verstoß gegen die guten Sitten zur Kenntnis zu nehmen, wenn jemand wie ich ihm davon Mitteilung machte. Also flüsterte ich beruhigend: »*Taiyib mâtakhâfsh* (Es ist alles in Ordnung, sorge dich nicht)«, obwohl mir in Wirklichkeit ziemlich mulmig zumute war.

Ich hatte solche Darbietungen in den *sûks* von Kairo gesehen. Das Starren in eine Kristallkugel oder die Trance waren wohl die häufigsten Methoden, die Zukunft vorherzusagen. Selbstverständlich ist das alles Unsinn. Was der Betrachter in einer Kristallkugel, in einem Wasserbecken oder (wie in diesem Fall) in einer auf die Handfläche geträufelten Flüssigkeit sieht, ist nichts weiter als eine optische Täuschung. Die irregeleiteten Zuschauer jedoch sind fest davon überzeugt, daß der Wahrsager tatsächlich in der Lage ist, die Zukunft vorherzusehen oder einen verborgenen Schatz zu entdecken. Oft benützt er dazu ein Kind als Medium, und zwar in dem (naiven) Glauben, die Unschuld der Jugend wäre für spirituelle Einflüsse am empfänglichsten.

Ich wußte, es wäre nicht nur unhöflich, sondern auch gefährlich gewesen, die Zeremonie zu stören. Ramses war tief in eine heidnische Trance versunken, aus der nur die Stimme des Zauberers ihn wieder erwecken konnte. Dieser beugte sich nun über die Hände des Jungen und murmelte etwas, jedoch so leise, daß ich kein Wort verstand.

Ich machte es den armen, gelangweilten Frauen nicht zum Vorwurf, daß sie die Zeremonie gestattet oder den Wahrsager überhaupt hereingelassen hatten, der offenbar ernsthaft an seinen eigenen Hokuspokus glaubte. Aber ich war auch nicht gewillt, müßig herumzustehen, solange es dem Mann in den Kram paßte. Also sagte ich sehr leise: »Wie allgemein bekannt, bin ich, die Sitt Hakim, ebenfalls eine Magierin mit großen übernatürlichen Kräften. Ich fordere diesen heiligen Mann hiermit auf, die Seele dieses Jungen in seinen Körper zurückzurufen. Sonst könnten die *Efreets* (Dämonen), die ich zum Schutze meines Sohnes bestellt habe, die Absichten des heiligen Mannes mißverstehen und ihm das Herz aus dem Leibe reißen.«

Entsetzt und begeistert schnappten die Frauen nach Luft. Vom »heiligen Mann« erfolgte zunächst keine Reaktion, doch nach einer Weile richtete er sich auf und vollführte eine ausholende Handbewegung. Die Worte, die er an Ramses richtete, verstand ich nicht; entweder handelte es sich um eine unbekannte Sprache oder um bedeutungsloses Geschwätz und Zaubersprüche. Die Wirkung war allerdings dramatisch. Ein Schauder durchfuhr Ramses' starre Gestalt. Seine Hände entspannten sich, und dunkle Flüssigkeit tröpfelte in den Kelch, den der Zauberer darunter hielt. Dann verschwand der Kelch in einer verborgenen Tasche des zerknitterten Gewandes, und Ramses drehte sich um.

»Hallo, Mama. Hoffentlich hast du nicht zu lange warten müssen.«

Ich brachte es fertig, mir so lange eine Antwort zu verknei-

fen, bis ich die langwierigen Abschiedszeremonien – erst mit
den Damen und dann mit dem Scheich – hinter mir hatte.
Letzterer bestand darauf, uns höchstpersönlich zur Tür zu geleiten, die größte Ehre, die er uns überhaupt erweisen konnte.
Erst als wir auf der staubigen Straße standen und sich die Tür
hinter uns geschlossen hatte, sprudelten die Worte aus mir heraus. Ich war ausgesprochen aufgebracht, und Emerson mußte
mich bitten, innezuhalten und den Vorfall mehrere Male zu
schildern, bis er überhaupt begriff, was geschehen war.

»Was für ein verdammter Mumpitz!« rief er aus. »Was hast du
dir dabei gedacht, Ramses, dich an so etwas zu beteiligen?«

»Es wäre unhöflich gewesen abzulehnen«, antwortete Ramses.
»Den Damen lag so viel daran.«

Emerson brach in Gelächter aus. »Du entwickelst dich ja zu
einem richtiggehenden Kavalier, mein Sohn. Aber du mußt
noch lernen, daß es nicht immer klug und manchmal sogar gefährlich ist, den Wünschen der Damen nachzugeben.«

»Ich muß sagen, du nimmst die Angelegenheit ziemlich
leicht, Emerson«, schalt ich.

»Meiner Ansicht nach hat sich Ramses eher von Neugier als
von Ritterlichkeit zu diesem Experiment hinreißen lassen«, erwiderte Emerson, immer noch kichernd. »Denn die Neugier ist
seine vorherrschende Charaktereigenschaft, und daran wirst
auch du nie etwas ändern können. Du solltest dankbar sein,
daß dieses Abenteuer – anders als so viele andere – kein böses
Ende genommen hat.«

»Hoffentlich hast du recht«, murmelte ich.

»Offenbar hat er nur schmutzige Hände davongetragen«, fuhr
Emerson fort, wobei er Ramses' ausgestreckte Handflächen musterte. Sie waren dunkel verfärbt und immer noch feucht. Ich
zog ein Taschentuch heraus und fing an, daran herumzuwi-
schen. Die Farbe ließ sich leichter entfernen als vermutet, doch
der seltsame Gestank von vorhin stieg mir wieder in die Nase.
Ich warf das Taschentuch weg. (Ein zahnloser Bettler stürzte
sich darauf.)

Als wir weitergingen, begann Emerson, der durchaus selbst
zur Neugier neigt, Ramses über sein Erlebnis auszufragen. Ram-

ses erwiderte, es sei höchst interessant gewesen, und behauptete, die ganze Zeit bei vollem Bewußtsein gewesen zu sein und
alles gehört zu haben, was gesprochen wurde. Allerdings seien
seine Antworten auf die Fragen des Weissagers ohne sein Zutun
über seine Lippen gekommen, als habe ein anderer an seiner
Stelle gesprochen. »Es ging hauptsächlich um Kinder«, erklärte
er ernsthaft. »Männliche Kinder. Er versprach allen Damen viele
Söhne. Sie machten einen zufriedenen Eindruck.«

»Ha«, bemerkte ich.

Die nächste Etappe unserer Reise legten wir mit der Bahn zurück; es war die Route zwischen Halfa und Kerma, die man in
außergewöhnlicher Geschwindigkeit ausgebaut hatte. So mußten
wir nicht die Felsen des Zweiten und Dritten Katarakts überwinden. Jedoch zehrte dieser Teil der Fahrt sogar an meinen Kräften.
Uns waren die besten Abteile zugestanden worden – in einem ver-
beulten, heruntergekommenen Waggon, der den Kosenamen
»gelbe Maria« trug. Er war ursprünglich für Ismail Pasha gebaut
worden. Doch seitdem war der Zahn der Zeit nicht untätig geblieben; der Großteil der Fensterscheiben fehlte, und in scharfen
Kurven oder an steilen Hängen schwankte und ratterte das ganze
Gefährt so heftig, daß ich schon fürchtete, es würde entgleisen.
Zudem war die Lokomotive alt und in schlechtem Zustand. We-
hender Sand und Überhitzung machten häufige Aufenthalte nötig, um etwas zu reparieren. Als wir unser Ziel endlich erreichten,
hatte Ramses eine leicht grünliche Gesichtsfarbe angenommen,
und meine Muskeln waren so steif, daß ich mich kaum rühren
konnte.

Emerson hingegen war äußerst fidel. Männer haben es um so
vieles leichter als Frauen: Sie können sich in einer Weise ent-
kleiden, wie es für eine anständige Frau – selbst wenn sie so
unkonventionell ist wie ich – ein Ding der Unmöglichkeit darstellt. Schon immer bin ich eine Vorkämpferin für bequeme Da-
mengarderobe gewesen und folgte als eine der ersten Mrs. Bloo-
mers skandalösem Beispiel. Mit den weiten, knielangen Hosen,

die ich für gewöhnlich bei den Ausgrabungen trug, war ich den
Radfahrkostümen wagemutiger Engländerinnen um einige Jahre
voraus. Obwohl sich die Mode – sowohl beim Sport als auch im
Alltag – änderte, blieb ich meinen Hosen treu. Ich ließ sie mir
in vielen fröhlichen Farben anfertigen, auf denen man Sand
und Staub nicht so sah wie auf Marineblau oder Schwarz. Kom-
biniert mit einer Bluse (natürlich langärmelig und hochge-
schlossen), robusten schwarzen Stiefeln und einem breitkrempi-
gen Hut ergab das ein Kostüm, das ebenso züchtig wie
zweckmäßig war.

Während der grauenhaften Zugfahrt hatte ich mir gestattet,
die beiden obersten Knöpfe meiner Bluse zu öffnen und die
Ärmel hochzukrempeln. Emerson hatte natürlich Jacke und
Krawatte abgelegt, sobald wir Kairo verließen. Nun stand sein
Hemd bis zur Taille offen, und er hatte die Ärmel bis über die
Ellenbogen hochgerollt. Er trug keinen Hut. Nachdem er mir
aus dem Zug geholfen hatte, atmete er tief die dampfige, sticki-
ge und sandgeschwängerte Luft ein und rief aus: »Die letzte
Etappe! Bald sind wir da, Peabody, mein Liebling! Ist das nicht
wunderbar?«

Meine Kraft reichte nur noch, um ihn böse anzufunkeln.

Wie dem auch sei, jedenfalls bin ich sehr widerstandsfähig,
und nach einigen Stunden war ich in der Lage, seine Begeisterung zu teilen. Ein Trupp sudanesischer Soldaten – unter denen
sich einige von Emersons Bekannten befanden – hatte unser
Gepäck ausgeladen und uns geholfen, unsere Zelte aufzuschlagen. Dankend hatten wir das Angebot des bedauernswerten Gar-
nisonskommandanten abgelehnt, sein bereits überfülltes Quartier zu teilen. Nachdem er uns versichert hatte, daß auf dem
Dampfer, der am nächsten Morgen ablegen sollte, Platz für uns
sei, wünschte er uns mit offensichtlicher Erleichterung Lebewohl und eine gute Reise. Als die Sonne rasch im Westen verschwand, schlenderten Emerson und ich Hand in Hand am
Ufer entlang und genossen die Abendbrise und den strahlenden
Sonnenuntergang. Schwarz und anmutig erhoben sich die Palmen von der goldenen und scharlachroten Pracht.

Wir waren nicht allein. Ein Trüppchen neugieriger Dorfbewohner folgte uns. Immer wenn wir stehenblieben, hielten auch sie inne, kauerten sich auf den Boden und durchbohrten uns mit Blicken. Emerson zieht stets Bewunderer an, und ich hatte mich mehr oder weniger daran gewöhnt, obwohl es mir nicht gefiel.

»Hoffentlich geht es Ramses gut«, sagte ich, während ich mich zu dem Zelt umdrehte, in dem er schlief, und dessen Umrisse zusehends in der Dunkelheit verschwammen. »Er war so ganz anders als sonst und hat fast kein Wort gesagt.«

»Aber du meintest doch, er habe kein Fieber«, erinnerte mich Emerson. »Hör auf, dir Sorgen zu machen, Amelia. Die Zugfahrt war anstrengend, und selbst ein kleines Energiebündel wie Ramses spürt jetzt wahrscheinlich die Folgen.«

Die Sonne versank am Horizont, und urplötzlich – wie immer in dieser Gegend – brach die Nacht herein. Am kobaltblauen Himmelsgewölbe leuchteten Sterne auf. Emerson legte sanft den Arm um meine Taille.

Schon lange hatten wir nicht mehr Gelegenheit gehabt, eheliche Zärtlichkeiten – und seien sie auch noch so zurückhaltend – auszutauschen. Dennoch fühlte ich mich verpflichtet zu protestieren: »Sie beobachten uns, Emerson. Ich fühle mich wie ein armes Tier im Käfig, und ich weigere mich, vor Publikum aufzutreten.«

»Pah!« entgegnete Emerson und führte mich zu einem großen Felsen. »Setz dich, meine liebe Peabody, und vergiß das Publikum. Es ist zu dunkel, als daß sie sehen könnten, was wir tun. Und falls sie doch etwas sehen sollten, werden sie nicht umhinkönnen, es erbaulich zu finden – wenn nicht sogar inspirierend. Das hier zum Beispiel...«

Ich fühlte mich durchaus inspiriert. Ich vergaß die gaffenden Zuschauer, bis ein silberner Lichtstrahl das geliebte Gesicht beleuchtete, das sich so dicht an meinem befand. Der Mond war aufgegangen. »Ach, verdammt«, meinte ich und entfernte Emersons Hand von einer ganz besonders empfindlichen Stelle meines Körpers.

»Aber es war doch ein erfrischendes Intermezzo«, kicherte

Emerson. Er griff in die Tasche und holte seine Pfeife heraus. »Stört es dich, wenn ich rauche, Peabody?«

Eigentlich war ich keine Freundin von Tabakrauch, aber das sanfte Mondlicht und der Geruch riefen in mir liebevolle Erinnerungen an die Tage unseres Kennenlernens wach. Damals, als wir in den verlassenen Gräbern von Amarna mit der gespenstischen Mumie gekämpft hatten. »Nein, es stört mich nicht. Weißt du noch, damals in Amarna...«

»Als ich mich fast selbst in Brand gesetzt habe, weil ich vergaß, die Pfeife auszuklopfen, ehe ich sie in die Tasche steckte? Und du hast seelenruhig zugesehen, obwohl du genau wußtest...« Emerson fing an zu lachen. »Erinnerst du dich noch, als ich dich zum erstenmal geküßt habe? Flach auf dem Boden in diesem verdammten Grab, während ein Verrückter auf uns schoß? Nur die Erwartung, daß ich bald sterben müßte, gab mir den Mut, es zu tun. Ich dachte, daß du mich verabscheust.«

»Ich erinnere mich an diesen Augenblick und an viele andere«, antwortete ich äußerst gerührt. »Glaube mir, Emerson, mein Liebling, ich bin mir vollauf bewußt, welch großes Glück ich gehabt habe. Von Anfang an bis jetzt war es traumhaft.«

»Und das beste kommt erst noch, meine liebe Peabody.«

Seine kräftige, gebräunte Hand schloß sich um meine. Schweigend saßen wir da und betrachteten die silbrigen Wellen, die das Mondlicht auf die dunkle Wasserfläche des Flusses zauberte. So hell und klar war das Licht, daß man ziemlich weit sehen konnte. »Die Felsenformationen sind außergewöhnlich regelmäßig«, stellte ich fest. »Man könnte fast glauben, daß es sich um die Ruinen antiker Bauten handelt.«

»Das ist durchaus möglich, Peabody. Was Ausgrabungen betrifft, ist so wenig geschehen, und es bleibt noch so viel zu tun... Meine Kollegen – zum Teufel mit ihnen – interessieren sich nur für Mumien, Schätze und eindrucksvolle Bauwerke. Der lange und mühsame Prozeß des Wissenserwerbs ist ihre Sache nicht. Und doch ist diese Gegend von großer Bedeutung für das Verständnis der ägyptischen Kultur. Nicht weit von hier befinden sich die Überreste einer Anlage, die einmal eine Festung oder ein Handelsposten oder beides gewesen sein muß; inner-

halb ihrer gewaltigen Mauern wurden die exotischen Schätze
aufbewahrt, die das ägyptische Imperium dem Pharao als Tribut
zollte – Gold, Straußenfedern, Kristalle, Elfenbein und Leopar-
denfelle.« Mit dem Mundstück seiner Pfeife wies er auf das
Mondlicht, das wie ein weißer Pfad den Fluß entlang quer über
den Sand lief. »Dorthin reisten die Karawanen, Peabody: in die
westliche Wüste, durch die Oasen zu einem Land, das in den
alten Quellen Yam heißt. Eine dieser Karawanenstraßen ist
möglicherweise von Elephantin – heute Assuan – nach Westen
verlaufen. Von hier aus erstreckt sich auch eine Reihe von Wa-
dis westwärts. Heute sind sie nichts weiter als ausgetrocknete
Schluchten, aber sie wurden einst vom Wasser in den Boden
gegraben. Vor dreitausend Jahren...«

Er schwieg. Beim Anblick seines strengen, markanten Profils
konnte ich auf einmal seine Begeisterung teilen. Denn er schien
nicht nur räumlich, sondern auch zeitlich gesehen in die Ferne
zu blicken. Kein Wunder, daß er mit den tapferen Männern, die
vor vielen Jahrhunderten der Wildnis getrotzt hatten, eine See-
lenverwandtschaft empfand. Auch er besaß die so selten anzu-
treffende Mischung aus Mut und Vorstellungsgabe, die die edelsten Söhne (und Töchter) der Menschheit dazu bewegt, nur um
des Wissens willen alles aufs Spiel zu setzen.

Mit aller gebotenen Bescheidenheit kann ich meiner Meinung nach von mir behaupten, daß auch ich über diese Eigenschaften verfüge. Das Band der Liebe, das mich und meinen
Gatten miteinander verbindet, verriet mir, woran er jetzt dachte:
In jenen Fernen, so trügerisch kühl und silbrig, waren Willoughby Forth und seine schöne junge Braut auf Nimmerwiedersehen verschwunden.

Allerdings besitze ich neben Mut, Vorstellungsgabe und noch
vielem mehr eine gehörige Portion gesunden Menschenverstand. Eine Zeitlang hatte auch ich – wie ich zugeben muß –
mit dem romantischen Gedanken gespielt, mich auf die Suche
nach dem verschollenen Entdecker zu begeben. Doch inzwischen hatte ich mit eigenen Augen gesehen, wie grauenhaft
karg die westliche Wüste war. Ich hatte die sengende Hitze des
Tages und die eisige Kälte der Nacht gespürt. Kein Mensch hät-

te in dieser verdorrten Einöde vierzehn Jahre lang überleben
können. Willoughby Forth und seine Frau waren tot, und ich
hatte weder die Absicht, ihrem Beispiel zu folgen, noch wollte
ich Emerson die Erlaubnis dazu geben.

Ein Schauder durchfuhr mich. Die Nachtluft war kalt, und
unsere Zuschauer waren lautlos wie Schatten verschwunden.
»Es ist spät«, sagte ich leise. »Sollen wir...«

»Auf jeden Fall.« Emerson sprang auf.

In diesem Augenblick durchschnitt ein merkwürdiges Jaulen
die Stille. Ich fuhr zusammen. Emerson nahm lachend meine
Hand. »Nur ein Schakal, Peabody. Beeil dich, ich habe ein
plötzliches, dringendes Bedürfnis nach etwas, was ich nur von
dir bekommen kann.«

»Ach, Emerson«, fing ich an – aber zu mehr kam ich nicht,
denn er zog mich in solcher Geschwindigkeit hinter sich her,
daß mir die Luft wegblieb.

Unsere Zelte standen in einem kleinen Tamariskenhain.
Rundherum aufgestapelt lagen unsere Kisten und Taschen;
Diebstahl ist bei diesen sogenannten primitiven Völkern so gut
wie unbekannt, und zudem schreckte Emersons Ruf auch den
hartgesottensten Langfinger ab. Deshalb war ich überrascht, als
ich sah, daß sich etwas bewegte. Eine zierliche, weiße Gestalt
schlüpfte mit unangenehm verstohlenen Bewegungen durch die
Bäume.

Emersons Augen sind nachts nicht so gut wie meine. Und
vielleicht war er in Gedanken auch bei dem Thema, das er zuvor angesprochen hatte. Erst als ich: »Halt! Wer da?« oder etwas
Ähnliches rief, entdeckte auch er den Geist – denn genau so
sah die Gestalt aus, die so bleich und lautlos dahinglitt. Wie ein
Mann (natürlich nur bildlich gesprochen) stürzten wir uns auf
sie und warfen sie nieder.

Eine nur allzu vertraute Stimme stieß einen Klagelaut aus.
Laut fluchend erhob sich Emerson und stellte die Gestalt auf
die Füße. Es war Ramses, der in dem weißen einheimischen
Gewand, das er als Nachthemd trug, ziemlich gespenstisch wirkte.

»Bist du verletzt, mein Junge?« fragte Emerson mit zitternder Stimme. »Habe ich dir weh getan?«

Ramses blinzelte ihn an. »Ich bin mir sicher, daß es keine Absicht war, Papa. Darf ich fragen, warum du und Mama mich zu Boden geworfen habt?«

»Eine vernünftige Frage«, gab Emerson zu. »Warum, Peabody?«

Da mir beim Sturz die Luft weggeblieben war, konnte ich nicht sofort antworten. Emerson bemerkte meinen Zustand und half mir beim Aufstehen. Doch er nützte sofort aus, daß ich zum Schweigen gezwungen war, und fuhr fort: »Hoffentlich faßt du die Frage nicht als Kritik auf, Peabody, denn es ist nur die reine Neugier. Ich reagierte instinktiv, wie ich es immer tun werde, mein Liebling, wenn du meine Hilfe brauchst. Hast du etwas gesehen oder gehört, das meiner Aufmerksamkeit entgangen ist und ein so überstürztes Handeln notwendig machte?«

Normalerweise hätte ich ihn für diesen feigen Versuch, mir die Schuld in die Schuhe zu schieben (das ist so typisch für das männliche Geschlecht, von Adam bis heute), getadelt. Doch um ehrlich zu sein, war ich genauso perplex wie er. »Nein, Emerson, das habe ich zugegebenermaßen nicht. Ich habe auch instinktiv reagiert, und ich kann nicht erklären, warum. Ich hatte ein sehr eigenartiges Gefühl – ich ahnte Gefahr…«

»Schon gut«, sagte Emerson rasch. »Ich kenne deine Vorahnungen, Peabody, und ich ziehe es – bei allem Respekt – vor, nicht darüber zu reden.«

»Aber es ist doch nur natürlich, daß ich mit dem Schlimmsten rechnete, als ich sah, wie sich jemand bei unseren Vorräten herumdrückte. Ramses hätte im Bett sein sollen. Ramses, was hattest du… Oh.«

Die Antwort schien eindeutig. Ramses überraschte mich jedoch: »Du hast mich gerufen, Mama. Du hast gerufen, ich solle kommen, und ich habe selbstverständlich gehorcht.«

»Ich habe dich nicht gerufen, Ramses.«

»Aber ich habe doch deine Stimme gehört…«

»Du hast geträumt«, sagte Emerson. »Ist das nicht rührend, Peabody? Er träumt von seiner Mama und gehorcht sogar im

Schlaf ihren Anweisungen. Komm, mein Junge, ich bringe dich ins Bett.«

Mit einem vielsagenden Blick auf mich schob er Ramses ins Zelt und folgte ihm. Ich wußte, er würde neben dem Jungen sitzen bleiben, bis er eingeschlafen war. Der Gedanke, jemand – besonders Ramses – könne uns hören, wenn wir einander tätlich unsere tiefe Liebe beweisen, wirkt hemmend auf Emerson. Anstatt mich zurückzuziehen und die diesbezüglichen Vorbereitungen zu treffen, blieb ich im Schatten der Bäume stehen und sah mich um. Das Mondlicht drang durch die Blätter und zeichnete silbrige Hieroglyphen auf den Boden. Die Nacht war nicht still, denn von der Garnison her waren Geräusche zu hören, wo man die Boote belud, die am nächsten Morgen ablegen sollten. Und vom anderen Flußufer drang das traurige Geheul eines Schakals hinüber, so einsam wie der Schrei einer verlorenen Seele.

Nach einer viertägigen strapaziösen, aber ereignislosen Reise erblickten wir einen schroffen Berg jenseits der Palmenwipfel. Es war der Gebel Barkal, der heilige Berg des nubischen Königreiches. Wir hatten unser Ziel erreicht.

4. KAPITEL

Die steinernen Häuser
der Könige

Falls ich es nicht bereits getan habe, sollte ich an dieser Stelle erläutern, daß es sich bei Napata nicht um eine Stadt, sondern um eine ganze Region handelt. Heute stehen dort mehrere Städte und Dörfer. Merawi – oder Merowe – war die bekannteste. Dieser Name ist verwirrend, da er so ähnlich wie Meroë klingt (die zweite Hauptstadt des alten Kusch, die viel weiter im Süden liegt). Gegenüber von Merawi, am anderen Ufer des Nils, nahe dem kleinen Dorf Sanam Abu Dom, hatten die Grenztruppen der ägyptischen Armee ihr Hauptquartier. Die Garnison erstreckte sich mehr als eine Meile den Fluß entlang. Die in Reih und Glied stehenden Zelte zeugten von britischem Ordnungssinn.

Emerson beeindruckte diese Demonstration von Tüchtigkeit nicht im mindesten. »Zum Teufel mit ihnen«, knurrte er, während er die Szenerie stirnrunzelnd musterte. »Sie haben ihr verdammtes Lager genau über einer Tempelruine aufgeschlagen.

1882 wurden dort Säulenfundamente und behauene Gesteinsblöcke entdeckt.«

»Aber du wolltest doch ohnehin nicht dort graben«, erinnerte ich ihn. »Die Pyramiden, Emerson. Wo sind die Pyramiden?«

Der Dampfer näherte sich dem Pier. »Überall«, antwortete Emerson ein wenig vage. »Die Hauptfriedhöfe liegen in Nuri, nur wenige Meilen stromaufwärts von hier. Und außerdem gibt es welche in Kurru am anderen Ufer. In der Nähe des Gebel Barkal selbst stehen drei Pyramidengruppen und außerdem die Überreste eines alten Amontempels.«

Das Sandsteinmassiv des Berges Barkal war ein beeindruckender Anblick. Er war (wie wir später feststellten) nur etwas über 9000 Meter hoch, aber da er sich unvermittelt aus der Ebene erhebt, wirkt er um einiges höher. Die Spätnachmittagssonne tauchte den Felsen in zartes Purpurrot und zeichnete bizarre Schatten auf seine Oberfläche.

Mit einiger Mühe überzeugte ich Emerson, daß es höflich, um nicht zu sagen geboten war, uns bei den Militärbehörden anzumelden. »Wozu brauchen wir sie?« fragte er. »Mustapha hat alles vorbereitet.«

Mustapha schenkte mir ein breites Lächeln. Er hatte uns bei unserer Ankunft als erster begrüßt, und seine Männer hatten sich sofort daran gemacht, das Gepäck abzuladen. Emerson hatte ihn als »Scheich Mustapha abd Rabu« vorgestellt, aber ihm fehlte eindeutig die Würde, die ansonsten mit diesem Titel einhergeht. Er war nicht größer als ich und mager wie ein Skelett. Als er vor Emerson, mir, Ramses und dann wieder vor Emerson eine Reihe ehrerbietiger Verbeugungen vollführte, schlotterte sein schmutziges, zerlumptes Gewand um seinen Körper. In seinem Gesicht zeigte sich das Erbe der vielen Völker dieser Region. Die Nubier selbst sind dunkelhäutig, mit gewelltem schwarzem Haar und scharf geschnittenen Zügen. Doch im Laufe der Zeit haben sie sich mit den Arabern und Schwarzen aus Zentralafrika vermischt. Mustaphas Haar konnte ich nicht sehen, da er es unter einem auffälligen Turban verborgen hatte. Die ursprüngliche Farbe dieser Kopfbedeckung war weiß, wovon inzwischen jedoch nicht mehr viel zu bemerken war.

Ich erwiderte Mustaphas Lächeln. Ich konnte ihm einfach
nicht die kalte Schulter zeigen, denn er machte einen so re-
spektvollen Eindruck und schien sich wirklich zu freuen, uns
zu sehen. Wie dem auch sei, ich fühlte mich trotzdem verpflichtet, einige Einwände zu erheben. »Wohin bringen sie unser Gepäck?« fragte ich und wies dabei auf die Männer, die bereits
schwer bepackt von dannen trotteten, und zwar mit einem Ar-
beitseifer, den man in wärmeren Regionen für gewöhnlich nicht
antrifft.

»Mustapha hat ein Haus für uns aufgetrieben«, antwortete
Emerson. Mustapha nickte strahlend. Er war so überaus freundlich, und ich wollte ihm nicht die gute Laune verderben, aber
ich hatte die schrecklichsten Vermutungen dahingehend, was
Mustapha unter einem angemessenen Haus verstand. Kein
Mann, ganz gleich welcher Rasse und Nationalität, hat auch nur
das mindeste Gefühl für Sauberkeit.

Emerson summte in einem tonlosen Bariton vor sich hin, was
bei ihm auf außergewöhnlich gute Laune hinweist, und führte
mich den Pfad entlang zum Dorf. Aus der Ferne wirkte es recht
hübsch. Es war von Palmen umgeben und wies sogar einige
Häuser aus Lehm und Ziegeln auf. Die übrigen Hütten, auch
tukhuls genannt, bestanden aus Palmzweigen, die um ein höl-
zernes Gerüst geflochten waren. Mustapha trottete neben uns
her, wobei er ständig auf uns einredete. Was er sagte, war in
etwa so amüsant wie der Vortrag eines Touristenführers: In diesem großen, beeindruckenden Haus wohnte General Rundle,
die beiden *tukhuls* daneben beherbergten den Geheimdienst,
die Hütte da habe dem italienischen Militärattaché gehört und
später dem Gentleman vom Britischen Museum...

»Grrr«, knurrte Emerson und beschleunigte seinen Schritt.

»Ist Mr. Budge noch hier?« fragte ich.

»Das müssen wir unbedingt herausfinden«, brummte Emerson. »Ich bin fest dazu entschlossen, um Budge einen möglichst
großen Bogen zu machen. Ich werde mich nicht für einen Aus-
grabungsort entscheiden, ehe ich nicht weiß, wo er arbeitet. Du
kennst mich, Peabody. Ich gebe mir die größte Mühe, Streit
und Auseinandersetzungen aus dem Weg zu gehen.«

»Hmmm«, meinte ich.

Überraschenderweise gab es in diesem Dorf einen kleinen Markt, der von griechischen Kaufleuten betrieben wurde. Die kaufmännischen Instinkte dieser Herren versetzten mich immer wieder in Erstaunen. Sie mußten über ebensoviel Mut wie Geschäftssinn verfügen, da sie sich so kurz nach der kämpfenden Truppe in dieser Gegend niedergelassen hatten. Zu meiner Freude stellte ich fest, daß sie Konserven, Sodawasser, frisches Brot, Seife und diverse Töpfe und Bestecke auf Lager hatten.

Emerson traf hier einige alte Bekannte, und während er sich mit einem in ein freundschaftliches Streitgespräch vertiefte, hatte ich Gelegenheit, mich umzusehen. Wie ich hoffe, bin ich keine unwissende Touristin. Ich hatte mich inzwischen an die verschiedenen Rassen und Nationen gewöhnt, deren Vertreter man in Kairo antrifft. Allerdings hatte ich noch nie so viele verschiedenartige Menschen gesehen wie in diesem abgelegenen Winkel der Erde. Die Hautfarben rangierten von dem »Weiß« der britischen Soldaten (meist eher kränklich gelb oder hochrot vor Hitze als weiß) bis zu sämtlichen Schattierungen von Braun, Beige und Olivfarben und einem schimmernden Blauschwarz. Stattliche Beduinen mit Adlernasen schlenderten neben sudanesischen Frauen in bunten Baumwollgewändern einher. Männer des Bisharin-Stammes, die ihr geöltes Haar zu kleinen Zöpfchen flochten, drängten sich zwischen strenggläubigen, in staubige, schwarze Schleier gehüllte Musliminnen, von denen man nur die Augen sah. Besonders interessant fand ich zwei gutaussehende, mit klappernden Schmuckstücken behängte Männer. Ihr Haar hatte die Form, Farbe und Beschaffenheit eines schwarzen Mops. Sie waren Baggaras aus der fernen Provinz Kordofan – die frühesten und fanatischsten Anhänger des Mahdi. Ihre extravagante und typische Haartracht hatte ihnen bei den britischen Truppen den Spitznamen »Wuschelköpfchen« eingebracht. Sie hatten die Briten mit verzweifelter Wut und häufig erfolgreich bekämpft. (Ich werde nie begreifen, wie Männer für Menschen, die ihnen auf verschiedene unangenehme Weisen nach dem Leben trachten, Zuneigung empfinden können. Doch daß sie dazu in der Lage sind und es auch tun, ist eine unbestrittene Tatsache. Als Beispiel möchte ich die unsterblichen Verse Mr. Kiplings zitieren: »Ich trink' auf dich, oh Wuschelköpfchen, Sudan ist deine Welt. Auch wenn du nur ein Heide bist, so bist du doch ein Held!« Man kann das nur als weiteres Beispiel für die merkwürdigen emotionalen Verirrungen des männlichen Geschlechts werten.)

Und dazu die verschiedenen Sprachen! Ich spreche zwar Griechisch und Arabisch und habe auch ein wenig Nubisch gelernt, aber die meisten der Leute schwatzten in Dialekten, die ich nicht bestimmen, geschweige denn verstehen konnte.

Endlich hatte Emerson aufgehört, mit seinem Freund lange Anekdoten auszutauschen, und wandte sich wieder mir zu. »Yussuf sagt, er kann ein paar Arbeiter für uns auftreiben. Am besten gehen wir los und... Ramses! Wo zum Teufel steckt er wieder? Peabody, du solltest doch ein Auge auf ihn haben.«

Ich hätte ihn darauf hinweisen können, daß es unmöglich war, auf Ramses aufzupassen, indem man einfach nur ein Auge auf ihn hatte. Diese Aufgabe erforderte die gesamte Aufmerksamkeit und eine feste Hand an seinem Kragen. Aber ehe ich dazu kam, sagte Yussuf auf arabisch: »Der junge *Effendi* ist dort entlanggegangen.«

Vor sich hin murmelnd rannte Emerson in die Richtung los, in die Yussuf gezeigt hatte. Ich folgte. Bald hatten wir den Übeltäter gefunden. Er kauerte vor einem der Verkaufsstände und unterhielt sich angeregt mit einem Mann, der in ein faltenreiches Gewand oder einen Umhang gehüllt war. Einen Zipfel hatte er sich um den Kopf geschlungen, um diesen vor der Sonne zu schützen.

»Ramses!« brüllte Emerson, worauf Ramses aufsprang und sich zu uns umwandte. In der Hand hielt er einen kurzen hölzernen Spieß, an dem Fleischstücke unbestimmbarer Herkunft steckten. Er winkte mir zu und schluckte herunter, was er gerade kaute. »Mama, Papa, ich habe gerade ein höchst interessantes...«

»Das sehe ich«, erwiderte Emerson. »*Essalâmu 'aleikum*, Freund.«

Der Mann war langsam und würdevoll, so, daß es fast hochnäsig wirkte, ebenfalls aufgestanden. Anstatt zum traditionellen arabischen Gruß Stirn, Brust und Lippen zu berühren, neigte er nur leicht den Kopf und hob in einer eigenartigen Geste die Hände. »Sei gegrüßt, Emerson *Effendi.* Und Gesundheit und ein langes Leben wünsche ich der Herrin deines Hauses.«

»Sie sprechen ja unsere Sprache!« rief ich aus.

»Nur einige Worte, Herrin.« Er schlüpfte aus seinem Umhang, der nicht viel mehr war als ein Stoffstreifen, und legte ihn sich um die Schultern wie eine Stola. Darunter trug er nur ein paar weite knielange Hosen, die seine schlanke athletische Gestalt und seine sehnigen Glieder vollendet zur Geltung brachten. An den Füßen hatte er rote Ledersandalen mit einer langen, nach oben gebogenen Spitze. Solche Sandalen wiesen bei einem Nubier auf eine gehobene Stellung hin, denn die meisten hier gingen barfuß. Allerdings war dieser Mann auch kein gewöhnlicher Nubier, obwohl seine Haut eine dunkle, rotbraune Färbung hatte. Seine markanten, ebenmäßigen Züge ließen ihn einem Baggara ähneln, doch sein schwarzes Haar war kurz geschoren.

»Er spricht einen höchst interessanten Dialekt, der mir unbekannt ist«, sagte Ramses. »Ich mußte ihn einfach fragen, woher…«

»Über deine Unfähigkeit, der Verlockung unbekannter Dialekte zu widerstehen, sprechen wir später, Ramses«, sagte ich. »Und wirf das…«

Zu spät – der Spieß war leer.

Der Mann wiederholte seine Geste. »Ich gehe nun. Leben Sie wohl.« Dann senkte er den Kopf und richtete an Ramses ein paar Worte in einer Sprache, die mir unbekannt war. Ramses besaß die Frechheit zu nicken, als habe er alles verstanden.

»Was hat er gesagt?« fragte ich, während ich meinen Sohn packte. »Erzähl mir nicht, du hättest in fünf Minuten genug von dieser Sprache gelernt, um zu…«

»Du bist im Begriff, dir selbst zu widersprechen, Amelia«, sagte Emerson. Stirnrunzelnd sah er zu, wie Ramses' neuer Bekannter sich würdig, aber rasch aus dem Staub machte. »Wenn er nicht genug von dieser Sprache gelernt hat, um zu verstehen, was der Mann gesagt hat, kann er es dir auch nicht erzählen. Äh... was hat er denn gesagt, Ramses?«

Ramses zuckte die Achseln und sah dabei genauso geheimnisvoll aus wie die Araber, die diese ärgerliche Geste meisterhaft beherrschen. »Entschuldige, Papa, entschuldige, Mama, daß ich davongelaufen bin. Ich werde es nicht wieder tun.«

»Komm jetzt«, meinte Emerson, ehe ich die Zweifel zum Ausdruck bringen konnte, die dieses Versprechen verständlicherweise in mir hervorrief. »Wir haben zu lange getrödelt und unseren Führer verloren. Aber wir müssen ja nur auf diesem Weg weitergehen. Auf der anderen Seite des Marktes, sagte Yussuf... Meiner Meinung nach, Peabody, kann man Ramses kaum zum Vorwurf machen, daß er fasziniert war. Ich habe diesen Dialekt auch noch nie gehört, und trotzdem kamen mir in seinen letzten Sätzen ein oder zwei Wörter merkwürdig bekannt vor.«

»Dann ist er also kein Baggara?«

»Ganz sicher nicht. Diese Sprache verstehe ich ein wenig. Hier am oberen Nil gibt es viele Menschen, die groß und gut gebaut sind, beispielsweise die Dinka und die Shilluk. Vielleicht stammt er aus dieser Gegend. Nun denn, wir gehen besser weiter. Ramses, bleib bei deiner Mama.«

Die Unterkünfte, die Yussuf aufgetan hatte, entsprachen in etwa meinen Erwartungen – sie waren für menschliche Wesen unbewohnbar. Ganz gewiß wimmelte es in dem Dach aus Palmblättern von Ratten, und die Insekten waren zahlreich und raubgierig. Also forderte ich die Männer auf, unsere Zelte aufzuschlagen, nachdem ich taktvoll erklärt hatte, wir würden die Hütte als Lagerraum benutzen. Schließlich brachte ich Emerson dazu, bei den Behörden vorzusprechen. Wir nahmen Ramses mit, obwohl er uns nicht gern begleitete. Er sagte, er wolle lieber bei den Männern bleiben, um seine Kenntnisse nubischer Dialekte zu erweitern.

Allerdings besserte sich Ramses' Laune, als Emerson seine Absicht kundtat, Slatin Pascha aufzusuchen, der als Berater des Geheimdienstes tätig war. Auch ich freute mich darauf, diesen erstaunlichen Mann kennenzulernen, dessen Abenteuer schon Legenden geworden waren.

Rudolf Carl von Slatin war gebürtiger Österreicher, hatte aber wie viele europäische Militärs den Großteil seines Lebens im Orient verbracht. Als der Mahdi den Sudan überrannte, war Slatin Gouverneur von Darfur, der Provinz westlich von Khartum. Obwohl er sich tapfer gegen eine große Übermacht verteidigte, war er schließlich gezwungen, sich zu ergeben. Elf Jahre lang war er Gefangener gewesen, und zwar unter solch entsetzlichen Bedingungen, daß nur Mut und Willenskraft ihn am Leben erhielten. Sein schrecklichstes Erlebnis hatte er nach der Eroberung von Khartum, als sich ihm, der angekettet auf dem Boden saß, eine Gruppe von Soldaten des Mahdi näherten. Sie trugen einen in ein Tuch gehüllten Gegenstand bei sich, den der Anführer mit einem schadenfrohen Grinsen auswickelte: Es war der Kopf von General Gordon, Slatins Freund und Vorgesetzten. Endlich gelang Slatin die Flucht, doch alle, die ihm kurz darauf begegneten, sagten, er habe wie ein achtzigjähriger Greis ausgesehen.

Stellen Sie sich also meine Überraschung vor, als man uns vor einen beleibten, kräftigen, rotwangigen Gentleman führte, der sich höflich von seinem Stuhl erhob und über meine Hand beugte. Er und Emerson begrüßten einander mit der Vertrautheit alter Bekannter. Dann fragte Slatin, wie er uns behilflich sein könne. »Man hat uns Ihre Ankunft angekündigt, aber ich konnte ehrlich gesagt nicht glauben...«

»Warum nicht?« fragte Emerson. »Sie sollten eigentlich wissen, daß ich stets tue, was ich sage. Und was Mrs. Emerson betrifft, so ist sie sogar noch dickköpf... äh... entschlossener als ich.«

»Ich habe schon viel über Mrs. Emerson gehört«, meinte Slatin lächelnd. »Und auch über diesen jungen Mann. *Essalâmu 'aleikum*, Master Ramses.«

Ramses antwortete prompt: »*U' aleikum es-salâm warahmet Allah warabakâtu. Keif hâlak?* (Friede und Gottes Gnade und Segen seien mit Euch. Wie geht es Eurer Gesundheit?)« und fuhr dann in ebenso fließendem Arabisch fort: »Aber meine eigenen Augen sagen mir, daß es ausgezeichnet um Sie steht, Herr. Eure Leibesfülle überrascht mich nach den Entbehrun-

gen, die Ihr in den Händen der Anhänger des Mahdi erdulden
mußtet.«

»Ramses!« rief ich aus.

Slatin lachte aus vollem Halse. »Schelten Sie ihn nicht, Mrs.
Emerson. Ich bin stolz auf meinen Bauch. Jedes Pfund ist ein
Symbol für den Triumph des Überlebens.«

»Ich würde sehr gern etwas über Ihre Abenteuer erfahren«,
sagte Ramses.

»Eines Tages vielleicht. Im Augenblick bin ich voll und ganz
damit beschäftigt, die Berichte der Männer entgegenzunehmen,
die aus feindlichem Gebiet zurückgekehrt sind. Spionage«, fügte
er an Ramses gewandt hinzu. Wahrscheinlich deutete er seinen
starren Blick als jugendliche Bewunderung. »Spionage ist das
Nervensystem einer Armee. Ehe wir den nächsten Feldzug starten, müssen wir so viel wie möglich über die Stärke und die
Verfassung von Khalifas Streitkräften herausfinden.«

»Ist das Ihre Ausrede, warum Sie sich ins Winterquartier zurückgezogen haben, anstatt auf Khartum vorzurücken...«, fing
Emerson an.

»Unsere Ausrede ist, daß wir nur ungern sinnlos Menschenleben aufs Spiel setzen, Herr Professor. Ich will keinen einzigen
Mann aus Dummheit oder wegen mangelnder Vorbereitungen
verlieren.«

»Hmmm«, brummte Emerson, der nicht leugnen konnte, daß
darin tatsächlich ein Sinn lag. »Nun denn, kommen wir zur Sache. Sie sind ein vielbeschäftigter Mann, und ich auch.«

Auf unsere Fragen hin erzählte uns Slatin, daß Mr. Budge bereits die Pyramidenfelder von Nuri, Kurru, Tankasi und Zuma
untersucht hatte und nun am Gebel Barkal arbeitete. »Dort ist
oder war ein Tempel von beachtlicher Größe«, sagte Slatin. »Mr.
Budge glaubt, er sei vom Pharao Piankhi erbaut worden...«

»Mr. Budge weiß nicht, wovon er spricht«, unterbrach Emerson. Er wandte sich an mich. »Guter Gott, Peabody! Kannst du
dir das vorstellen? Vier Friedhöfe in nur ein paar Monaten!
Und jetzt plündert er den Tempel und sammelt Objekte für sein
verd... sein heißgeliebtes Museum. Zum Teufel, wir müssen so-

fort dorthin! Ich werde ihn vertreiben, ehe er noch mehr Schäden anrichten kann, oder ich will von heute an nicht mehr...«

»Aber, aber, Emerson, hast du dein Versprechen vergessen?« wandte ich erschrocken ein. »Du wolltest doch einen Bogen um Mr. Budge machen.«

»Verdammt, Peabody...«

»Pyramiden, Emerson. Du hast mir Pyramiden versprochen.«

»Richtig«, knurrte Emerson. »Nun gut, Peabody. Wohin soll es gehen?«

Slatin hatte unser Gespräch mit offenstehendem Mund mitangehört. »*Sie* treffen die Entscheidungen, Mrs. Emerson?«

Emerson runzelte die Stirn. Er ist ein wenig empfindlich, wenn er glaubt, man könne ihn für einen Pantoffelhelden halten. Doch ehe er antworten konnte, sagte ich würdevoll: »Mein Gatte und ich haben dieses Thema bereits ausführlich erörtert. Wir hatten uns doch auf Nuri geeinigt, nicht wahr, Emerson?«

Eigentlich war es keine schwere Entscheidung. Nur eines hätte mich von Nuri fernhalten können, nämlich die Information, daß Budge sich dort befand. Nuri hatte einige Vorteile. Zuerst einmal lag es fünfzehn Kilometer von der Garnison entfernt. So war es zwar umständlich, Vorräte zu beschaffen, dafür aber machte die Entfernung unangenehme Begegnungen mit Mr. Budge und Angehörigen der Armee weniger wahrscheinlich. Außerdem vermutete ich nach meiner Lektüre der Berichte von Lepsius und anderen, daß es sich bei den Gräbern in Nuri um die ältesten und somit interessantesten handelte. Möglicherweise stammten sie aus der Zeit der nubischen Eroberung Ägyptens im Jahre 730 vor Christus. Zudem waren sie solider gebaut und bestanden aus massivem Stein und nicht nur aus einer Gesteinsschicht über einem Kern aus losem Geröll.

»Mir ist es gleichgültig«, meinte Emerson gereizt.

So wurde entschieden, daß wir am folgenden Morgen aufbrechen würden, wodurch mir der Rest des Nachmittags blieb, um Einkäufe zu tätigen und Arrangements für unsere Reise zu treffen. Slatin sagte uns, der Weg durch die Wüste würde auf Kamelen etwa zwei Stunden in Anspruch nehmen. Doch er empfahl uns, ein Boot zu nehmen, obwohl das länger dauerte. Wegen

der Verheerungen, die die Rebellen angerichtet hatten, waren
Kamele schwer aufzutreiben, und zuallererst hatte die Armee
Anspruch auf sie.

Nachdem ich ihn als Gentleman und Wissenschaftler um Hilfe gebeten hatte, versprach er, alles Menschenmögliche für uns
zu tun. Männer sind für Schmeicheleien sehr empfänglich, vor
allem wenn man sie mit kleinen Seufzern und Wimpernklim-
pern untermalt. Glücklicherweise brütete Emerson immer noch
über Mr. Budges Sünden nach und mischte sich nicht ein.

Erst am Nachmittag des folgenden Tages brachen wir dann endlich auf. Das Säubern der Kamele hatte länger gedauert als erwartet. Wo Yussuf sie bekommen hatte, wagte ich nicht zu fragen. Aber jedenfalls machten die Tiere einen kläglichen
Eindruck. Ganz offensichtlich war ihnen nie Pflege des Offiziers
zuteil geworden, der bei der Armee die Kamele versorgte. Mit
diesem Gentleman führte ich ein sehr interessantes Gespräch.
Er leitete eine Art Klinik für kranke Kamele draußen vor dem
Lager, und zu meiner Zufriedenheit teilte er meine Auffassung
in punkto Tierpflege. In Ägypten hatte ich mit den Eseln ähnliche Schwierigkeiten gehabt. Die armen Tiere wurden schändlich überladen und vernachlässigt, so daß ich es mir zur Gewohnheit gemacht hatte, die Esel und ihre schmutzigen
Satteldecken zu waschen, sobald sie meiner Obhut unterstellt
wurden. Captain Griffith gab mir freundlicherweise einige seiner Tinkturen und Medikamente mit, die sich als sehr wirksam
erwiesen. Allerdings wissen Kamele nicht immer, was gut für sie
ist. Und Yussufs Tiere waren von den Waschungen nicht eben
begeistert. Der Umgang mit Eseln war mir inzwischen vertraut,
aber ein Kamel zu waschen, stellt eine um einiges komplizierte-
re Prozedur dar. Das hängt einerseits mit der Größe des hoch-
beinigen Zweihöckers und andererseits mit seinem äußerst reiz-
baren Temperament zusammen. Nach einigen vergeblichen
Versuchen, bei denen alle Beteiligten – bis auf das Kamel –
klatschnaß geworden waren, entwickelte ich schließlich eine re-

lativ erfolgreiche Methode: Ich stand mit meinem Wassereimer,
Seife und meiner langstieligen Bürste auf einer behelfsmäßigen
Plattform aus Sand und Gesteinsblöcken, während sechs Männer sich mühten, das Kamel mittels Seilen um Beine und Hals
niederzuhalten. Man hätte nur schwer sagen können, wer den
größeren Radau veranstaltete – das Kamel oder die Männer, die
es bändigten. Trotz meiner Anstrengungen bekamen sie auch
einiges von dem Seifenwasser ab, was jedoch nicht unbedingt
von Nachteil war, da manche von ihnen ein Bad dringend nötig
hatten. (Ich muß hinzufügen, daß alles viel glatter verlaufen
wäre, wenn Emerson sich bereit erklärt hätte zu helfen, anstatt
nur dazustehen und sich vor Lachen zu biegen.)

Die Pyramiden von Nuri standen auf einer Hochebene, an-
derthalb Meilen vom Flußufer entfernt. Als wir sie endlich sahen, ging die Sonne gerade im Westen unter, und ihre grotesk
verzerrten Schatten fielen über den kahlen Boden.

Mein Herz sank mit der Sonne. Da ich Lepsius' Arbeiten gelesen hatte, hätte ich eigentlich auf die traurige Wirklichkeit
gefaßt sein müssen. Doch in meiner Phantasie wird die Hoffnung stets über die Tatsachen triumphieren. Einige Pyramiden
waren noch relativ unbeschädigt, aber sie stellten nur einen
kläglichen Ersatz für die riesigen steinernen Grabmäler in Gi-
zeh und Dashur dar. Bei den meisten handelte es sich nur um
ungeordnete Gesteinshaufen, die nicht einmal die Form einer
Pyramide aufwiesen. Das ganze Gebiet war mit Quadern und
Schutt übersät. Es würde – selbst mit der nötigen Anzahl Männer – Wochen, vielleicht sogar Monate harter Arbeit in Anspruch nehmen, unser Vorhaben in die Tat umzusetzen.

Ich hatte gehofft, eine Grabkapelle oder ein anderes Gebäude
zu finden, das sich in eine Unterkunft verwandeln ließe. Doch
meine sand- und sonnengeplagten Augen suchten vergebens
nach solchem Luxus. Es war etwa vierzig Grad heiß. Dank des
schaukelnden Gangs des Kamels fühlten sich meine Muskeln an
wie Gelee. Der wehende Sand hatte mir die Gesichtshaut abge-
schürft und war in jede Falte meiner Kleidung eingedrungen.
Ich warf meinem Gatten einen tadelnden Blick zu (mein Hals
war ebenfalls so ausgetrocknet, daß ich nicht sprechen konnte),

denn er hatte den vernünftigen Rat der Militärbehörden igno-
riert und darauf bestanden, mit dem Kamel zu reisen, anstatt zu
warten, bis wir ein Boot mieten konnten.

Gleichgültig gegen meine Leiden, brachte Emerson sein Kamel zum Knien und sprang, behende wie ein Knabe, aus dem
Sattel. Strahlend eilte er auf mich zu und sprach das Tier an,
auf dem ich kauerte: »*Adar ya-yan!* Komm schon, du hast mich
doch gehört – *adar ya-yan*, habe ich gesagt.« Das vermaledeite
Kamel, das sich brummelnd jedem meiner Befehle widersetzt
hatte, gehorchte Emerson auf der Stelle. Diejenigen unter meinen Lesern, die mit den Verhaltensweisen eines Kamels vertraut
sind, wissen, daß sie zuerst das vordere Ende ihres Körpers ab-
senken. Da Kamele außergewöhnlich lange Beine haben, wird
ihr Rücken in dieser Position zu einer Art Rutschbahn. Steif,
erschöpft und von der Behendigkeit Emersons und des Kamels
überrascht, glitt ich hinunter und stürzte zu Boden.

Emerson hob mich auf und staubte mich ab. »Du bist doch
in Ordnung, Peabody?« erkundigte er sich höflich. »Was meinst
du, sollen wir unsere Zelte zwischen den beiden südlichsten Pyramiden aufschlagen? Genau. Komm, Peabody, trödle nicht herum. Es wird bald dunkel. Mohammed – Ahmet – Ramses –«

Beflügelt von seiner Begeisterung und den freundschaftlichen
Flüchen – und zweifelsohne auch von dem Bedürfnis nach
Nahrung, Wasser und einer Ruhepause –, fingen die Männer an,
die Kamele abzuladen. Ich lehnte mich an mein Reittier, das
inzwischen auch sein Hinterteil gesenkt und sich in den Sand
gelegt hatte. Er wandte sich um und sah mich an. Ich räusperte
mich. »Das kannst du dir aus dem Kopf schlagen«, krächzte ich
und schaute weg.

Ein paar Schlucke aus der Wasserflasche an meinem Gürtel
gaben mir meine Lebensgeister zurück, und ich beeilte mich,
Emerson zur Hand zu gehen. Nachdem ich ihn darauf hingewiesen hatte, daß der von ihm ausgesuchte Lagerplatz ungeeig-
net war, suchte ich einen neuen, und alles verlief reibungslos.
Als die Sonne hinter den westlichen Hügeln untergegangen war,
hatte ich endlich Gelegenheit, mich in die Privatsphäre meines
Zeltes zurückzuziehen und mich der sandigen, durchgeschwitz-

ten Kleider zu entledigen. Es war eine unbeschreibliche Wohltat. Als ich herauskam, saßen Emerson und Ramses im Schneidersitz einander gegenüber auf einem kleinen Teppich. Ein kleines Feuer knisterte fröhlich; in einiger Entfernung war der
helle Schein eines größeren Feuers zu sehen. Ich hörte vergnügtes Stimmengewirr, und der Duft des Abendessens stieg mir
in die Nase. Emerson sprang auf, geleitete mich zu einem Stuhl
und drückte mir ein Glas in die Hand.

Die kühle Abendbrise liebkoste meine feuchten Haarsträh-
nen. Am Himmelsgewölbe strahlten Sterne, die die Pyramiden
in einen geheimnisvollen Schimmer tauchten. Ich fühlte mich
wie eine Königin auf dem Thron, von knieenden Höflingen umgeben, schlürfte meinen Whisky und ließ die Verlockungen der
Wüste auf meine Sinne einwirken. Und als Emerson seufzend
feststellte: »Ach, meine liebe Peabody; es kann im Leben nichts
Zauberhafteres geben als das hier«, konnte ich nicht umhin,
ihm zuzustimmen.

Am nächsten Morgen fertigten wir Pläne der Pyramiden an. Um
ihre ursprünglichen Ausmaße, soweit möglich, zu ermitteln, waren umfangreiche Grabungsarbeiten vonnöten. Doch, wie Emerson betonte, bestand unser vorrangiges Ziel darin, Aufzeichnungen zu machen. Da das Graben die größte Leidenschaft meines
geliebten Emerson ist, war das ein Anzeichen für sein ehrliches
Interesse an der Wissenschaft, das ihn von Schatzsuchern unterschied. Nachdem wir die Ruinen mit Lepsius' Plänen aus dem
Jahr 1845 verglichen hatten, mußte ich zu meinem Entsetzen
feststellen, daß die Bauwerke innerhalb eines halben Jahrhunderts stark verfallen waren. Emerson, der am Fundament der
am besten erhaltenen Pyramide die Spuren kürzlicher und ha-
stiger Ausgrabungen fand, gab Budge die Schuld an dieser Ver-
irrung. Aber wie ich ihm sagte, hätte Budge in dieser kurzen
Zeit gar keinen so großen Schaden anrichten können. Auch die
Zeit und die Begehrlichkeit der Dorfbewohner mußten das ihre
dazu beigetragen haben.

Aus diesen Dörfern, die verstreut am Flußufer lagen, holten wir uns unsere Arbeiter. Und da wir, was die Organisation von Ausgrabungen betraf, alte Hasen waren, hatten wir bald eine gute Methode entwickelt. Die Männer wurden in drei Gruppen aufgeteilt und arbeiteten unter Emersons, meiner und Ramses' Aufsicht. Ich muß zugeben, daß Ramses eine große Hilfe war. Allerdings konnte ich es bald nicht mehr ertragen, wie Emerson sich selbst auf die Schulter klopfte, weil er darauf bestanden hatte, daß der Junge uns begleitete. Ramses war natürlich in seinem Element. Es war amüsant mitanzuhören, wie er mit schriller Stimme Befehle in seinem äußerst umgangssprachlichen Arabisch rief. Auch sein Nubisch wurde immer fließender. Seine sprachlichen Fähigkeiten beeindruckten die Männer sehr, denn zuerst hatten sie ihn mit der gleichen belustigten Nachsicht behandeln wollen, die sie ihrem eigenen Nachwuchs entgegenbrachten.

Am Ende der Arbeitswoche hatten wir einen ziemlich guten Eindruck vom Grundriß des Geländes gewonnen. Einst mußte eine Pyramide von beachtlicher Größe das Gebiet überragt haben; inzwischen war sie völlig in sich zusammengestürzt. Deshalb waren zusätzliche Grabungen nötig, um ihre ursprüngliche Größe zu bestimmen. Davor waren in einem groben Halbkreis weitere Pyramiden angeordnet; südöstlich davon befand sich eine Reihe von zehn weiteren Pyramiden. Lepsius' Plan zeigte einige kleinere, formlose Gesteinshaufen westlich und nördlich der großen (!) Pyramide. Andere waren wahllos dazwischen verstreut. Wir fanden zehn zusätzliche Haufen, die nicht auf seiner Karte eingezeichnet waren. Dann sahen wir uns gezwungen, die Arbeiten für den unvermeidlichen Ruhetag zu unterbrechen. Da unsere Männer Moslems waren – die meisten gehörten der Hanafi-Sekte an –, war der Freitag ihr Tag des Herrn. Eigentlich wollte Emerson die Arbeiten ohne sie fortsetzen, und er wies mich völlig richtig darauf hin, daß die Untersuchung selbst nicht mehr als drei Personen in Anspruch nehmen würde. Doch ich überzeugte ihn davon, daß auch wir einen Ruhetag benötigten – oder zumindest eine kleine Pause, um die Garnison und den nahe gelegenen Markt zu besuchen. Wir brauchten neue Vorräte, mehr Kamele und, wenn möglich, weitere Arbeiter.

Wir hatten unseren Männern angeboten, bereits am Donnerstagabend freizunehmen. Aber sie hatten unter großem Füßescharren und mit Seitenblicken dankend abgelehnt. Sie fürchteten sich vor Geistern und Gespenstern, die, wie sie alle wußten, bei Dämmerung ihr Unwesen trieben. Also machten sie sich erst am folgenden Morgen in ihre Dörfer auf, und wir begaben uns in die Garnison. In der relativen Kühle des Morgens war der Ritt recht angenehm, und als wir uns Sanam Abu Dom näherten, ragte der riesige Berg beeindruckend vor uns auf. Besonders stachen mir einige seltsam geformte Felsenformationen ins Auge, die den großen Statuen von Ramses II in Abu Simbel ähnelten. Emerson, der den Berg ebenfalls betrachtete, stand das Wort »Gier« deutlich ins ebenmäßige Gesicht geschrieben. »Das ist der gewaltigste Tempel ganz Nubiens, Peabody«, murmelte er. »Ausgrabungen dort würden ohne Zweifel unersetzliche historische Dokumente zutage fördern. Da wir heute sowieso nichts Besseres zu tun haben...«

»Wir haben aber etwas Besseres zu tun«, widersprach ich mit Nachdruck. »Außerdem arbeitet Mr. Budge am Gebel Barkal, und du hast geschworen, dich von ihm fernzuhalten.«

»Pah!« erwiderte Emerson, ganz wie ich erwartet hatte.

Meine Zufriedenheit darüber, daß es mir gelungen war, eine Begegnung zwischen Emerson und Mr. Budge zu verhindern, wurde durch die ärgerliche Entdeckung getrübt, daß auch Mr. Budges Arbeiter ihren freien Tag hatten. Gewiß hatte Mr. Budge deshalb beschlossen, seinen Freunden in der Garnison einen Besuch abzustatten.

Glücklicherweise war Emerson nicht bei mir, als ich besagte Entdeckung machte. Er und Ramses waren ins Dorf gegangen, angeblich, um weitere Männer anzuheuern. Allerdings kannte ich ihre Gewohnheiten und hatte so meinen Verdacht, wie sie sich die Zeit vertreiben würden. Mir war es überlassen worden, unser freundschaftliches Band mit den Militärbehörden zu stärken. Deshalb ritt ich zuerst zur »Kamelklinik« (meine eigene scherzhafte Bezeichnung für diese Einrichtung), denn mein

Reittier litt an einer Augenentzündung, deretwegen ich Captain Griffith gern um Rat fragen wollte. Nach einem vergnüglichen und aufschlußreichen Gespräch teilte er mir mit, General Rundle habe von meiner Ankunft erfahren und bäte mich, mit ihm und einigen seiner Offiziere zu Mittag zu speisen. »Und natürlich auch dem Professor«, fügte er hinzu.

»Oh, ich habe nicht die leiseste Ahnung, wo Emerson im Augenblick steckt«, antwortete ich. »Ohne Zweifel ist er bei einem Derwisch, einem griechischen Ladenbesitzer oder einem Beduinenscheich. Ich jedoch nehme die Einladung des Generals gerne an.«

Ich steckte die Salbentube, die er mir gegeben hatte, in einen Beutel an meinem Gürtel. Captain Griffith musterte diesen Ausrüstungsgegenstand neugierig. »Verzeihung, Mrs. Emerson, aber Sie sind offenbar ein wenig... äh... beladen. Möchten Sie Ihre... äh... Ausrüstung vielleicht hierlassen? Bei mir geht nichts verloren, das verspreche ich Ihnen.«

»Mein lieber Captain, ich würde ebensowenig ohne meinen... äh... Hut ausgehen wie ohne meinen Gürtel«, erwiderte ich und hakte mich bei ihm unter, als er mir den Arm bot. »Ich muß zugeben, er macht ein wenig Lärm. Emerson beklagt sich immer, weil ich beim Gehen so klappere und scheppere. Doch jeder dieser Gegenstände hat sich in der Vergangenheit nicht nur als nützlich, sondern gelegentlich sogar als lebensnotwendig erwiesen. Ein Kompaß, eine kleine Wasserflasche, ein Notizbuch, ein Bleistift, ein Messer, eine wasserdichte Schachtel für Streichhölzer und Kerzen...«

»Ich verstehe«, meinte der junge Mann, wobei seine Augen interessiert funkelten. »Warum wasserdicht, wenn ich fragen darf?«

Ich erzählte ihm von der Begebenheit, als Emerson und ich in die Flutkammer einer Pyramide geworfen worden waren. Da der Captain gebannt an meinen Lippen hing, erläuterte ich ihm gleich auch meine Theorie zum Thema angemessene Kleidung bei Ausgrabungen: »Eines Tages«, verkündete ich, »werden Frauen kühn Ihre Hosen für sich beanspruchen, Captain. Damit meine ich allerdings nicht Ihre persönlich...«

Wir beide lachten herzhaft darüber, und der Captain versicherte mir, er habe schon verstanden, was ich ihm hatte sagen wollen. »Ich meinerseits habe es nicht auf sie abgesehen«, fuhr ich fort. »Weite Hosenröcke sind schmeichelhafter für die weibliche Figur und gestatten trotzdem völlige Bewegungsfreiheit. Auch vermute ich, daß sie dank des Luftzugs der durch ihre Falten fährt, in diesem heißen Klima bequemer sind, als Ihre engen Beinkleider.«

Er teilte diese Ansicht durchaus. Unter solch interessanten Gesprächen kam mir der kurze Fußmarsch noch kürzer vor. Der General bewohnte eine »Villa« – zwei Zimmer, einen von einer Mauer umgebenen Hof und einen separaten Schuppen, der als Küche diente. Das Haus bestand aus Ziegeln anstatt der üblich geflochtenen Zweige. Emerson beschwert sich immer über die Dekadenz der Offiziere, die, wo sie gehen und stehen, ihre persönlichen Diener brauchen. Doch angesichts der zweifelhaften Versuche unseres Lagerkochs, der normalerweise den Beruf eines Kameltreibers ausübte, freute ich mich auf eine anständige, von einem ausgebildeten Küchenchef zubereitete Mahlzeit. Meine Freude erhielt nur einen leichten Dämpfer, als ich unter den Männern, die sich zur Begrüßung erhoben, Mr. Budge entdeckte.

»Ich glaube, Sie kennen Mr. Budge bereits«, sagte General Rundle, nachdem er die anderen vorgestellt hatte.

»Ja, ja, wir sind alte Freunde«, antwortete Mr. Budge, der übers ganze gerötete Mondgesicht strahlte. Er nahm sein Glas in die andere Hand und bedachte mich mit einem feuchten Händedruck. »Wo haben Sie denn den Professor gelassen, Mrs. Emerson? Wie ich gehört habe, machen Sie große Entdeckungen in Nuri.«

Das Grinsen, mit dem er den letzten Satz begleitete, erklärte seine gute Laune. Er hatte sich die beste Stelle unter den Nagel gerissen, nachdem er sich vergewissert hatte, daß dort, wo wir gruben, nichts zu holen war. Also konnte er sich seine Schadenfreude leisten. Natürlich blieb ich ganz Dame.

Wir nahmen am Tisch Platz. Selbstverständlich saß ich neben General Rundle. Obwohl er ein freundlicher Herr war, nahmen mich seine Bemühungen, Konversationen zu betreiben, nicht allzusehr in Anspruch. Ich beobachtete, daß Budge mir immer wieder verstohlene Blicke zuwarf, und etwas in diesen Blicken weckte in mir die schlimmsten Vermutungen. Es war, als wisse er etwas, von dem nichts wußte. Und wenn Budge sich darüber freute, hatte ich aller Wahrscheinlichkeit nach nur wenig Grund dazu. Und wirklich, als der letzte Gang abgeräumt wurde und die Gespräche erlahmten, wandte Budge sich direkt an mich.

»Hoffentlich wollen Sie und der kleine Ramses den Professor nicht begleiten, wenn er sich auf die Suche nach der Verlorenen Oase macht, Mrs. Emerson.«

»Wie bitte?« keuchte ich.

»Versuchen Sie, ihm diese sinnlose und gefährliche Unternehmung auszureden«, fuhr Budge fort. Dabei schürzte er die Lippen und setzte den schlimmsten heuchlerisch-besorgten Blick auf, den ich je in einem menschlichen Antlitz gesehen habe. »Ein anständiger Bursche, der Professor – auf seine Weise –, aber er wird häufig Opfer seiner Phantasie, nicht wahr?«

»Ganz recht, Ma'am«, polterte der General. »Wissen Sie, diesen Ort gibt es doch gar nicht. Eingeborenengeschichten und leere Gerüchte – hätte nie gedacht, daß der Professor so leichtgläubig ist.«

»Ich versichere Ihnen, Herr General«, antwortete ich, »daß ›leichtgläubig‹ wohl kaum das richtige Wort ist, um den Professor zu beschreiben. Darf ich fragen, Mr. Budge, wo Sie diesen irrelevanten, unwahren Klatsch aufgeschnappt haben?«

»Ich versichere Ihnen, Ma'am, es handelt sich nicht um irrelevanten Klatsch. Mein Informant ist ein gewisser Major Sir Richard Bassington, der gestern mit dem Schaufelraddampfer aus Kerma angekommen ist. Und er weiß es aus erster Hand – von Mr. Reginald Forthright, dem Enkel von Lord Blacktower. Major Bassington ist ihm vor einigen Tagen in Wadi Halfa begegnet. Er suchte nach einer Fahrgelegenheit nach Süden – allerdings vergeblich…«

»Das will ich auch hoffen!« rief General Rundle aus. »Ich möchte nicht, daß sich hier hordenweise Zivilisten herumtreiben. Äh... Anwesende natürlich ausgeschlossen. Wer ist dieser Bursche? Und wer hat ihm diesen Floh ins Ohr gesetzt?«

Budge erklärte die Situation unnötig ausführlich. Der Name Willoughby Forth verfehlte seinen Eindruck nicht. Einige der älteren Offiziere hatten von ihm gehört, und General Rundle kannte offenbar einen Teil seiner Geschichte. »Sehr trauriger Fall«, murmelte er kopfschüttelnd. »Aber hoffnungslos, absolut hoffnungslos. Die verfluchten – entschuldigen Sie, Ma'am – die vermaledeiten Derwische müssen ihn erwischt haben. Kann mir nicht vorstellen, warum Blacktower, der alte Schwerenöter, seinem Enkel gestattet, sich Hals über Kopf auf eine so zwecklose Suche zu begeben.«

»Forthright machte einen sehr entschlossenen Eindruck«, meinte Budge aalglatt. »Er hatte einen Brief von Professor Emerson bei sich, der ihn einlud, sich der Expedition anzuschließen. Du meine Güte, Mrs. Emerson, Sie sitzen ja da wie vom Donner gerührt. Hoffentlich war ich nicht indiskret.«

Alles drehte sich vor meinen Augen, doch ich sagte gefaßt: »Die Dummheit der Leute, die solche Geschichten erfinden, überrascht mich immer wieder. Und überdies auch die noch viel größere Dummheit derer, die ihnen Glauben schenken. Herr General, ich bin Ihnen für Ihre Gastfreundschaft sehr dankbar. Jetzt möchte ich Sie und die Herren Offiziere nicht länger von Ihren Aufgaben abhalten.«

Budge salutierte spöttisch und stolzierte mit einigen der jüngeren Offiziere hinaus. Auch ich verabschiedete mich.

Der werte Leser kann sich wahrscheinlich vorstellen, welcher Zorn mich erfüllte, als ich in Richtung des *suk* eilte, wo Emerson und ich uns verabredet hatten. Mein Gatte, der Mann, der mir ewige Liebe geschworen und dem ich die meine geschenkt hatte – Emerson hatte mich belogen! Wenn er den jungen Mr. Forthright wirklich eingeladen hatte, plante er wahrscheinlich die Expedition, die er so oft als närrisch verspottet hatte. Und wenn er mich nicht zu Rate gezogen hatte, bedeutete das, daß er mich nicht mitnehmen wollte. Das war Betrug von der übelsten Sorte. Nie hätte ich Emerson eine derartige Verlogenheit zugetraut.

Die üppigen Düfte des Markts, die in ihrer Mischung fast ans Unangenehme grenzten, stiegen mir in die Nase. Es heißt, daß sich von allen menschlichen Sinnen der Geruchssinn am schnellsten anpaßt, und ich hatte auch wirklich festgestellt, daß ich nach einem Tag in Ägypten viele charakteristische Düfte dieses Landes, die manche Europäer als widerlich empfinden, gar nicht mehr wahrnahm. Allerdings kann ich nicht behaupten, daß ich sie mit dem gleichen Vergnügen einatmete, mit dem ich an einer Rose oder einem Fliederbusch geschnuppert hätte. Doch da sie schöne Erinnerungen in mir weckten, waren sie meist gut auszuhalten. Heute aber wurde mir bei diesem Gestank ein klein wenig übel, denn er setzte sich aus faulenden Pflanzen, getrocknetem Kameldung und schwitzenden, ungewaschenen Menschenleibern zusammen. Ich bereute, daß ich so viel gegessen hatte.

Ich durchquerte den *suk*, ohne eine Spur von meinem Mann und meinem Sohn zu entdecken. Also kehrte ich um, setzte mich auf eine Bank vor einen der ansehnlicheren griechischen Läden und schickte mich an, meine Lebensmitteleinkäufe zu tätigen. Zwar verwickeln griechische Händler ihre Kunden nicht in die langen höflichen Gespräche, die man in den *suks* von Kairo bei jedem Einkauf über sich ergehen lassen muß, doch meine Erwartung, ich würde ein wenig handeln müssen, erwies sich als richtig. Reis, Datteln, Gemüsekonserven und einige Wasserkrüge – von der grobporigen Art, die den Inhalt durch Verdunstung kühlen – hatte ich schon erworben, als der Ladeninhaber plötzlich innehielt und begann, sich mehrmals zu verbeugen. Als ich mich umsah, erblickte ich die vertraute Gestalt meines Gatten.

Wie immer war er barhäuptig, und in seinen dunklen Locken sprühten bronzefarbene Funken. Sein lächelndes Gesicht, der kräftige, gebräunte Hals, der in seinem offenen Hemdkragen sichtbar war, und die muskulösen, ebenfalls entblößten Unterarme hatten wie stets die Wirkung, mich milde zu stimmen; vielleicht hatte er mich gar nicht belogen. Ich hatte die Geschichte aus dritter Hand gehört und noch dazu von Budge, der Emerson immer gern etwas unterstellte.

Ramses sah ich zwar nicht, aber ich nahm an, daß er ebenfalls da war, aber irgendwo in der Menschenmenge steckte.
Emerson hätte nicht so zufrieden ausgesehen, wenn er es fertig-
gebracht hätte, den Jungen zu verlieren. Den Mann, der meinem Gatten in respektvollem Abstand folgte, hätte man hingegen wohl kaum übersehen können. Obwohl die Falten seines
Umhangs sein Gesicht verbargen, verrieten mir seine Körpergröße und seine geschmeidigen Bewegungen sofort, um wen es
sich handelte.

»Meine liebe Peabody!« rief Emerson aus.

»Hallo, Emerson«, antwortete ich. »Und wo ist… Ach, da bist
du ja, Ramses. Versuche nicht, dich hinter deinem Vater zu verstecken. Du bist noch schmutziger, als ich erwartet habe, aber
im Augenblick kann ich nichts dagegen tun. Was ist das Braune
vorne auf deinem Hemd?«

Ramses zog es vor, diese direkte Frage zu ignorieren und sich
statt dessen meinem Vorwurf zuzuwenden. »Ich habe mich nicht
versteckt, Mama. Ich habe mich mit Mr. Kemit unterhalten. Er
hat mir einige nützliche Sätze seiner Sprache beigebracht, zum
Beispiel…«

»Das kannst du mir später erzählen, Ramses.« Der braune
Fleck war offenbar der Überrest einer Speise oder eines klebri-
gen Getränks. Ich wandte mich an Ramses' Sprachlehrer, der
mich mit einer seiner eigenartigen Begrüßungsgesten bedachte.
»Also, Ihr Name ist Kemit?«

»Er möchte für uns arbeiten«, berichtete Emerson vergnügt.
»Und er bringt noch zwei andere aus seinem Stamm mit. Ist das
nicht großartig?«

»Sehr. Und wo lebt Ihr Volk, Mr.… äh… Kemit?«

»Das ist eine tragische Geschichte«, meinte Ramses, wobei er
sich so behende auf den Boden kauerte, wie es keinesfalls zu
einem englischen Knaben paßte. »Sein Dorf gehörte zu den vielen, die von den Derwischen zerstört wurden. Sie haben die
Dattelpalmen umgehauen, die Männer und Knaben getötet und
die Frauen…«

»Ramses!«

»Wie ich sehe, hast du deine Zeit wie immer gut genutzt, Peabody«, warf Emerson rasch ein. »Können wir jetzt nach Nuri zurückkehren?«

»Nein, ich möchte noch ein bißchen Krimskrams kaufen – Perlen, Spiegel und so weiter – als Geschenke, die die Männer ihren Frauen mitbringen können. Du weißt, ich versuche immer, mich mit den Frauen anzufreunden, in der Hoffnung, sie über die Rechte und Privilegien zu belehren, auf die ihr Geschlecht den moralischen Anspruch hat.«

»Ja, Peabody, ich weiß«, sagte Emerson. »Und obgleich ich wie du der Ansicht bin, daß dein Anliegen völlig berechtigt ist, glaube ich, daß eine Chance, dauerhafte Veränderungen zu bewirken... Nun denn, aber darüber können wir uns auch noch später unterhalten; sollen wir unsere restlichen Einkäufe erledigen und dann aufbrechen?«

Gefolgt von Dienern, die unsere Waren trugen, begaben wir uns zum nächsten Verkaufsstand. Ramses gab mir die Ehre, mir Gesellschaft zu leisten. »Kemits Leute gefallen dir bestimmt, Mama«, meinte er. »Ihre Frauen sind hochgeachtet – außer von den Derwischen, die sie, wie ich schon sagte, entehrt...«

»Würdest du dieses Thema bitte in Zukunft nicht mehr zur Sprache bringen, Ramses? Du weißt nicht, wovon du redest.«

Aber ich hatte die unangenehme Vermutung, daß er es doch wußte.

Wie alle Männer langweilt sich Emerson rasch bei den notwendigen Überlegungen, um die man beim Einkaufen nun einmal nicht herumkommt. Wenn man es ihm überließe, würde er einfach auf den erstbesten Gegenstand zeigen und ein Dutzend davon bestellen. Doch sein Murren ließ nach, als ich ihm voll Freude mitteilte, Captain Griffith habe mir fünf weitere Kamele leihweise zur Verfügung gestellt.

»Wie zum Teufel hast du das geschafft?« fragte er bewundernd. »Diese verdammten Militärs...«

»Sind britische Offiziere und Gentlemen, Liebling. Ich habe sie deswegen überzeugen können, weil die fraglichen Tiere noch nicht kräftig genug für die anstrengenden Ausritte des Kamelcorps sind. Sie können sich ebensogut in unserem Lager erholen wie wir. Captain Griffith war so freundlich, mir sein vollstes Vertrauen in meine tiermedizinischen Fähigkeiten auszusprechen.«

»Hmmm«, brummte Emerson, allerdings sehr leise.

Wir holten die Kamele und die nötigen Medikamente ab und luden unsere Vorräte auf. Sie waren viel leichter als die Lasten, die Kamele für gewöhnlich tragen müssen, und ich achtete sorgfältig darauf, daß die heilenden Wunden auf den Rücken des Tieres mit Verbänden abgedeckt waren. Außerdem schnallte ich die schützenden Sättel selbst fest. Überrascht bemerkte ich, wie schnell Kemit den Sinn dieser Prozedur verstand und wie geschickt er sich an ihrer Durchführung beteiligte.

»Er macht einen recht intelligenten Eindruck«, sagte ich zu Emerson, als wir Seite an Seite aus dem Dorf ritten. »Möglicherweise kannst du ihm einige Ausgrabungstechniken beibringen wie den Männern in Aliyah. Ach, wie ich unsere Freunde vermisse, den lieben, alten Abdullah und seine Söhne, Enkel und Neffen!«

»Dasselbe habe ich eben auch gedacht, Peabody. Kemit ist ganz offensichtlich ein in geistiger Hinsicht außergewöhnlicher Mensch. Wenn die Mitglieder seines Stammes ebenso fähig... Ha! Wenn man vom Teufel spricht!«

Zwischen den Palmen waren zwei Männer aufgetaucht, und das so plötzlich, als wären sie aus dem Nichts erschienen. Auch sie trugen kurze Hosen und lange Umhänge. Kemit ritt ihnen entgegen und kehrte nach einem kurzen Gespräch zu Emerson zurück. »Sie werden mitkommen. Sie sprechen zwar Ihre Sprache nicht, aber sie können arbeiten. Sie sind treu.«

Wir ließen Kemits Freunde zwei der Kamele besteigen – was sie so mühelos taten, daß klar wurde, wie sehr sie an dieses Transportmittel gewöhnt waren – und setzten unseren Weg fort. Da die Gangart eines Kamels jede Plauderei unmöglich macht, beschloß ich zu warten, bis Emerson und ich allein waren, um das Thema Reginald Forthright und das unentschuldbare Betragen meines Gatten zur Sprache zu bringen.

Doch als dieser ersehnte Zustand endlich eintrat, kam es zu anderen Ereignissen, und als wir diese – zur beiderseitigen Zufriedenheit – hinter uns hatten, war Reginald Forthright, wie ich zugeben muß, nicht mehr Mittelpunkt meines Interesses.

Kemit und seine beiden Freunde erfüllten unsere Erwartungen nicht nur, sondern überstiegen sie sogar. Sie arbeiteten unermüdlich, erledigten jeden Auftrag mit größter Sorgfalt und befolgten Anweisungen buchstabengetreu. Überdies erwiesen sie sich alle – besonders Kemit – als äußerst geschickt im Erlernen unserer Grabungsmethoden. Natürlich belohnten wir sie, indem wir ihnen größere Verantwortung übertrugen und sie mit Respekt behandelten (obwohl ich dem werten Leser hoffentlich nicht eigens sagen muß, daß wir mit all unseren Arbeitern ebenso höflich umgingen wie mit unseren englischen Dienstboten). Sie waren bei den Dorfbewohnern nicht beliebt, denn diese betrachteten selbst die Angehörigen von Stämmen aus der näheren Umgebung wegen ihrer isolierten Lebensweise als Fremde. Allerdings kam es nicht zu den Schwierigkeiten, mit denen ich schon fast gerechnet hatte. Kemit und seine Begleiter zeigten den anderen die kalte Schulter; sie bauten sich ein kleines *tukhul* in einiger Entfernung vom Lager der Männer und zogen sich dorthin zurück, sobald der Arbeitstag vorüber war.

Für gewöhnlich begannen wir schon in aller Früh mit der Arbeit und tranken vorher nur eine Tasse Tee. Am Vormittag legten wir dann eine Frühstückspause ein. Während dieser Mahlzeit fand ich am Tag nach unserem Besuch in der Garnison endlich die Zeit, mit Emerson über Mr. Forthright zu sprechen. Er hatte Mr. Budge erwähnt. »Gestern habe ich im Vorbeigehen eine wohlbekannte, beleibte Gestalt in Begleitung einiger Offiziere im Lager herumstolzieren sehen«, meinte er in barschem Ton. »Bist du ihm vielleicht begegnet, Peabody?«

»In der Tat«, antwortete ich. »Er und ich hatten die Ehre, mit General Rundle zu Mittag zu speisen. Du warst auch eingeladen, Emerson.«

»Sie konnten mich nicht einladen, weil sie mich nicht finden konnten«, meinte Emerson selbstzufrieden. »Ich ahnte schon, daß so etwas passieren würde, und deshalb habe ich mich rar gemacht. Es ist schon schwierig genug, in Gegenwart einer Horde Kommißköpfe höflich zu bleiben; Budge hätte mir den Rest gegeben. Vermutlich hat er wie immer geprahlt und sich in die Brust geworfen.«

»In gewisser Weise. Aber es war nicht seine Prahlerei, die dir den Rest gegeben hätte.«

»Was dann?« Emersons Gesichtszüge röteten sich. »Hatte er etwa die Frechheit, dir zu nahe zu treten, Peabody? Bei Gott, wenn er es gewagt haben sollte ...«

»Beruhige dich, Emerson. Du mußt dir die fixe Idee abgewöhnen, daß sich jeder Mann, dem ich begegne, sofort bis über beide Ohren in mich verliebt. Mr. Budge hat in dieser Hinsicht nie das geringste Interesse gezeigt.«

»Ihm fehlt der gute Geschmack, um dich wertzuschätzen«, stimmte Emerson mir zu. »Was hat er also getan, Peabody?«

»Er hat mir freundlicherweise mitgeteilt – und auch den Offizieren –, daß Mr. Reginald Forthright sich auf dem Weg hierher befindet, und zwar auf deine Einladung hin. Er möchte sich an der Expedition zur Suche nach der Verlorenen Oase beteiligen.«

Glücklicherweise hatte Emerson seinen Tee schon ausgetrunken. Sonst wäre er sicherlich daran erstickt. Ich werde dem werten Leser eine genauere Beschreibung der keuchenden, unzusammenhängenden Aufschreie, die sich seinen Lippen entrangen, ersparen. Dank seiner gewohnt raschen Auffassungsgabe verstand er, daß Budges Aussage ihn zum Gespött gemacht hatte, und darauf bezog sich auch der Großteil seiner Verwünschungen. Seine Kommentare, durchsetzt mit den Flüchen, denen er seinen Ruhm im ganzen Niltal verdankte, wurden immer lauter, so daß man sie auch noch in einiger Entfernung vernehmen konnte. Die Männer drehten sich um und starrten uns an. Kemit, der auf Anweisungen wartete, riß die Augen auf – die erste Gefühlsregung, die ich je in seinem undurchdringlichen Gesicht gesehen hatte.

Ich schlug Emerson vor, seine Stimme zu senken. Als er verstummte, fuhr ich fort: »Nach den letzten Berichten soll Mr. Forthright bis nach Wadi Halfa gekommen sein. Ich hätte dem jungen Mann eine solche Entschlossenheit nicht zugetraut. Jemand muß ihn ausdrücklich dazu ermutigt haben, meinst du nicht auch?«

»Ich pflege keine leeren Vermutungen über die Motive von Menschen anzustellen, die ich kaum kenne«, erwiderte Emerson.

»Dann hast du ihn also nicht eingeladen…«

»Zum Teufel, Amelia…« Emerson nahm sich zusammen. Es macht einen schlechten Eindruck, wenn sich die Leiter einer Expedition vor den Arbeitern streiten. Mit leiserer Stimme sprach er weiter: »Ich habe Mr. Forthright bestimmt nicht ermuntert, nach Nubien zu kommen. Ganz im Gegenteil.«

»Aha. Also hast du dich vor unserer Abreise nach England mit ihm in Verbindung gesetzt.«

Emersons Wangen nahmen einen hübschen Mahagoniton an, und das Grübchen in seinem Kinn zitterte vielsagend. »Und du, Peabody – hast du dem trauernden, alten Vater nicht vor lauter Rührung eine mitfühlende Botschaft übermittelt?«

Das war eine schlaue Retourkutsche. Wie ich glaube, war meinen Gesichtszügen nichts anzumerken, doch Emerson kennt mich zu gut, um sich täuschen zu lassen. Seine zusammengepreßten Lippen entspannten sich, und ein spöttisches Funkeln trat in seine leuchtend blauen Augen. »Die Karten auf den Tisch, Peabody. Da dieser junge Esel jeden Augenblick bei uns hereinschneien kann, müssen wir genau wissen, wie die Dinge liegen. Ich habe Forthright geschrieben und ihm versichert, wir würden Erkundigungen einholen. Falls – dieses Wort habe ich zweimal unterstrichen, Peabody – *falls* wir irgend etwas herausfinden sollten, das beweist, daß Forth noch am Leben ist, würden wir es ihm und seinem Großvater sofort mitteilen. Mir ist nicht einsichtig, was daran ein Fehler gewesen sein soll oder wie er es als Versprechen oder Einladung hat auslegen können.«

»Ich habe im großen und ganzen das gleiche geschrieben«, gab ich zu. »An Lord Blacktower«.

Ramses, der bis dahin untypischerweise geschwiegen hatte, betrachtete aus seinen dunklen Augen abwechselnd seinen Vater und mich. Nun räusperte er sich. »Vielleicht hat Mr. Forthright zusätzliche Informationen erhalten. Es wäre schwierig für ihn, sie uns auf dem üblichen Weg zukommen zu lassen. Nur die Armee kann telegraphieren, und niemand weiß genau, wo wir uns befinden.«

»Hmmm«, brummte Emerson nachdenklich.

»Nun, wir können nur abwarten«, meinte ich. »Da wir Mr. Forthrights Ankunft nicht verhindern können, erledigen wir bis dahin am besten möglichst viel von unserer Arbeit.«

Emerson sah mich finster an. »Ich werde mich von seiner Ankunft nicht im mindesten bei der Arbeit stören lassen, Peabody. Wie oft soll ich noch wiederholen, daß ich nicht ziellos die Wüste absuchen werde?«

»Aber wenn es gar nicht ziellos wäre, Papa?« fragte Ramses. »Man kann doch keinen Freund im Stich lassen, solange es noch eine Hoffnung auf Rettung gibt.«

Emerson war aufgestanden. Er befingerte die Spalte an seinem Kinn und blickte auf seinen Sohn hinunter. »Ich freue mich, Ramses, daß du die Prinzipien eines englischen... eines Gentleman vertrittst. Ich würde Himmel und Erde in Bewegung setzen, um Forth und seine Frau zu retten, wenn ich glauben könnte, daß einer von ihnen noch am Leben ist. Und es würde übermächtiger Beweise bedürfen, um mich davon zu überzeugen, daß ich mich irre. Soviel dazu. Nun, Kemit, ich möchte gern in der Umgebung der zweiten Pyramide in der Reihe graben – dieser hier.« Er entrollte seinen Plan und zeigte auf das fragliche Bauwerk. »Lepsius hat eine Kapelle an der südöstlichen Seite eingezeichnet. Heute gibt es keine Anzeichen mehr dafür, doch die verdammten Grabräuber können doch nicht jeden einzelnen Stein weggeschleppt haben. Es müssen noch Überreste vorhanden sein. Zum Teufel, wir müssen Inschriften finden, wenn wir den Erbauer dieser Pyramiden ermitteln wollen.«

»Warum hältst du dem armen Mann Vorträge, Emerson?« fragte ich leise. »Er versteht doch sowieso kein Wort.«

Emersons Lippen verzogen sich zu einem geheimnisvollen Lächeln. »Nein? Haben Sie verstanden, Kemit?«

»Sie wollen wissen, wer die Steinhäuser gebaut hat. Es waren die großen Könige und Königinnen. Aber sie sind fort. Sie sind nicht hier.«

Die Arme über der breiten Brust verschränkt, sagte er diese Worte in einem feierlichen Singsang wie ein Priester, der rituelle Sprüche rezitiert.

»Wohin sind sie gegangen, Kemit?« fragte Emerson.

»Sie sind beim Gott.« Kemits Hand vollführte eine seltsam fließende Geste vom Horizont bis zum Himmel, der vor Hitze flirrte.

»Ich bete darum«, meinte Emerson höflich. »Nun, mein Freund, machen wir weiter; unsere Arbeit wird ihre Namen wieder zum Leben erwecken, und wie Sie wissen, hofften sie auf die Unsterblichkeit.«

Gemeinsam gingen sie los, und ich dachte nicht zum erstenmal, was für ein beeindruckendes Paar die beiden abgaben.

»Ramses«, meinte ich zerstreut – denn ein Teil meiner Aufmerksamkeit ruhte auf den anmutigen und athletischen Bewegungen der bewundernswerten Gestalt meines Gatten –, »sobald du mit Nummer sechs fertig bist, kommst du mit deiner Mannschaft zur größten Pyramide und hilfst mir.«

»Aber Papa hat gesagt…«

»Egal, was Papa gesagt hat. Er hat seinen Neigungen nachgegeben – äh – er hat die Erstellung der Aufzeichnungen aufgeschoben, um zu graben. Also kann er mir keinen Vorwurf daraus machen, daß ich dasselbe tue. Die größte Pyramide hat gewiß einem der großen Könige gehört, Piankhi, Taharka oder Shabaka. Der Überbau ist völlig eingestürzt, aber bestimmt liegt darunter eine Grabkammer.«

Ramses strich sich übers Kinn. Einen Moment lang hatte er eine unheimliche Ähnlichkeit mit seinem Vater, auch wenn sie sich eher in seinen Gesten und seinem Ausdruck äußerte als körperlich. »Ja, Mama.«

Einige Tage später hatte meine Mannschaft viele Tonnen Stein bewegt, ohne auch nur die Spur eines Eingangs zu einer Grabkammer zu finden. Emerson hatte von den Pyramiden in der südöstlichen Reihe abgelassen und untersuchte nun mit seiner Gruppe ein kleineres, halb eingestürztes Gebäude dahinter.

Am Mittwoch, kurz nach Sonnenaufgang, wurde ich von einem Schrei aufgeschreckt, der seltsam über die sandbedeckte Ebene hallte. Sofort lief ich los und fand Emerson bis zu den Hüften in einem Graben. »Eureka!« begrüßte er mich. »Endlich! Ich glaube, wir haben die Kapelle gefunden, Peabody!«

»Ich gratuliere, mein Liebling«, antwortete ich.

»Hol sofort die übrigen Männer hierher, Peabody. Ich will den Graben verbreitern und vertiefen.«

»Aber Emerson, ich habe noch nicht...«

Mit dem Ärmel wischte sich Emerson den Sand vom verschwitzten Gesicht. »Mein Liebling, ich weiß, du verzehrst dich danach, irgendeinen abscheulichen, einsturzgefährdeten Tunnel zu finden, hineinzukriechen und Leib und Leben zu riskieren. Doch es ist wichtig, daß wir so schnell wie möglich alles aus diesem Gebiet herausholen. Sobald die Einheimischen Wind von unserer Entdeckung bekommen, werden Klatsch und Übertreibung im Nu Gold und Juwelen hinzudichten, und dann kommt jeder menschliche Maulwurf aus der Umgebung und fängt zu wühlen an.«

»Du hast recht, Emerson«, seufzte ich. »Natürlich tue ich, worum du mich gebeten hast.«

Es dauerte einige Stunden, bis wir den Graben so verbreitert hatten, daß die gefundenen Steine in ihrer Gesamtheit sichtbar wurden. Dann mußten noch sorgfältige Notizen über ihre genaue Lage angefertigt werden. Als wir maßen und zeichneten, während die Sonne auf uns herunterbrannte und sich unsere Münder und Nasen mit Sand füllten, hätte ich alles für eine Kamera gegeben. Ich hatte vorgeschlagen, eine mitzunehmen, aber Emerson hatte Einspruch dagegen erhoben. Seiner Ansicht nach waren die verdammten Dinger unhandlich und unzuverlässig – außer in der Hand eines ausgebildeten Photografen, über den wir nicht verfügten. Außerdem verlangte die zweckmäßige Nutzung eines solchen Apparats nach weiterer Ausrüstung, die nicht leicht zu beschaffen war: frisches Wasser, Chemikalien und so weiter.

Unglücklicherweise entdeckte einer der Männer einige Fetzen Blattgold. Ich sage unglücklicherweise, denn nichts weckt die

Schatzsucherinstinkte und die damit einhergehende Bereitschaft, sich den Reichtum auch gewaltsam anzueignen, mehr als
dieses Metall. Leuchtend wie die Sonne, weich genug, um es
mühelos zu verarbeiten, und unzerstörbar, hat es schon seit undenklichen Zeiten in Männern eine Begierde geweckt, die ihre
Liebe zu Frauen, geschweige denn zu ihren männlichen Zeitgenossen, bei weitem übersteigt. Der Name Nubien selbst ist von
dem altägyptischen Wort für Gold abgeleitet. Hauptsächlich des
Goldes wegen schickten die Pharaonen Händler und Armeen
ins Land Kusch. Und es hätte mich nicht überrascht, wenn
Kain den ersten Mord um Goldes willen begangen hätte. (Es
geschah vor langer Zeit, und die Heilige Schrift, auch wenn sie
zweifellos göttlich inspiriert ist, geht mit Details ein wenig sorglos um. Gott ist kein Historiker.)

Einst mußte es in Nubien Gold im Überfluß gegeben haben,
doch wie Emerson bemerkte, als er das klägliche Stückchen in
seiner Hand betrachtete, war offenbar nicht mehr viel davon
übrig. Trotzdem fühlte ich mich zu der Aufgabe verpflichtet,
den Aushub durchzusieben – eine anstrengende und schweißtreibende Arbeit.

Die Sonne stand schon tief im Westen, und die Schatten wurden länger. Ich freute mich auf meine Waschungen, saubere
Kleider (und vielleicht einen kleinen Whisky Soda), als einer
unserer weniger fleißigen Männer, der öfter auf seiner Schaufel
lehnte, als sie zu benutzen, einen überraschten Schrei ausstieß.

»Hast du dich wieder mit der Schaufel am Fuß gestoßen, du
unvorsichtiger Mensch?« fragte ich spöttisch.

»Nein, Sitt Hakim – nein. Da kommt ein Kamel, und darauf
sitzt ein Mann; das Kamel rennt, und der Mann wird gewiß
gleich hinunterfallen. Schau, Sitt Hakim, er sitzt auf dem Kamel, wie kein Mann, der oben bleiben möchte, auf einem Kamel sitzen…«

Doch ich hörte ihn nicht mehr. Denn ich hatte das gleiche
gesehen wie er und befand, daß seine Einschätzung der Situation zumindest dies eine Mal richtig war. Der Reiter saß nicht auf
dem Kamel, er rutschte gefährlich darauf hin und her. Ich eilte

ihm entgegen und wandte mich mit einem nachdrücklichen
»*Adar ya-yan*, verdammtes Biest!« an das Kamel.

Das Kamel blieb stehen. Ich zog ihm eins mit meinem Sonnenschirm über, doch noch ehe es in die Knie gehen konnte
(vorausgesetzt, das war überhaupt seine Absicht gewesen),
rutschte der Reiter vom Sattel und fiel mir ohnmächtig vor die
Füße.

Der Reiter war natürlich Mr. Reginald Forthright. Damit hatte ich gerechnet, wie der geneigte Leser sicherlich auch.

5. KAPITEL

»Er ist der Mann!«

G uter Gott!« sagte Emerson. »Allmählich frage ich mich, ob
dieser Mann seine Bekannten immer so begrüßt oder ob
wir nur einen außerordentlich schlechten Einfluß auf seine Nerven haben. Peabody, ich verbiete dir ausdrücklich, ihn zu
berühren. Möglicherweise hatten deine unnötig überschwenglichen Aufmerksamkeiten beim letztenmal diese...«

»Sei doch nicht albern, Liebling.« Mit dem eigenartigen Gefühl eines Déjà-vu kniete ich neben dem jungen Mann nieder.
Diesmal lag er auf dem Rücken, und zwar in einer besonders
anmutigen Haltung. Doch welche Verwandlung war mit diesem
gutgekleideten, gepflegten Menschen vorgegangen, seit er uns
vor nur wenigen Wochen auf den Kaminvorleger gefallen war!
Sein Anzug – von einem ausgezeichneten Schneider – war zerknittert und fleckig. Sonnenbrand hatte seine Wangen gerötet,
und seine Nase schälte sich. Sein Hut (eine modische, aber un-
geeignete Tweedkappe) war ihm vom Kopf gefallen; unter den

schweißfeuchten Locken auf seiner Stirn lief ihm ein dünnes Rinnsal Blut die Wange hinab.

Emerson war als erster bei ihm gewesen, aber die anderen waren ihm rasch gefolgt. Neugierige umringten uns, als ich mein Taschentuch mit einigen Tropfen aus der Flasche an meinem Gürtel anfeuchtete und dem jungen Mann das erhitzte Gesicht abwischte. Sobald Mr. Forthright das Bewußtsein wiedererlangt hatte, rötete sich sein Antlitz vor Verlegenheit noch mehr, und er fing an, Entschuldigungen zu stammeln.

Emerson schnitt ihm das Wort ab. »Wenn Sie so dumm sind, in diesem Klima Wolle zu tragen und in der heißen Sonne herumzulaufen, müssen Sie sich nicht wundern, wenn Sie einen Hitzschlag bekommen.«

»Es lag nicht an der Hitze!« rief Forthright aus. »Ich wurde von einem Stein oder einem anderen Wurfgeschoß am Kopf getroffen. Ein weiterer Gegenstand traf mein Kamel, das durchging und... Bei Gott!« Er setzte sich auf, wobei er sich auf meine Schulter stützte, und streckte einen anklagenden Zeigefinger aus. »Das ist der Mann, der mich angegriffen hat!«

Er zeigte auf Kemit.

»Unsinn«, sagte Emerson. »Kemit hat den ganzen Nachmittag neben mir gearbeitet. Leiden Sie öfter an Wahnvorstellungen, Mr. Forthright?«

»Dann sah ihm der Mann sehr ähnlich«, beharrte Forthright stur. »Hochgewachsen, dunkelhäutig...«

»Wie die meisten männlichen Einwohner dieser Gegend.« Emerson beugte sich über ihn und teilte grob, aber geschickt die Locken auf seiner Stirn. Forthright fuhr zusammen und biß sich auf die Lippe. »Hmmm«, brummte Emerson. »Keine Schwellung, nur ein kleiner Kratzer auf der Kopfhaut. Diese Verletzung stammt nicht von einem Stein, Mr. Forthright, sondern von einem scharfkantigen Gegenstand wie einem Messer.«

»Was macht das für einen Unterschied, Emerson?« fragte ich. »Ganz offenbar wurde Mr. Forthright angegriffen – allerdings nicht von Kemit, der, wie du gesagt hast, ständig bei uns war. Ich schlage vor, wir setzen uns in den Schatten und nehmen ein paar Erfrischungen zu uns, während wir die Situation besprechen. Mr. Forthright schuldet uns einige Erklärungen.«

»In der Tat«, meinte Emerson stirnrunzelnd. »Aber ich habe nicht die Absicht, seinetwegen früher mit der Arbeit aufzuhören. Bring ihn weg, Peabody, und sieh zu, ob du etwas Sinnvolles aus ihm herausholen kannst.« Er bedeutete den Männern, ihm zu folgen, und stolzierte, immer noch schimpfend, davon: »Was zum Teufel sollen wir mit ihm anfangen? Er kann nicht allein zur Garnison zurückreiten. Er würde sich verirren oder wieder von dem verdammten Kamel fallen. Wahrscheinlich diesmal auf den Kopf, daß er das Bewußtsein verliert und an Sonnenstich, Durst oder allem beiden stirbt. Und dann hätte ich ihn auf dem…«

Seine Worte erstarben zu einem unverständlichen, aber immer noch hörbaren Gebrumme. »Er hat recht, wissen Sie«, sagte ich zu Forthright, während ich ihm beim Aufstehen half. »Es war äußerst dumm von Ihnen, sich allein auf die Suche nach uns zu machen.«

»Ich war nicht allein«, erwiderte Forthright freundlich. »Meine Diener waren bei mir. Es ist nicht ihre Schuld, daß ich sie abgehängt habe. Als ich sie zuletzt sah, versuchten sie, mich einzuholen, und ich erwarte, daß sie jeden Moment hier eintreffen.«

»Bestimmt«, meinte Ramses.

»Ramses, warum zum Teu… warum bist du noch hier? Papa hat gesagt, du sollst dich wieder an die Arbeit machen.«

»Entschuldige, Mama, aber ich habe nicht gehört, daß Papa eine direkte Anweisung an mich gerichtet hat. Zugegeben, der Grundtenor seiner Bemerkungen wies darauf hin, daß er die Arbeiten wieder aufzunehmen wünscht, doch angesichts der Tatsache, daß er keine ausdrückliche…«

»Schon gut«, sagte ich.

»Ja. Mama. Ich dachte mir, ich könnte ein Feuer anzünden und Teewasser aufsetzen.«

»Was für ein rücksichtsvoller Knabe«, meinte Forthright mit einem Lächeln zu Ramses. »Man sieht, wie sehr er seine liebe Mama anbetet.«

»Hmmm, ja«, antwortete ich und betrachtete meinen Sohn mit gemischten Gefühlen. Wie sein Vater benutzte er jede Gelegenheit, um sich auszuziehen, und da er – absichtlich oder zufällig – sämtliche hübschen, kleinen Norfolk-Anzüge ruinierte, ganz gleich, wie viele ich ihm davon kaufte, mußte ich ihm erlauben zu tragen, was hier an Ort und Stelle aufzutreiben war. An jenem Tag hatte er die Hosen eines seiner Anzüge und Stiefel an. Doch von der Taille aufwärts sah er aus wie ein ägyptischer Knabe. Auf seinen schwarzen Locken saß eine Mütze mit leuchtend rotem, gelbem und grünem Muster, und sein grobes Baumwollhemd war eigentlich ein einheimisches Gewand, von dem ich einige Meter abgeschnitten hatte.

»Nun«, sagte ich, »wenn du schon einmal hier bist, Ramses, kannst du dich genausogut nützlich machen. Geh, nimm Mr. Forthrights Diener in Empfang und bring sie… irgendwo hin. Irgendwo, wo man ein vorübergehendes Zeltlager aufschlagen kann, solange es weit genug von… äh…«

»… von deinem und Papas Zelt entfernt ist«, ergänzte Ramses den Satz.

»Genau. Ich befürchte, Sie werden sich mit Provisorien behelfen müssen, Mr. Forthright. Wir haben keine überzähligen Zelte und Feldbetten bei uns, denn wir rechneten nicht mit Gästen.«

»Aber ich habe natürlich meine eigene Ausrüstung und Vorräte dabei, Mrs. Emerson«, meinte der junge Mann und fügte mit einem kleinen Lachen hinzu: »Sie konnten ja nicht wissen, wann ich komme, und ich durfte Ihnen doch nicht zumuten, für meine Verpflegung zu sorgen.«

Sein Blick war so unschuldig wie der von Ramses. (Noch unschuldiger, um genau zu sein.)

»Wann Sie kommen«, wiederholte ich. »Genau. Wir haben einiges zu besprechen, Mr. Forthright. Wenn Sie mir bitte folgen würden.«

Es war bereits dunkel, als Emerson die Ausgrabungsarbeiten beendete und die Männer in den Feierabend schickte. Die letzte
halbe Stunde lang waren die Arbeiten von Flüchen und Geschrei
begleitet gewesen, denn die Männer stürzten in Löcher und stol-
perten über verschiedene Gegenstände, da man in der Finsternis
kaum noch die Hand vor Augen sehen konnte. Doch Emerson
hatte die übliche Zeit überschritten, um zu beweisen... Nun, man
fragt sich, was er eigentlich damit beweisen wollte. Aber so sind
die Männer nun einmal, und eine Frau kann nichts weiter tun, als
diese kleinen Fehler einer Spezies, die ansonsten einen durchaus
zufriedenstellenden Teil der Menschheit ausmacht, mit Fassung
zu tragen.

Mr. Forthright und ich saßen vor dem Zelt und erfreuten uns
am Knistern und den Farben unseres kleinen Feuers, als Emerson mit einer genuschelten Begrüßung an uns vorbeistürmte
und im Zelt verschwand. Ich hatte ihm fürsorglich eine Laterne
angezündet, doch er warf sie sofort um und tat, was immer er
zu erledigen hatte, in völliger Dunkelheit und relativ schweigend. Nur das Plätschern von Wasser und ein gelegentlicher
Fluch verrieten seine Anwesenheit. Aber als er endlich wieder
herauskam, war er offenbar besserer Stimmung. Im Vorbeigehen
tätschelte er mich verstohlen und nickte Mr. Forthright tatsächlich zu. Unsere abendlichen Waschungen warfen zwar einige
Schwierigkeiten auf, da jeder Tropfen Wasser aus dem über an-
derthalb Kilometer entfernten Nil geholt werden mußte. Überdies mußte man das Wasser auch noch filtern, ehe man es benutzen konnte. Dennoch stellte körperliche Reinlichkeit in
meinen Augen keinen Luxus, sondern eine Notwendigkeit dar
und hob außerdem die Stimmung. Ich muß nicht hinzufügen,
daß das meine Idee war. Emerson hätte die ganze Woche lang
nicht einmal das Hemd gewechselt – falls er überhaupt eines
angezogen hätte.

»Wir haben auf dich gewartet, Liebling«, sagte ich freundlich.
»Auch wenn es schon spät ist, bleibt uns meiner Ansicht nach
immer noch Zeit für einen Schluck unseres üblichen Getränks.
Wir sollten einen Toast auf Mr. Forthright ausbringen und auf
die Gefahren, die er überlebt hat.«

Emerson füllte die Gläser und reichte sie herum. Ramses' ausgestreckte Hand ignorierte er. Ramses gab die Hoffnung nie auf, daß Emerson ihn einmal aus purer Zerstreutheit in unser abendliches Ritual miteinbeziehen würde – nicht, wie ich glaube, weil er den Geschmack von Whisky mochte, sondern weil Alkoholkonsum bedeutete, daß man erwachsen war und mit seinen Eltern auf einer Stufe stand.

»Und welche Gefahren hat Mr. Forthright überlebt?« höhnte Emerson.

»Nur die üblichen, wenn man in dieser Gegend unterwegs ist«, erwiderte der junge Mann bescheiden. »Mrs. Emerson hat mich überzeugt, daß der Überfall heute nachmittag dazu zu zählen ist. Vielleicht ein erboster Gefolgsmann des verstorbenen und nicht betrauerten Mahdi.«

»In dieser Gegend gibt es eine ganze Menge erboster Menschen«, sagte Emerson. »Und ich gehöre auch dazu. Zweifellos haben Sie Ihre Anwesenheit zu Mrs. Emersons Zufriedenheit erklären können; sie ist eine weichherzige Frau mit einer besonderen Schwäche für romantische junge Esel. Mich werden Sie nicht so leicht überzeugen können, Mr. Forthright.«

»Ich verstehe, daß Sie verärgert sind, Herr Professor«, fing Forthright an. »Gleich nach meiner Ankunft in Sanam Abu Dom stellte ich fest, daß sich Mr. Budges Version meines Vorhabens bereits in der Garnison herumgesprochen hatte. Es ist ein Jammer! Ich hätte nie geglaubt, daß ein so angesehener Mann so böswillig sein kann. Aber vielleicht wurde er auch nur falsch informiert.«

»Er wurde nicht falsch informiert«, knurrte Emerson.

»Nun, Sie können sicher sein, daß ich die Angelegenheit sofort klarstellte. Bei meiner Ehre, Herr Professor, er oder sein Informant hatten meine Bemerkungen und meine Motive völlig falsch verstanden. Ich beabsichtige nicht, Sie zu überzeugen, für eine hoffnungslose Sache Ihr Leben aufs Spiel zu setzen. Ich wollte nur vor Ort sein, falls... Sie hatten gesagt, wenn weitere Informationen ans Licht kämen...« Die Erklärung, die so flüssig angefangen hatte, verstummte. Dann sagte Mr. Forthright einfach: »Wenn es ein Risiko einzugehen gilt, werde ich derjenige sein, der es auf sich nimmt. Haben Sie etwas gehört oder erfahren?«

»Nein, nichts«, antwortete Emerson.

»Ich verstehe.« Der junge Mann seufzte. »Mein Großvater ist inzwischen sehr gebrechlich. Ich glaube, nur die Hoffnung hält ihn am Leben.«

»Mr. Forthright...«, setzte ich an.

»Bitte, Mrs. Emerson, machen Sie mir die Ehre und nennen Sie mich Reginald – oder Reggie, wenn Ihnen das lieber ist. So heiße ich bei meinen Freunden, und ich hoffe, Sie dazuzählen zu dürfen.«

»Das dürfen Sie«, erwiderte ich gerührt. »Emerson, Reggie hat beachtliche Strapazen und sogar Gefahren auf sich genommen, um seinen Onkel zu suchen oder sich zumindest persönlich von der Aussichtslosigkeit seines Vorhabens zu überzeugen. Und das alles seinem armen, alten Großvater zuliebe. Selbstverständlich würde die Nachricht vom bewiesenen Tod seines Sohnes Lord Blacktower sehr treffen, aber die qualvolle Ungewißheit ist noch viel schmerzlicher. Enttäuschte Hoffnungen können zu schwärenden Wunden werden...«

»Schon gut«, sagte Emerson. »Also, wie wollen Sie bei Ihrer Suche vorgehen, Mr. Forthright?«

Es war stockfinster. Ein schimmerndes Netz aus Sternen spannte sich über das hohe Himmelsgewölbe, und im Westen hoben sich die schartigen Grate der Berge gegen das silbrige Licht ab. Es tauchte die Landschaft in einen bleichen Schein, als der Mond – zur Hälfte voll – langsam aufging. Vom Kochfeuer her erhob sich eine Stimme zu einer klagenden Melodie.

»Wie schön«, flüsterte Reggie. »Solch einen Augenblick mitzuerleben, entschädigt einen für die weite Reise. Es heißt ja, daß das Reisen den Horizont erweitert, und auf mich trifft das ganz sicher zu. Nun verstehe ich, was meinen Onkel in diese wilde und doch verzauberte Gegend gezogen hat.«

»Hmmm«, brummte Emerson. »Es hat etwas für sich, gemütlich mit einem Glas Whisky in der Hand in der Abendkühle zu sitzen, während ein Diener das Essen zubereitet. Sie fänden es sicherlich weniger romantisch, wenn Sie sich in der Wüste verirrt hätten. Stellen Sie sich vor, Ihre Feldflasche ist leer, die Sonne brät Sie wie ein Hähnchen am Spieß, und Ihre Zunge ist so trocken wie ein Stück Leder. Sie haben meine Frage noch nicht beantwortet, Mr. Forthright.«

»Oh.« Der junge Mann fuhr zusammen. »Ich bitte um Entschuldigung, Herr Professor. Man sagte mir, daß täglich Flüchtlinge aus den von den Derwischen besetzten Gebieten einträfen. Die Offiziere vom Geheimdienst, die sie verhören, haben mir versprochen, sie auch nach Gefangenen an abgelegenen Orten zu befragen.«

»Das kann nicht schaden«, murmelte Emerson.

»Und während ich auf Neuigkeiten warte, werde ich mich mit dem Studium und der Praxis der Archäologie befassen«, fuhr Reggie fröhlich fort. »Können Sie nicht noch zwei Hände gebrauchen, Herr Professor? Mit Untersuchungen kenne ich mich ein wenig aus, aber wenn Sie wollen, schwinge ich auch den Spaten wie der Bescheidenste unter den Eingeborenen.«

Emerson nahm dieses freundliche Angebot mit weniger Begeisterung auf, als es verdient hätte. Doch nachdem er die (von mir) erwarteten Einwände erhoben hatte, Reggie mangele es an Erfahrung und er habe schließlich nicht vor, sich über einen längeren Zeitraum hinweg der Archäologie zu widmen, ließ er sich erweichen, ihm seinen Plan des Geländes zu zeigen. Die darauf folgende Erläuterung wuchs sich bald zu einem Vortrag aus und wurde erst durch die Ankunft des Koches unterbrochen, der uns zum Abendessen rief. Nachdem wir es verzehrt hatten, sagte Reggie, er wolle sich nun gern zurückziehen, da er völlig erschöpft sei. Wir folgten bald seinem Beispiel, denn unser Arbeitstag begann bei Sonnenaufgang.

Während wir uns zum Schlafengehen fertigmachten, wartete ich höchst interessiert auf Emersons Kommentar. Doch er sagte nichts. Also wagte ich, nachdem er das Licht gelöscht und sich neben mich gelegt hatte, das Thema selbst zur Sprache zu bringen.

»Glaubst du nicht, daß Reggies Hilfe uns von Nutzen sein wird?«

»Nein«, antwortete Emerson.

»Wir hätten darauf gefaßt sein sollen, daß Mr. Budge Reggies Anwesenheit in Nubien auf die schlimmstmögliche Weise auslegen wird. Ich fand seine Gründe hierherzukommen, sowohl vernünftig als auch ehrenwert.«

»Hmmm«, meinte Emerson.

»Wer, glaubst du, hat einen Stein nach ihm geworfen?«

»Es kann kein Stein gewesen sein.«

»Dem stimme ich zu. Du hattest ganz recht, mein Liebling. Ein Messer, ein Speer, ein Pfeil...«

»Oh, es war mit Sicherheit ein Pfeil«, sagte Emerson, der sich inzwischen zu Sarkasmus hinreißen ließ. »Die kuschitischen Bogenschützen waren einst die Elitetruppen der ägyptischen Armee. Zweifellos hat der Geist eines Schützen Forthright mit einem alten Nubier verwechselt. In dieser Region verwendet man schon seit über tausend Jahren keine Bogen mehr.«

»Dann also ein Messer oder ein Speer.«

»Unsinn, Peabody. Wahrscheinlich ist er in Ohnmacht gefallen – das scheint bei ihm eine Gewohnheit zu sein. Dann ist er vom Kamel gestürzt und auf dem Kopf gelandet. Natürlich ist es ihm peinlich, das zuzugeben.«

»Doch dann hätte er eine Beule gehabt, Emerson.«

Emerson verlangte, dieses Gespräch zu beenden, und verlieh dieser Bitte durch einige Handlungen Ausdruck, die mir weitere Worte nicht nur unangemessen erscheinen ließen, sondern schlicht unmöglich machten.

Trotz einer etwas unruhigen Nacht war Emerson am nächsten Morgen rechtzeitig auf den Beinen. Ich wurde geweckt, als er hastig aus dem Zelt stürmte und die Männer mit Stentorstimme zur Arbeit rief. Da ich genau wußte, daß ihm hauptsächlich daran lag, Reggie aus dem Schlaf zu reißen und das Durchhaltevermögen des unglücklichen jungen Mannes auf eine Zerreißprobe zu stellen, ließ ich mir Zeit mit meiner Tasse Tee. Ich genoß den Anblick des zartrosafarbenen Himmels im Osten, als die Sterne verblaßten und ihr schwacher Schein vom prächtigen Sonnengott abgelöst wurde.

Die Morgenluft war so kalt, daß mir mein Wollhemd sehr gelegen kam, doch als Emerson am frühen Nachmittag eine kurze Pause anberaumte, hatten wir uns alle schon so vieler Kleidungsstücke entledigt, wie die guten Sitten gestatteten. Reggie hatte besser durchgehalten als erwartet. Allerdings hatte er an diesem Vormittag auch noch nicht viel vorzuweisen.

»Es wird eine Zeit dauern, bis Sie sich mit dem Gelände und unseren Methoden vertraut gemacht haben«, sagte ich.

Reggie lachte. »Sie sind zu freundlich, Mrs. Emerson. In Wahrheit war ich von Ihrer Arbeit und der des Professors so fasziniert, daß ich meine eigene vernachlässigte. Sagen Sie mir…« Und er begann, mich mit Fragen zu löchern. Was hofften wir zu finden? Warum gruben wir so langsam und unter solchen Mühen, anstatt die Pyramiden einfach aufzubrechen?

Falls er es wirklich auf Informationen abgesehen hatte, bekam er mehr, als er sich hätte träumen lassen. Emerson verdrehte nur die Augen und zuckte die Achseln, ein Zeichen dafür, daß er Reggies Unwissenheit hoffnungslos fand. Ramses hingegen war stets bereit, anderen Menschen Vorträge zu halten.

»Das Ziel einer guten Ausgrabung, Mr. Forthright, sind keine Schätze, sondern Wissen. Jeder Bruchteil eines Gegenstands, und sei er auch noch so unbedeutend, könnte ein wichtiger Schlüssel zu unserem Verständnis der Vergangenheit sein. Unser vorrangiges Ziel hier ist, den ursprünglichen Grundriß zu rekonstruieren und − wenn möglich − eine relative Chronologie…«

Und so weiter und so fort. Nach einer Weile hob Reggie die Hände und lachte aus vollem Halse. »Das ist genug für einen Tag, Master Ramses. Ich glaube, ich bin doch nicht für die Archäologie geschaffen. Aber ich bin bereit, mit der Arbeit fortzufahren, wann immer Sie es wünschen, Herr Professor.«

»Während der heißesten Tageszeit arbeiten wir nicht«, teilte ich ihm mit. »Am besten ruhen Sie sich aus, solange Sie noch die Gelegenheit haben. Ich werde Sie begleiten. Vielleicht kann ich Ihnen einige Vorschläge machen, wie Sie Ihren Aufenthalt bequemer gestalten können.«

In Wirklichkeit wollte ich seine Diener kennenlernen und feststellen, wie sie sich mit den anderen Männern vertrugen. Außerdem hatte ich vor, seine Kamele zu inspizieren. Ich ging davon aus, daß sie Pflege nötig hatten. Das Lager befand sich ein wenig abseits von unserem, nördlich der Ruine der größten Pyramide. Verglichen mit unseren bescheidenen Unterkünften ähnelte Reggies einem Palast. Das Zelt war groß genug für mehrere Personen und enthielt jeden möglichen Luxus, von Teppichen auf dem Sandboden bis zu einer zusammenklappbaren Badewanne.

»Du meine Güte!« rief ich aus. »Es fehlen nur noch die Champagnergläser.«

»Ich habe leider keinen Champagner«, antwortete Reggie lachend. »Aber dem Brandy schadet das Reisen nicht, wie ich glaube. Ich hoffe, Sie und der Professor werden sich heute abend nach dem Essen auf ein Glas zu mir gesellen.«

Die Kamele brauchten meine Pflege – was angesichts der Lasten, die sie getragen hatten, nicht weiter verwunderlich war. Reggies Diener beobachteten mich mit unverhohlenem Spott, als ich die eiternden Wunden an den Flanken der Tiere mit Salben behandelte. Allerdings verschwand ihr Grinsen recht schnell, als ich mich in fließendem Arabisch an sie wandte. Es waren vier: drei Nubier und ein Ägypter, der aus der Gegend von Theben stammte. Er hörte (wie die Hälfte seiner Landsleute) auf den Namen Ahmed. Als ich ihn fragte, warum er so weit in die Fremde gegangen sei, antwortete er: »Der *Effendi* hat viel Geld geboten, Sitt. Was soll ein armer Mann tun?«

Reggie fand, daß er keine Ruhepause nötig habe, und begleitete mich zu meinem Zelt. Er war so fröhlich und darauf bedacht, sich beliebt zu machen, wie ein großer, tolpatschiger Hund. Also ließ ich ihn bei der Buchführung helfen. Heute abend sollten die Männer ihren Lohn erhalten. Wir führten einen eigenen Lohnzettel für jeden, denn der Verdienst hing von der Anzahl der Arbeitsstunden ab. Für jede besondere Entdeckung gab es einen Bonus. »Wenn wir für Kunstgegenstände einen fairen Marktpreis bezahlen, besteht weniger Anreiz zum Diebstahl«, erklärte ich und fügte spöttisch hinzu: »Leider haben wir bislang nur wenige Prämien auszahlen müssen.«

»Die Gegend scheint völlig ausgeplündert zu sein«, stimmte Reggie mit einem entmutigten Blick auf die Gesteinshalden hinzu, die einst Pyramiden gewesen waren. »Wie lange wollen Sie noch bleiben, wenn Sie nichts Wertvolles finden?«

»Sie verstehen immer noch nicht, Reggie. Wir suchen nach Wissen, nicht nach Schätzen. Angesichts unseres augenblicklichen Tempos werden sich die Arbeiten bis zum Ende der Saison hinziehen.«

»Aha. Offenbar ist das der letzte Lohnzettel, Mrs. Emerson. Wie ich annehme, werden die Männer heute abend in ihre Dörfer zurückkehren. Bleiben Sie und der Professor hier oder reiten Sie in die Garnison?«

Nach einer langwierigen Debatte und einem ausufernden, von Flüchen durchsetzten und sinnlosen Streit hatte sich Emerson schließlich bereit erklärt, die Männer früher aufbrechen zu lassen, damit sie noch vor Dunkelwerden ihre Dörfer erreichten – allerdings unter der Voraussetzung, daß sie am folgenden Abend zurückkehrten. Ich erklärte das Reggie und fügte hinzu, daß ich am nächsten Tag den Markt in Sanam Abu Dom besuchen wollte, um frisches Gemüse und Brot zu kaufen. »Doch wenn Sie hinreiten, Reggie, könnten Sie die Einkäufe erledigen, und ich spare mir den Weg.«

Ein Schatten huschte über das lächelnde Gesicht des jungen Mannes. »Ich muß fort, Mrs. Emerson. Nachdem ich die riesige und bedrohliche Unendlichkeit der Wüste gesehen habe, wird mir allmählich klar, wie sinnlos meine Suche ist, doch…«

»Ja, natürlich. Ich gebe Ihnen heute abend eine Liste. Aber ich schlage vor, daß Sie bis morgen warten, denn es ist sehr gefährlich, nach Einbruch der Dunkelheit zu reisen.«

»Das brauchen Sie mir nicht zu erklären«, erwiderte Reggie. Seine Hand berührte den ordentlichen Verband, mit dem ich die Schnittwunde an seiner Stirn versorgt hatte. Über die Schulter warf er einen Blick auf Kemit, der sich in unserer Nähe im Schatten ausruhte. »Wahrscheinlich kann es nicht dieser Bur-

sche gewesen sein, der mich angegriffen hat, aber ich schwöre
Ihnen, Mrs. Emerson, der Täter sah ihm so ähnlich, als wäre es
sein Zwillingsbruder. Was wissen Sie über ihn?«

»Sein Dorf, das von den Derwischen zerstört wurde, liegt südlich von hier. Genaueres hat er uns nicht erzählt. Wie Sie wissen, sind diesen Leuten unsere westlichen Vorstellungen von
Entfernung und Geographie fremd.«

»Dann vertrauen Sie ihm also?« Reggies Stimme hatte sich zu
einem Flüstern gesenkt.

»Sie brauchen nicht zu flüstern. Er versteht nur wenige Brok-
ken unserer Sprache. Und warum sollte ich ihm nicht trauen?
Er und seine Freunde haben zuverlässig und sorgfältig gearbeitet.«

»Warum starrt er uns an?« fragte Reggie.

»Er starrt nicht, er schaut nur. Aber, aber, Reggie, geben Sie
schon zu, daß Ihr Verdacht gegen Kemit unberechtigt ist und
jeglicher Grundlage entbehrt. Sie haben Ihren Angreifer ja gar
nicht genau sehen können, denn laut Ihrem eigenen Bericht ist
Ihnen nichts aufgefallen, ehe das Wurfgeschoß Sie traf.«

Nach einigen weiteren Arbeitsstunden ließ Emerson innehalten und rief die Männer zu dem Tisch, an dem ich saß, um
ihnen ihren Lohn auszuzahlen. »Verdammt«, meinte Emerson,
während er sich neben mich setzte. »Wir müssen uns ein anderes System ausdenken, Peabody. Sie brennen so darauf wegzu-
kommen, daß sie den ganzen Nachmittag keinen verfl... verflixten Handschlag getan haben.«

»Die einzige Alternative wäre, sie – wie ursprünglich geplant –
erst Freitag morgen aufbrechen zu lassen«, antwortete ich.

»Aber dann müssen sie schon Freitag abend wieder zurück
sein«, verkündete Emerson. »Ansonsten sehen wir sie erst am
Samstagvormittag wieder, und sie werden jammern, sie seien
nach dem langen Fußmarsch zu müde, um den Tag durchzuar-
beiten.«

Wenigstens hielten sich die Männer nicht damit auf, wegen
der Höhe ihres Lohnes herumzustreiten. Sie wollten unbedingt
wohlbehalten zu Hause ankommen, ehe die gefürchteten Dämonen der Dunkelheit aus ihren Verstecken krochen. Während

sie ausschwärmten, bemerkte ich: »Heute gibt es Abendessen aus der Dose, meine Herren; ich bin weder eine besonders gute noch eine sehr begabte Köchin.«

»Mein Diener Ahmed ist ein ausgezeichneter Koch«, sagte Reggie. »Wegen dieser Fähigkeit habe ich ihn unter anderem eingestellt. Vielleicht möchten Sie mir die Ehre geben, heute abend meine Gäste zu sein.«

Ich nahm mit den angemessenen Dankesbezeugungen an. Nachdem sich Reggie in sein Zelt begeben hatte, meinte Emerson säuerlich: »Es würde mich nicht wundern, wenn er sich in einen Abendanzug wirft. Ich warne dich, Amelia, falls er es wirklich tut, gehe ich und esse mit Kemit.«

»Mr. Forthright hat sehr viel Gepäck bei sich«, mischte sich Ramses ein, der im Schneidersitz zu meinen Füßen saß. »Und zusätzlich zu einem Revolver hat er zwei Flinten und Unmengen von Munition und überdies…«

»Wahrscheinlich möchte er auf die Jagd gehen«, antwortete ich und dachte, es sei wahrscheinlich besser, Ramses nicht nach seiner Informationsquelle zu fragen.

»Sollte er das vorhaben, fühle ich mich verpflichtet, Einspruch zu erheben«, gab Ramses in seinem würdevollsten Tonfall zurück.

»Paß nur auf, daß du nicht wie schon früher in die Schußlinie gerätst«, mahnte ich streng. »Du verbringst viel zu viel Zeit damit, dich in die Angelegenheiten anderer Leute einzumischen, Ramses. Komm und hilf mir; es wird erst in einigen Stunden dunkel, und ich möchte gern die kleinen Schutthaufen südlich von Nummer vier näher in Augenschein nehmen. Vermutlich waren es die Gräber von Königinnen – denn selbst in Kusch, wo Frauen über beträchtliche Macht verfügten, sind sie, was Pyramiden betraf, meist zu kurz gekommen.«

Emerson schloß sich uns an, und wir verbrachten eine sehr vergnügliche Stunde damit, im Geröll herumzustochern und über die Lage der Grabkammer zu debattieren. Natürlich mußte Ramses mir und seinem Vater widersprechen. »Wir dürfen nicht annehmen«, behauptete er, »daß die Grabkammer unter dem Überbau liegt, nur weil das bei den meisten ägyptischen

Pyramiden der Fall ist. Erinnert euch an Ferlinis Beschreibung
der Grabkammer, in der er die Juwelen gefunden hat, die heute
im Berliner Museum liegen.«

»Unmöglich!« rief ich aus. »Lepsius teilt meine Ansicht, daß
Ferlini sich geirrt haben muß. Er war kein Archäologe...«

»Aber er war dort«, gab Ramses zurück. »Im Gegensatz zu
Herrn Lepsius. Und mit allem Respekt, Mama...«

»Hmmm, ja«, wandte Emerson ein. »Aber mein Junge, selbst
wenn Ferlini eine Grabkammer im oberen Teil einer Pyramide
gefunden hat, war vielleicht gerade diese Pyramide eine Ausnahme von der Regel.«

Sein Versuch, einen Kompromiß herbeizuführen, scheiterte,
wie es bei derartigen Versuchen meist der Fall ist. »Unsinn!« rief
ich aus.

»Darum geht es nicht, Papa, wenn ich mir diese Freiheit erlauben darf«, warf Ramses ein.

Die Debatte dauerte immer noch an, als wir zu unseren Zelten zurückkehrten. Vermutlich haben nur wenige Familien so
viele anregende gemeinsame Interessen wie wir. Und die Freiheit und Offenheit, mit der wir einander unsere Ansichten mitteilen, trägt nur zum allgemeinen Vergnügen bei.

Ich hatte – nur für den Fall des Falles – ein gutes Kleid mitgebracht. Schließlich weiß man ja nie, ob man nicht einem
Menschen in gehobener gesellschaftlicher Stellung begegnet. Es
war ein schlichtes Abendkleid aus grünem Tüll, das Mieder hatte einen tiefen, viereckigen Ausschnitt, der Rock war gerüscht,
und rosafarbene Seidenrosen verzierten die Volants und die kurzen Puffärmel. Während ich Emerson erlaubte, mir das Kleid
zuzuknöpfen, überredete ich ihn dazu, ein Sakko anzuziehen
und seine Stiefel mit ordentlichen Schuhen zu vertauschen. Allerdings weigerte er sich, eine Krawatte zu tragen, und zwar mit
dem Argument, er habe sich vornehmlich deshalb für die Archäologie entschieden, weil eine Krawatte nicht zur offiziellen
Tracht dieses Berufsstandes gehöre. Und ich mußte auf seine
Nachfrage hin zugeben, daß das Fehlen dieses Kleidungsstücks
dank seines ansprechenden Äußeren nicht weiter ins Gewicht
fiel.

Dann begab ich mich auf die Suche nach Ramses, denn ich konnte mit Sicherheit davon ausgehen, daß er nur die sichtbaren Körperteile waschen würde. Als ich meine nilgrünen Rüschen durch den Sand schleppte, während sich spitze Steine schmerzhaft durch die dünnen Sohlen meiner Abendschuhe bohrten, wünschte ich mir fast, Emerson hätte das kleine Zelt des Jungen nicht so weit entfernt von unserem aufgestellt. Er hatte jedoch sehr triftige Gründe dafür, und im großen und ganzen wurden die Nach- von den Vorteilen übertroffen. (Selbst im Licht der nun folgenden Ereignisse halte ich an dieser Auffassung fest.)

Ramses hatte nicht einmal die sichtbaren Körperteile gewaschen. Er saß auf einem Klappstuhl vor einer Kiste, die ihm als Tisch und als Schreibtisch diente. Ihre Oberfläche war mit Papierfetzen bedeckt, und er kritzelte eifrig in das abgewetzte, mit Stoff eingebundene Notizbuch, das ihn überallhin begleitete.

Er begrüßte mich mit der üblichen pedantischen Höflichkeit, die eher zu einem würdigen alten Herrn als zu einem kleinen Jungen gepaßt hätte. Dann bat er mich um noch eine Minute Aufschub, damit er seine Aufzeichnungen beenden könne.

»Nun gut«, sagte ich. »Aber du mußt dich beeilen. Es ist unhöflich, zu spät zu kommen, wenn man zum Abendessen eingeladen ist. Was schreibst du denn da Wichtiges?«

»Ein Wörterbuch des Dialekts, den Kemit und seine Freunde sprechen. Die Schreibweise ist gezwungenermaßen phonetisch; ich benutze das System, das abgeleitet…«

»Schon gut, Ramses. Beeil dich lieber.« Als ich im über die Schulter blickte, stellte ich fest, daß er das Vokabular in Form von Redewendungen geordnet hatte, wobei für jedes Wort einige Seiten freigelassen waren. Keines der Wörter war mir bekannt, denn ich war in nubischen Dialekten kaum bewandert. Zu meiner Freude beinhaltete Kemits Sprachunterricht keine Vokabeln, an denen ich hätte Anstoß nehmen können, abgesehen von einigen Substantiven, die Teile der menschlichen Anatomie bezeichneten.

Nachdem Ramses fertig war, bot er mir seinen Klappstuhl an, den ich mit nach draußen nahm. Beim Hinausgehen schloß ich

den Zelteingang hinter mir. Vor einigen Jahren hatte Ramses
darauf bestanden, allein gelassen zu werden, wenn er sich
wusch oder seine Kleidung wechselte. Diesem Wunsch war ich
nur zu gern nachgekommen, denn das Säubern von kleinen,
zappelnden Jungen hat noch nie zu meinen Lieblingsbeschäfti-
gungen gehört. (Das Kindermädchen, das Ramses damals be-
treute, hatte auch nichts dagegen einzuwenden.)

Ich hatte mit Emerson vereinbart, er solle sich uns anschlie-
ßen, sobald er fertig sei. Es machte mir nichts aus zu warten; an
diesem Abend strahlte der Sonnenuntergang besonders hell. Er
ähnelte einem goldenen und scharlachroten Feuerwerk, das
sich leuchtend vom tiefen Azurblau des Himmels abhob. Vor
diesen beweglichen Lichtern ragten die schartigen, dunklen Sil-
houetten der Pyramiden auf. Nachdenklich, wie ich nun einmal
bin, grübelte ich über die Eitelkeit menschlichen Strebens und
die Vergänglichkeit menschlicher Leidenschaften nach. Einst
war diese schuttübersäte Wildnis eine heilige Stätte gewesen, geschmückt mit »allen schönen und guten Dingen« – wie die da-
maligen Menschen es ausdrückten. Beeindruckende Standbilder
ruhten in Nischen aus behauenem und bemaltem Stein; weißgewandete Priester versahen gewissenhaft ihre Pflicht, Speiseopfer
und Schätze auf den Altären der verstorbenen Könige darzubringen. Als die Schatten dunkler wurden und die Nacht sich
am Himmel ausbreitete, hörte ich plötzlich leises Flügelrau-
schen. War es der menschenköpfige Seelenvogel, der *ba* eines
längst dahingeschiedenen Pharao, der zurückkam, um sich in
seiner Kapelle an Speise und Trank zu laben? Nein. Nur eine
Fledermaus. Der arme *ba* wäre schon längst verhungert, wäre
er auf die Opfer der Priester angewiesen gewesen.

Emersons Getrampel riß mich jäh aus meinen poetischen Gedanken. Wenn er will, kann er sich so schnell und lautlos bewegen wie eine Katze; diesmal aber wollte er nicht, denn er hatte
keine Lust auf eine Einladung zum Essen. Ich muß zugeben,
daß dies meistens der Fall ist.

»Bist du das, Peabody?« rief er. »Es ist so finster, ich sehe
kaum, wo ich hintrete.«

»Warum hast du keine Laterne mitgebracht?« fragte ich.

»Wir werden sie nicht brauchen. Der Mond geht bald auf«, erwiderte Emerson in einem der Anfälle von Unlogik, die Männer sonst immer den Frauen vorwerfen. »Wo ist Ramses? Wenn es schon sein muß, bringen wir es besser hinter uns.«

»Ich bin fertig, Papa«, antwortete Ramses und öffnete den Zelteingang. »Ich habe mir Mühe gegeben, mich so ordentlich zurechtzumachen, wie die Umstände es gestatten. Ich hoffe, Mama, daß mein Äußeres zufriedenstellend ist.«

Da ich ihn nur als dunklen Schatten vor dem noch dunkleren Zeltinneren erkennen konnte, war ich nicht in der Lage, ein brauchbares Urteil abzugeben. Ich schlug vor, er solle eine Laterne anzünden; nicht so sehr, weil ich ihn inspizieren wollte – eine weitere Verzögerung hätte Emerson in Rage versetzt –, sondern weil es inzwischen stockfinster war. Der unebene Boden erschwerte das Gehen, besonders für eine Dame, die Schuhe mit dünnen Sohlen trägt. So ausgerüstet, machten wir uns auf den Weg. Auf meine Bitte hin bot Emerson mir den Arm. Er mag es, wenn ich mich auf seinen Arm stützte, und da Ramses mit der Laterne vorausging, bedachte er mich mit einigen zärtlichen Gesten, die seine Laune besänftigten. So sehr hatte sich seine Stimmung verbessert, daß er beim Anblick des Prunks, den Reggie uns zu Ehren ausgebreitet hatte, nur *eine* unhöfliche Bemerkung machte.

Kerzen schmückten den Tisch, der mit einem bunt bedruckten Baumwolltuch gedeckt war. Reggie mußte es im *suk* gekauft haben, da ich solche Tücher dort schon gesehen hatte. Auch das Tongeschirr war von dort, doch ich war mir sicher, daß der Wein aus anderer Quelle stammte. Nicht einmal die unternehmungslustigen griechischen Händler importierten deutschen Rheinwein. Der orientalische Teppich, auf dem der Tisch stand, war wunderschön und antik; sein weinroter Untergrund war mit eingewebten Blumen und Vögeln verziert. Ich konnte nur den Geschmack bewundern, der aus den Erzeugnissen des örtlichen Kunstgewerbes das Beste ausgewählt hatte. Außerdem rechnete ich ihm die Mühe hoch an, die er sich wegen seiner Gäste machte. Viele spotten über die Briten, weil sie selbst in der Wildnis Wert auf gesellschaftliche Formen legen. Doch meiner

Ansicht nach haben derartige Anstrengungen nicht nur auf die
Teilnehmer, sondern auch auf die Beobachter eine wohltuende
Wirkung.

Ahmeds Kochkünste hielten, was sein Dienstherr versprochen
hatte, und der Wein war ausgezeichnet. Emerson ließ sich sogar
dazu herab, ein Glas zu trinken, aber er lehnte den Brandy ab,
den Reggie zum Abschluß der Mahlzeit anbot, obwohl dieser
ihn dazu drängte. Aus Höflichkeit stieß ich mit dem jungen
Mann an und stellte erfreut fest, daß er ebenso abstinent war
wie ich und sich auf ein einziges Glas beschränkte. »Er wird ja
nicht schlecht«, meinte er lächelnd, als Ahmed die Flasche fort-
brachte. »Aber vielleicht sollte ich ihn mit meinen Männern teilen – als besonderen Bonus, weil morgen ihr Feiertag ist...«

Emerson schüttelte den Kopf, und ich sagte mit Nachdruck:
»Auf keinen Fall, Reggie. Alkohol gehört zu den Flüchen, die
der weiße Mann in dieses Land gebracht hat. Die Militärbehörden haben – berechtigterweise – ein strenges Auge auf die importierten Mengen. Man würde diesen armen Menschen keinen
Gefallen tun, wenn man sie mit der Trunksucht vertraut machte.«

»Das ist zweifellos richtig, Mama«, meinte Ramses, ehe Reggie
antworten konnte: »Aber klingt es nicht ein wenig gönnerhaft?
Alkoholische Getränke waren hier auch vor Ankunft der Europäer nicht unbekannt; die alten Ägypter liebten besonders Bier
und Wein. Sogar kleine Kinder...«

»Bier und Wein sind nicht so ungesund wie Spirituosen«,
meinte ich mit einem finsteren Blick auf meinen Sohn. »Aber
sie sind alle schädlich für kleine Kinder.«

Da Emerson unruhig wurde, dankte ich Reggie für die Einladung, und wir kehrten zu unseren Zelten zurück. Der Mond
war aufgegangen. Er war zwar noch nicht voll, doch er strahlte
so hell, daß wir keine Laterne brauchten. Die weichen, silbrigen
Strahlen der Göttin der Nacht legten einen magischen und romantischen Zauber über die Welt. (Der Wein mag das Seine
dazu beigetragen haben.) Emerson beschleunigte seinen Schritt,
und ich hatte nichts dagegen, mich zu beeilen. Wir ließen Ramses in seinem Zelt zurück, nachdem wir ihm liebevoll, aber ein

wenig hastig gute Nacht gewünscht hatten, und liefen zu unserem.

Nichts läßt einen Menschen gesünder schlafen als anstrengende körperliche Bewegung. In jener Nacht schlief ich tief und fest. Es war kein gewöhnlicher, hörbarer Lärm, der mich weckte. Eher etwas, das ich für eine Stimme hielt, die mit schrillen Hilfeschreien meine Träume durchdrang. Sie appellierte an den Instinkt, der tief in der Brust einer Mutter ruht, mag er auch noch so oft auf die Probe gestellt worden sein. Ich versuchte zu antworten, doch meine Stimme erstarb mir in der Kehle. Ich versuchte aufzustehen, doch meine Glieder wurden niedergehalten.

Dann verlagerte sich das Gewicht, das auf mir ruhte. Emerson erhob sich fluchend auf alle viere. Er war fort, ehe ich ihn aufhalten konnte; wenigstens trug er eines der weiten einheimischen Gewänder, denn ein plötzlicher Kälteeinbruch in der Nacht hatte ihn gezwungen, von seinen sonstigen Gewohnheiten Abstand zu nehmen. Mein eigenes Nachthemd war weit genug, um Sitte und Anstand Genüge zu tun, auch wenn es sich nicht sonderlich für den Aufenthalt im Freien eignete. Ich hielt nur lange genug inne, um in meine Stiefel zu schlüpfen und meinen Sonnenschirm zu packen. Dann stürmte ich hinter meinem Gatten her.

Die Quelle der Störung lag, wie ich erwartet hatte, in der Nähe von Ramses' Zelt, wo sich mir eine eigenartige Szene bot. Eine Gestalt lag ausgestreckt auf dem Boden. Eine zweite ragte, die Fäuste in die Hüften gestemmt, daneben auf. In einiger Entfernung saß eine dritte, kleinere, bleich und reglos wie eine Statue aus Kalkstein.

»Peabody!« brüllte Emerson.

Ich hielt mir die Ohren zu. »Ich stehe genau hinter dir, Emerson, du brauchst also nicht zu schreien. Was ist denn geschehen?«

»Etwas sehr Merkwürdiges, Peabody. Schau mal. Er hat es schon wieder getan! Es ist schon lächerlich genug, wegen des geringsten Anlasses oder sogar völlig grundlos in Ohnmacht zu fallen; daran hatte ich mich ja allmählich schon gewöhnt – aber seine Mitmenschen mitten in der Nacht aufzuwecken...«

»Diesmal ist er nicht ohnmächtig, Emerson, sondern verwundet... er blutet.«

Erst als meine Finger die klebrige, feuchte Stelle berührten, dämmerte mir die Wahrheit. Wie Emerson trug auch Reggie ein einheimisches Gewand, nur daß seines dunkelblau war. »Licht, Emerson!« rief ich aus. »Ich brauche Licht. Ramses, hol die Laterne. Ramses? Hast du mich nicht verstanden?«

»Ich zünde die Laterne an«, sagte Emerson. »Der arme Junge ist noch ein wenig durcheinander, nachdem er so unsanft geweckt wurde.«

Ich ging zu Ramses hinüber. Selbst als ich mich über ihn beugte, schien er meine Anwesenheit gar nicht wahrzunehmen. Ich packte ihn bei den Schultern, schüttelte ihn und forderte ihn auf, mir zu antworten. (Und ich muß sagen, es war eine ziemliche Abwechslung für mich, Ramses zum Sprechen anstatt zum Schweigen zu bringen.)

Endlich sah er mich blinzelnd an und sagte langsam: »Ich glaube, ich habe geträumt, Mama. Aber ich bin gekommen, als du gerufen hast.«

Der Schauder, der mich durchfuhr, hatte nichts mit der kalten Nachtluft zu tun. »Ich habe dich nicht gerufen, Ramses. Gerade eben war das erstemal. Du hast mich gerufen.«

»Wie merkwürdig.« Ramses strich sich nachdenklich übers Kinn. »Hmmm. Wir müssen die Angelegenheit besprechen und unsere Eindrücke vergleichen, Mama. Ist das da auf dem Boden Mr. Forthright?«

»Ja, und er hat meine Aufmerksamkeit im Augenblick nötiger als du«, antwortete ich, erleichtert darüber, daß Ramses wieder der alte war. »Bring die Laterne hierher, Emerson.«

Als das Lampenlicht auf den am Boden Liegenden fiel, stieß Emerson einen überraschten Schrei aus. »Entschuldige, Peabody, ich dachte, du hast wieder einen deiner üblichen... Ähem. Offenbar hat er stark geblutet. Ist er tot?«

»Nein, und er wird auch wahrscheinlich am Leben bleiben,

wenn die Wunde sich nicht entzündet.« Ich drehte Reggie auf
den Rücken und öffnete sein Gewand. Die Muskeln an Schulter
und Arm waren besser entwickelt, als ich erwartet hatte. »Es ist
nicht so schlimm, wie ich dachte. Anscheinend hat die Blutung
aufgehört. Und – du meine Güte! Hier ist die Waffe, mit der er
verwundet wurde. Sie lag unter ihm.«

Ich nahm sie beim Heft und reichte sie Emerson. »Das wird
ja immer seltsamer«, murmelte er. »Das ist kein einheimisches
Messer, Peabody, sondern guter Stahl aus Sheffield, der den
Stempel eines englischen Herstellers trägt. Könnte er darauf gefallen sein?«

»Schon gut, Emerson. Wir müssen ihn in sein Zelt schaffen,
wo ich mich richtig um ihn kümmern kann. Wo zum Teuf…
um Himmels willen stecken seine Diener? Wie können sie bei
einem solchen Radau schlafen?«

»Vielleicht sind sie betrunken«, fing Emerson an. Dann vernahm ich eine Stimme aus der Dunkelheit: »Hier bin ich. Ich
trage ihn.«

Also war der erste Anblick, der sich Reggie bot, als dieser die
Augen aufschlug, ausgerechnet Kemits hochgewachsene Gestalt,
die sich im Lichtkegel der Laterne näherte. Ein spitzer Schrei
entrang sich den Lippen des Verwundeten: »Mörder! Schurke!
Bist du zurückgekommen, um dein Werk zu vollenden?«

»Mr. Forthright, Sie fangen an, lästig zu werden«, meinte
Emerson gereizt. »Danke, Kemit, ich werde schon mit ihm fertig.« Er hob den jungen Mann in seine kräftigen Arme.

Reggies Kopf war gegen Emersons Schulter gesunken. Er war
wieder bewußtlos. Ich mußte meinem Gatten beipflichten. Reggie fing an, ein wenig lästig zu werden, vor allem, wenn es um
Kemit ging. Was hatte er mitten in der Nacht so weit entfernt
von seinem Zelt zu suchen gehabt?

Auf allen vieren und die Nase so dicht am Boden, daß er
einem Jagdhund auf der Fährte ähnelte, untersuchte Ramses
die mit viel Blut verschmierte Stelle, an der Reggie gelegen hatte.

»Steh auf, Ramses«, sagte ich angewidert. »Deine morbide

Neugier ist abstoßend. Entweder gehst du wieder zu Bett, oder du kommst mit mir.«

Wie ich erwartet hatte, entschied sich Ramses, mich zu begleiten. Als wir Reggies Zelt erreichten, stand Ahmed davor und rieb sich demonstrativ und wenig überzeugend die Augen. »Hast du gerufen, *Effendi*?« fragte er.

»Das habe ich in der Tat«, erwiderte Emerson, dessen Gebrüll eigentlich laut genug gewesen wäre, um Tote aufzuwecken. »Verdammt, Ahmed, offenbar bist du nicht nur taub, sondern auch blind. Siehst du denn nicht, daß dein Herr verletzt ist?«

Ahmed fuhr theatralisch zusammen. »*Wallahi-el-azem!* Es ist der junge *Effendi*. Was ist geschehen, oh Vater der Flüche?«

Emerson schickte sich an, sein Anrecht auf diesen Titel derart überzeugend unter Beweis zu stellen, daß Ahmed in Windeseile die Lampen anzündete und das Bett seines Herrn vorbereitete. Reggie hatte einen gut ausgestatteten Erste-Hilfe-Koffer bei sich. Ich brauchte nicht lang, um die Wunde zu reinigen und zu verbinden, denn es handelte sich nur um einen kleinen Schnitt, der nicht einmal genäht werden mußte.

Ein Schluck Brandy ließ Reggie bald wieder zu Bewußtsein kommen, und seine ersten Worte bestanden in Entschuldigungen, weil er mir solche Umstände gemacht hatte.

»Was zum Teufel hatten Sie mitten in der Nacht vor dem Zelt meines Sohnes verloren?« fragte Emerson.

»Ich bin spazierengegangen«, antwortete Reggie mit schwacher Stimme. »Ich konnte nicht schlafen, warum, weiß ich nicht. Ich dachte, ein wenig Bewegung würde mir guttun. Als ich mich dem Zelt des Jungen näherte, sah ich... sah ich...«

»Sie dürfen nicht mehr sprechen«, sagte ich. »Sie brauchen Ruhe.«

»Nein, ich muß es Ihnen erzählen.« Er griff nach meiner Hand. »Sie müssen mir glauben. Das Zelt stand offen, und eine bleiche, geisterhafte Gestalt erschien. Ich erschrak ziemlich, bis mir klar wurde, daß es Master Ramses sein mußte. Natürlich nahm ich an, er müsse... daß er das Bedürfnis hatte...«

»Schon gut, reden Sie weiter«, forderte ich ihn auf.

»Ich wollte mich gerade zurückziehen, als ich eine zweite Ge-

stalt sah. Dunkel wie ein Schatten und so groß wie ein junger
Baum, glitt sie auf den Knaben zu. Ramses näherte sich ihr
langsam. Sie trafen sich, und die Gestalt streckte die Arme aus,
um nach dem Jungen zu greifen. Diese Geste riß mich aus meiner Starre. Da ich begriff, daß Ramses in Gefahr schwebte, eilte
ich ihm zur Hilfe. Ich muß nicht betonen, daß ich unbewaffnet
war. Ich rang mit dem Mann – denn er hatte stählerne Muskeln
und kämpfte so besessen wie ein wildes Tier.« Das Sprechen
hatte ihn erschöpft, seine Stimme versagte, und er keuchte
schwach: »An mehr erinnere ich mich nicht. Passen Sie gut auf
den Jungen auf. Er…«

Ich legte ihm den Finger auf die Lippen. »Pssst, Reggie. Sie
sind durch Schock und Blutverlust geschwächt. Keine Angst,
wir werden auf Ramses achten. Hoffentlich kann die Dankbarkeit seiner liebenden Eltern Sie für Ihre Verletzungen entschä-
digen. Schlafen Sie ruhig in dem Wissen, daß Sie…«

»Ähem«, stieß Emerson hervor. »Wenn du willst, daß er
schläft, Amelia, warum hörst du dann nicht auf zu reden?«

Dieser Vorschlag erschien mir vernünftig. Ich wies Ahmed an,
seinen Herrn zu bewachen und mich sofort zu rufen, falls sich
sein Zustand ändern sollte. Als wir zu unserem Zelt zurückkehrten, schlug ich Emerson vor, Ramses solle den Rest der Nacht
lieber bei uns verbringen.

»Das kann er ruhig tun«, lautete Emersons Antwort. »Von der
Nacht ist sowieso nicht mehr genug übrig, um… Ramses, was
hast du uns zu erzählen?«

»Eine ganze Menge, Papa«, erwiderte Ramses.

»Das habe ich mir gedacht. Nun?«

Ramses holte tief Luft. »Zuerst einmal kann ich mich über-
haupt nicht daran erinnern, daß ich mein Zelt verlassen habe.
Ich habe weder eine geheimnisvolle, dunkle Gestalt noch einen
Kampf gesehen.«

»Ha!« rief Emerson aus. »Dann hat Forthright gelogen.«

»Das muß nicht sein, Papa. Vielleicht hat er die Heftigkeit
des Kampfes übertrieben; ich habe festgestellt, daß Männer zu
vielem fähig sind, wenn sie ihren Mut beweisen wollen. Ich
wurde von etwas geweckt, was ich für einen Schrei hielt – eine

Stimme, die verzweifelt nach mir rief. Ich hielt sie für Mamas Stimme und antwortete. Aber an das, was danach geschah, kann ich mich nur noch undeutlich erinnern. Ich weiß nichts weiter, als daß Mama mich bei den Schultern packte und mich schüttelte.«

Wir hatten unser Zelt erreicht. Ich holte die überzähligen Decken heraus und machte für Ramses eine Art Nest neben unseren Schlafmatten zurecht. Ich wollte ihn schon einhüllen, aber er sträubte sich. »Noch etwas, Mama. Als du mich am Boden herumsuchen sahst…«

»Wahrscheinlich hast du Detektiv gespielt. Eine sehr alberne Angewohnheit, Ramses. Du bist schließlich noch ein kleiner Junge. Du hättest das Mama und Papa überlassen sollen.«

»Mir ist nur eingefallen, daß der Täter, falls er ein Indiz hinterlassen hat, möglicherweise vor Tagesanbruch zurückkommt, um es zu entfernen«, meinte Ramses.

»Verbrecher sind nicht so unvorsichtig, Gegenstände, die den Verdacht auf sie lenken könnten, herumliegen zu lassen, Ramses. Du hast zu viele Romane gelesen.«

»Bestimmt trifft das in den meisten Fällen zu, Mama. Aber dieser Verbrecher hat ein Beweisstück verloren. Ich nehme an, es wurde ihm während des Kampfes vom Kopf gerissen.«

Aus den Falten seines weiten, weißen Nachthemds zog er einen Gegenstand, den er mir zur Überprüfung hinhielt. Es handelte sich um eine Mütze von mir wohlbekannter Machart, nur, daß dieses Exemplar um einiges sauberer war als diejenigen, die ich auf den Köpfen von Ägyptern gesehen hatte. In Nubien war diese Kopfbedeckung nicht so beliebt, denn hier bevorzugten die meisten Männer den Turban.

»Hmmm«, brummte Emerson, während er die Mütze betrachtete. »Das Muster ähnelt dem, das ich in Luxor gesehen habe. Kann Forthright von seinem eigenen Diener angegriffen worden sein? Er ist ein unverschämter Bursche.«

»Reggie hätte ihn sicherlich erkannt«, wandte ich kopfschüttelnd ein. »Von unseren Männern trägt keiner so ein Ding, doch ein schlauer Verbrecher könnte eine solche Kopfbedeckung als Verkleidung aufsetzen oder…«

An dieser Stelle hielt ich inne und sah meinen Sohn argwöhnisch an. Dieser erwiderte meinen Blick mit einem so treuen und unschuldigen Augenaufschlag, daß es fast einem Geständnis gleichkam. Die Kunst der Verkleidung war eines von Ramses' Steckenpferden. Zwar war er in der Praxis ein wenig eingeschränkt, da er sich aufgrund seiner Körpergröße mit jugendlichen Rollen begnügen mußte, doch ich hatte das unangenehme Gefühl, daß seine Fähigkeiten mit seiner Gestalt wachsen würden.

»Ramses«, fing ich an, doch ehe ich weitersprechen konnte, zog Ramses einen weiteren eigenartigen Gegenstand hervor.

»Das habe ich auch am Tatort gefunden, Mama. Meiner Ansicht nach ist es aufschlußreicher als die Mütze.«

Emerson stieß einen erstickten Schrei aus und riß dem Knaben den Gegenstand aus der Hand. Auf den ersten Blick konnte ich nicht feststellen, warum er ihn so eindringlich musterte. Es handelte sich um einen Stiel, offenbar aus Schilf und nur wenige Zentimeter lang. Das schartige Ende wies darauf hin, daß man ihn von einem längeren Objekt abgebrochen hatte. Sein anderes Ende lief in ein Holzstückchen aus, in das ein stumpfer, abgerundeter Stein in der Form einer winzigen Keule eingelassen war. Wo das Holz am Schilf befestigt war, schmückte eine gelochte Bordüre den Schaft und hielt offenbar die beiden Teile zusammen.

»Was zum Teufel…«, rief ich aus.

Emerson schüttelte den Kopf, nicht verneinend, sondern erstaunt und ungläubig. »Es ist ein Pfeil oder vielmehr der Teil von einem.«

»Aber er hat keine Spitze«, widersprach ich.

»Das hier ist die Spitze.« Mit dem Fingernagel schnippte Emerson gegen den abgerundeten Stein. »Sie ist an diesem Stück Holz befestigt, und dieses wiederum steckt im Schaft. Die Spitze ist stumpf, weil sie das Opfer nur betäuben, aber nicht töten sollte.«

»Ich verstehe.« Ich beugte mich vor, um den Pfeil genauer in Augenschein zu nehmen. Mir fiel auf, wie zierlich die Schmuckleiste war. »Er erinnert mich an etwas, doch ich weiß nicht mehr, wo ich es gesehen habe.«

»Nein? Dann werde ich deinem Gedächtnis auf die Sprünge helfen.« Emersons Blick hing immer noch gebannt an dem zerbrochenen Pfeil. »Denk an die Jagdszenen in den Gräbern von Theben – dort hast du einen solchen Pfeil gesehen. Er ist mit den Waffen identisch, die die Adligen im alten Ägypten benutzten, wenn sie in den Steppen Vögel jagten. Identisch, Peabody, nur, daß er nicht mehr als ein paar Jahre alt sein kann.«

6. KAPITEL

Der Geist
eines kuschitischen
Bogenschützen

Noch lange nachdem ich mich zu Bett gelegt hatte, saß Emerson schweigend im Lampenlicht und drehte mit der gebannten Begeisterung eines Sammlers, der ein seltenes Schmuckstück untersucht, den zerbrochenen Pfeil in den Händen. Er hatte sein Gewand abgestreift; Schatten spielten auf den breiten Muskelsträngen seiner Brust und Arme, betonten seine kräftigen Wangenknochen und seine Denkerstirn und ließen das Grübchen an seinem männlichen Kinn tiefer erscheinen. Dieser Anblick rief in mir die heftigsten Gefühle wach, und da ich sie umständehalber unterdrücken mußte, prägte sich besagter Anblick dauerhaft in mein Herz ein.

Natürlich wußte ich, was in ihm vorging, obwohl er sich geweigert hatte, die Angelegenheit zu erörtern. Zuerst einmal befürchtete er, ich würde ihn an seinen gedankenlosen Scherz über Reggies frühere Verletzung erinnern. »Der Geist eines kuschitischen Bogenschützen« hatte er gesagt; und hier vor un-

seren Augen lag ein Stück eines Pfeils, der durchaus aus dem
Besitz eines jener Krieger hätte stammen können. Auch wenn
Bogen in dieser Gegend schon seit tausend Jahren nicht mehr
im Gebrauch waren – ich war bereit, Emerson hierin Glauben
zu schenken –, hatte das alte Kusch doch früher den Namen
»Land des Bogens« getragen. (»Befehlshaber der kuschitischen
Bogenschützen« lautete eine militärische Rangbezeichnung im
Neuen Ägyptischen Reich.)

Schließlich schlief ich ein, und als ich aufwachte, war ich
allein. Es herrschte eine unnatürliche Stille. Keine gebrüllten
Befehle waren zu hören und auch nicht der monotone Gesang,
mit dem die Männer sich sonst die harte Arbeit erleichterten...
Doch dann fiel mir ein, daß heute ja Ruhetag war. Die Männer
waren in ihre Dörfer zurückgekehrt. Trotzdem wunderte ich
mich, daß Emerson sich bemüht hatte, mich nicht aufzuwecken. Und noch erstaunlicher war es, daß es Ramses gelungen war, das Zelt zu verlassen, ohne einen Höllenlärm zu veran-
stalten. Eine schreckliche Vorahnung ergriff mich. Ich sprang
auf.

Diesmal hatte mich meine Vorahnung getrogen. Emerson saß
vor dem Zelt auf einem Stuhl und trank in aller Seelenruhe
seinen Tee. Er begrüßte mich mit einem fröhlichen »Guten Morgen« und verlieh der Hoffnung Ausdruck, daß ich gut geschlafen habe.

»Besser als du«, antwortete ich in Erinnerung daran, wie ich
ihn in der letzten Nacht hatte dasitzen sehen. Außerdem bemerkte ich unter seinen Augen dunkle Ringe, die auf Schlafmangel hinwiesen. »Wo steckt Ramses? Wie geht es Reggie?
Warum hast du mich nicht früher geweckt? Was...«

»Es ist alles in Ordnung, Peabody. Ich mache dir eine Tasse
Tee, während du dir etwas Passendes anziehst.«

»Aber Emerson...«

»Mr. Forthright wird gleich zu uns stoßen. Seine Verletzung
war weniger schwer, als du geglaubt hast. Komisch, daß seine
Verletzungen immer weniger schwer sind, als du glaubst. Ich
mache dir ja keinen Vorwurf daraus, daß du dich ihm letzte
Nacht in diesem hübschen, aber durchscheinenden Kleidungs-

stück gezeigt hast – das schreibe ich deinem Zustand verständlicher Erregung zu –, doch eine Wiederholung dieses Fehltritts könnte zu Mißverständnissen führen.«

»Bei dir, meinst du wohl.«

»Bei mir, meine liebe Peabody.«

Zwischen Ärger und Belustigung hin und her gerissen, zog ich mich zurück und kam seiner Aufforderung nach. Als ich wieder aus dem Zelt kam, fand ich sie alle versammelt vor – Ramses kauerte auf dem Teppich, Reggie saß auf einem Stuhl neben Emerson. Er sprang mit einer Behendigkeit auf, die Emersons Einschätzung seines Gesundheitszustandes bestätigte, und beharrte darauf, mir einen Stuhl anzubieten, ehe er wieder auf dem seinen Platz nahm.

»Wie erleichtert bin ich, daß Sie so gesund aussehen!« rief ich aus und nahm die Tasse entgegen, die Emerson mir reichte. »Sie hatten eine Menge Blut verloren...«

»Offenbar war es nicht sein Blut«, sagte Emerson. (Schlafmangel versetzt ihn immer in schlechte Laune.)

»Ganz richtig«, stimmte Reggie zu. »Wie ich schon sagte, rang ich mit dem Burschen...«

»Eine sehr mutige Tat«, meinte Emerson. »Denn schließlich waren sie doch unbewaffnet. Ein Mann nimmt auf einen friedlichen Mondscheinspaziergang für gewöhnlich keine Waffe mit.«

»Nein, für gewöhnlich nicht. Ich... äh...«

»Gehört das Messer Ihnen, Forthright?« Blitzartig zog Emerson die Waffe aus der Tasche und hielt sie Reggie unter die Nase.

»Nein! Das ist...«

»Mein Gott, Emerson... Hör auf, ihn zu unterbrechen!« rief ich aus. »Wie soll er erklären, was geschehen ist, wenn du ihn keinen Satz zu Ende reden läßt?«

Emerson funkelte mich finster an. »Worauf ich mit meinen Fragen hinaus will, muß für dich doch offensichtlich sein, Amelia, und auch für Mr. Forthright, wenn er...«

»Es ist in der Tat offensichtlich, Emerson. Aber ich muß mich gegen deinen Ton verwahren. Du fragst nicht, du verhörst ihn wie ein...«

»Verdammt, Amelia…«

Reggies Gelächter unterbrach unsere Debatte. »Bitte streiten Sie nicht meinetwegen, meine Freunde. Ich verstehe, worauf der Professor hinauswill, und ich kann ihm seine Zweifel nicht zum Vorwurf machen. Wie er schon sagte, läuft ein Mann mit friedlichen Absichten nicht bewaffnet herum. Ich möchte zwar behaupten, daß ein vernünftiger Mann in dieser Gegend durchaus bewaffnet herumlaufen sollte. Hätte ich jedoch eine Begegnung mit einem wilden Tier oder einem noch wilderen Menschen befürchtet, hätte ich meinen Revolver umgeschnallt oder eine Flinte mitgenommen.«

»Genau«, knurrte Emerson.

»Ich kam gar nicht auf den Gedanken, solche Vorsichtsmaßnahmen zu treffen«, fuhr Reggie fort. »Es geschah genau so, wie ich Ihnen erzählt habe. Als ich die finstere Gestalt sah, die im Begriff war, den Knaben zu packen, stürzte ich mich auf sie. Der Mann zog ein Messer, wir kämpften darum, und nachdem ich leicht verwundet worden war, gelang es mir, ihm die Waffe zu entreißen. Um ehrlich zu sein, kann ich mich an die folgenden Ereignisse nicht genau erinnern, doch ich weiß noch vage, daß ich zuschlug und einen unterdrückten Schrei hörte, ehe mir die Sinne schwanden.«

Eine kurze Pause entstand. Dann murmelte eine Stimme: »›Aber wer hätte gedacht, daß der Alte so viel Blut in sich hat…‹«

Emerson nickte. »Das hast du gut ausgedrückt, Ramses. Deine Mutter wird sich freuen, dich aus einer literarisch wertvolleren Quelle als aus deinen geliebten Kriminalromanen zitieren zu hören. Da war wirklich eine Menge Blut.«

»Und Ihr Gefolgsmann ist verschwunden«, sagte Reggie.

»Was?« entfuhr es mir. »Kemit ist fort?«

»Er und seine beiden Freunde«, antwortete Emerson.

Wieder entstand eine Pause, diesmal länger und unheilschwangerer. Schließlich richtete Emerson sich auf und wandte sich in einem Ton an uns alle, der mir immer wieder Schauder über den Rücken jagt – es war der Ton einer Führungspersönlichkeit. »Betrachten wir die Angelegenheit einmal kühl, vernünftig und unvoreingenommen. Hier gehen verdammt seltsame Dinge vor.« Ich wollte schon etwas sagen, als Emerson seinen lodernden Blick auf mich richtete. »Ich werde dich nach deiner Meinung fragen, wenn ich fertig bin, meine liebe Peabody. Bis dahin bitte ich dich – euch alle –, mich ohne Unterbrechung weitersprechen zu lassen.«

»Aber sicher, mein lieber Emerson«, murmelte ich.

»Hmmm«, brummte Emerson. »Nun denn. Als Lord Blacktower uns aufsuchte und seine abstruse Gesichte zum besten gab, reagierte ich, wie jeder vernünftige Mensch es getan hätte – mit Zweifeln. In jener Nacht kam es zu einem merkwürdigen Vorfall. Sie wissen davon, Mr. Forthright. Bitte, kein Kommentar, ein einfaches Nicken genügt. Vielen Dank. Damals konnte ich keinen Zusammenhang zwischen diesem Ereignis und Lord Blacktowers Vorschlag herstellen, und zwar aus dem einfachen Grund, daß kein solcher Zusammenhang zu bestehen schien.

Bis zu unserer Ankunft in Nubien geschah nichts Außergewöhnliches. Möglicherweise, Peabody, erinnerst du dich an Ramses' seltsames Schlafwandeln.« Ehe ich etwas erwidern konnte, fuhr er rasch fort: »Einen derartigen Vorfall kann man als bedeutungslos abtun. Ein zweiter solcher Vorfall wie der letzte Nacht jedoch gibt zu Zweifeln Anlaß. Wieder behauptet Ramses, eine Stimme habe ihn gerufen. Er erinnert sich, diesem Ruf gefolgt zu sein, doch sonst weiß er nichts mehr.

Jeder Versuch, mittels einer Theorie einen roten Faden in diese verworrenen Ereignisse zu bringen, wäre nichts weiter als Spintisiererei.« Seine leuchtend blauen Augen wandten sich mir zu, und ihre Wirkung war so hypnotisch, daß ich gar nicht versuchte, ihm zu widersprechen. »Wie dem auch sei«, sprach Emerson weiter, »einer der Gegenstände, die letzte Nacht am Tatort gefunden wurden, ist – um es einmal so zu sagen – bemerkenswert. Bei diesem Bruchstück« – er holte es aus der Tasche wie ein Zauberkünstler, der ein Kaninchen aus dem Hut zieht, und schwenkte es vor unseren Gesichtern – »handelt es sich um ein Stück eines zerbrochenen Pfeiles, das ein ganz anderes Licht auf die Angelegenheit wirft. Ich würde meinen Ruf darauf verwetten, daß kein bekannter Stamm in Nubien oder

den umliegenden Wüsten heute Pfeile herstellt, die diesem auch
nur im entferntesten ähneln.«

Er hielt inne, um seinen Worten größere Wirkung zu verleihen. Wie er feststellen mußte, war das ein Fehler, denn noch
ehe er fortfahren konnte, ergriff Ramses das Wort.

»Mit allem Respekt, Papa, ich glaube, wir alle – möglicherweise mit Ausnahme von Mr. Forthright – sind dir gefolgt und
wissen, worauf du hinauswillst. Wenn dieser Pfeil nicht von einem uns bekannten Volk hergestellt worden ist, dann gewiß von
einem Mitglied einer Gemeinschaft, von der wir bis dato noch
nie gehört haben. Dies ist der zweite außergewöhnliche Gegenstand, der dir in die Hände gekommen ist; das Schmuckstück,
das dir Mr. Forth vor vierzehn Jahren zeigte, war der erste.«

»Bei Gott!« brach es aus Reggie heraus. »Was meinst du damit? Du willst doch nicht etwa sagen…« .

»Zum Teufel!« brüllte Emerson. »Seid alle ruhig! Ihr habt meine vernünftige Erörterung…«

»Aber, aber, Liebling, du bist unnötig ins Detail gegangen«,
beruhigte ich ihn. »Es liegt doch auf der Hand. Dieses Pfeil-
stück wurde letzte Nacht während des Kampfes abgebrochen.
Der Mann, der Reggie angegriffen hat, muß den Pfeil demzufolge bei sich gehabt haben. Zum zweiten Mal schon wurde er seit
unserer Ankunft in Nubien ertappt, als er Ramses aus dem Bett
locken wollte. Warum er es auf Ramses abgesehen hat, ist mir
ein Rätsel… das soll heißen, ich weiß es nicht. Allerdings kann
man den logischen Schluß ziehen, daß er eher einer Entfüh-
rung als einen gewaltsamen Übergriff plante, denn er hätte beide Male genügend Zeit gehabt, dem Jungen Schaden zuzufügen.
Aber warum er Ramses verschleppen will…«

»Entschuldige, Amelia«, meinte Emerson leise. Sein Gesicht
war hochrot, und seine Stimme zitterte vor unterdrückten Gefühlen. »Sagtest du vorhin nicht etwas über unnötige Ausführ-
lichkeit?«

»Gut, daß du mich daran erinnerst, Emerson. Ich war gerade
im Begriff, den gleichen Fehler zu begehen.« Ich hielt meine
Teetasse hoch, und meine Stimme stieg dramatisch an. »Durch-
schneiden wir das Spinngewebe der Spekulation mit dem schar-

fen Schwert des Verstandes! Die verlorene Zivilisation, die zu finden sich Willoughby Forth aufmachte, existiert tatsächlich. Er und hoffentlich auch seine Frau sind Gefangene dieses geheimnisvollen Volkes! Ein oder mehrere Mitglieder dieses Stammes haben uns vom wilden Kent in die kargen Wüsten Nubiens verfolgt! Durch übernatürliche Mächte, die der modernen Wissenschaft unbekannt sind, haben sie Ramses versklavt und selbst jetzt...«

Doch an diesem Punkt wurde ich von meinen Publikum unterbrochen, das laut durcheinanderschrie. Übertönt wurde das Tohuwabohu von dem schallenden und ansteckenden Gelächter meines Ehemannes. Erst als sein Heiterkeitsausbruch verstummte, konnten die anderen sich Gehör verschaffen, wobei Ramses – wie zu erwarten – als erster zum Zug kam.

»Entschuldige, Mama, aber gegen das Wort ›versklavt‹ muß ich Einspruch erheben, denn es ist nicht nur übertrieben und entbehrt jeder Grundlage, sondern klingt überdies beleidigend, da es darauf hinweist...«

»Schon gut, Ramses«, meinte Emerson und wischte sich mit dem Rücken seiner kräftigen Hand die Lachtränen aus den Augen. »Deine Mutter wollte dich bestimmt nicht beleidigen. Ihre Phantasie...«

»Ich weiß nicht, was daran Phantasie sein soll«, widersprach ich scharf. »Wenn keiner von euch mit einer besseren Erklärung der vergangenen Ereignisse aufwarten kann...«

Ramses und Emerson fingen gleichzeitig an zu reden und verstummten dann. »Unterhaltungen mit der Familie Emerson sind überaus anregend«, meinte Reggie wie zu sich selbst. »Darf ich auch einmal etwas sagen?« Er fuhr fort, ohne uns die Gelegenheit zu einer Antwort zu geben. »Wie ich annehme, Herr Professor, haben Sie Mrs. Emersons Schlußfolgerungen verworfen.«

»Was?« Emerson starrte ihn überrascht an. »Nein, nicht im geringsten.«

»Aber Sir...«

»Meine Erheiterung hatte ihre Ursache nicht in Mrs. Emersons Schlußfolgerungen, sondern in ihrer Art, selbigen Ausdruck zu verleihen«, sagte Emerson. »Ich könnte mir auch andere Erklärungen vorstellen, aber ihre ist ganz sicher die wahrscheinlichste.«

Verwirrt schüttelte Reggie den Kopf. »Ich verstehe das nicht.«

»Für einen durchschnittlichen Verstand ist es schwierig, Mrs. Emersons raschen Gedankengängen zu folgen«, meinte Emerson tröstend. »Und eins tut sie... oh, ja, Liebling, das kannst du nicht abstreiten: Sie übertreibt. Hier geht es nicht um übernatürliche Kräfte. Ramses' eigenartiges Verhalten läßt sich einfach durch posthypnotische Suggestion erklären. Verursacher war der Magier, den wir in Halfa kennenlernten. Wenn wir annehmen – wozu wir inzwischen allen Grund haben –, daß Willoughby Forths Botschaft echt war, muß einer der Leute, die ihn gefangenhalten, sie nach England gebracht haben. Ansonsten wäre der Bote vorstellig geworden und hätte erklärt, wie er an das Papier gekommen ist. Von demselben geheimnisvollen Boten stammt möglicherweise die Blutlache, die wir vor unserer Gartenpforte fanden – doch wenn er verwundet war: Wer hat auf ihn geschossen und warum? Können wir daraus schließen, daß zwei verfeindete Parteien in die Angelegenheit verwickelt sind? Der Magier in Halfa und das Auftauchen eines Mannes letzte Nacht im Lager, der einen Pfeil von unbekannter altertümlicher Machart bei sich hatte, weisen wahrscheinlich auf Folgendes hin: Ein Mitglied einer der bereits erwähnten Parteien ist uns aus England gefolgt, und zwar aus Gründen... äh... aus Gründen, die ich jetzt noch nicht erklären kann.«

»Unsinn!« rief ich aus. »Die Gründe sind offensichtlich. Man will uns daran hindern, Willoughby Forth und seine arme Frau zu retten.«

»Zum Teufel, Amelia, jetzt fängst du schon wieder an«, stöhnte Emerson. »Dieses Ziel hätte man viel einfacher erreicht, indem man uns schlichtweg in Ruhe gelassen hätte. Sie, wer immer sie auch sein mögen, können nicht erwarten, daß wir tatenlos zusehen, wie sie unseren Sohn in ihre Fänge locken.«

»Da hast du recht, Emerson«, gab ich zu. »Wir schließen also daraus: Jemand will, daß wir die Forths retten.«

»Zum Teufel, wenn ich das nur wüßte«, stöhnte Emerson.

Auf dieses edle Eingeständnis seiner Fehlbarkeit folgte Schweigen; nachdenklich tranken wir unseren Tee, der allmählich erkaltete. Schließlich fragte Reggie ängstlich: »Was werden Sie tun, Herr Professor?«

Mit einem entschlossenen Klirren setzte Emerson die Tasse auf die Untertasse. »Etwas muß geschehen.«

»Ganz richtig«, stimmte ich ebenso entschlossen zu.

»Aber was?« wollte Reggie wissen.

»Hmmm.« Emerson strich über das Grübchen in seinem Kinn. »Nun, jedenfalls werde ich mich niemals auf eine närrische Expedition in die Wüste einlassen.«

»Wir könnten ja versuchen, Ramses noch einmal zu hypnotisieren«, schlug ich vor. »Vielleicht weiß er mehr, als ihm klar ist.«

Ramses reckte die Glieder und erhob sich. »Mit allem Respekt, Mama, möchte ich mich lieber kein zweites Mal hypnotisieren lassen. Nachdem ich zu diesem Thema einiges gelesen habe, bin ich zu dem Ergebnis gekommen, daß es sich um eine gefährliche Beschäftigung handelt, wenn sie von einem Laien praktiziert wird.«

»Wenn du damit mich meinst, Ramses«, fing ich an.

»Meintest du denn nicht dich selbst?« fragte Emerson. Seine Augen funkelten. Er legte Ramses väterlich die Hand auf die Schulter. »Setz dich, mein Sohn. Ich werde nicht zulassen, daß Mama dich hypnotisiert.«

»Danke, Papa. « Ramses ließ sich wieder nieder, behielt mich jedoch ängstlich im Auge. »Ich habe gründlich über die Sache nachgedacht und ich kann mit einiger Gewißheit sagen, daß die Stimme, die ich zu hören glaubte und die ich für die von Mama hielt, nur meine Deutung einer wortlosen, aber dringenden Bitte war. Ich hörte ein einziges Wort: ›Komm.‹«

»Komm... wohin?« fragte Emerson leise.

Ramses schmale Schultern hoben sich wie immer zu einem hochmütigen arabischen Achselzucken, doch seine sonst so gelassene Miene zeigte deutliche Anzeichen von Verstörtheit. »Dahin.« Mit ausgestrecktem Arm wies er auf die westliche Wüste, die kahl in der sengenden Sonne lag.

Ein Schauder durchfuhr mich. »Ramses!« rief ich aus. »Ich bestehe darauf, daß du…«

»Nein, nein«, sagte Emerson. »Hier wird niemand hypnotisiert, Amelia. Ich pflichte Ramses darin bei, daß es mehr Schaden als Nutzen bringen kann. Allerdings zwingt es uns zum Handeln. Wir dürfen nicht zulassen, daß Ramses in die Wüste hinausläuft, und wir können ihn auch nicht jede Sekunde bewachen.« Sein Blick war auf den fernen Horizont gerichtet, wo der Sand mit dem Himmel verschmolz. Die Sehnsucht darin war für mich so offensichtlich, als ob er sie laut hinausgeschrien hätte. Die Verlockung des Unbekannten, einer neuen Entdeckung… sie rief diesen feinfühligen und klugen Menschen, wie die unbekannte Macht seinen Sohn rief. Wäre er allein gewesen, ohne sich um meine und um Ramses' Sicherheit sorgen zu müssen, er wäre in das größte Abenteuer seines Lebens aufgebrochen. Ich schwieg respektvoll angesichts dieses edlen Verzichts.

»Man muß eine Expedition losschicken«, sagte Emerson schließlich. »Doch nicht unter meiner Ägide und auch nicht ohne sorgfältige Vorbereitung. So unangenehm es mir auch ist, werde ich mich an Slatin Pascha und die Militärbehörden in der Garnison wenden.«

»Sie werden dir nicht glauben, Emerson!« rief ich. »Die Hinweise sind zu verworren, als daß ihre beschränkten Gehirne sie begreifen könnten. Ach, mein Liebling, sie werden dich verspotten – stell dir Budges Gelächter vor…«

Emersons Lippen zuckten erbost. »Aber es muß sein, Peabody. Es gibt keinen anderen Weg. Wenn es nur darum ginge, unsere hypothetische untergegangene Kultur zu suchen, könnten wir noch ein Jahr warten, die Expedition richtig planen, Vorräte organisieren und genügend Leute einstellen. Doch vielleicht schweben Forth und seine Frau in Lebensgefahr. Jede Verzögerung könnte verhängnisvolle Folgen haben.«

»Aber… aber«, keuchte Reggie. »Herr Professor, das ist ja eine komplette Kehrtwendung! In England haben Sie mich ausgelacht und meinem Großvater die Bitte verweigert… Was hat Ihre Meinung geändert?«

»Das hier.« Emerson griff nach dem zerbrochenen Pfeil. »Für

Sie mag er aussehen wie ein dünnes Schilfrohr, nicht wert, deswegen Menschenleben aufs Spiel zu setzen. Es ist sinnlos, Ihnen das erklären zu wollen. Sie würden es nicht begreifen.«

Unsere Blicke trafen sich. Es war einer jener erregenden Momente der wortlosen Verständigung, zu denen es zwischen meinem lieben Emerson und mir so oft kommt. »Aber du«, lautete die stumme Botschaft, »du verstehst mich, Peabody.« Und natürlich tat ich das.

»Ich verstehe«, meinte Reggie – obwohl das offensichtlich nicht der Fall war. »Nun denn... Sie haben recht, Herr Professor. Die Expedition muß stattfinden, und das ganz sicher nicht unter Ihrer Ägide – nicht, solange Sie Verantwortung für Frau und Kind tragen. Und auch nicht unter der Leitung der Militärbehörden. Es wird unmöglich sein, sie von der Notwendigkeit eines sofortigen Handelns zu überzeugen, falls sie überhaupt etwas tun.« Er erhob sich. Hoch aufgerichtet stand er da, sein Haar leuchtete in der Sonne. »Ich hoffe, Sie werden mir beratend zur Seite stehen und mir helfen, die notwendigen Kamele, Diener und Vorräte zu beschaffen.«

»Setzen Sie sich, Sie junger Esel«, knurrte Emerson. »Wie melodramatisch! Sie sind nicht in der Lage, eine solche Expedition zu leiten. Und Sie könnten sowieso nicht sofort aufbrechen.«

Ich unterstützte Emerson: »Mein Mann hat recht, Reggie. Ehe wir etwas tun, gibt es noch viel zu besprechen. Wie Emerson sagte, ist dieser abgebrochene Pfeil von größter Wichtigkeit. Wurde er im Kampf zwischen Ihnen und dem Angreifer letzte Nacht zerbrochen? Haben Sie vielleicht Kemit mit einem Mann ähnlicher Größe und ähnlicher Statur verwechselt? Ich kann nicht glauben, daß er es war, obwohl sein Verschwinden Zweifel...«

Ein schriller Schrei von Reggie unterbrach mich. Mit weit aufgerissenen Augen sprang er auf und versuchte, den Revolver aus dem Gürtel zu ziehen.

Ohne sich zu erheben, streckte Emerson seinen langen Arm aus. Seine Finger schlossen sich um Reggies Handgelenk. Reggie gab einen Fluch von sich. Ich drehte mich um. Hinter uns stand unser vermißter Diener.

Kemit verschränkte die Arme. »Warum kreischt der weiße Mann wie eine Frau?«

Ich konnte Reggie nicht zum Vorwurf machen, daß Kemits plötzliches Erscheinen ihn erschreckt hatte. Deshalb fiel meine Antwort ein wenig scharf aus: »An dem Tag, an dem Sie *mich* ein solches Geräusch ausstoßen hören, Kemit, dürfen Sie derartig beleidigende Vergleiche anstellen. Mr. Forthright war überrascht wie wir alle. Wir glaubten, Sie hätten uns verlassen.«

»Wie Sie sehen, ist es nicht so, Herrin.«

»Wo sind Ihre Freunde?«

»Heute ist Ruhetag«, antwortete Kemit. Er preßte die Winkel seines dünnlippigen Mundes zusammen, als ob seiner Ansicht nach damit alles gesagt wäre. Also fragte ich ihn nicht, wo seine Freunde die freie Zeit verbrachten. Außerdem ging es mich, wie Emerson mir gesagt hätte, auch gar nichts an.

»Nun gut«, meinte ich. »Ich entschuldige mich für meinen ungerechtfertigten Verdacht, Kemit. Gehen Sie und genießen Sie Ihren Ruhetag.«

Kemit verbeugte sich und verschwand. Als Ramses sich erhob, um ihm zu folgen, rief ich ihn zurück. »Von nun an, junger Mann«, sagte ich streng, »bleibst du immer in meiner Sichtweite oder in der deines Vaters. Wir wissen zwar nicht, ob Kemit etwas mit unseren Schwierigkeiten zu tun hat, jedoch ehe wir den Schuldigen nicht kennen, darfst du mit niemandem allein fortgehen.«

»Genau, Peabody«, stimmte Emerson mir zu. »Und dieses Verbot schließt auch Sie ein, Mr. Forthright. Zum Teufel, Sie sind zu rasch mit der Pistole bei der Hand. Werden Sie sich hinsetzen und sich benehmen, wenn ich jetzt Ihren Arm loslasse?«

»Gewiß, Herr Professor«, antwortete Reggie. Mit der freien Hand fuhr er sich über die schweißnasse Stirn. »Ich muß mich entschuldigen. Aber als er da so einfach aufgetaucht ist wie ein Geist aus der Flasche... Sie mögen mich für einen Hitzkopf halten, aber ich schwöre Ihnen, dieser Mann weiß mehr, als er verrät. Ich verstehe nicht, warum sie ihm so vertrauen.«

»Ich traue niemandem«, meinte Emerson zähnefletschend. »Und jetzt verschwenden wir nicht mehr weiter unsere Zeit und

wenden uns wieder unseren Problemen zu. Hoffentlich meinten
Sie es nicht ernst, als Sie uns Ihre Absicht mitteilten, selbst
nach Ihrem Onkel zu suchen.«

Er ließ Reggies Arm los. Der junge Mann rieb ihn, wobei sich
sein Gesicht verzog. »Völlig ernst, Herr Professor. Ich schäme
mich nur, daß ich so lange gebraucht habe, um mich zu entscheiden. Ich werde sofort zur Garnison aufbrechen, um Slatin
Pascha um Rat zu fragen und die nötigen Vorräte zu kaufen.«

Emerson nahm Pfeife und Tabaksbeutel heraus. »Möglicherweise sollten Sie zuerst festlegen, wohin Sie eigentlich wollen.
Sie haben ja nicht einmal die angebliche Karte, die Ihr Großvater erhalten hat. Er ließ sie bei mir, und ich habe sie ihm nie
zurückgegeben.«

Ein Lächeln breitete sich auf dem Gesicht des jungen Mannes aus. »Mein Großvater hat sie kopiert – und ich kopierte
meinerseits seine Kopie. Ich habe sie bei mir. Und ich vermute,
das Original befindet sich ebenfalls hier bei Ihnen. Habe ich
recht?«

Emerson stopfte konzentriert seine Pfeife. Erst als er damit
fertig war und sie angezündet hatte, antwortete er: »Sie haben
ins Schwarze getroffen, Mr. Forthright. Schauen wir uns doch
einmal Ihre an.«

Reggie zog ein zusammengefaltetes Stück Papier aus der
Brieftasche und breitete es auf der Packliste aus, die als Tisch
diente. Das Papier bestand aus zwar dünnem, aber solidem Per-
gament, auf dem die frisch gezeichneten Linien viel klarer her-
vortraten als auf dem Original. (Ich füge eine Kopie der Karte
bei, um dem Leser das Verständnis der folgenden Beschreibung
zu erleichtern. Allerdings muß ich besagten Leser darauf hinweisen, daß gewisse Einzelheiten absichtlich verändert oder
weggelassen wurden. Die Gründe dafür treten im weiteren
Handlungsverlauf zutage.)

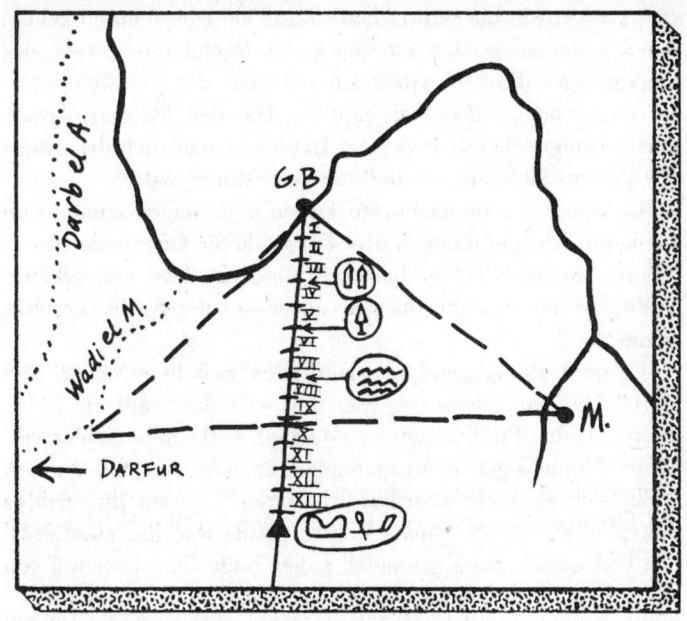

Am rechten Rand des Papiers stellte eine Schlangenlinie die ausladende Kurve dar, die der Nil an dieser Stelle beschreibt. Zwei Punkte am Flußufer waren nur mit Initialen bezeichnet: »G.B.« und »M.«. Eine gestrichelte Linie, etwa parallel zum nördlichen Teil des Flusses, der gerade verlief, war mit »Darb el A.« beschriftet, eine weitere Linie, südwestlich vom südlichsten Teil der Schlangenlinie, trug die Aufschrift »Wadi el M.«. Am linken Rand der Seite befand sich ein skizzierter Pfeil. Daneben stand das Wort »Darfur«.

Ich kannte diese Abkürzungen aus modernen Karten. »G.B.« stand für Gebel Barkal, den großen Berg gegenüber unserem augenblicklichen Aufenthaltsort am anderen Flußufer. »M.« konnte nur das antike Meroë bedeuten. Der Wadi el Melik oder Milk, eine der schluchtähnlichen Bodensenken, die von längst ausgetrockneten Flußläufen gegraben worden waren, zweigte

vom Fluß aus in die südwestliche Wüste ab. Die weiteren gekrit-
zelten Initialen mußten ein Stück der legendären »Straße der
Vierzig Tage« (Darb el Arba'in) bezeichnen, der Karawanenstraße aus Ägypten, auf der die tapferen Händler des alten ägyptischen Königreiches reisten. Und Dafur war natürlich die westliche Provinz Nubiens, wo die Karawanenstraße endete.

Die anderen eingezeichneten Linien und Namen fanden sich
auf keiner existierenden Karte. Einige dieser Orte hatte Emerson vor mehr als einem Jahrzehnt entdeckt. Und nun erklärte
er die Gründe, warum ein paar davon auf der Karte vermerkt
waren.

»Es muß einmal eine Überlandstraße zwischen Napata und
Meroë gegeben haben«, sagte er und wies dabei auf die Linie,
die die beiden Punkte namens »M.« und »G.B.« miteinander verband. »Meine eigenen Ausgrabungen an letzterer Stelle wiesen
– obgleich sie recht oberflächlich waren – darauf hin, daß es
sich in der Zeit, als Napata Regierungssitz war, um eine ziemlich bedeutende Stadt gehandelt haben muß. Um per Schiff von
einer Stadt in die andere zu gelangen, hätte man beträchtliche
Zeit aufwenden und zudem den Fünften Katarakt überwinden
müssen. Damals war das Land noch nicht so ausgedörrt...«

»Ich stimme dir zu, Emerson!« rief ich aus. »Du brauchst dich
nicht zu rechtfertigen. Doch was bedeutet diese Linie, die südwestlich von Meroë zum Wadi el Melik führt?«

»Das ist eine reine Hypothese«, erwiderte Emerson ernst. »Ich
bin überzeugt, daß Karawanen von Meroë und Napata aus zu
den fruchtbaren Oasen von Dafur reisten. Reste antiker Bauwerke wurden entlang einiger Wüstenstraßen und in Dafur
selbst gefunden. Der erste Teil dieser Linie« – er zeigte mit dem
Mundstück seiner Pfeife darauf – »basiert auf besagten Entdeckungen. Vermutlich trafen sich die Straßen aus Meroë und
Napata an einem gewissen Punkt, möglicherweise in der Nähe
oder parallel zum Wadi el Melik, um dann gemeinsam nach Westen zu verlaufen. Wenn die letzten Überlebenden des kuschitischen Königshauses nach dem Fall der Stadt aus Meroë flohen,
haben sie wahrscheinlich diese Straße genommen, denn nur

dort konnten sie mit Quellen und Wasserlöchern rechnen. Und trotzdem...«

Er verstummte, als er sich stirnrunzelnd über die Karte beugte. Offenbar teilte jemand seine Auffassung nicht, denn die Linie, die am Gebel Barkal nach Süden abzweigte, war zu der ursprünglichen Skizze hinzugefügt worden, und zwar mit derselben dicken, schwarzen Tinte wie die Botschaft auf dem Stück Papyrus, das Lord Blacktower uns gezeigt hatte. Die Linie war in Segmente unterteilt und mit römischen Ziffern – von eins (nahe am Fluß) bis dreizehn numeriert. Dort endete die Linie in einer merkwürdigen kleinen Zeichnung. In unregelmäßigen Abständen waren entlang dieser Route Zahlen – keine römischen, sondern die gewöhnlichen arabischen – eingetragen, dazu Zeichen, die ägyptischen Hieroglyphen ähnelten.

Ich traf ohne Umschweife die richtige Schlußfolgerung und sprach sie aus: »Die Zahlen entlang der Route müssen auf die Reisezeit hinweisen, glaubst du nicht auch, Emerson? Insgesamt dreizehn Tage von Napata bis...«

»Zum Heiligen Berg«, sagte Ramses. »Aber das ist ja der Gebel Barkal, wo wir uns jetzt befinden. Vom Heiligen Berg zum Heiligen Berg...«

»Du hast mich unterbrochen, Ramses«, sagte ich. »Und was noch...«

»Entschuldige, Mama, aber ich war so aufgeregt.«

»Aber warum Hieroglyphen?« fragte ich. »Nicht nur am Heiligen Berg, sondern hier – das ist das altägyptische Zeichen für Wasser, und das sind die Zeichen für... Obeliske, nicht wahr? Oder vielleicht Türme.«

»Oder Säulen«, meinte Ramses. »Die Zeichnungen sind ziemlich unbeholfen. Ich glaube, Mr. Forth war ein wenig in Hieroglyphen bewandert. Vielleicht wollte er Symbole verwenden, die nur wenigen Menschen bekannt sind, falls die Karte in die falschen Hände fiel.«

Emerson brütete über der Karte. Seine Pfeife war ausgegangen. Reggie zog seine Pfeife aus der Tasche, stopfte sie und hielt Emerson ein Streichholz hin. »Danke«, sagte Emerson geistesabwesend. »Diese Kopie ist viel deutlicher als das Original. Sind

Sie sich bezüglich dieser arabischen Ziffern sicher, Forthright? Denn mir machen sie den Eindruck von Kompaßangaben, und jeder Übertragungsfehler könnte buchstäblich den Tod bedeuten.«

Reggie versicherte ihm, er habe die Zahlen richtig abgeschrieben. Dem geneigten Leser möchte ich ganz im Vertrauen gestehen, daß ich die Zahlen nicht als Kompaßangaben erkannt hatte. Die Aufregung, die mein Herz schon zuvor wie wild hatte klopfen lassen, war nichts, verglichen mit der Spannung, die ich nun verspürte: Diese Karte war also nicht nur ein Hirngespinst. Jemand hatte diesen Weg genommen; jemand hatte diese Angaben eingetragen. Und wo dieser Jemand hingegangen war, konnten andere ihm folgen.

Es dauerte drei Tage, Reggies Expedition auszurüsten. Eine beachtliche Leistung, denn ohne Emersons tatkräftige Hilfe hätte es viel länger gedauert. Schließlich hatten wir jeden arbeitswilligen Mann und jedes gesunde Kamel in unsere Dienste genommen. Zwar war die Gruppe für eine solch gefährliche Reise eigentlich zu klein, aber es waren einfach keine weiteren Kamele mehr aufzutreiben. Emerson brachte diese unangenehme Tatsache mehr als einmal zur Sprache, doch seine Warnungen stießen bei Reggie auf taube Ohren.

Die Begeisterung und der Mut des jungen Mannes rührten mich sehr – und, ehrlich gesagt, sie überraschten mich auch. Offenbar brauchte er seine Zeit, um sich zu entscheiden. Wenn es jedoch erst einmal soweit war, ließ er sich durch nichts mehr von seinem Beschluß abbringen. Emerson war positiv beeindruckt, obwohl er das Reggie gegenüber nie erwähnte. Nur mir vertraute er es an, als wir uns in der Nacht vor Reggies geplanter Abreise zu einem Gespräch in unser Zelt zurückzogen. (Leider blieben uns nur noch Gespräche, seit Ramses unsere Unterkunft teilte. Emerson hatte sich gelassener als erwartet mit dieser Situation abgefunden. Das einzige Zeichen seiner Unzufriedenheit war, daß er ununterbrochen seine abscheuliche Pfeife rauchte.)

»Ich hätte nie gedacht, daß er durchhält«, lauteten Emersons Worte. »Was für ein ausgemachter junger Esel! Ich bin fast versucht, ihm ein wenig körperlichen Schaden zuzufügen, um ihn an seinem idiotischen Vorhaben zu hindern.«

»Ist es wirklich so gefährlich, Emerson?«

»Stell keine dummen Fragen, Peabody; du weißt, wie sehr es mich erbost, wenn du dich wie eine normale, hohlköpfige Frau verhältst. Natürlich ist es gefährlich.«

Ein Hustenanfall hinderte mich an einer Antwort. Emerson rauchte, und die Luft im Zelt war ziemlich stickig. Nach einer Weile fuhr Emerson fort: »Verzeih, Peabody. Ich bin in letzter Zeit ein wenig gereizt.«

»Ich weiß, Liebling. Auch ich habe ein schlechtes Gewissen. Denn wenn wir uns nicht im Taumel der Begeisterung vergessen und statt dessen an unseren ursprünglichen Vorbehalten gegen Mr. Forths Suche nach der untergegangenen Zivilisation festgehalten hätten, wäre Reggies Entscheidung vielleicht anders ausgefallen. Man könnte sogar sagen, daß er diesen Schritt nur unternimmt, um zu verhindern, daß wir dabei unser Leben riskieren. Es gibt kein edleres...«

»Ach sei still, Peabody!« brüllte Emerson. »Wie kannst du es wagen, mir ein schlechtes Gewissen zu unterstellen? Ich habe keins. Ich habe alles Menschenmögliche getan, um ihm seinen Plan auszureden.«

Ich legte ihm die Hand auf den Mund. »Du weckst Ramses.«

»Ramses schläft nicht«, nuschelte Emerson. »Ich bezweifle, daß er jemals schläft. Schläfst du, Ramses?«

»Nein, Papa. Angesichts der morgen bevorstehenden Ereignisse kann sich kein denkender Mensch ernstlichen Überlegungen, Erstaunen, Zweifeln und Fragen verschließen. Aber es ist doch alles unternommen worden, um ein Unglück zu verhindern, nicht wahr?«

Emerson antwortete nicht, denn er war damit beschäftigt, zärtlich an meinen Fingern zu knabbern. Das dadurch hervorgerufene Gefühl war höchst erbaulich und ein Beweis dafür, wie wirkungsvoll ein begabter und phantasievoller Mensch trotz der Anwesenheit eines schlaflosen Kindes eine Lösung finden kann.

»Ja, Ramses«, meinte ich ein wenig geistesabwesend. »Mr. Forthright hat versprochen, sofort umzukehren, wenn er den ersten Orientierungspunkt auf der Karte nicht findet. Und seine Kamele sind die besten…!«

»Geht's dir nicht gut, Mama?« fragte Ramses erschrocken.

Ich werde nicht schildern, was Emerson tat; es steht in keinem Zusammenhang mit meiner Geschichte. »Doch, Ramses«, antwortete ich. »Ganz im Gegenteil. Das heißt… jetzt mach dir keine Gedanken mehr und schlaf ein.«

Natürlich tat er das nicht, und nachdem Emerson so weit gegangen war, wie er konnte, ohne Ramses' Aufmerksamkeit zu erregen, mußte er von mir ablassen. Lange nachdem mir sein regelmäßiger Atem verraten hatte, daß er in Morpheus' Armen schlummerte, lag ich wach. Ich blickte zum dunklen Zeltdach hinauf und stellte mir dieselbe Frage, die Ramses vorhin beschäftigt hatte. War wirklich alles unternommen worden? Doch nur die Zeit würde es erweisen.

Die Karawane sollte bei Sonnenaufgang aufbrechen, aber im Orient geschieht nichts nach Plan. Es war schon fast Mittag, als Reggie endlich sein Kamel bestieg. Es erhob sich auf die unbeholfene Art, die diesen Tieren eigen ist. Reggie klammerte sich schwankend mit beiden Händen an den Sattelknauf. Emerson, der neben mir stand, stieß einen Seufzer aus. »Er wird hinunterfallen, eher er auch nur einen Kilometer weit gekommen ist.«

»Psst«, zischte ich. »Entmutige ihn nicht.«

Wenigstens befand sich das Kamel in gutem Zustand. Es gehörte zur wertvollen Rasse der weißen Rennmeharis, die bei den Beduinen sehr beliebt ist. Wie Emerson es geschafft hatte, den Besitzer zur Herausgabe des Tiers zu bewegen, wagte ich nicht zu fragen. Die übrigen Kamele waren die besten unter denen, die in meiner Obhut standen. Die Militärbehörden hatten sich rundheraus geweigert, uns Tiere aus ihren Beständen leihweise zur Verfügung zu stellen. Doch nachdem sich die Wirksamkeit meiner medizinischen Behandlung bei den Scheichs am Ort herumgesprochen hatte, hatten sie mir ihre Tiere zur Pflege übergeben. Mit astronomischen Summen hatte man sie überzeugen können, die Wüstenschiffe an Reggie zu vermieten. Vier der Kamele waren mit Lebensmitteln und Wasser beladen. Letzteres war besonders lebensnotwendig und wurde in Schläuchen aus Ziegenhaut transportiert, von denen jeder etwas über acht Liter faßte. Reggie wurde von vier Dienern begleitet. Drei stammten aus der Gegend, der vierte hieß Daoud und war einer von Reggies nubischen Bediensteten – ein äußerst abstoßender Bursche mit einem wallenden, schmutzigen, schwarzen Bart; außerdem schielte er auf einem Auge. Doch da er seinem Herrn treu ergeben war, verzieh ich ihm sein Äußeres. Die anderen Diener hatten sich strikt geweigert, Reggie zu begleiten.

Vorsichtig nahm Reggie eine Hand vom Sattel und zog den Hut. Das Sonnenlicht ließ seine Züge markant erscheinen und sein mit Pomade geglättetes Haar glänzen. »Leben Sie wohl, Mrs. Emerson – Professor – Ramses, mein junger Freund. Falls wir uns nicht mehr wiedersehen...«

Ich stieß einen Entsetzensschrei aus. »So etwas dürfen Sie nicht einmal denken, Reggie! Verlieren Sie den Mut nicht und glauben Sie an die Macht, die die Tapferen schützt. Ich werde Sie in meine Gebete einschließen...«

»Als ob ihm das etwas nützen würde«, knurrte Emerson. »Vergessen Sie Ihr Versprechen nicht, Forthright. Falls die verflixte Karte korrekt ist, sollten Sie am Ende des dritten Tages beim ersten Orientierungspunkt – den Zwillingstürmen – ankommen. Wenn Sie wollen, können Sie noch einen weiteren Tag anhängen, Wasser und Lebensmittel reichen für mindestens zehn Tage. Doch dann müssen Sie umkehren. Finden Sie den ersten Orientierungspunkt nicht, beweist das, daß man der Karte nicht trauen kann. Und wenn Sie ihn finden – ganz unwahrscheinlich, aber nur für den Fall –, schicken Sie uns sofort einen Boten.«

»Ja, Herr Professor«, antwortete Reggie. »Wir sind das einige

Male durchgegangen. Ich habe Ihnen mein Wort gegeben, und selbst falls ich es brechen wollte – was ich nie täte –, bin ich hoffentlich vernünftig genug, um die Gefahr…«

»Er war zu lange bei uns«, meinte Emerson zu mir. »Er klingt schon fast wie Ramses. Nun gut, Forthright. Wenn sie schon unbedingt losmüssen, warum zum Teufel gehen Sie dann nicht?«

Diese Worte zerstörten die dramatische Abschiedsstimmung, und Reggies ägyptischer Diener verdarb die Atmosphäre noch mehr: Er stieß ein jaulendes Gejammer aus wie ein Klageweib bei einem Begräbnis, als sein Herr davonritt. Emerson mußte ihn schütteln, damit er aufhörte. Die Sonne stand hoch über unseren Köpfen, so daß die davonreitenden Gestalten keine Schatten warfen. Langsam wurden sie kleiner und kleiner, bis sie in einem Nebel aus flirrender Hitze und wehendem Sand verschwanden.

Noch nie hatte Emerson die Männer so angetrieben wie in den folgenden Tagen. Aufgrund des Umstandes, daß wir Reggie zwei unserer zuverlässigsten Arbeiter mitgegeben hatten, waren wir personell unterbesetzt (wozu auch noch beitrug, daß Kemits Freunde nie von ihrem »Ruhetag« zurückkehrten). Als ich Kemit nach ihnen fragte, schüttelte er nur den Kopf. »Sie waren Fremde in einem fremden Land. Sie sind zu ihren Frauen und Kindern zurückgekehrt. Vielleicht kommen sie wieder…«

»Papperlapapp«, sagte Emerson, weil es dazu nicht viel zu sagen gab. Es war nicht ungewöhnlich, daß die Männer genug von der Arbeit hatten oder das Heimweh die Oberhand gewann. Doch wir hatten gedacht, daß Kemits Freunde aus anderem Holz geschnitzt wären.

Ramses lag uns in den Ohren, wir sollten ihn wieder in seinem Zelt schlafen lassen. Er behauptete, daß ihn erstens Emersons Schnarchen wachhielte und es zweitens unwahrscheinlich sei, daß er noch einmal »gerufen« werde, wie er es formulierte. Die erste Behauptung war unwahr (Emerson schnarchte selten), und die zweite entbehrte jeglicher Grundlage. Als Kompromiß ließ Emerson Ramses' Zelt neben unserem aufstellen und zog selbst dort ein. »Es ist wohl am besten so«, meinte er bedrückt. »Dir so nah zu sein, ohne meinen Gefühlen Ausdruck verleihen zu können, hat nachteilige Auswirkungen auf meine Gesundheit.« (Das ist eine Paraphrase von Emersons tatsächlichen Worten, die sich aufgrund ihrer Direktheit nicht für das Auge der Leserschaft eignen.)

Zum Glück für Emersons geistige und körperliche Gesundheit machten wir kurz darauf eine Entdeckung, die ihn vorübergehend ablenkte. Das Ereignis hätte in jeder Saison und an jeder Ausgrabungsstätte Aufsehen erregt, denn wir fanden ein bislang unbekanntes Bauwerk, ein Relikt von äußerster Wichtigkeit. Da wir inzwischen tagelange, langweilige Bestandsaufnahmen und fruchtlose Grabungen hinter uns hatten, begeisterte uns unser Fund, als wäre er eine mit Schätzen gefüllte Grabkammer. Der Gegenstand selbst war nicht sonderlich beeindruckend, denn es handelte sich nur um eine verwitterte Gesteinsplatte. Doch Emerson erkannte sie sofort als Oberschwelle eines kleinen, von Säulen gestützten Eingangs. Die Platte steckte tief im Sand, der zuerst von ihrer Oberfläche und ihrer Umgebung entfernt werden mußte. Emerson weigerte sich, den Stein zu heben – er äußerte sogar die Absicht, ihn wieder zu bedecken, nachdem er ihn eingehend untersucht und die Fundstelle schriftlich dokumentiert hatte.

Er kniete in dem schmalen Graben und wischte vorsichtig die erste Sandschicht von der Oberfläche ab. Die Männer hatten sich – ebenso atemlos vor Aufregung wie wir – um uns geschart. Falls sich die verwitterten Zeichen als Hieroglyphen entpuppen sollten, winkte dem glücklichen Finder ein ansehnlicher Bonus.

Da ich die Spannung nicht mehr ertragen konnte, legte ich mich an der Kante des Grabens flach auf den Bauch und blickte hinunter. Diese Bewegung lockerte den Sand, der dadurch auf den Stein und auf den gesenkten, unbedeckten Kopf meines Gatten hinabrieselte. Er blickte stirnrunzelnd auf. »Wenn du mich lebendig begraben willst, Peabody, mußt du nur so weiterzappeln.«

»Entschuldige, Liebling«, sagte ich. »Ich werde in Zukunft besser aufpassen. Nun? Sind es... ist es...?«

»Ja. Es handelt sich um eine königliche Inschrift. Die geschwungenen Kanten der Kartuschen sind eindeutig.«

Zwar versuchte er, ruhig zu sprechen, aber seine Stimme zitterte vor Aufregung. Seine langen, feinfühligen Finger strichen zärtlich über den Stein. »Herzlichen Glückwunsch, mein lieber Emerson!« rief ich aus. »Kannst du die Namen lesen?« (Wie ich meinen gebildeten Lesern sicherlich nicht zu erklären brauche, trugen die ägyptischen und kuschitischen Könige mehrere Namen; an offiziellen Gebäuden waren stets mindestens zwei davon angebracht.)

»Ich muß einen Abdruck anfertigen und warten, bis die Sonne in einem besseren Winkel fällt, ehe ich sicher sein kann«, antwortete Emerson. »Der Sandstein in dieser Gegend ist so verflixt weich, er ist ziemlich verwittert. Aber ich glaube...« Er beugte sich vor und pustete vorsichtig gegen eine Ecke des Steins. »Ich sehe das Zeichen für *n* und darunter zwei lange, schmale Zeichen; das erste sieht aus wie ein Schilfblatt. Darauf folgen zwei weitere lange schmale Zeichen, und dann zwei Binsenhalme. Ja, ich glaube, ich kann eine Vermutung wagen. Die Zeichen stimmen mit denen überein, die von Lepsius dem König Nastasen zugeschrieben wurden.«

Ich konnte nicht mehr an mich halten. Ich sprang auf und stieß ein lautes »Hurra!« aus.

Emersons Reaktion bestand in einer Schimpfkanonade. (Offenbar hatte ich durch meine plötzliche Bewegung eine ziemliche Menge Sand in den Graben geschleudert.) Die Männer tanzten jubelnd herum. Ich wandte mich an Kemit, der wie immer abseits stand und das Tohuwabohu mit spöttischem Lächeln beobachtete.

»Bitte, Kemit, holen Sie das dünne Papier und die Zauberstäbchen zum Zeichnen«, wies ich ihn an. »Und eine Lampe.«

Kemit sah mich aus großen, dunklen Augen an. »Nastasen«, wiederholte er.

Er sprach es zwar anders aus, aber ich verstand ihn. »Ja, ist das nicht aufregend? Das ist die erste Pyramide, die wir einem

Besitzer zuordnen können – die erste, die jemals genauer bestimmt worden ist.«

Kemit murmelte etwas in seiner Sprache. Ich glaubte ein Wort aus Ramses' Vokabelliste zu erkennen. Es bedeutete »Omen« oder »Vorzeichen«.

»Das hoffe ich«, meinte ich lächelnd. »Ich hoffe, es ist ein Vorzeichen für weitere solche Entdeckungen. Beeilen Sie sich, Kemit, der Sand ist locker, und ich möchte nicht, daß der Professor länger als nötig dort unten bleibt.«

Nun, es gelang uns, den Stein freizulegen und die Inschrift festzuhalten. Es handelte sich, wie Emerson vermutet hatte, um den Titel von König Nastasen Ka'ankhre, eines der letzten Könige der meroitischen Dynastie. Eine Stele aus dem Besitz dieses Königs hatte Lepsius für das Berliner Museum mitgenommen. Laut Inschrift behauptete Nastasen, der Gott Amon selbst habe ihm die Krone verliehen; weiterhin schilderte er verschiedene Feldzüge gegen einen Eroberer aus dem Norden, bei dem es sich um den Perserkönig Kambyses gehandelt haben könnte.

Diese wirklich aufregende Entdeckung beschäftigte uns einige Tage lang, doch schließlich konnte mich nicht einmal die Hoffnung auf weitere Funde von meiner Sorge um den armen Reggie ablenken. Emerson war am sechsten Tag nach dem Aufbruch des jungen Mannes auf die Gesteinsplatte gestoßen. An diesem Abend hatten wir frühestens mit seiner Rückkehr rechnen können, falls sich die Karte als Fälschung erwiesen und er, wie versprochen, aufgegeben hatte.

Doch es wurde dunkel, ohne daß wir ihn zu Gesicht bekamen. Als ich am Abend nicht auf ihn zu sprechen kam, legte selbst Ramses ein taktvolles Schweigen an den Tag, das ich ihm nie zugetraut hätte. Schließlich, so sagte ich mir, war es der *früheste* Zeitpunkt, an dem wir ihn zurückerwarten durften. Und sein Bote hätte aus allen möglichen Gründen aufgehalten werden können.

Aber als zwei weitere Tage ohne eine Nachricht von ihm verstrichen, fürchtete ich das Schlimmste. Emerson tat zwar so, als kümmere ihn das alles nicht; hin und wieder jedoch, wenn er sich unbeobachtet glaubte, schwand der maskenhaft unbeteiligte

Ausdruck aus seinem gebräunten Gesicht, und er wirkte so besorgt, wie ich ihn noch nie zuvor gesehen hatte.

Am Abend des achten Tages verließ ich das Lager; ich fühlte mich in die Wüste hinausgezogen wie von einem Magnet. Im Westen leuchtete der Himmel grell kupferfarben und violett; die letzten Sonnenstrahlen waren noch am Horizont zu sehen, als zögerten sie, das Land der Lebenden der finsteren Nacht zu überlassen. Das Funkeln des Sonnenuntergangs war dem wehenden Sand zu verdanken. Ich dachte an die heftigen Stürme, die Männer und Kamele innerhalb einer Stunde verschütten konnten. Das Schlimmste war, daß wir vielleicht nie erfahren würden, was aus ihnen geworden war. Eine Rettungsexpedition wäre närrisch gewesen. Wenn die Karawane nur einen Kilometer vom Wege abgekommen war, hätte sie sich ebensogut auf der anderen Seite des Erdballs befinden können.

Die Farben des Sonnenuntergangs verblaßten – nicht nur, weil die Sonne unterging, sondern weil Tränen meinen Blick verschleierten. Ich ließ ihnen freien Lauf, um meinen Schmerz zu lindern.

Plötzlich spürte ich, daß jemand in meiner Nähe war; nicht, weil ich ein Geräusch oder eine Bewegung wahrgenommen hätte, sondern aus einem sechsten Sinn heraus, der mich den Kopf wenden ließ. Kemit stand hinter mir.

»Sie weinen, Herrin«, sagte er. »Ist es wegen des feuerhaarigen jungen Mannes?«

»Seinetwegen und wegen der tapferen Männer, die vielleicht mit ihm zugrunde gegangen sind«, antwortete ich.

»Dann sparen Sie sich die Tränen, Herrin. Sie sind in Sicherheit.«

»In Sicherheit!« rief ich aus. »Dann ist also ein Bote gekommen?«

»Nein. Aber ich spreche die Wahrheit.«

»Sie wollen mich nur trösten, Kemit, und ich danke Ihnen für Ihren Versuch, mich aufzuheitern. Aber woher wollen Sie wissen, was aus ihnen geworden ist?«

»Die Götter haben es mir gesagt.«

Er stand kerzengerade da, und seine hochgewachsene Gestalt

hob sich dunkel vom feuerroten Himmel ab. In seiner Stimme und seiner Haltung lag eine Überzeugungskraft, die mir versicherte, daß zumindest er selbst glaubte, was er sagte. Es wäre ebenso unhöflich wie unfreundlich gewesen, ihn darauf hinzuweisen, daß ich von *meinem* Gott nichts gehört hatte. Und diese Quelle war in meinen Augen ein wenig zuverlässiger als die seine.

»Danke, mein Freund«, sagte ich. »Und ich danke auch Ihren Göttern für ihre freundliche Beruhigung. Ich glaube, wir kehren jetzt besser um, es wird... Kemit, was ist?«

Er war zusammengefahren wie ein Bluthund, der eine unsichtbare Beute wittert. Ich sprang auf und stellte mich neben ihn; doch so sehr ich auch meine Augen anstrengte, ich sah nichts in der Richtung, in die er starrte.

»Da kommt etwas«, sagte Kemit.

Er war schon einige Meter weit gelaufen, bis ich mich fassen konnte und ihm folgte. Er war flink wie ein Wiesel. Als ich ihn eingeholt hatte, kniete er neben einer Gestalt, die am Boden lag. Die kurze Dämmerung in der Wüste verwandelte sich bereits in völlige Finsternis, als ich mich neben dem Mann auf die Knie fallen ließ. Doch ich erkannte sofort, daß es sich diesmal nicht um Reggie handelte. Das dunkle Gewand und der Turban gehörten einem Araber.

Kemit hatte bessere Augen als ich. »Es ist der Diener des Mannes mit dem Feuerhaar«, sagte er.

»Daoud, der Nubier? Hilf mir, ihn umzudrehen. Ist er...?«

»Er atmet«, antwortete Kemit knapp.

Ich hakte die Feldflasche von meinem Gürtel los und schraubte sie auf. In meiner Aufregung goß ich mehr Wasser auf sein Gesicht als zwischen seine geöffneten Lippen, doch das Ergebnis war dennoch das gewünschte. Sofort regte sich der Mann und leckte sich stöhnend die Lippen. »Mehr«, keuchte er. »Wasser, bei Allah...«

Ich gestattete ihm nur einen Schluck. »Nicht zu viel, sonst wird dir übel. Beruhige dich, du bist in Sicherheit. Wo ist dein Herr?«

Seine Antwort bestand aus einem schwachen Flüstern, von

dem ich nur das Wort »Wasser« verstand. Ich war so außer mir,
daß ich den armen Mann tatsächlich schüttelte. »Für den Augenblick hast du genug. Kommt dein Herr nach? Wo sind die
anderen?«

»Sie…« Sein Gesicht und seine Gestalt waren in der Dunkelheit nicht deutlich wahrzunehmen, aber seine Stimme klang
schon kräftiger. Nachdem ich ihm noch ein wenig Wasser in
den Mund geträufelt hatte, fuhr er fort: »Sie haben uns überfallen. Die wilden Männer der Wüste. Wir haben uns gewehrt… es
waren zu viele.«

Kemit zog zischend den Atem ein. »Wilde Männer?« wiederholte er.

»Zu viele«, wiederholte ich. »Und trotzdem bist du entkommen und hast deinen Herrn seinem Schicksal überlassen?«

»Er hat mich losgeschickt«, widersprach der Mann. »Um Hilfe
zu holen. Es waren zu viele. Einige haben sie umgebracht…
aber nicht den Herrn. Er ist Gefangener der wilden Männer der
Wüste.«

7. KAPITEL

Verschollen
in einem Meer
aus Sand

Sklavenhändler«, meinte Slatin Pascha. Das Summen der Fliegen begleitete dröhnend und unheilverkündend seine Worte, als er fortfuhr: »Wir haben unser Bestes getan, um dieses schmutzige Geschäft zu unterbinden, doch unsere Bemühungen haben nur bewirkt, daß die widerwärtigen Menschenräuber nicht mehr ihre üblichen Wege benutzen. Mr. Forthright muß von einer solchen Bande überfallen worden sein.«

»Was spielt es für eine Rolle, wer es war?« wandte ich ein. »Die Frage ist vielmehr, was die Behörden jetzt zu tun gedenken.«

Wir befanden uns in Slatin Paschas *tukhul* in der Garnison. Draußen kauerte geduldig eine Menschenmenge auf Matten und wartete darauf, vorgelassen zu werden, denn er hatte unserem Anliegen Priorität gegeben.

Der gediente Soldat wandte hüstelnd den Blick ab. »Natürlich

werden wir diese Angelegenheit jeder Patrouille gegenüber erwähnen, die in dieses Gebiet ausrückt.«

»Ich sagte dir doch, Peabody, es ist Zeitverschwendung«,
meinte Emerson und erhob sich.

»Warten Sie, Herr Professor«, bat Slatin Pascha. »Verstehen
Sie mich nicht falsch. Ich würde alles Menschenmögliche tun,
um diesem bedauernswerten jungen Mann zu helfen. Allerdings
sollten gerade Sie Verständnis für unsere Schwierigkeiten haben. Wir bereiten uns auf einen großen Feldzug vor und brauchen jeden Mann. Mr. Forthright wurde davor gewarnt, daß seine Suche sowohl gefährlich als auch vergeblich sein würde.
Und trotzdem bestand er darauf loszuziehen. Selbst wenn ich es
könnte, würde ich den Sirdar nicht dazu überreden, weitere Leben aufs Spiel zu setzen.«

Ich verpaßte meinem Gatten einen leichten Tritt gegen das
Schienbein, um der verächtlichen Antwort zuvorzukommen, die
ihm offensichtlich schon auf der Zunge lag. Slatin Pascha ver-
diente unsere Verachtung nicht. Niemand kannte die Qualen
der Sklaverei unter Wilden besser als er. Und man sah ihm das
Bedauern und die Hilflosigkeit deutlich an.

Nachdem wir das *tukhul* verlassen hatten, gingen wir zum
Markt. An diesem Tag waren die Fliegen eine besondere Plage;
wie schwarze Moderflecken drängten sie sich auf jedem Stück
Obst und umschwärmten in brummenden Wolken die Lebens-
mittelbuden.

»Ich überlasse es dir, die notwendigen Einkäufe zu erledigen«,
sagte ich zu Emerson. »Ich gehe währenddessen zu Captain
Griffith und bitte ihn um mehr Kamelsalbe.«

Ich wollte schon losgehen, aber Emerson holte mich ein,
packte mich bei den Schultern und drehte mich um. Seine Augen funkelten zornig, und seine Wangen waren hochrot vor
Wut. »Einen Moment, Peabody. Wo zum Teufel willst du hin? Du
hast noch genug von deiner verdammten Medizin. Als wir das
letztemal hier waren, hast du dir doch einen neuen Vorrat geholt.«

»Sie reicht nur noch für eine Woche«, entgegnete ich. »Und
wir müssen unbedingt eine genügende Menge davon auf Lager

haben, Emerson. Unser aller Leben könnte von der Gesundheit unserer Kamele abhängen.«

Sein Griff wurde fester, bis ich mich fühlte, als ob die Finger sich in meine Knochen grüben. Die Augen, die in meine blickten, schimmerten wie reines, blaues Wasser. Obwohl sich die Menge im *suk* um uns drängelte, hätten wir allein in der unendlichen Wüste sein können; wir sahen und hörten niemanden.

»Ich erlaube dir nicht mitzukommen, Peabody«, sagte Emerson.

»Dein Tonfall klingt nicht sehr überzeugend, mein lieber Emerson. Außerdem weißt du, daß du mich nicht daran hindern kannst.«

Emerson stieß ein so lautes und verzweifeltes Stöhnen aus, daß eine vorbeigehende Frau, in staubiges Schwarz gehüllt, die ihrem Geschlecht auferlegte Zurückhaltung vergaß und den leidenden Ausländer überrascht anstarrte. »Ich weiß, daß ich das nicht kann, Peabody. Bitte, Liebling, ich bitte dich darum – ich flehe dich an... Denk an Ramses.«

»Ich bin davon überzeugt«, wandte mein Sohn kühl ein, »daß solche Überlegungen deine Entscheidung nicht beeinflussen werden, Mama. Und ich sehe auch keinen anderen Weg als den, den Papa offenbar einschlagen will. Mir wäre es ebenso unmöglich zurückzubleiben, wie auch Mama sich nie von Papa trennen würde. Ich muß euch sicher nicht mit einem überschwenglichen Gefühlsausbruch behelligen, um euch davon zu überzeugen, daß meine Empfindungen ebenso tief und aufrichtig...«

Ich übernahm es, ihn zum Schweigen zu bringen, denn ich wußte, er würde immer weiterreden, bis ihm die Luft ausging. »Du anstrengendes, kleines Ungeheuer«, sagte ich, wobei ich versuchte, meine eigenen Gefühle zu verbergen. »Wie kannst du es wagen, an unsere Zuneigung zu appellieren, um deinen Willen durchzusetzen? Es kommt nicht in Frage, Ramses; du kannst uns nicht begleiten.«

»Uns?« meinte Emerson. »Uns? Nun hör mal gut zu, Peabody...«

»Es ist beschlossene Sache, Emerson. Wo du hingehst, da will

auch ich hingehen. Und jetzt möchte ich diese Angelegenheit
nicht länger erörtern. Und was den jungen Master Ramses betrifft...«

»Und welche Alternative schlägst du vor?« fragte besagter
Knabe.

Ich starrte ihn an und wußte nicht, was ich sagen sollte. Er
erwiderte meinen Blick, ohne zu zwinkern. Noch nie zuvor hatte er seinem Vater so ähnlich gesehen. Zwar waren seine Augen
dunkelbraun anstelle von leuchtend blau, doch sie hatten den
gleichen finsteren Ausdruck, den ich schon oft bei Emerson bemerkt habe, wenn er mich verbal in die Ecke gedrängt hat.

Denn die Alternativen waren, um ehrlich zu sein, beschränkt.
Wir konnten Ramses nicht allein lassen, weder in unserem Lager noch in der Garnison. Selbst wenn wir die Behörden davon
hätten überzeugen können, ihn mit einem Militärzug nach Kairo zurückzuschicken – was unwahrscheinlich war –, glaubte ich
nicht, daß eine Abteilung der Armee, geschweige denn ein ein-
zelner Offizier, in der Lage gewesen wäre, ihn zu bändigen. Ich
hätte ihn schwören lassen können, nicht davonzulaufen... Doch
im gleichen Augenblick wurde mir klar, daß das vergeblich war.
In einer so ernsthaften Angelegenheit würde Ramses nicht zu
Ausflüchten und Wortverdrehungen greifen. Er würde sich
schlichtweg weigern, mir sein Wort zu geben. Und was dann?
Ich war mir ziemlich sicher, daß die Armee nicht damit einverstanden sein würde, ihn in Eisen zu legen.

»Verdammt«, sagte ich.

»Zum Teufel«, meinte Emerson.

Ramses hielt klugerweise den Mund.

Einige Ausflüchte meinerseits waren nötig, ehe wir aufbrechen
konnten. Wir mußten ein paar der Armeekamele borgen, die
ich gepflegt hatte, denn es waren – ganz gleich, zu welchem
Preis – keine anderen zu bekommen. Das bedeutete, daß die
Militärbehörden nichts von unserer Expedition erfahren durften. Vielleicht würden sie uns nicht aufhalten, aber sie hätten

sicherlich Einspruch gegen diese unbefugte Nutzung ihres Eigentums erhoben.

Auch Arbeiter waren Mangelware. Unsere zuverlässigsten Männer hatten wir Reggie mitgegeben, und daß sie nicht zurückgekehrt waren, wirkte auf weitere potentielle Freiwillige verständlicherweise abschreckend.

Trotzdem ließen wir uns nicht in unserem Pflichteifer entmutigen, bis wir eine Entdeckung machten, die fast das Ende unserer Bemühungen bedeutet hätte: Als Emerson Willoughby Forths Karte suchte, war sie spurlos verschwunden.

»Ich sage dir doch, Peabody, ich habe sie in diese Mappe gelegt!« brüllte Emerson und verstreute den Inhalt besagter Mappe im ganzen Zelt. »Jetzt behaupte bloß nicht, ich hätte mich geirrt. Ich irre mich nie in diesen Dingen.«

Die Jahre, die ich durch die Fallgruben des Ehestandes gestolpert war, hatten mich gelehrt, daß es nicht ratsam war, einer lächerlichen Äußerung wie dieser zu widersprechen. Also hob ich schweigend die Papiere auf, während Emerson weiterredete: »Die Karte muß her, Peabody. Sie ist zwar nur ein schwacher Strohhalm, an den wir uns klammern können, aber immerhin ist sie besser als nichts.«

»Daoud hat sich bereit erklärt, uns zu führen«, sagte ich zögernd.

»Er eignet sich zum Führer nicht besser als Ramses. Oder sogar noch weniger«, fügte Emerson rasch hinzu, da Ramses schon protestieren wollte. »Es wäre etwas anderes, wenn er Beduine und mit der Wüste vertraut wäre. Aber er sagte mir, er habe sein ganzes Leben in Halfa verbracht. Nein, wir brauchen die Karte. Ohne sie dürfen wir nicht wagen, uns auf den Weg zu machen.«

Ich wollte schon antworten, doch etwas ließ mich innehalten, als hätte sich mir eine unsichtbare Hand über die Lippen gelegt. Ohne zu lügen, kann ich von mir behaupten, daß ich nur selten an Unentschlossenheit leide. Allerdings war gerade das im Augenblick der Fall. Noch ehe ich mich entscheiden konnte, ließ Ramses das leise Hüsteln vernehmen, das bei ihm norma-

lerweise eine Bemerkung einleitet, von der er nicht weiß, wie
sie aufgenommen werden wird.

»Glücklicherweise, Papa, besitzen wir eine Kopie der Karte.
Ich habe mir die Freiheit genommen, sie vor unserer Abreise
aus England abzuzeichnen.«

Emerson ließ die Papiere los, die ich ihm gerade gereicht
hatte, wirbelte herum und starrte seinen Sohn an. Sein Gesicht
strahlte vor Freude. »Ausgezeichnet, Ramses! Lauf sofort und
hol sie! Sonst brauchen wir nichts mehr und können also bei
Morgengrauen aufbrechen.«

Seufzend bückte ich mich wieder, um die Papiere aufzuheben. Die Sache war beschlossen, unser Schicksal entschieden –
doch nicht ich hatte diese Entscheidung getroffen. Denn ich
verfügte ebenfalls über eine Kopie der Karte.

Am Abend vor seiner Abreise hatte Reggie mir ein kleines
Bündel Papiere übergeben und mich mannhaft, aber mit zitternder Stimme gebeten, es erst nach seinem Aufbruch zu öffnen. Ich ahnte, was es enthielt. Und so klang meine eigene
Stimme ebenso schwach, als ich ihm versicherte, ich würde seinen Wünschen entsprechend handeln, falls unglückliche Umstände dies nötig machen sollten. Beim Öffnen des Päckchens
fand ich genau das, was ich erwartet hatte: Reggies letzten Willen, sein Testament, geschrieben mit eigener Hand, und außerdem noch zwei Briefe: einer an seinen Großvater, der andere an
Slatin Pascha adressiert. Letzterem war eine Kopie der Karte
beigelegt. Wie ich annahm, verlieh Reggie in diesem Schreiben
der Hoffnung Ausdruck, die Militärbehörden würden seine Suche fortsetzen, wenn er scheitern sollte.

Keiner der Briefe war versiegelt. Hier hatte Reggie in meinen
Augen besonders taktvoll und wie ein wahrer Gentleman gehandelt, denn natürlich hätte ich nicht im Traum daran gedacht,
derart vertrauliche Mitteilungen zu lesen. Allerdings gab es unter den gegebenen Umständen keinen moralischen Grund, weshalb ich hätte verschweigen sollen, daß ich mich im Besitz der
Karte befand. Warum also tat ich es trotzdem? Ich kannte die
Antwort ebensogut wie meine werten Leser: Ohne diese Karte
konnten wir nicht wagen aufzubrechen. Und die Voraussetzun-

gen dafür zu schaffen, daß wir alle unser Lebens aufs Spiel setzten, stellte eine Verantwortung dar, die zu übernehmen mir der Mut fehlte.

Die ersten Strahlen der aufgehenden Sonne erhellten den Himmel im Osten, als wir uns auf den Weg machten. Ich hatte die heilenden Wunden der Kamele mit Salbe gepflegt und ihnen eine Dosis Stärkungsmittel – meine eigene Erfindung, eine Mischung aus kräftigenden Kräutern und einem Schlückchen Brandy – eingeflößt. Das Gepäck war, sorgfältig ausbalanciert und gepolstert, auf ihre Rücken geladen worden. Ich stellte meinen gestiefelten Fuß auf das Vorderbein meines knienden Reittiers und schwang mich in den Sattel. Ramses saß bereits; er kauerte wie ein Affe hoch oben auf einem Gepäckstapel. Emerson folgte unserem Beispiel. Wir waren bereit.

Ich wandte mich um und betrachtete die kleine Expedition. Sie war wirklich klein, bestand außer uns nur noch aus fünf Reitern. Einer von ihnen war Kemit. Er hatte sich als erster freiwillig gemeldet. Um genau zu sein, war er der einzige Freiwillige, die anderen hatten sich erst nach umfangreichen Bestechungsgeldern bereit erklärt. Alle schwiegen, anstatt wie sonst mit fröhlichem Geplauder, Liedern und Gelächter den Tag zu begrüßen. Das kalte, graue Licht verlieh ihren bedrückten Gesichtern und auch denen ihrer Familienmitglieder, die zum Abschied gekommen waren, eine leichenhafte Blässe.

Emerson hob die Hand, und seine tiefe Stimme hallte über die kahle Ebene: »Wir brechen auf mit dem Segen Gottes! *Ma 'es-salâmeh!*«

Die rauhen Stimmen der Männer riefen die traditionelle Antwort: *»Nishûf wishak fî kheir* – Das Glück segne dich, bis wir uns wiedersehen.« Allerdings entdeckte ich in ihrem Ton einen gewissen Mangel an Überzeugung, und eine Frau brach in schrille Klagelaute aus.

Emerson übertönte sie, indem er lauthals ein arabisches Lied anstimmte und sein Kamel zum Trab antrieb. Mit zusammenge-

bissenen Zähnen – denn das Schaukeln eines trabenden Kamels
ist eines der schmerzhaftesten Dinge, die es gibt – folgte ich
ihm. In einer Sandwolke und singend stoben wir davon.

Sobald wir außer Sichtweite waren, ließ Emerson die Kamele
im Schritttempo gehen. Ich holte ihn ein. »Reiten wir in die
richtige Richtung, Emerson?«

»Nein.« Nach einem Blick auf den Kompaß wendete Emerson
sein Kamel leicht nach rechts. »Das war nur um der Wirkung
willen, Peabody. Ein dramatischer Aufbruch, findest du nicht
auch?«

»Ja, Liebling, und die beabsichtigte Wirkung ist eingetreten.«
Einer der Männer sang das Lied weiter (»Wann wird sie mir
sagen: ›Komm, junger Mann, wir wollen uns berauschen?‹«),
und die übrigen summten mit.

Der anfangs noch kühle Vormittag wurde wärmer und
schließlich brütend heiß. Während der heißesten Tageszeit legten wir im Schatten eines Felsausläufers eine Rast ein. Wüsten
unterscheiden sich voneinander wie Menschen. Das große Sand-
meer der Sahara mit seinen glatten Sanddünen lag weiter nördlich. Hier bestand der Boden aus Sandstein, und die Ebene
wurde von Felsen und Rinnen unterbrochen, ein Zeichen dafür,
daß früher hier Bäche geflossen sein mußten. Am Spätnachmit-
tag machen wir uns wieder auf den Weg. Erst als die heranna-
hende Dunkelheit ein Weiterreiten unmöglich machte, schlugen
wir unser Lager auf. Wir hatten keine Anzeichen dafür gefunden, daß vor uns Reisende hiergewesen waren, nicht einmal die
Knochen zugrunde gegangener Männer und Kamele, die gleich
schauerlichen Wegweisern an vielbenutzten Strecken wie der
Darb el Arba'in liegen.

»Wir befinden uns abseits aller bekannten Karawanenstraßen«, sagte Emerson, als ich diesen Umstand später am Lager-
feuer erwähnte. »Der nächstgelegene Teil der Darb el Arba'in ist
Hunderte von Meilen westlich von hier; und zwischen ihm und
diesem Teil Nubiens gibt es keine Straße. Trotzdem hatte ich
gehofft, Zeichen dafür zu finden, daß Forthright hier vorbeigekommen ist – die kalte Asche eines Feuers, weggeworfene Kon-
servendosen oder wenigstens die Hufspuren der Kamele.«

Die Sterne funkelten wie Juwelen an einem Himmel, bei dessen Anblick sich die Kälte des Weltalls ermessen ließ; ein eisiger Wind zerzauste mein Haar. In nachdenkliches Schweigen versunken saßen wir da, bis der Mond aufging und mit seinen Strahlen seltsame Schatten auf den silbrig schimmernden Sand zeichnete.

Am zweiten Tag verlief alles wie am ersten, nur daß die Landschaft noch dürrer und abweisender wurde. Aus dieser Einöde hätte jeder Gegenstand herausgeragt wie ein Kirchturm; die Spuren, die Emerson als die einer Antilope erkannte, stachen so klar hervor, als hätte man sie mit einem Stempel in den Sand gedruckt. Doch nichts wies darauf hin, daß vor kurzem Menschen hier gewesen waren. An diesem Abend zeigte eines der Kamele Anzeichen von Unwohlsein, weshalb ich ihm eine Extradosis meines Stärkungsmittels verabreichte. Trotzdem starb es während der Nacht. Da es das schwächste von allen gewesen war, überraschte mich das nicht weiter. Wir ließen das arme Geschöpf am Ort seines Dahinscheidens liegen und setzten unseren Weg fort.

Am Nachmittag des dritten Tages forderten die unangenehmenden Temperaturschwankungen – tags war es brütend heiß, nachts bitterkalt – allmählich ihren Tribut. Auch daß wir noch keine Spur von Reggies Karawane entdeckt hatten, zerrte selbst an den Nerven der Zuversichtlichsten. Der wehende Sand hatte uns die Haut wundgerieben, und denen, die das Reiten nicht gewöhnt waren, tat jeder Knochen im Leibe weh. Die Männer schwiegen bedrückt. Der häßliche Dunst, der die Sonne verschleierte, linderte zwar nicht die Hitze, stellte aber den unheilvollen Vorboten eines Sandsturms dar. Benommen saß ich auf dem Rücken des Kamels, während das Tier vorantrottete. Ich konnte nicht sagen, wo ich stärkere Schmerzen hatte, im Kopf oder an einem gewissen Teil meines geschundenen Körpers.

Ein Schrei riß mich aus meinem Halbschlaf. Verwirrt und schwindelig rief ich mit schwacher Stimme: »Was? Was ist?«

Vor lauter Freude bemerkte Emerson meine Erschöpfung nicht. »Schau Peabody. Da sind sie! Bei Gott, also hatte der Wahnsinnige doch recht!«

Zuerst kamen mir die Gegenstände, auf die er zeigte, wie eine weitere Fata Morgana vor. Sie zitterten, als betrachte man sie durch einen Wasserschleier. Doch als wir unsere Kamele zu rascherer Gangart antrieben, wurden ihre Umrisse fester, und bald hatten wir sie erreicht: zwei hohe Felsensäulen, die Zwillingsobelisken von Mr. Forths Karte. Sie gehörten zu einer Gruppe umherliegender Steine und erhoben sich über ihre kleineren Artgenossen wie grob gehauene Säulen oder die Pfeiler eines eingestürzten Tors.

»Das war einmal ein Gebäude«, verkündete Emerson kurze Zeit später. Die Entdeckung hatte seine Lebensgeister geweckt; er sah so ausgeruht und vergnügt aus, als sei er den ganzen Tag durch englische Wiesen gestreift. »Ich kann keine Spuren von Reliefs oder Inschriften finden, doch sie sind vielleicht vom wehenden Sand abgetragen worden. Wir schlagen hier unser Lager auf, Peabody, obwohl es noch früh ist. Ich will ein bißchen graben.«

Bei der Tätigkeit bekam er von den Männern nur wenig Hilfe. Stöhnend und schimpfend forderten sie eine Extraration Wasser, ehe sie sich bereit erklärten, überhaupt einen Finger zu rühren; und dann arbeiteten sie langsam und unwillig. Nur Kemit, der mehr denn je einer Bronzestatue glich, legte sich mit seinem üblichen Eifer ins Zeug. Nach einer Stunde wurde Emerson für seine Mühen mit einigen Gesteinssplittern, Tonscherben und einem formlosen, häßlichen Klumpen belohnt, der ihn zu einem Begeisterungsschrei veranlaßte: »Eisen, Peabody! Eine eiserne Messerklinge. Ohne Zweifel meroitisch. Sie waren hier, sie sind hier vorbeigekommen. Mein Gott, das ist unglaublich!«

Argwöhnisch musterte ich den rostigen Klumpen. »Woher weißt du, daß er nicht von einem Entdecker unserer Zeit oder von einem wandernden Beduinen stammt?«

»In dieser Gegend regnet es zwar im Sommer gelegentlich, doch es würde Jahrhunderte, nein, Jahrtausende dauern, bis ein

Stück Eisen einen solchen Zustand erreicht. Die Kuschiten haben Eisen verarbeitet. Ich habe die schwarzen Schlackehalden
in der Umgebung von Meroë gesehen; ein Anblick wie in Bir-
mingham oder Sheffield.« Er wandte sich zu den Männern um,
die, schmutzigen Wäschebündeln gleich, auf dem Boden kauerten. »Ruht euch aus, meine Freunde!« rief er fröhlich. »Wir brechen morgen früh auf.«

Die mürrischen Blicke, mit denen sie ihm gehorchten, schien
er nicht zu bemerken. Es wäre Emerson nie in den Sinn gekommen, daß Arbeiter, die in seinen Diensten standen, sich gegen ihn auflehnen könnten. Und unter gewöhnlichen Umständen hätte auch ich nie an so etwas gedacht. Allerdings waren
die Umstände alles andere als gewöhnlich, und die Entdeckung,
die Emerson so begeistert hatte, hatte auf die Männer genau die
entgegengesetzte Wirkung gehabt. Unser Wasser reichte für etwa
zehn Tage. Laut Karte würden wir in sieben oder acht Tagen
eine Quelle dieses lebensnotwendigen Nasses erreichen; aber
wenn die Karte sich als unzuverlässig erwies, gebot der gesunde
Menschenverstand umzukehren, solange wir noch genug für
den Rückweg hatten. Die Männer hatten gehofft, wir würden
den ersten Orientierungspunkt nicht finden und aufgeben. Nun,
ich konnte ihren Standpunkt nachvollziehen. Doch als ich den
bösartigen Blick sah, mit dem einer von ihnen meinen nichtsah-
nenden Gatten bedachte, beschlich mich ein unangenehmes Gefühl. Daouds Bereitwilligkeit, in die Wüste zurückzukehren, wo
er schon einmal fast ums Leben gekommen wäre, hatte mich
überrascht und erfreut. Er war ein Mann von beachtlichem
Durchhaltevermögen, denn er hatte sich schneller als erwartet
von den Strapazen erholt. Aber er war trotzig geworden, als
Emerson seine Ratschläge, welchen Weg wir nehmen sollten, abgelehnt hatte. Und nachdem Daoud ihm mehrmals widersprochen hatte, war meinem Mann der Geduldsfaden gerissen. »Ich
folge den Zeichen auf dem Papier und der Nadel in der magischen Uhr (dem Kompaß). Wenn dein Herr auf dich gehört hat,
ist es kein Wunder, daß wir noch keine Spur von ihm entdeckt
haben!«

Er hatte seine Ermahnung mit einigen ausgewählten Kraft-

ausdrücken ergänzt, die Daouds Beschwerden ein für allemal
ein Ende bereiteten. Oder wenigstens beschwerte er sich nicht
mehr bei Emerson. Doch ich hatte das unangenehme Gefühl,
daß er das Vertrauen der übrigen Männer untergrub.

Bis zu dem Punkt, an dem kein Umkehren mehr möglich
war, hatten wir noch zwei Tage vor uns. Als wir am nächsten
Morgen aufbrachen, war kein Anzeichen einer drohenden Meuterei festzustellen, auch wenn während der Nacht ein weiteres
Kamel in den Kamelhimmel eingegangen war. Es blieben trotzdem noch genug übrig, um jedem Mann ein Reittier zur Verfügung zu stellen, und ich verarztete jedes von ihnen sorgfältig.

Als am fünften Tag die Sonne wie ein roter, angeschwollener
Ballon aufging, war es dunstig und ruhig. Der Sandsturm war
südlich an uns vorbeigezogen, aber seine Ausläufer erfüllten die
Luft mit feinem Staub, der auf der Haut scheuerte und das
Atem erschwerte. Eines unserer Kamele brach zusammen, kurz
nachdem wir uns nach der Mittagspause wieder auf den Weg
gemacht hatten. Weniger als eine Stunde später stürzte das zweite tot zu Boden. Wenn es irgendwo auch nur ein bißchen Schatten gegeben hätte, hätten die Männer wahrscheinlich auf einer
Rast bestanden. Doch sie ritten weiter, um eine bessere Stelle zu
finden. Gegen Abend drehte sich der Wind nach Norden, und
die staubige Luft wurde klarer, was uns ein wenig Erleichterung
brachte. Als die Sonne unterging, sah ich eine kahle Silhouette,
die sich gegen den leuchtenden Himmel abhob. Es war weniger
ein Baum als das Skelett eines solchen, unbelaubt und vom wehenden Sand knochenweiß poliert. Aber es handelte sich ohne
Zweifel um Forths zweiten Orientierungspunkt.

In dieser Nacht kampierten wir in seinem Schatten – oder
zumindest wäre es sein Schatten gewesen, hätte er Blätter gehabt. Natürlich war es unmöglich, sich zu waschen, doch wir
benutzten eine kleine Tasse Wasser, um uns den Sand abzuwi-
schen, der auf unseren schweißnassen Gesichtern und Gliedern
eine Kruste gebildet hatte. Auch die sauberen Kleider waren
eine Wohltat. Als sich die kalte Wüstennacht über uns senkte,
saßen Emerson und ich an dem kleinen Feuer, auf dem unser
kärgliches Abendessen brutzelte. Er hatte seine Pfeife angezün-

det. Ramses hockte einige Meter entfernt und unterhielt sich
mit Kemit. Dahinter kauerten unsere Kamele, die im kalten
Mondlicht bizarren Schatten ähnelten.

Jeden Abend schlugen die Männer ihr Lager weiter von uns
entfernt auf, eine Geste, deren Bedeutung mir nicht entgangen
war, auf die ich sie aber lieber nicht ansprechen wollte. Als ich
es Emerson gegenüber erwähnte, zuckte er nur mit den breiten
Schultern. »Sie waren die besten in einem Haufen von Tauge-
nichtsen. Wenn ich die Zeit gehabt hätte, meinen Freunden bei
den Beduinen eine Botschaft zukommen zu lassen... Ich weiß
nicht, worüber sie sich beklagen. Bis jetzt ist doch alles sehr gut
gegangen.«

»Abgesehen von den Kamelen, die gestorben sind.«

»Die Schwachen werden ausgesondert«, dozierte Emerson.
»Und sie waren die Schwächsten. Die anderen machen einen
recht gesunden Eindruck.«

»Ich habe beobachtet, daß Daoud den Männern heute abend
einen Vortrag hielt. Sie umringten ihn wie Verschwörer, und als
er mich kommen sah, schwieg er.«

»Wahrscheinlich hat er ihnen eine schmutzige Geschichte erzählt«, sagte Emerson. »Du meine Güte, Peabody, diese weibliche Ängstlichkeit paßt so gar nicht zu dir. Fühlst du dich vielleicht nicht wohl?«

Er griff nach meiner Hand.

In dieser Hand lag – im übertragenen Sinne – das Mittel,
Emersons Pläne zu ändern. Ich fühlte mich tatsächlich nicht
wohl. Ich hätte nur zugeben müssen, daß ich seit dem gestrigen
Nachmittag an Fieber litt, und Emerson hätte mich so schnell
wie möglich zurück in die Zivilisation und zu einem Arzt gebracht. Doch das kam nicht in Frage. Niemand verstand besser
als ich die Leidenschaft, die ihn ins Unbekannte trieb. Nicht
nur, daß Forths Karte sich als korrekt herausgestellt hatte; die
Entdeckung antiker Ruinen bewies die Theorie, daß die Kauf-
leute, Boten und fliehenden Angehörigen des Königshauses aus
dem alten Kusch auf eben dieser bislang unbekannten Straße
gereist sein mußten. Ebenso wie Emerson brannte ich darauf zu

erfahren, was am Ende dieser Straße lag. Oder wenigstens wäre das so gewesen, hätte ich nicht solche Kopfschmerzen gehabt.

»Natürlich geht es mir gut«, antwortete ich gereizt.

»Deine Hand ist ganz heiß«, meinte Emerson. »Du hast doch bestimmt deinen Erste-Hilfe-Koffer dabei. Hast du schon Fieber gemessen?«

»Ich brauche kein Thermometer, um festzustellen, ob ich Fieber habe. Und ich weiß genauso gut wie jeder Arzt, was ich in diesem Fall tun muß. Mach nicht so ein Theater, Emerson.«

»Peabody.«

»Ja, Emerson.«

Emerson nahm mein Gesicht zwischen beide Hände und sah mir in die Augen. »Nimm ein wenig Chinin und leg dich hin, Liebling. Ich verarzte die verfl… verflixten Kamele und bringe sie zu Bett. Und wenn ich morgen früh nicht völlig sicher bin, daß dir nichts fehlt, binde ich dich auf ein Kamel und schaffe dich zurück.«

Angesichts dieses Liebesbeweises, wohl des edelsten, den ein Mann je einer Frau entgegengebracht hat, stiegen mir die Tränen in die Augen. Allerdings bekam mein galanter Emerson nicht mehr die Gelegenheit, diese schwerwiegende Entscheidung zu treffen, denn unsere Männer machten sich glücklicherweise in der Nacht aus dem Staub. Sie nahmen die Kamele mit, die mit dem Großteil unserer Lebensmittel und Wasservorräte beladen waren.

Diese zugegebenermaßen bestürzende Entdeckung hatte die Wirkung, daß ich mein Unwohlsein vergaß. Und als sich unsere kläglich geschrumpfte Schar zu einer Lagebesprechung versammelte, fühlte ich mich fast so hellwach wie sonst. Ramses hatte Kemit bewußtlos inmitten von zertrampeltem Sand und Kameldung an eben der Stelle aufgefunden, wo das Lager unserer Männer gestanden hatte. Doch Kemit weigerte sich, mich seine Wunde behandeln zu lassen. Es handle sich nur um eine Beule am Kopf, sagte er, und er bedauere nur, daß der Hieb ihn daran gehindert habe, Alarm zu schlagen.

»Es hätte nichts genützt«, beruhigte ich ihn. »Wir hätten sie nicht zwingen können, mit uns weiterzureiten; wir benützen keine Ketten und Peitschen wie die Sklavenhändler.«

»Nein, aber wir hätten sie... äh... überzeugen können, uns Lebensmittel und Wasser hierzulassen«, meinte Emerson. »Aber ich mache Ihnen keinen Vorwurf, Kemit. Sie sind ein echter Kerl und haben Ihr Bestes getan. Daß wir jetzt so in der Klemme sitzen, ist nur meiner ausgemachten Dummheit zu verdanken. Ich hätte eines der Lastkamele in unserer Nähe behalten sollen, anstatt alle Tiere den Männern anzuvertrauen.«

»Es hat keinen Zweck zu bedauern, was man nicht mehr rückgängig machen kann«, merkte ich an. »Wenn uns wirklich ein Fehler unterlaufen sein sollte, sind wir alle schuld daran.«

»Richtig«, sagte Emerson. Seine Laune besserte sich wieder. »Was haben sie uns hiergelassen, Peabody?«

»Unsere persönlichen Habseligkeiten, saubere Kleider, Notizbücher und Papiere, ein paar Werkzeuge. Zwei Wasserschläuche, allerdings beide kaum halbvoll. Einige Konserven, einen Dosenöffner, zwei Zelte, Decken...«

»Hmmm«, brummte Emerson, als ich fertig war. »Es könnte schlimmer sein, aber besonders günstig steht es auch nicht. Nun, meine Lieben – und Kemit, mein Freund –, was sollen wir tun? Da wir aus offensichtlichen Gründen nicht hierbleiben können, haben wir zwei Möglichkeiten: Entweder reiten wir weiter, oder wir kehren um, holen diese Schurken ein und zwingen sie, die Vorräte mit uns zu teilen...«

Letzter Vorschlag wurde mit allgemeinem Widerspruch aufgenommen. »Sie haben einige Stunden Vorsprung, und sie werden so schnell reiten, wie sie können«, wandte ich ein.

»Der häßliche Mann hat einen Feuerstab«, sagte Kemit.

»Daoud?« Emerson sah ihn überrascht an. »Sind Sie sicher?«

»Er hat mich damit geschlagen«, antwortete Kemit knapp.

»Mir scheint, wir haben keine Wahl«, mischte sich Ramses ein. »Laut der Karte, die sich bis jetzt als korrekt erwiesen hat, befindet sich weniger als drei Tagesreisen von hier ein Brunnen. Zum Fluß zurückzukehren, würde dreimal so lange dauern. Wir müssen also weiter.«

»Ganz richtig«, sagte Emerson und sprang auf. »Und je früher wir aufbrechen, desto besser.«

In jener Nacht schlugen wir in einer felsigen, sandigen Einöde unser Lager auf. Nicht einmal ein verdorrter Busch wies darauf hin, daß es hier jemals einen Tropfen Wasser gegeben hatte. Um unsere Kamele zu schonen, hatten wir alles überflüssige Gepäck, auch unsere Zelte, zurückgelassen. Trotzdem hatten die Tiere im Laufe des Tages Anzeichen von Schwäche gezeigt, die Böses ahnen ließen. Allein die Willenskraft, über die ich in erheblichem Maße verfüge, hinderte mich daran – selbst insgeheim – zuzugeben, daß es um mich nicht viel besser stand. Da wir kein Brennmaterial hatten, bestand unser Abendessen aus kalten Birnen aus der Dose und einem Schluck Wasser. Dann rollten wir uns in unsere Decken und versuchten, im Schlaf Erlösung zu finden.

Ich werde mich nicht damit aufhalten, diese beschwerliche Nacht zu schildern. Auch werde ich nicht weiter auf die Gefühle eingehen, die sich am nächsten Morgen unserer bemächtigten, als wir beim Aufwachen zwei der drei Kamele tot vorfanden. Meine eigene Erkrankung ließ mich morgens meist unbehelligt und verschlimmerte sich stets im Laufe des Tages, so daß ich sie vor Emerson hatte geheimhalten können. Allerdings hatte er, wie ich zugeben muß, andere Dinge im Kopf. So marschierten wir weiter, bis es zu dem Vorfall kam, den ich bereits geschildert habe: Das letzte Kamel ging vorsichtig in die Knie und starb – um mich kurz zu fassen.

Ich wage zu behaupten, daß es den meisten Menschen angesichts einer solchen Katastrophe die Sprache verschlagen hätte – ein Zustand, der bei der Familie Emerson-Peabody jedoch noch nie vorgekommen ist. Widrigkeiten machen uns stark, Schicksalsschläge beleben und beflügeln uns. Nach unserem Gespräch fühlte ich mich erheblich erfrischt, und als wir – nach einer kurzen Pause im Schatten des Kamels – weitergingen, hatte ich Anlaß zu der Hoffnung, daß ich meine Krankheit durch Chinin und Willenskraft (hauptsächlich letztere) niedergekämpft hatte.

Wir hatten die Satteltaschen durchwühlt und den Großteil ih-

res Inhalts weggeworfen, da wir nur das Allernotwendigste tragen konnten: die Kleider, die wir am Leibe hatten, die übriggebliebenen Wasserschläuche mit der kläglich geschwundenen
und abscheulich schmeckenden Pfütze darin und eine Decke
pro Person. Letztere waren lebensnotwendig, denn die Nachtluft
war bitterkalt. In der heißesten Tageszeit konnte man sie als
Sonnendach aufspannen. Ramses bestand darauf, seinen kleinen
Rucksack mitzunehmen, und natürlich durfte ich meinen Sonnenschirm nicht zurücklassen. Kemit vergrub sorgfältig unsere
übrige Habe, obwohl ich versuchte, ihn daran zu hindern, sich
wegen Unwichtigkeiten wie sauberer Wäsche und einigen Büchern abzumühen – denn ich reise nie ohne ein Exemplar der
Heiligen Schrift und etwas Lesestoff. Nachdem er das Loch wieder zugeschüttet hatte, machten wir uns auf den Weg. Wie ich
zugeben muß, war ich sehr stolz auf Ramses. Er hatte nicht ein
Wort der Klage oder Angst von sich gegeben und marschierte
zügig über den sengend heißen Sand. Kemit wich ihm nicht
von der Seite und paßte seinen Schritt der Geschwindigkeit des
Jungen an.

Meine anfängliche Zuversicht erwies sich als Irrtum. Das
Lüftchen, das sich gegen Abend erhob, reichte nicht, um mir
die glühende Stirn zu kühlen. Der Boden wurde immer rauher
und rissiger, was das Gehen erschwerte. In der Ferne erhob sich
eine niedrige Hügelkette, die so trocken und hart schien wie
der Wüstenboden. Sie verlief quer über den Weg, den wir laut
Kompaß nehmen mußten, und verhieß trügerischen Schutz.
Also tröstete ich mich damit, daß ich mich ausruhen könnte,
wenn wir diese Hügel erst einmal erreicht hatten. Doch ein
plötzliches Straucheln verriet mich. Das stets wachsame Auge
meines Gatten sah, wie mir die Knie weich wurden, und sein
starker Arm fing mich im Fallen auf. Die leise gemurmelten
Flüche klangen wie Musik in meinen Ohren, als er mich aufhob. Und als ich den Kopf an seine breite Brust lehnte, war ich
so erleichtert, daß ich nicht mehr gegen die Ohnmacht an-
kämpfte.

Wohltuendes Wasser, zwischen meine ausgedörrten Lippen geträufelt, brachte mich wieder zu Bewußtsein. Es war lauwarm

und schmeckte nach Ziege, doch kein Schluck aus einer eisge-
kühlten Quelle war mir je erfrischender vorgekommen. Ich
trank gierig, bis die Vernunft zurückkehrte. Mit einem Aufschrei
fuhr ich hoch und stieß den Wasserschlauch zurück.

»Mein Gott, Emerson, was soll das? Du hast mir viel mehr als
meinen Anteil gegeben.«

»Mama geht es wieder besser«, stellte Ramses fest.

»Am Abhang stehen einige abgestorbene Bäume«, sagte Kemit
und stand auf. »Ich mache Feuer.«

Dieser Vorschlag war sehr willkommen, denn die Nachtluft
war bitterkalt. Nach einer kurzen Beratung beschlossen wir, den
Brandy herumgehen zu lassen, den ich für medizinische
Zwecke bei mir trug. Er linderte zwar meine Kopfschmerzen,
machte mich aber ungewöhnlich schläfrig, so daß ich immer
wieder einnickte. Als ich zwischendurch einmal erwachte, hörte
ich die anderen sprechen.

Kemits Stimme hatte mich aufgeweckt. Er redete lauter, als es
sonst seine Gewohnheit war. »Es gibt Wasser, ich weiß es. Ich
habe... ich habe gehört, wie die Männer der Wüste es sagten.«

»Hmmm«, brummte Emerson. »Heute sind wir nur langsam
vorangekommen. Bei diesem Tempo wird es zwei Tage länger
dauern.«

»Einen halben Tag, wenn man rennt.«

Emersons zweifelndes Schnauben war nicht zu überhören.
»Niemand von uns kann so schnell rennen, Kemit. Und Mrs.
Emerson...« Der Arme mußte innehalten, um sich zu räuspern.

»Sie hat das Herz eines Löwen«, meinte Kemit ernst. »Aber
ich befürchte, daß die Dämonen den Sieg über sie erringen
werden.«

Emerson schneuzte sich kräftig. Ich fragte mich benommen,
was er wohl als Taschentuch benutzte.

Eine kleine Hand berührte meine Stirn. »Mama ist aufge-
wacht«, sagte Ramses, der sich über mich beugte. »Soll ich ihr
etwas zu trinken geben, Papa?«

»Das kommt überhaupt nicht in Frage«, widersprach ich mit
Nachdruck und döste wieder ein.

Mir kam es vor, als verbrächte ich den Rest der Nacht in

einem Dämmerzustand. Dann aber mußte ich doch tief eingeschlafen sein, denn als ich ruckartig erwachte, stellte ich fest,
daß Emerson mich fest an sich gepreßt hielt. Er schnarchte so
laut, daß mir die Ohren klingelten. Ich fühlte mich zwar noch
ein wenig schwummerig, aber erheblich besser, und als es heller
wurde, betrachtete ich voll Freude das geliebte Gesicht so nah
an meinem. Dabei sah Emerson nicht unbedingt einnehmend
aus. Stachelige, schwarze Bartstoppeln bedeckten seinen markanten Kiefer, und seine entschlossen geschwungenen Lippen
waren aufgesprungen und voller Blasen. Ich wollte ihn schon
küssen, als eine schrille Stimme die Stille durchbrach.

»Mama? Papa? Hoffentlich verzeiht ihr, daß ich euch wecke,
aber ich muß euch sagen, daß Kemit fort ist. Er hat den Wasserschlauch mitgenommen.«

Wenn man rannte, brauchte man einen halben Tag, um die Was-
serstelle zu erreichen. Das hatte Kemit gesagt, und offenbar hatte
er sich zum Handeln entschlossen. Indem er uns verließ, hatte er
eine Chance, sich selbst zu retten. Ich zweifelte nicht daran, daß
er auf seinen langen Beinen die Strecke so rasch zurücklegen
konnte, wie er behauptet hatte. Besonders, wenn er die beim
Schwitzen verlorene Flüssigkeit danach sofort durch frisches Wasser ersetzen konnte.

»Ich bin sehr enttäuscht von Kemit«, verkündete ich, als wir
meine Feldflasche herumgehen ließen. Jeder nahm einen
Schluck; nach meiner Schätzung war genug übrig, um diese
Völlerei noch ein einziges Mal zu wiederholen. Während ich die
Flasche an meinem Gürtel festhakte, fuhr ich fort: »Ich schätze
Menschen selten falsch ein, aber offenbar ist das hier einer mei-
ner seltenen Irrtümer.«

Wir brauchten nicht zu besprechen, was wir nun tun sollten.
Wir würden weitergehen und uns nicht geschlagen geben, bis
unsere Kräfte erschöpft waren. So sind die Emersons nun einmal.

Wir waren ein kläglicher Haufen. Emerson, bärtig und abge-
zehrt, ging voran. Ramses war so klapperdürr und braun wie

eine kleine Mumie. Ich war nur froh, daß ich mich selbst nicht
sehen konnte. Unermüdlich gingen wir weiter, bis die morgend-
liche Kühle vorüber war und die Sonne sengend heiß auf uns
herniederbrannte. Ich begann merkwürdige Umrisse in der flir-
renden Hitze wahrzunehmen: Trugbilder von Palmen und Mi-
naretten, schimmernd weiße Stadtmauern und eine hohe Klip-
pe, aus der bizarre Ruinen emporragten. Sie verschwammen zu
einem grauen Nebel, als ob es schon Abend wäre. Meine Knie
gaben nach. Es war ein seltsames Gefühl, denn ich war bei vollem Bewußtsein; meine Beine wollten mir einfach nicht mehr
gehorchen.

Emerson beugte sich über mich. »Wir können das Wasser genausogut austrinken, Peabody. Sonst verdunstet es nur.«

»Du zuerst«, krächzte ich. »Dann Ramses.«

Emersons Lippen sprangen auf, als er sie zu einem Lächeln
verzog. »Nun gut.«

Er hob die Flasche. Mit verschleiertem Blick beobachtete ich
seine Kehle und sah, daß er schluckte. Er reichte die Flasche
Ramses, der das gleiche tat und sie dann mir gab. Ich trank den
letzten Rest Wasser, zwei lange, köstliche Schlucke, bis mir die
Wahrheit dämmerte. »Du hast nicht… Ramses, ich habe doch
gesagt…«

»Vom Reden bekommt man nur einen trockenen Hals,
Mama«, sagte mein Sohn. »Papa, wir können doch eine der Dek-
ken als Bahre benutzen. Ich trage das eine Ende, und du…«

Das heisere Krächzen, das sich Emersons Kehle entrang, erinnerte nur schwach an sein sonstiges herzhaftes Lachen.
»Ramses, ich bin stolz darauf, dein Vater zu sein, aber ich glaube nicht, daß das funktioniert.« Er beugte sich über mich, nahm
mich in seine Arme und ging los.

Ich war zu schwach, um mich zu wehren. Hätte ich noch
Flüssigkeit in mir gehabt, ich hätte geweint – vor Stolz.

Nur ein Mann wie Emerson mit der Körperkraft eines antiken Helden und den moralischen Prinzipien eines englischen
Gentleman hatte so lange durchhalten können. Während mir
immer wieder die Sinne schwanden, spürte ich seine Arme, die
mich fest umfaßt hielten. Mit langsamen, regelmäßigen Schrit-

ten legte er Meter um Meter zurück. Doch selbst seine gewaltige Muskelkraft hatte ihre Grenzen. Als er stehenblieb, gelang es
ihm gerade noch, mich vorsichtig am Boden abzulegen, ehe er
neben mir zusammenbrach – und seine letzte Handlung war,
die Hand auszustrecken, so daß sie auf meiner ruhte. Ich war
zu schwach, den Kopf zu wenden, doch es gelang mir, meine
andere Hand wenige Zentimeter zu bewegen, bis ich spürte, daß
eine andere, kleinere Hand sie umfaßte. Als meine Sinne im
gnädigen Nebel des herannahenden Todes versanken, dankte
ich dem Allmächtigen, daß wir jetzt, am Ende, alle vereint waren. Gott hatte mir die Qual erspart, die Menschen, die ich liebte, sterben zu sehen.

ZWEITES BUCH

ZWEITES BUCH

8. KAPITEL

Die Stadt des Heiligen Bergs

Das Jenseits war längst nicht so angenehm, wie ich es mir vorgestellt hatte.

Das soll nicht heißen, daß ich eine präzise Vorstellung vom Leben nach dem Tode gehabt hätte, denn die landläufigen Bilder von Engeln, Heiligenscheinen, Harfen und Himmelschören sind mir schon immer ein wenig albern erschienen. Schlimmstenfalls, so glaubte ich, würde das Paradies einem tiefen Schlaf ähneln, bestenfalls ein Wiedersehen mit geliebten Menschen bedeuten, die vor mir dahingeschieden waren. Ich freute mich darauf, meiner Mutter zu begegnen, die ich nie kennengelernt hatte, denn ich war sicher, daß sie ein bemerkenswerter Mensch gewesen sein mußte. Mein geliebter Papa saß bestimmt in irgendeiner Himmelsbibliothek und widmete sich seinen endlosen Forschungen. Ich fragte mich, ob er mich wohl wiedererkennen würde. Zu Lebzeiten war er in diesem Punkt zuweilen recht unzuverlässig gewesen.

Das Delirium kann seltsame Formen annehmen. Wäre ich nicht so sicher gewesen, daß ich ein tugendhaftes Leben geführt hatte, ich hätte mich in der Hölle geglaubt, denn ich fühlte mich, als würde ich auf einem riesigen Rost gebraten. Unmengen von Wasser wurden mir die Kehle hinabgegossen, doch sie konnten meinen rasenden Durst nicht löschen. Doch am schlimmsten war, daß niemand auf meine Fragen nach meinem Mann antwortete. Ich lief endlose Korridore entlang, in denen mich Nebel umhüllten, und verfolgte eine Schattengestalt, die immer weiter vor mir zurückwich. Hatte ich meine Tugendhaftigkeit doch falsch eingeschätzt, so fragte ich mich? Ein erzürnter Gott hätte keine schlimmere Strafe über mich verhängen können, als mich dazu zu verurteilen, meinen geliebten Emerson vergeblich in den unendlichen Fluren der Ewigkeit zu suchen.

Nach langer, langer Suche stellte ich fest, daß ich nicht mehr rannte, sondern mich einen langen, abschüssigen Gang hinabschleppte. Hier waren Wände und Fußboden von einem stumpfen Grau. Vor mir erschien ein flackerndes Licht, das sich, als ich weiterging, in einen goldenen Schein verwandelte. Ich hörte Stimmen. Lachen erscholl, und dann vernahm ich die süßen Klänge von Musik. Doch obwohl mich diese Klänge willkommen zu heißen schienen, war mein Schritt verhalten, und ich stemmte mich gegen eine Macht, die mich gnadenlos voranzog. Vergeblich! Der Gang mündete in ein prächtiges Zimmer, das mit Blumen und frischem Grün geschmückt war. Das Licht darin strahlte heller als die Sonne. Dort erwartete mich eine Menschenmenge. Ganz vorne stand eine schöne Frau, deren schwere, schwarze Zöpfe mit Rosen durchflochten waren. Mit ausgestreckten Händen forderte sie mich auf, sie zu umarmen. Hinter ihr sah ich ein bekanntes Gesicht – das meines lieben, alten Kinderfräuleins, umrahmt von den steifen Rüschen ihrer Haube. Daneben erblickte ich ein ehrwürdiges Paar, das in der Mode des frühen neunzehnten Jahrhunderts gekleidet war. Ich kannte die beiden von den Portraits aus Papas Studierzimmer. Die anderen Gesichter hatte ich nie gesehen, aber ich wußte mit einer Gewißheit, die jegliche menschliche Erfahrung übersteigt, daß sie mir in einem früheren Leben ebenso lieb gewesen waren wie ich ihnen. Alle Gesichter lächelten, und alle Stimmen hießen mich willkommen.

Auch Kinder befanden sich darunter, doch keines hatte dunkle Haut und ein wenig zu groß geratene Gesichtszüge. Auch hatte keiner der kräftigen, stattlichen Männer leuchtend blaue Augen oder ein Grübchen auf dem Kinn.

Mit letzter Kraft rief ich den geliebten Namen wie einen Zauberspruch. Und endlich – endlich erhielt ich eine Antwort. »Peabody!« donnerte die wohlbekannte Stimme. »Komm sofort zurück!«

Das Licht verschwand, die Musik und das Gelächter wurden immer leiser und verklangen in einem langen Seufzer. Ich fiel durch die endlose Nacht in ein stilles, friedliches Nichts.

Als ich die Augen aufschlug, hatte das Bild, das ich vor mir sah, außergewöhnlich große Ähnlichkeit mit dem christlichen Himmel. Ein wolkenartiger Schleier aus Gaze bildete einen Baldachin über dem Bett, auf dem ich lag, und fiel fließend über seine Seiten. Die Vorhänge bewegten sich in der sanften Brise.

Ich versuchte aufzustehen. Aber ich mußte feststellen, daß ich kaum den Kopf heben konnte und das auch nicht für lange Zeit. Der Plumps, mit dem er wieder auf die Matratze fiel, überzeugte mich davon, daß ich weder träumte noch gestorben war. Also rief ich nach Emerson. Obwohl das Geräusch, das sich meiner Kehle entrang, kaum mehr war als ein Flüstern, führte es sofort zum gewünschten Ergebnis. Ich kannte die Schritte, die sich näherten, und als er die Vorhänge beiseite schob und sich über mich beugte, fand ich die Kraft, mich ihm in die Arme zu werfen.

Ich breite einen Schleier über die nun folgende Szene. Nicht, weil ich mich der Liebe, die Emerson und mich verbindet, oder der Art, wie wir sie zum Ausdruck bringen, schäme, sondern weil Worte nicht beschreiben können, welch innige Gefühle das Wiedersehen in uns auslöste. Ich setze meine Geschichte an jenem Punkt fort, da ich in den Armen meines geliebten Gatten lag. Inzwischen hatte ich mich ausreichend beruhigt, meine Umgebung wahrnehmen zu können.

Natürlich erkundigte ich mich zuerst nach Ramses. »Er hat sich wieder völlig erholt und steckt voller Neugier wie eh und je«, antwortete Emerson. »Er treibt sich irgendwo herum«

Mit wachsendem Erstaunen sah ich mich im Zimmer um. Es war ziemlich groß. Die Wände trugen bunte Muster in Blau, Grün und Orange, die hie und da von gewebten Wandbehängen unterbrochen wurden. Zwei Säulen stützten die Decke. Das Bett stand auf Beinen, die Löwenpranken nachempfunden waren. Es hatte kein Kopfende. Das Fußende war vergoldet und mit eingelegtem Blumenmuster verziert. Neben dem Bett befand sich ein niedriger Tisch mit verschiedenen Flaschen, Schälchen und Töpfchen; einige bestanden aus durchscheinendem weißem Stein, andere aus Ton. Sonst gab es nur wenige Möbel im Raum, lediglich einige Truhen und Körbe und einen Stuhl, dessen Sitzfläche mit dem Fell eines mir unbekannten Tiers überzogen war: dunkelbraun mit unregelmäßigen weißen Flecken.

»Also ist es wahr«, hauchte ich voll Staunen. »Ich kann es kaum glauben, obwohl ich es mit eigenen Augen sehe. Erzähl mir alles, Emerson. Wie lange war ich krank? Welchem Wunder verdanken wir unser Überleben? Hast du Mr. Forth und seine Frau gesehen? Wo sind wir, und warum hat all die Jahre lang niemand diesen Ort entdeckt?«

Emerson unterbrach mich auf eine besonders angenehme Weise und meinte dann: »Ermüde dich nicht, Peabody. Warum ruhst du dich nicht aus und ißt etwas und dann...«

»Nein, nein. Ich fühle mich recht wohl, und ich habe keinen Hunger. Es besteht nur die Gefahr, daß mir vor lauter Neugier der Schädel platzt, wenn du mir nicht sofort antwortest.«

Emerson machte es sich bequem. »Möglicherweise hast du wirklich keinen Hunger. Ich habe mindestens vier Liter Fleischbrühe in dich hineingeschüttet, seit du letzte Nacht Anstalten machtest, wieder zu Bewußtsein zu kommen. Du warst wie ein kleiner Vogel, mein Liebling, und hast jedesmal brav geschluckt, wenn ich dir den Löffel an die Lippen hielt. Aber du hast kein einziges Mal die Augen aufgeschlagen...« Seine Stimme klang belegt, und er mußte sich räuspern, ehe er fortfuhr. »Nun denn, der Schrecken ist vorbei, dem Himmel sei Dank. Und ich möchte nicht riskieren, daß dir dein bemerkenswerter Schädel platzt. Also nutzen wir am besten die Zeit, die wir für uns allein haben, solange es noch möglich ist.«

In diesen letzten Worten lag ein seltsamer Tonfall, doch ich brannte so darauf, seine Geschichte zu hören, daß ich nicht nachfragte. »Fang an«, drängte ich ihn. »Ich erinnere mich nur noch daran, daß du mich vorsichtig in den Sand gelegt hast und neben mir zusammengebrochen bist...«

»Zusammengebrochen? Aber nein, meine liebe Peabody. Ich wollte mich nur ein wenig ausruhen, ehe ich weiterging. Ich muß eingenickt sein, denn als ich die Augen aufschlug, traute ich ihnen kaum. Ich sah eine Sandwolke, die sich in raschem Tempo näherte. Die Hufe galoppierender Kamele hatten sie aufgewirbelt. Ich stand auf, denn ob es Freunde oder Feinde, Menschen oder Geister waren, ich wollte sie um Hilfe bitten. Als der Trupp mich sah, änderte er die Richtung, und ein Reiter löste sich von den anderen. Er hatte mich fast erreicht, als ich ihn erkannte, und ich glaube, es war das blanke Erstaunen, das mich... äh... die Selbstbeherrschung verlieren ließ. Als ich erwachte, war ich von Gestalten umringt, die lange Gewänder und Kapuzen trugen. Einer von ihnen goß Wasser über mein Gesicht. Ich muß nicht betonen, Peabody, daß ich mich umwandte, um mich zu vergewissern, daß man sich auch um dich und Ramses kümmerte. Kemit selbst hielt dir einen Becher an die Lippen.

Doch bald wurde er von einem anderen beiseite geschoben, der in ein schneeweißes Gewand gehüllt war. Er versorgte dich und strahlte dabei eine solche Autorität aus, daß ich wenig Lust hatte, sie anzuzweifeln. Obwohl mir unzählige Fragen auf der Zunge lagen, hielt ich sie zurück. Dein Überleben, meine geliebte Peabody, war jetzt das Allerwichtigste. Nach einer hastigen Beratung beschloß man, so schnell wie möglich weiterzureiten, denn du brauchtest Pflege, die man dir unter den gegebenen Umständen nicht geben konnte. Auch Ramses ging es sehr schlecht, allerdings nicht so schlecht wie dir. Einer der Reiter hob ihn zu sich aufs Kamel, und ich half, dich auf eine außergewöhnlich geschickt gebaute Trage zu betten. Dann brachen wir auf. Ich ritt neben Kemit her und konnte meine Neugier teilweise befriedigen.

Er hatte uns nicht verlassen, sondern das einzig Mögliche getan, um uns zu retten. Zuerst entschuldigte er sich, weil es so lange gedauert hatte. Das Leben in der Außenwelt – wie er es ausdrückte – hatte seinen Kräften geschadet, so daß er nur acht Kilometer an einem Stück rennen konnte, ehe er wieder eine Pause einlegen mußte! Die Männer, mit denen er gerechnet hatte, erwarteten ihn in der Oase – denn das bedeutete das Wasserzeichen: eine wirkliche Oase mit einer tiefen Quelle. Er führte die Männer, so schnell es ging, den Weg zurück, auf dem er gekommen war. Und es war tatsächlich eine Rettung in letzter Minute...

Doch nachdem wir die Oase verlassen und die letzte Etappe unserer Reise angetreten hatten, gab es Momente, meine liebste Peabody, in denen ich befürchtete, die Rettung könne dennoch zu spät gekommen sein. Dein Pfleger – wenn ich ihn so nennen darf – badete und salbte dich und schüttete dir eigenartige Flüssigkeiten in die Kehle. Dir ging es so schlecht, daß ich nicht wagte, mich einzumischen. Ich konnte nichts tun, als das verfl... verflixte Zeug zuerst selbst zu probieren, ehe...«

»Oh, mein liebster Emerson!« Gerührt drückte ich ihn an mich. »Was, wenn es Gift gewesen wäre?«

»War es aber nicht.« Emerson umarmte mich fest. »Doch erst letzte Nacht wußte ich, daß du außer Gefahr warst. Und wenn du dich nicht ausruhst, Peabody, wirst du wieder krank. Ich habe deine Neugier jetzt gestillt...«

»Du hast kaum damit angefangen!« rief ich aus. »Woher wußte Kemit, daß die Männer in der Oase auf ihn warten? Sind diese Leute die Nachkommen der Adligen und Könige aus dem alten Meroë? Wo sind wir... warum ist dieser Ort unbekannt?«

»Diese Fragen zu beantworten, würde Tage dauern und nicht Minuten«, meinte Emerson. »Aber ich will versuchen, es kurz zusammenzufassen. Wie du weißt, gibt es in der westlichen Wüste viele abgelegene Gipfel und große Gebirge. Dieser Ort – man nennt ihn den Heiligen Berg – ist ein bislang unbekanntes Felsmassiv. Wir kamen in der Dunkelheit an, nachdem wir einige Kilometer durch Hügelausläufer geritten waren. Die Klippen müssen etwa dreitausendfünfhundert Meter hoch sein. Vertikale Erosion hat eine Unmenge natürlicher Säulen in den Stein geschnitten, und dazwischen befinden sich gewundene Gänge. Doch mehr als dieser phantastische Anblick, liebe Peabody, war mir nicht vergönnt. Sobald wir den Fuß der Klippen erreichten, bekamen Ramses und ich die Augen verbunden. Natürlich protestierte ich, aber vergebens. Kemit war zwar sehr höflich, doch er ließ sich nicht erweichen. Es gibt nur einen Weg durch die Klippen, und der ist ein gut gehütetes Geheimnis. Ich versuchte, mir die Biegungen und Kurven des Pfades zu merken, allerdings bezweifle ich, daß ich den Rückweg finden würde. Nach einer Weile blieb mein Kamel stehen. Immer noch mit verbundenen Augen wurde mir beim Absteigen geholfen. Man führte mich zu einer Sänfte. Ich hatte Kemit mein Wort gegeben, die Augenbinde nicht abzunehmen. Ansonsten, so teilte er mir höflich, aber unerbittlich mit, würde er mir Hände und Füße fesseln.

»Und hast du dein Wort gehalten, Emerson?« fragte ich.

Emerson grinste. Sein Gesicht sah so gebräunt und gesund aus wie immer, wenn auch ein wenig magerer. »Wie kannst du daran zweifeln, Peabody? Außerdem hatte die Sänfte einen Vorhang ringsherum. Ich konnte überhaupt nichts sehen. Doch es war nicht schwer festzustellen, daß die Sänfte nicht von Pferden oder Kamelen, sondern von Menschen getragen wurde. Ich sah sie allerdings nie, denn meine Augenbinde wurde erst entfernt, nachdem wir dieses Haus erreicht hatten und sie fort waren. Aber, um ehrlich zu sein, mir war sowieso alles einerlei. Alles, worauf es mir ankam, war, daß man gut für dich sorgt.«

Er hielt in seinem Bericht inne, um mir einige Beweise seiner Zuneigung zukommen zu lassen, und fuhr dann fort. »Die Vorsichtsmaßnahmen, die Kemit in meinem Fall ergriffen hat, gehören zu den Gründen, warum bislang niemand diesen Ort entdeckt hat. Ich kann mir vorstellen, daß jeder bedauernswerte Beduine, der den Eingang zufällig entdeckt, keine Gelegenheit mehr haben wird, jemandem von seinem Fund zu erzählen. Wahrscheinlich würde er nicht sehr weit kommen: Gruppen bewaffneter Männer, die die Oase als Stützpunkt benutzen, kontrollieren die gesamte Umgebung. Wie ich beobachtet habe, verkleiden sie sich mit den üblichen Gewändern und Kopfbedeckungen als gewöhnliche Beduinen. Zweifellos haben sie einige der bizarren Legenden über Räuberbanden wie die Tebu in die Welt gesetzt, deren Kamele angeblich keine Spuren hinterlassen und die, Gerüchten zufolge, das Wasser aus den Mägen ihrer Reittiere trinken. Wahrscheinlich gehen auch viele der Geschichten von gestohlenen Kamelen und geplünderten Karawanen auf ihr Konto. Und was unseren Freund Kemit betrifft...«

Er hielt inne. »Vorsicht, Peabody«, meinte er lachend. Und Ramses stürzte sich auf uns.

Als kleines Kind hatte er seine Zuneigung stets überschwenglich kundgetan, doch diese Äußerungen waren in den letzten Jahren maßvoller geworden. Vermutlich glaubte er, dafür sei er jetzt zu alt. Bei dieser Gelegenheit aber vergaß er seine Würde und warf sich so schwungvoll auf mich, daß Emerson sich gezwungen sah, ihn zu tadeln. »Sei bitte etwas sanfter, Ramses. Mama ist noch schwach.«

»Schon gut, Emerson«, meinte ich etwas gepreßt, da Ramses meinen Hals mit einem Würgegriff umklammert hielt. Auf den Befehl seines Vaters hin ließ er los, richtete sich auf und blieb, die Hände auf dem Rücken, stehen. Sein magerer, kleiner Körper war bis zur Taille nackt und braun wie der eines Ägypters; ein kurzer Rock aus weißem Leinen reichte ihm bis zur Mitte der Oberschenkel und wurde von einer breiten, grell scharlachroten Schärpe zusammengehalten. Doch am bemerkenswertesten war seine Frisur. Sein Haar, eines seiner ansehnlichsten Merkmale, weil es weich und schwarz war wie das seines Vaters, war während der Reise ziemlich gewachsen. Nun war es bis auf eine geflochtene und mit Bändern geschmückte Locke auf der Seite, verschwunden. Der Rest seines Kopfes war so kahl wie ein Ei.

Ein Schrei mütterlichen Entsetzens entrang sich meiner Kehle. »Ramses! Deine Haare – deine schönen Haare!«

»Diese Veränderung hat einen Grund, Mama«, sagte Ramses.

»Es ist so schön... so wunderschön..., daß es dir jetzt besser geht, Mama.«

Obwohl seine Züge unbewegt blieben, bemerkte ich, da ich sein Gesicht gut kannte, wie seine Lippen zitterten und seine Augen feucht wurden.

Ehe ich noch einmal auf Ramses' Kahlkopf zu sprechen kommen konnte, hob sich einer der Vorhänge an der Schmalseite des Zimmers, und zwei Männer kamen herein. Sie trugen dieselben schlichten kurzen Röcke wie Ramses, doch ihre militärische Haltung und die langen Eisenspeere in ihrer Hand verrieten ihren Beruf ebenso, wie es eine Uniform getan hätte. Sie trennten sich, stellten sich einander gegenüber auf, marschierten elegant auf der Stelle wie Angehörige der königlichen Garde und stießen die Speere krachend auf den Boden. Ihnen folgten zwei Gestalten, die von Kopf bis Fuß in Weiß gekleidet waren. Wie die Soldaten stellten sie sich zu beiden Seiten der Tür auf. Nach den beiden geheimnisvoll verschleierten Gestalten kamen zwei weitere Männer. Auch sie trugen kurze Röcke, doch ihr prächtiger Schmuck wies auf ihren hohen Rang hin. Einer von ihnen war erheblich älter als der andere. Sein Haar war schlohweiß, und um seine mageren Schultern lag ein langer Umhang. Aus seinem faltigen Gesicht funkelten helle Augen, die er mit wacher und doch kindlicher Neugier auf mich richtete.

Eine kurze Pause entstand; dann verbeugten sich alle sechs – Soldaten, Adlige und verhüllte Gestalten –, und ein Mann betrat majestätischen Schritts den Raum.

Es war Kemit – aber wie sehr hatte er sich verändert. Sein markantes, kluges Gesicht, seine hochgewachsene, wohlgeformte Gestalt sahen immer noch aus wie zuvor. Wie gut gebaut er war, bemerkte ich erst jetzt, da er, wie die anderen Männer, nur einen kurzen Rock trug. Allerdings war seiner fein gefältelt, und der Gürtel, der seine schlanke Taille umschloß, war mit Gold und funkelnden Steinen verziert. Um seine Schultern lag ein Kragen aus eben demselben kostbaren Material, und in seinem schwarzen Haar schimmerte ein schmales, goldenes Band.

»Kemit!« rief ich aus, während ich diese Erscheinung aus längst vergangenen Tagen entgeistert anstarrte. Der werte Leser hat – genau wie ich – sicherlich bereits erkannt, daß es sich um die Kleidung eines Adligen aus dem Ägypten der Pharaonenzeit handelte.

Emerson, der immer noch meine Hand umfaßt hielt, erhob sich. »Das war sein Deckname, Peabody. Darf ich dir Seine Hoheit Prinz Tarekenidal vorstellen.«

Der Titel paßte. Seine Haltung war schon immer majestätisch gewesen, und ich fragte mich, warum ich so lange nicht geahnt hatte, daß er kein gewöhnlicher Einheimischer war. Ich war mir schmerzlich des Umstandes bewußt, daß ich keinen sehr würdevollen Anblick bot: Immer noch lag ich wie ein Kind in Emersons Armen und war überdies recht salopp gekleidet. Also tat ich das beste, was unter diesen Gegebenheiten möglich war. Ich neigte den Kopf und sagte: »Eure Hoheit, ich bin Euch sehr dankbar, daß Ihr mein Leben und das meines Gatten und meines Kindes gerettet habt.«

Tarekenidal hob die Hände und vollführte die Geste, mit der er mich immer gegrüßt hatte und die ich nun (wie hatte ich das übersehen können?) als die erkannte, die in unzähligen antiken Reliefs abgebildet ist. »Mein Herz freut sich, Herrin, Euch wohlauf zu sehen. Dies hier sind mein Bruder, Graf Amenislo, Sohn der Herrin Bartare« – er wies auf den jüngeren Mann, einen pausbäckigen, lächelnden Burschen, der lange, goldene Ohrringe trug – »und der königliche Ratgeber Murtek, Hohepriester der Isis, erster Prophet des Osiris.«

Der Mund des alten Herren verzog sich zu einem breiten Lächeln, das einen zahnlosen Gaumen sehen ließ. Nur zwei Zähne waren ihm geblieben, und die waren braun und abgenützt. Trotz des schrecklichen Anblicks seines Gebisses war sein Wohlwollen nicht zu übersehen, denn er verbeugte sich wiederholt und hob mehrmals grüßend die Hände. Dann räusperte er sich und sagte: »Guten Morgen, Sir, guten Morgen, Madam.«

»Du meine Güte!« rief ich aus. »Spricht denn hier jeder unsere Sprache?«

Der Prinz lächelte. »Einige von uns sprechen und verstehen sie ein wenig. Mein Onkel, der Hohepriester, wünschte Euch zu sehen, um sich zu vergewissern, daß Eure Krankheit vorbei ist.«

Sein Onkel sah mehr von mir, als mir lieb war, denn mein Leinengewand war ärmellos und so durchscheinend wie feinster Batist. Noch nie bin ich von einem anderen Mann als meinem Gatten so eindringlich gemustert worden, und es war offensichtlich, daß der alte Gentleman noch nicht alle Instinkte und Triebe der Jugend verloren hatte. Seltsamerweise aber empfand ich diese Musterung meiner Person nicht als beleidigend.

Emerson jedoch hatte keinen Sinn für so feine Unterscheidungen. Er klappte mich zusammen und drückte mir die Knie an die Brust, um so viel wie möglich von mir zu verbergen. »Wenn Ihr gestattet, Eure Hoheit, werde ich Mrs. Emerson wieder ins Bett legen.«

Das tat er auch, wobei er mich bis zum Kinn mit einem Leinenlaken bedeckte. Auf eine Geste von Murtek hin glitt die weißverschleierte Gestalt auf mein Bett zu. Sie mußte barfuß gewesen sein, denn sie legte den Weg völlig lautlos zurück. Das hatte eine so unheimliche Wirkung, daß ich unwillkürlich zurückwich, als sie sich über mich beugte. Über dem Gesicht waren die Schleier dünner, und ich sah funkelnde Augen, die mich betrachteten.

»Alles in Ordnung, Peabody«, sagte Emerson, der die Szene wachsam beobachtete. »Das ist die medizinische Fachkraft, von der ich gesprochen habe.«

Aus den zarten Schleiern tauchte eine Hand auf, zog mit dem fachmännischen Selbstbewußtsein eines westlichen Arztes das Laken zurück, öffnete mein Gewand und drückte mir auf die entblößte Brust. Nicht die professionelle Geste verblüffte mich – ein Papyrus mit einem medizinischen Text darauf hatte den Beweis erbracht, daß die Ägypter von »der Stimme des Herzens« wußten –, sondern daß die Hand schlank, klein und mit spitz zulaufenden Nägeln war.

»Ich vergaß zu erwähnen«, fuhr Emerson fort, »daß die medizinische Fachkraft eine Frau ist.«

»Woher willst du wissen, ob es sich um dieselbe Person handelt?«
fragte ich.

»Wie bitte?« entgegnete Emerson.

Unsere Besucher hatten sich zurückgezogen, alle außer der
»medizinischen Fachkraft«, deren Pflichten offenbar auch solche
einschloß, die ein westlicher Arzt als unter seiner Würde betrachtet hätte. Nachdem sie mir diejenigen Dienste erwiesen
hatte, die nur eine Frau bei einer Geschlechtsgenossin versehen
kann, erhitzte sie etwas über einem Kohlenfeuer am gegenüberliegenden Ende des Raums. Ich kam zu dem Schluß, daß es
sich um eine Suppe handeln mußte, denn der Geruch war
höchst appetitlich.

»Ich sagte, woher weißt du, ob das dieselbe Person ist, die
mich auch während der Reise versorgt hat?« fragte ich. »Durch
die Schleier ist sie nicht zu erkennen, und da ich inzwischen
zwei Menschen in einem solchen Gewand gesehen habe, gehe
ich davon aus, daß es sich um eine Uniform oder Tracht handelt. Oder verschleiern sich hier alle Frauen?«

»Dein Verstand ist so scharf wie immer, mein Liebling«, meinte Emerson, der sich inzwischen einen Stuhl ans Bett gerückt
hatte. »Offenbar ist das die Tracht der Frauen, die man die
›Mägde der Göttin‹ nennt. Die fragliche Göttin ist Isis, und anscheinend fungiert sie hier als Schutzpatronin der Heilkunst –
anders als im alten Ägypten, wo Thoth diese Rolle innehatte.
Doch wenn man genauer darüber nachdenkt, ist Isis viel besser
dafür geeignet. Schließlich hat sie ihren Gatten Osiris aus dem
Totenreich zurückgeholt, und mehr kann ein Arzt auch nicht
zustande bringen. Was die Mägde betrifft: Eine von ihnen war
immer bei dir, aber, um ehrlich zu sein, ich kann sie nicht voneinander unterscheiden und ich habe auch keine Ahnung, wie
viele es überhaupt sind.«

»Warum flüsterst du, Emerson? Sie versteht doch nicht, was
du sagst.«

Ramses gab mir die Antwort. Er hatte sich auf meine Aufforderung hin ans Fußende des Bettes gesetzt und ähnelte so sehr
einem Knaben aus dem alten Ägypten, daß ich erschrak, als er
Englisch sprach.

»Wie Tarek dir schon sagte, Mama, sprechen und verstehen einige von ihnen unsere Sprache.«

»Woher haben sie... Mein Gott, natürlich!« Ich schlug mir die Hand vor den Mund. »Mr. Forth. Ich schäme mich, daß ich noch nicht nach ihm gefragt habe. Hast du ihn schon gesehen? Und wie geht es Mrs. Forth?«

»Du hast nach ihnen gefragt, Peabody, und es gibt zwei Gründe, warum ich dir noch nicht geantwortet habe«, erwiderte Emerson. »Zuerst einmal hast du zu viele Fragen gestellt, ohne mir die Gelegenheit zu einer Antwort zu geben. Und zweitens... äh... um ehrlich zu sein, kenne ich die Antwort nicht.«

»Ich möchte dich ja nicht kritisieren, Emerson, aber mir scheint, du hast deine Zeit nicht gut genutzt. Ich hätte darauf bestanden, die Forths zu sehen und mit ihnen zu sprechen.«

»Seit wir hier sind, saß Papa an deinem Bett«, meinte Ramses leise. »Er hätte dich nicht einmal allein gelassen, um zu schlafen, wenn ich nicht darauf bestanden hätte.«

Tränen traten mir in die Augen. In Wirklichkeit war ich schwächer, als ich dachte, und das machte mich reizbar. »Mein liebster Emerson«, sagte ich. »Verzeih mir.«

»Natürlich, meine liebste Peabody.« Emerson mußte innehalten, um sich zu räuspern. Er hatte die Hand ergriffen, die ich ihm entgegenstreckte, und hielt sie nun wie eine zarte Blüte, als ob der leichteste Druck sie zerquetschen konnte.

War ich gerührt? Ja. War ich verärgert? Sehr. Ich war es nicht gewöhnt, daß man mich wie eine zarte Blüte behandelte. Ich wollte, daß Ramses ging. Ich wollte, daß die Magd ging. Ich wollte, daß Emerson mich in die Arme nahm und mich so fest drückte, daß mir die Luft wegblieb... und... und daß er mir alles erzählte, was er wußte.

Emerson las meine Gedanken. Er kann das. Um seine Mundwinkel zuckte es, und er sagte zärtlich: »Im Augenblick bin ich der Stärkere, und das werde ich in vollen Zügen ausnützen. Du bist noch nicht kräftig genug, um dich lange anzustrengen oder um auch nur ein Gespräch zu führen. Widme dich mit deiner üblichen Willenskraft dem Gesundwerden. Dann werde ich dir gern... äh... gern all deine Fragen beantworten.«

Natürlich hatte er recht. Selbst Tareks (so hatten wir ihn zu nennen beschlossen, denn sein vollständiger Name war ein Zungenbrecher) kurzer Besuch hatte mich erschöpft. Ich zwang mich, die Suppenschale zu leeren, die die Magd mir reichte. Die Suppe war kräftig und nahrhaft und enthielt Linsen, Zwiebeln und Fleischstückchen. »Hühnchen ist es nicht«, meinte ich nach dem ersten Löffel. »Vielleicht Ente?«

»Oder Gans. Wir haben schon einige Male gebratenes Geflügel bekommen. Sie züchten hier auch Rinder. Das Fleisch schmeckt seltsam; ich bin noch nicht darauf gekommen, von welchem Tier es stammt.«

Ich bemühte mich, alles bis auf den letzten Bissen aufzuessen. Kurz darauf zogen Emerson und Ramses sich zurück.

»Wir schlafen im Nebenzimmer«, erklärte Emerson, als ich dagegen Einspruch erhob. »Ich werde wie auch in den vergangenen Tagen immer in deiner Rufweite sein, Peabody.«

Bläuliches Dämmerlicht breitete sich im Raum aus. Schläfrig sah ich zu, wie die geisterhaft wirkende Magd lautlos ihren Pflichten nachging. Als es dunkel wurde, zündete sie Lampen an – kleine, irdene Gefäße, die mit Öl gefüllt waren. Der Docht bestand aus gezwirbeltem Stoff. Diese Art Lampen wird in Ägypten und Nubien immer noch benutzt, und es gibt sie schon seit undenklichen Zeiten. Sie verbreiten ein weiches, wenn auch nicht sehr helles Licht. Das Öl war mit Duftkräutern versetzt.

Ich schlief schon fast, als die Frau sich meinem Bett näherte und sich auf einem Hocker niederließ. Sie hob die Hände ans Gesicht. Was wollte sie mir enthüllen? Ich zwang mich, langsam und gleichmäßig zu atmen, und stellte mich schlafend, doch mein Herz klopfte wild und erwartungsvoll. Was würde ich zusehen bekommen? Ein Antlitz, so beängstigend schön wie das von Mr. Haggards unsterblicher *Sie?* Die verhutzelten Züge einer alten Hexe? Oder sogar – denn meine Vorstellungskraft hatte sich im Gegensatz zu meinem Körper bereits vollständig erholt – ein blasses Gesicht, umrahmt von silberblondem Haar, das Gesicht von Mrs. Willoughby Forth?

Sie nahm den Schleier ab und schlug den Leinenstoff mit einem sehr menschlichen Seufzen der Erleichterung zurück. Ihr

Antlitz war weder hellhäutig noch erschreckend schön, obwohl
man es keinesfalls häßlich nennen konnte. Wie bei Prinz Tarek
waren auch ihre Züge fein geschnitten, mit hohen Wangenknochen und einer markanten Nase. Ein goldfarbenes Netz hielt ihr
üppiges, dunkles Haar zusammen. Mir gefiel die mädchenhafte
Eitelkeit, mit der sie ihr Gesicht geschminkt hatte, das doch niemand sehen durfte – ein Kajalstrich betonte ihre dunklen Augen und langen Wimpern, und auf Wangen und Lippen hatte
sie eine rötliche Substanz aufgetragen. Verglichen mit der geheimnisvollen Gestalt, die sie verschleiert darstellte, wirkte sie
nun so sanft und alltäglich, daß ich schon mit dem Gedanken
spielte, sie anzusprechen. Doch ehe ich mich entscheiden konnte, schlief ich ein.

Die nächsten Tage verbrachte ich hauptsächlich schlafend
und essend. Die Speisen waren überraschend gut zubereitet:
Gänse- und Entenbraten mit verschiedenen Saucen, Lamm mit
den unterschiedlichsten Gemüsesorten wie Bohnen, Rettichen
und Zwiebeln, diverse Brote und kleine Kuchen, die von klebri-
gem Honig tropften. Das Obst war ungewöhnlich wohl-
schmeckend: Trauben, Feigen und Datteln, so süß wie die un-
vergleichlichen Früchte von Sukkôt. Zu trinken gab es Wein
(recht dünn und säuerlich, aber erfrischend), ein dickes, dunkles Bier und Ziegenmilch. Wasser bekam ich keines, und ich
fragte auch nicht danach, da ich annahm, es sei gefährlich, es
im nicht abgekochten Zustand zu trinken. Außerdem hatte ich
meinen Tee ohnehin mit den übrigen Ausrüstungsgegenständen
zurückgelassen.

Auf Emersons Vorschlag hin nutzten wir die erzwungene Un-
tätigkeit, um die Landessprache zu erlernen. Ich hatte eigentlich gehofft, daß unsere Ägyptischkenntnisse uns dabei eine Hilfe sein würden, doch abgesehen von einigen Titeln und
Eigennamen gab es fast keine Gemeinsamkeiten. Auf dem Heiligen Berg wurde eine völlig eigenständige Sprache gesprochen.
Trotzdem machten wir ausgezeichnete Fortschritte, nicht nur
aufgrund gewisser geistiger Fähigkeiten, die ich aus Gründen
der Bescheidenheit nicht näher erwähnen möchte, sondern
auch weil Ramses schon vor unserer Ankunft viel von Tarek

alias Kemit gelernt hatte. Ich brauche nicht eigens zu betonen, daß er die Gelegenheit, seine Eltern belehren zu können, in vollen Zügen auskostete. Zuweilen war ich versucht, ihn in sein Zimmer zu schicken.

Eines Abends beschloß ich, meine wachsenden Sprachkenntnisse an meiner Pflegerin zu erproben. Ich wartete, bis sie ihre Arbeiten beendet und sich mit unverschleiertem Gesicht zum Ausruhen niedergesetzt hatte, ehe ich sie ansprach: »Seid gegrüßt, Magd. Ich danke Euch für Euer gutes Herz.«

Sie fiel fast vom Stuhl, und ich konnte mir ein Lachen nicht verkneifen. Nachdem sie sich wieder gefaßt hatte, funkelte sie mich mit verletztem jugendlichem Stolz an. In holprigem Meroitisch versuchte ich, mich zu entschuldigen.

Sie überschüttete mich mit einem Redeschwall, dem ich nicht folgen konnte. Dann sagte sie, offensichtlich erfreut über mein mangelndes Verstehen: »Ihr sprecht unsere Sprache sehr schlecht.«

»Dann sprechen wir doch Englisch«, meinte ich in nämlicher Sprache.

Zögernd biß sie sich auf die Lippe und meinte dann auf Meroitisch: »Ich verstehe nicht.«

»Das glaube ich nicht. Lernen in Eurem Land nicht alle Menschen von hoher Geburt Englisch?«

Dieses Kompliment verringerte ihre Wachsamkeit. »Ich spreche... klein. Nicht viele Wörter.«

»Ach, ich wußte es. Ihr sprecht sehr gut. Wie heißt Ihr?«

Wieder zögerte sie und musterte mich durch ihre langen Wimpern. Schließlich sagte sie: »Ich bin Amenit, oberste Magd der Göttin.«

»Wo habt Ihr Englisch gelernt? Bei dem weißen Mann, der hierher gekommen ist?«

Verständnislos sah sie mich an und schüttelte den Kopf. Keiner meiner Versuche, die Frage anders zu formulieren oder sie in meinem holprigen Meroitisch zu stellen, brachte Erfolg.

Allerdings erfuhr ich einiges von ihr. Sie hatte nie den Schleier abgenommen oder gesprochen, wenn Ramses oder Emerson anwesend waren. Jedoch lag das nicht, wie ich vermutet hatte, an ihrem Geschlecht. Nur die »Göttin« und die anderen Mägde durften ihr Gesicht sehen. Sie wollte oder konnte mir nicht erklären, warum sie in meinem Fall eine Ausnahme gemacht hatte. Ich kam zu dem Schluß, daß sie mich zu ungewöhnlich fand, um zu wissen, wie sie mit mir umgehen sollte.

Unsere Bekanntschaft entwickelte sich, bis wir freundlich über Kosmetik, Speisen und besonders über ein Thema plaudern konnten, das Frauen besonders am Herzen liegt: Kleider. Meine von der Reise verschmutzten Sachen waren mir – ordentlich gewaschen – zurückgegeben worden. Amenit wurde nicht müde, den Stoff zu befühlen, die Taschen zu untersuchen und über den Schnitt und die Mode zu lachen. Ich wage zu behaupten, daß sie noch lauter gelacht hätte, hätte ich ihr von Korsetts erzählt.

Da ich nur eine Garnitur Kleidung besaß, mußte ich mich in einheimische Gewänder hüllen. Sie waren sehr bequem, doch nicht sehr einfallsreich, denn Frauen trugen hier formlose Kaftane aus Leinen oder Baumwolle. Die eleganteren – die man an der feinen Webarbeit erkannte – waren reinweiß. Andere waren mit bunten Fäden durchwirkt oder bestickt. Da sie weder über Knöpfe noch Schließen verfügten, waren sie vorne offen und mußten mit Schärpen oder Gürteln zusammengehalten werden. Allerdings vertraute ich diesen zweifelhaften Hilfsmitten nicht und griff deshalb zu Sicherheitsnadeln. Unter durchscheinendere Gewänder zog ich meine Unterwäsche an.

Da Emerson ebenso schlecht ausgestattet war wie ich, trug er häufig die lange Herrenversion der weiten Gewänder oder ein Leinenhemd aus einheimischer Herstellung. Allerdings weigerte er sich standhaft, sich in einem kurzen Rock wie dem von Tarek zu zeigen. Zuerst konnte ich seine Schamhaftigkeit nicht verstehen, denn normalerweise hatte ich meine liebe Not, ihn am Ausziehen zu hindern.

Lassen Sie es mich einmal so sagen: Bei Ausgrabungen war Emerson nur allzu bereit, Jacke, Hemd und selbstverständlich auch den Hut abzulegen. Ich schalt ihn stets deswegen, da es mir unschicklich vorkam, selbst wenn niemand außer den Arbeitern ihn so sah. Ästhetisch jedoch war die Wirkung sehr an-

sprechend, und ich vermutete, Emerson wußte genau, was der
Anblick seiner gebräunten, muskulösen Gestalt in mir auslöste.
Doch nun, da er endlich einen legitimen Grund hatte, diese Reaktion herbeizuführen, weigerte er sich. Schließlich, nach Äußerungen meinerseits, die er gerne als »dein ständiges Genörgel,
Peabody« bezeichnet, willigte er ein, die elegante Ausstattung
anzulegen, die für ihn bereitgestellt worden war, damit ich mir
selbst ein Urteil bilden konnte.

Da Amenit – wie immer – anwesend war, zog er sich zum
Umkleiden in sein Zimmer zurück. Als er wieder hereinkam
und mit einer leidenschaftlichen Geste den Vorhang beiseite
schleuderte, konnte ich einen bewundernden Aufschrei nicht
unterdrücken. Sein Haar war inzwischen fast schulterlang; die
dichten, schimmernden Locken wurden von einem scharlachroten Haarband, verziert mit goldenen Blumen, aus seiner edlen
Stirn gehalten. Der breite Kragen auf seiner Brust funkelte kräftig von Türkisen, Korallen und Lapislazuli und hob sich schimmernd von seiner gebräunten Haut ab. Armreifen aus Gold und
Edelsteinen umschlangen seine Handgelenke, ein breiter Gürtel
aus eben diesen kostbaren Materialien hielten den gefältelten
Rock zusammen, der seine Knie freiließ und...

Es gelang mir, mein Gelächter in ein Husten zu verwandeln,
doch Emersons Gesicht nahm eine hübsche bräunliche Färbung
an, während er sich hastig hinter den Bettvorhängen versteckte.

»Ich habe es dir ja gesagt, Peabody, verdammt! Meine Beine!«

»Du hast sehr hübsche Beine, Emerson. Und deine Knie sind
ziemlich...«

»Sie sind weiß!« brüllte Emerson hinter den Bettvorhängen
hervor. »Schneeweiß! Sie sehen lächerlich aus!«

Das stimmte in der Tat, was ein Jammer war, denn vom
Scheitel bis zum Rocksaum bot Emerson ein Bild wilder, männ-
licher Schönheit. Nach diesem Ereignis redete ich nicht mehr
vom Umkleiden. Doch zuweilen beobachtete ich Emerson, wie
er sich im Garten hinter einem Baum die Beine sonnte.

Wir waren nie allein. Ich weiß nicht, wann Amenit schlief; sie
befand sich stets im Zimmer, ging gerade hinaus oder kam herein. Und wenn sie nicht da war, wurde sie von einem der

Dienstboten vertreten. Die Diener waren schüchterne, schweigsame, kleingewachsene Menschen, und ihre Haut hatte eine etwas dunklere Tönung als die von Amenit. Sie waren entweder stumm oder taten zumindest so, denn sie verständigten sich untereinander und mit Amenit durch Gesten. Als meine Kräfte zurückkehrten, nahm ich zunehmend Anstoß an der mangelnden Privatsphäre, denn ich war sicher, daß dies der Grund war, warum Emerson weder nachts noch bei Tage seinen rechtmäßigen Platz an meiner Seite einnahm. In diesen Dingen war er recht schüchtern.

Unsere Zimmerflucht wurde von einem hübschen, kleinen Garten umgeben, in dessen Mitte sich ein Wasserbecken befand. Die Räumlichkeiten bestanden aus einigen Schlafkammern, einem Empfangssalon mit kunstvoll geschnitzten Lotussäulen und einem Badezimmer mit einer Steinplatte, auf der der Badende stand, während Diener ihn mit Wasser übergossen. Die Möblierung war schlicht, aber elegant − Betten mit Auflagen aus geflochtenem Leder, Truhen und wunderschöne Körbe, um Bettwäsche und Kleidung darin aufzubewahren, einige Stühle und ein paar kleine Tische. Nur unsere Zimmer waren eingerichtet, das restliche Haus mit seinen unzähligen Räumen, Gängen und leeren Höfen schien unbewohnt. Ein Teil des Gebäudes war aus den Klippen gehauen, an die es sich offenbar schmiegte. Die hinteren Zimmer waren anscheinend als Lagerräume gedacht, denn sie waren klein und fensterlos und sahen im Licht der Laternen, die wir trugen, sehr unheimlich aus, als wir sie erkundeten.

In vielen der großen Gemächer waren die Wände im altägyptischen Stil hübsch bemalt und zeigten längst vergangene Schlachten und längst verstorbene Würdenträger beiderlei Geschlechts. Die Inschriften neben diesen Gemälden waren in der Hieroglyphenschrift abgefaßt, die wir von meroitischen Fundstücken her kannten. Ramses verkündete sofort, er wolle sie kopieren − »um sie Onkel Walter mitzubringen«. Ich ermutigte ihn dazu; so war er wenigstens beschäftigt und konnte keine Dummheiten anstellen.

Die einzigen Fenster waren Lichtgaden hoch unter der

Decke. Zwischen den Zimmern gab es keine Türen; Vorhänge und Matten schufen ein Minimum an Privatsphäre.

Ein besonders schwerer Vorhang bedeckte die eine Seite unseres Empfangssalons. Emerson hatte mich bei unserem Erkundungsgang unmerklich in die andere Richtung geschoben (denn er wich nicht von meiner Seite), doch eines Tages, nachdem wir das übrige Haus gründlich untersucht hatten, sträubte ich mich gegen seinen Versuch, mich in den Garten zu führen.

»Ich will nicht in den Garten. Ich will durch diese Tür – denn wie ich annehme, befindet sich eine jenseits des Vorhangs. Lauern dahinter eine Schlangengrube oder eine Horde hungriger Löwen, daß du mich so unbedingt daran hindern willst?«

Emerson grinste. »Schön, daß du wieder so schroff klingst wie früher. Nun gut, geh schon, wenn du so versessen darauf bist. Dir wird zwar nicht gefallen, was du vorfindest, aber ich glaube, nun bist du stark genug, um es zu verkraften.«

Höflich teilte er den Vorhang für mich, und ich trat in einen Korridor, dessen Wände mit Schlachtenszenen bemalt waren. Ich ging, gefolgt von Emerson, den Flur entlang, der scheinbar auf eine nackte Wand zuführte. Hinter einer Öffnung zur Linken lag jedoch ein weiterer Gang, und nach einigen weiteren Biegungen erreichten wir ein Vorzimmer. Durch einige schmale Fenster unter der von Balken gestützten Decke drang Licht herein. Ich stand vor einer Gruppe Männer, die sich in Reih und Glied aufgebaut hatten. Sie mußten das Schlurfen meiner Sandalen gehört haben, denn ich war mir sicher, daß sie nicht den ganzen Tag in dieser unbequemen Haltung verbrachten.

Sie waren alle recht ansehnlich, noch ziemlich jung und mindestens einen Meter achtzig groß. Zu ihrem kurzen Rock trugen sie einen breiten Ledergürtel, in dem ein Dolch steckte, lang genug, daß man ihn fast als Kurzschwert bezeichnen konnte. Ergänzt wurde diese Ausrüstung durch einen Schild, dessen oberes Ende die Form eines gotischen Spitzbogens hatte. Einige von ihnen waren außerdem mit riesigen eisernen Speeren und einer Art Helm ausgestattet, der aus Leder bestand und eng am Kopf anlag, während andere ihrer Kameraden mit Bogen und Köchern bewaffnet waren, in denen Pfeile steckten; ihre Köpfe

waren kahl, abgesehen von einer geflochtenen, mit einer roten
Feder verzierten Strähne am Hinterkopf. Als ich die Soldaten
näher betrachtete, stellte ich fest, daß manche der Schilde
– obgleich identisch in der Form – mit braunem Leder bezogen
waren, während die anderen – die der Bogenschützen – weiße
Flecken auf einem rotbraunen Hintergrund aufwiesen. Nun
streckten die Männer die Schilde von sich und bildeten so eine
lebende Wand, die den Raum der Breite nach teilte. Sie traten
auch nicht beiseite, als ich mich näherte. Als meine Augen nur
noch wenige Zentimeter vom wohlgeformten Kinn eines jungen
Mannes entfernt waren, der der Anführer zu sein schien, war
ich gezwungen stehenzubleiben. Er starrte weiter stur geradeaus.

Ich wandte mich zu Emerson um, der die Szene offensichtlich belustigt beobachtete. »Sag ihnen, sie sollen mich vorbeilas-
sen!« rief ich aus.

»Benütz doch deinen Sonnenschirm«, schlug Emerson vor.
»Ich bezweifle, daß sie jemals eine so schreckliche Waffe gesehen haben.«

»Du weißt, daß ich ihn nicht bei mir habe«, fauchte ich. »Was
soll das bedeuten? Sind wir Gefangene?«

Emerson wurde wieder ernst. »Die Situation ist nicht so einfach zu erklären, Peabody. Ich habe zugelassen, daß du das hier
selbst siehst, weil du sowieso darauf bestanden hättest. Komm,
wir müssen darüber reden.«

Er nahm mich beim Arm und führte mich den Korridor entlang. »Ziemlich geschickt gebaut«, stellte er fest. »Der gewundene Gang sichert den Bewohnern ihre Privatsphäre und erleichtert es, das Haus gegen Eindringlinge zu verteidigen. So etwas
läßt vermuten, daß die herrschende Klasse nicht bei all ihren
Untertanen gut angeschrieben ist.«

»Ich will keine Andeutungen, Folgerungen und Spekulationen
hören«, sagte ich, »sondern Tatsachen. Was hast du mir verheim-
licht, Emerson?«

»Komm in den Garten, Peabody.« Wir schlängelten uns zwischen einigen Dienern hindurch, die den Boden im Empfangssalon mit Sand und Wasser scheuerten, und setzten uns auf eine

geschnitzte Bank neben dem Wasserbecken. Lilien und Lotus-
blumen bedeckten seine Oberfläche, einige von ihnen hatten
einen Durchmesser von gut sechzig Zentimetern und schwam-
men auf dem Wasser wie geschnitzte Jadeteller. Eine sanfte Brise säuselte durch die Tamarisken und Perseabäume, in deren
Schatten die Bank stand, und ein Chor von Vogelstimmen bildete die Ergänzung dazu. Im Garten wimmelte es von Vögeln:
Spatzen, Wiedehopfen und anderen bunt gefiederten Tieren, die
ich nicht kannte. Es war tatsächlich Zerzura – der Ort der kleinen Vögel.

»Schön, nicht wahr?« Emerson nahm seine Pfeife aus dem
Beutel, den er als Taschenersatz am Gürtel seines Gewandes
hängen hatte. Am gestrigen Tag hatte er seinen letzten Tabak
geraucht, aber offenbar war sogar eine leere Pfeife besser als
gar keine. »Manche Menschen würden sich glücklich schätzen,
den Rest ihrer Tage so in Ruhe und Frieden verbringen zu können.«

»Manche Menschen«, antwortete ich.

»Du etwa nicht? Du brauchst mir nicht zu antworten, mein
Liebling, denn wie immer sind wir uns völlig einig. Keine Angst,
wenn wir fort wollen, werden wir dazu Mittel und Wege finden.
Ich wollte nichts unternehmen, ehe du nicht wieder auf dem
Damm bist. Möglicherweise müssen wir uns den Weg freikämp-
fen, Peabody. Ich hoffe es zwar nicht, aber falls es doch dazu
kommt, brauche ich dich an meiner Seite – mit gezücktem Sonnenschirm.«

Hatte je eine Frau ein bewegenderes Lob von ihrem Gatten
erhalten? Sprachlos vor Stolz konnte ich ihn nur ansehen, während mir die Tränen der Rührung in die Augen stiegen.

»Putz dir die Nase, Peabody«, sagte Emerson und reichte mir
einen unglaublich schmutzigen Lappen, der einst ein gutes Taschentuch gewesen war.

»Danke, ich benütze lieber meins.« Aus meinem Beutel nahm
ich eines der viereckigen Leinenstücke, die auf meine Anweisung hin als Ersatz für meine verlorenen Taschentücher zu-
rechtgeschnitten worden waren.

»Wir waren noch nie in einer solchen Lage, Peabody«, fuhr

Emerson fort und lutschte dabei nachdenklich an seiner kalten Pfeife. »Sonst waren wir immer mit den örtlichen Sitten und Gebräuchen vertraut und kannten das Verhalten und die Gewohnheiten der Menschen, mit denen wir zu tun hatten. Ausgehend von dem wenigen, was ich gesehen und gehört habe, habe ich einige Theorien über diesen Ort entwickelt. Hier scheinen einige verschiedene Kulturen auf eigenartige Weise verschmolzen zu sein. Ursprünglich war dieser Ort wie die Oase Siwa im nördlichen Afrika vermutlich dem Gott Amon geweiht. Meiner Ansicht nach sind einige der Priester, die Ägypten nach der Zweiundzwanzigsten Dynastie verließen, hierhergekommen und haben die alten Traditionen wiederbelebt. Nach dem Fall des meroitischen Königreichs wurde der Heilige Berg zum Zufluchtsort für kuschitische Adlige. Dann gibt es noch eine dritte Sorte Einheimischer, die eigentlichen Ureinwohner, die nun als Dienstboten fungieren. Wenn man all diese Faktoren zusammennimmt und dazu noch bedenkt, was sich im Laufe der Zeit und durch die jahrhundertelange Abgeschiedenheit verändert hat, ist das Ergebnis eine Kultur, die noch viel fremdartiger ist als alles, was wir bislang gesehen haben. Wir können nur raten, wie das Leben hier abläuft, aber wir würden ein großes Risiko eingehen, wenn wir entsprechend unseren Vermutungen handeln. Gibst du mir recht?«

»Gewiß, mein Liebling. Doch ohne deinen Vortrag kritisieren zu wollen, war es eigentlich überflüssig, so sehr ins Detail zu gehen, da ich zu derselben Schlußfolgerung gekommen bin. Tatsachen, Emerson, ich will Tatsachen hören!«

»Hmmm«, brummte Emerson. »Tatsache ist, Peabody, daß ich seit unserer Ankunft nicht mehr unter vier Augen mit Tarek gesprochen habe. Er hat dich jeden Tag besucht, aber er ist immer nur ein paar Minuten geblieben, und stets war jemand bei ihm. Außerdem war ich nicht in der Stimmung für anthropologische Erörterungen.«

»Ja, mein Liebling, ich verstehe, und ich weiß deine Sorge um mich sehr zu schätzen. Doch jetzt...«

»Seit du wieder bei Bewußtsein bist, hat Tarek sich nicht mehr blicken lassen«, erwiderte Emerson ein wenig unwirsch.

»Und ich konnte ihn schließlich nicht befragen, wenn er nicht da war. Schon bald habe ich festgestellt, daß sich bewaffnete Wachmänner im Vorzimmer befanden, die nicht bereit waren, mich vorbeizulassen. Aber, zum Teufel, Peabody, wir wissen nicht, warum sie dort stehen. Möglicherweise beschützen sie uns vor Gefahren, von denen wir nichts ahnen. Ich muß dich daran erinnern, daß Tarek nur Prinz ist, nicht König. Den König – oder die Königin – haben wir noch nicht zu Gesicht bekommen. In Meroë hatten die weiblichen Angehörigen der königlichen Familie große politische Macht, und das gleiche ist vielleicht auch hier der Fall.«

»Das wäre ja wunderbar!« rief ich aus. »Was für ein Beispiel…«

»Verdammt, Peabody, genau das habe ich befürchtet – daß du wieder voreilige Schlußfolgerungen ziehst. Ich versuche nur, dir zu vermitteln, daß wir uns zurückhalten müssen, solange wir nicht wissen, wer hier regiert und welche Einstellung man zu ungebetenen Gästen hat.«

»Aber natürlich, Emerson. Und ich versuche nur, *dir* zu vermitteln, daß wir allmählich etwas unternehmen müssen, um diese Dinge in Erfahrung zu bringen. Ich bin wieder auf dem Damm und bereit, meinen Platz an deiner Seite einzunehmen.«

»Das glaube ich dir gern«, antwortete Emerson, allerdings ohne die ehrliche Begeisterung, mit der ich gerechnet hatte. »Nun gut. Zuerst müssen wir Kontakt zu Tarek aufnehmen. Glaubst du, die allgegenwärtige weißverhüllte Säule würde ihm eine Nachricht überbringen? Wenn du sie davon überzeugst, daß du wieder völlig genesen bist, können wir vielleicht in Zukunft auf ihre Dienste verzichten«, fügte er hinzu, und diese Vorstellung versetzte ihn in sichtlich in bessere Laune. »Dieses verflixte Mädchen mit ihrem geisterhaften Herumschleichen geht mir allmählich auf die Nerven.«

Amenit ließ keinen Zweifel daran, daß es unter ihrer Würde war, eine Nachricht zu überbringen, aber sie versprach, jemanden zu finden, der diesen Auftrag erledigte. Ich räumte ein, daß ich ihre Pflege nicht länger brauchte. Allerdings hatte dies nicht die von Emerson (und mir) erhoffte Wirkung; als ich so taktvoll, wie es meine immer noch begrenzten Sprachkenntnisse zuließen, andeutete, daß ihre Dienste nun nicht mehr benötigt wurden, gab sie vor, mich nicht zu verstehen.

Wir hatten den ersten Schritt unternommen; jetzt blieb uns nur noch, die Antwort abzuwarten. Nach dem Mittagessen zogen wir uns zu einer kurzen Ruhepause zurück, wie sie in wärmeren Regionen üblich ist. Nicht zum erstenmal bedauerte ich den Verlust meiner kleinen Bibliothek. Ebensowenig könnte ich ohne meine Hosen reisen wie ohne meine Bücher – billige Taschenbuchausgaben meiner Lieblingsromane und philosophischer Werke –, denn ich verbrachte die Ruhezeit lieber lesend, da meine normalerweise robuste Gesundheit eine Extraportion Schlaf überflüssig macht. Selbstverständlich hatten sich meine Bücher unter dem Ballast befunden, den wir nach der Meuterei unserer Diener hatten zurücklassen müssen. Da ich also nichts Besseres zu tun hatte, schlief ich einige Stunden. Als ich aufwachte, saßen Emerson und Ramses bereits im Empfangssalon und arbeiteten hart an einer Sprachlektion.

»Nein, nein, Papa«, meinte Ramses in unerträglich gönnerhaftem Ton. »Der Imperativ lautet *abadamu*, nicht *abadamunt*.«

»Pah«, lautete Emersons Kommentar. »Hallo, Peabody. Hast du gut geschlafen?«

»Ja, danke. Hat Tarek von sich hören lassen?«

»Anscheinend nicht. Ich kann aus diesem verflixten Mädchen kein Wort herausbekommen. Jedesmal, wenn ich sie anspreche, fängt sie an, unruhig zu werden, nuschelt etwas und läuft davon.«

»Aber es sieht trotzdem so aus, als würden wir bald Besuch bekommen«, stellte ich fest.

»Wie kommst du darauf?«

Ich wies auf Amenit, die im Zimmer herumsprang wie ein Sack Flöhe – so hätte es mein altes Kinderfräulein ausgedrückt. Mit den Händen fuchtelnd gab sie den Dienern Anweisungen.

»Ich habe noch nie gesehen, daß sie sich so schnell bewegt.

Obwohl das Zimmer bereits blitzsauber war (wie immer), hat sie
es ein zweites Mal putzen lassen. Und nun stellen sie Tischchen
und Stühle auf. Ihr Verhalten erinnert mich an das einer nervösen Gastgeberin.«

»Ich glaube, du hast recht, Peabody.« Offensichtlich erleichtert schob Emerson das Heft weg und stand auf. »Am besten
ziehe ich mich um. Diese weiten Gewänder sind sehr bequem,
aber ich fühle mich in Röcken irgendwie unterlegen.«

Mir ging es genauso. Eilig zog ich nicht nur meine Hosen an,
sondern legte auch den Gürtel um. So ausgestattet und den
Sonnenschirm in der Hand, fühlte ich mich für alles gerüstet,
was da kommen mochte.

Es war gut, daß mir Amenits Benehmen aufgefallen war, denn
eine andere Ankündigung erhielten wir nicht. Plötzlich wurden
die Vorhänge über dem Eingang aufgerissen. Diesmal war Tareks Einzug eindrucksvoller und sein Gefolge noch größer:
sechs anstelle von zwei Soldaten und vier verschleierte Mägde;
ihnen folgten eine Anzahl prächtig gekleideter Männer und einige junge Frauen, die fast überhaupt nichts am Leibe trugen.
(Einige Perlenschnüre stellen in meinen Augen keine Kleidung
dar, so strategisch sie auch plaziert sein mögen.) Die Dämchen
hatten Musikinstrumente bei sich – kleine Harfen, Flöten und
Trommeln –, auf denen sie hingebungsvoll, allerdings nicht sehr
harmonisch, zu spielen begannen. Die Leute verteilten sich zu
beiden Seiten der Tür, und eine erwartungsvolle Pause entstand.
Dann kam Tarek herein – und sein Zwillingsbruder.

Es gab zwei Tareks, fast gleich groß und genauso gekleidet.
Doch ein zweiter Blick verriet mir, daß sie einander doch nicht
so ähnelten, wie ich gedacht hatte. Der zweite Mann war ein
wenig kleiner und kräftiger gebaut. Seine Schultern waren fast
so breit wie die meines stattlichen Gatten. Nach westlichen
Maßstäben sah er mit seinen fein geschnittenen Zügen und dem
elegant geschwungenen, fast weiblichen Mund sogar noch besser aus als Tarek. Allerdings strahlte er dennoch etwas Absto
ßendes aus. Tarek hatte die Würde eines wahren Edelmannes;
diesem Mann war der Hochmut eines Tyrannen deutlich anzumerken. (Emerson behauptet, daß ich meine erste Einschätzung

im Lichte der folgenden Ereignisse umdeute. Aber ich bleibe
bei meiner Aussage.)

Nach einer Weile trat einer der Höflinge vor. Es war Murtek,
der alte Hohepriester der Isis. Nachdem er sich geräuspert hatte, sagte er mit volltönender Stimme: »Sir und Madam, ehren-
werter kleiner Sohn. Hier seht ihr die leiblichen Söhne des Königs, die beiden Horus', die den Feinden Seiner Majestät den
Bogen des Verderbens bringen; die Verteidiger des Osiris: Prinz
Tarekenidal Meraset, Sohn der königlichen Gemahlin Shanak-
dakhete, und Prinz Nastasen Nemareh, Sohn der königlichen
Gemahlin Amanishakhete.«

Wie sehr er sich freute, diese lange Ansprache mit (in seinen
Augen) großem Erfolg absolviert zu haben, zeigte sich in seinem
breiten, zahnlosen Lächeln. Es war mit Sicherheit ein bemerkenswerter Vortrag, der von wichtigen Anspielungen nur so
strotzte, doch ich befürchte, ich war so damit beschäftigt, ernst
zu bleiben, daß ich mir nicht viel davon merken konnte.

Emerson behauptet, er habe alles besser verstanden als ich.
Aber wie dem auch sei, ihm fiel jedenfalls die Aufgabe zu zu
antworten, und um Worte war er nie verlegen.

»Königliche Hoheiten, meine Herren, meine... äh... Damen.
Erlauben Sie mir, mich vorzustellen. Ich bin Professor Radcliffe
Archibald Emerson, M. A. Oxford, Mitglied der Königlichen
Akademie der Königlichen Geographischen Gesellschaft und
Mitglied der Amerikanischen Philosophischen Gesellschaft. Das
hier ist meine verehrte Hauptfrau, die Heilerin Amelia Peabody
Emerson, et cetera, et cetera, et cetera; und dieser edle Knabe
ist der Erbe seines Vaters und Sohn der Hauptfrau, Walter Ram-
ses Peabody Emerson.«

Mit einem strahlenden Lächeln machte sich der alte Gentleman daran, die anderen vorzustellen. Das dauerte seine Zeit, da
alle über eine beeindruckende Reihe von Titeln verfügten –
Priester und Propheten, Höflinge und Grafen, Fächerträger und
Wächter über die Sandalen Seiner Majestät. Ihre Namen sind
für unsere Geschichte ohne Bedeutung, bis auf einen – Pesaker,
der königliche Wesir und Hohepriester des Aminreh. Unsere Besucher waren samt und sonders prächtig gekleidet und funkel-

ten von Kopf bis Fuß, doch Pesaker klimperte förmlich, denn
er trug unzählige Armbänder und Armreifen, einen gewaltigen
Brustschmuck und einen breiten juwelenbesetzten Kragen. Sein
kunstvoll aufgetürmtes Haar war offensichtlich eine Perücke.
Die steifen, schwarzen Löckchen bildeten einen unglaubhaften
Rahmen für sein faltiges, mürrisches Gesicht. Vermutlich war er
ein Blutsverwandter der Prinzen, denn seine Züge waren eine
ältere und gröbere Version der seinen.

Wir hatten mehr bekommen, als wir gehofft hatten – nicht
nur Tarek, sondern Vertreter der Höchsten im Land. Ich hätte
das als gutes Omen gedeutet, wären da nicht der feindselige
Blick von Prinz Nastasen (der den Namen seines entfernten
Vorfahren trug, dessen Grab wir in Nuri entdeckt hatten) und
der finstere Gesichtsausdruck von Aminrehs Hohepriester gewesen.

Ich machte das Beste aus der Situation, wie es die Pflicht
einer guten Gastgeberin ist, und wies auf die Tische, wo bereits
Diener mit Weinkrügen und Platten voller Speisen bereitstan-
den. Die Entscheidung, wer neben wem sitzen sollte, führte zu
ein wenig Gedrängel und Geschubse. Ich hatte gehofft, Tarek
als Tischherrn zu bekommen, doch sein Bruder stieß mich
buchstäblich auf einen Stuhl und nahm neben mir Platz; mit
einer Handbewegung bedeutete er Murtek, sich zu uns zu gesellen. Offensichtlich bedurfte er seiner Dienste als Dolmetscher;
Prinz Nastasen sprach kein Englisch.

Tarek, über dessen ernstes Gesicht ein Lächeln huschte, gab
Ramses den Vorzug, wodurch Emerson mit dem Hohepriester
des Aminreh vorliebnehmen mußte – er und die beiden Prinzen waren die Ranghöchsten unter den Anwesenden. Die übrigen verteilten sich auf die restlichen Tische, an denen nur jeweils zwei oder drei Personen Platz fanden.

Die Musikerinnen, die zu spielen aufgehört hatten, als der
alte Mann das Wort ergriff, stimmten nun ein Geschepper an,
das hin und wieder von Trommelwirbeln unterbrochen wurde.
Eine der jungen Frauen begann, sich dazu zu winden. Sie war
sehr gelenkig.

Nastasen war kein sonderlich anregender Gesprächspartner.

Er widmete sich dem Essen, und Murtek war gezwungen, sich auf Lächeln und Nicken zu beschränken, obwohl er offenbar darauf brannte, seine Englischkenntnisse vorzuführen. Irgend etwas riet mir, seinem Beispiel zu folgen, was ein weiser Entschluß war. Denn wie ich später erfuhr, schickte es sich nicht zu sprechen, ehe die ranghöchste anwesende Person das Wort zu ergreifen geruhte.

Nachdem Nastasen eine gebratene Ente verschlungen (und die Knochen einfach über die Schulter geworfen) hatte, fixierte er mich mit seinen dunklen Augen. Trotz des gutturalen Klangs seiner Muttersprache war zu erkennen, was für eine schöne Stimme er hatte: einen tiefen, weichen Bariton. Ich verstand nur einige Wörter und beschloß, mir nicht einmal das anmerken zu lassen. Also lächelte ich Murtek fragend an.

»Der Königssohn fragt, wie alt Ihr seid«, erklärte der würdige Greis.

»Ach, du meine Güte«, entgegnete ich etwas perplex. »In unserem Land gilt es als unhöflich... Sagt ihm, wir zählen die Jahre anders als er. Sagt ihm, ich wäre... so alt wie seine Mutter.«

»Gut gemacht, Peabody«, murmelte eine Stimme dicht an meinem Ohr, und der alte Mann übersetzte meine Antwort.

Nastasen fuhr fort, mich mit Fragen zu bombardieren, die in einer zivilisierten Gesellschaft als höchst ungehörig aufgefaßt worden wären. Sie drehten sich hauptsächlich um meine persönlichen Gewohnheiten, meine Familie und meine Ehe. Möglicherweise galt so etwas in seiner Kultur ebenfalls als taktlos, doch da ich nicht in der Lage war, es mir zu verbitten, wich ich aus, so gut ich konnte. Emerson, der am Nebentisch saß, konnte sich nicht so gut beherrschen wie ich. Im Verlauf des Verhörs hörte ich ihn mehrmals knurren und nach Luft schnappen. Der Arme vermutete, daß die intimen Fragen des Prinzen auf ein näheres Interesse an meiner bescheidenen Person hindeuteten. Ich hingegen bezweifelte das. Allerdings bezweifelte ich ebenfalls, daß meine Behauptung, ich sei so alt wie seine Mutter, ihn daran hindern würde, mich in seine Sammlung aufzunehmen, falls ihm der Sinn danach stand.

Nachdem ich mehr als ein gutes Dutzend seiner Fragen beantwortet hatte, beschloß ich, nun meinerseits einige zu wagen. »Ich hoffe, Euer verehrter Vater, der König, ist wohlauf?« erschien mir unverfänglich, aber Nastasen schien keinen Gefallen daran zu finden. Seine Züge verfinsterten sich, und er gab nur eine knappe Antwort.

Der alte Herr nahm sich einige übersetzerische Freiheiten: »Seine Majestät Osiris. Er gefliegt in Himmel. Er König von westlichem Volk.«

»Ist er tot?« fragte ich erstaunt.

»Tot, ja, tot.« Murtek lächelte breit.

»Aber wer ist dann König? Hat Seine Hoheit einen älteren Bruder?«

Der Alte wandte sich an den Prinzen. Als Antwort erhielt er ein kurzes Nicken, und mir dämmerte, daß er um Erlaubnis gebeten hatte, die Situation zu erläutern. Das tat er denn auch recht ausführlich und mit ziemlich eigenwilliger Grammatik.

Der König war erst vor wenigen Monaten verstorben. (»Der Horus gefliegt zur Erntezeit.«) In vielen Kulturen übernahm der älteste Prinz automatisch die Krone; hier jedoch hing die Thronfolge von einer Reihe weiterer Faktoren ab, wobei der Rang der Mutter der wichtigste war. Der König hatte viele Frauen gehabt, doch nur zwei davon waren Prinzessinnen gewesen – die Halbschwestern des verstorbenen Königs. Daß dieser alte Brauch aus dem alten Ägypten und dem kuschitischen Reich in diesem Tal überlebt hatte, überraschte mich nicht weiter. Sowohl dogmatisch als auch praktisch gesehen hatte er seinen Sinn, denn der König hielt seinen Schwestern, indem er sie selbst heiratete, ehrgeizige Adlige vom Hals, die aufgrund der königlichen Geburt ihrer Gemahlinnen Anspruch auf den Thron erheben konnten. Außerdem ging man so sicher, daß sich das Blut der Pharaonen nicht vermischte. Die Kinder geringerer Gattinnen und Konkubinen erhielten Adelstitel wie der junge Graf, den Tarek als seinen Bruder vorgestellt hatte. Anspruch auf den Thron jedoch hatten zunächst nur die Söhne von Prinzessinnen. Nun hatte zum erstenmal in der Geschichte

des Königreichs jede der beiden Damen einen Sohn – und die
beiden waren genau gleichaltrig.

Als ich diese bemerkenswerte Äußerung hinterfragte, zuckte
der alte Mann die Achseln. Nicht im gleichen Augenblick oder
der gleichen Stunde, nein; eigentlich war der edle Prinz Tarek
ein klein wenig älter. Doch die beiden waren im gleichen Jahr
Seiner Majestät geboren, und immer wenn die Situation nicht
eindeutig war – bei Zwillingen zum Beispiel –, wurde die Entscheidung den Göttern überlassen. Oder dem Gott Aminreh
selbst. Wenn Er auf seinem jährlichen Rundgang durch die
Stadt sein Heiligtum verließ, würde Er den nächsten König bestimmen. Dieses Ereignis stand in wenigen Wochen bevor. In
der Zwischenzeit hatte der edle Prinz Nastasen während der
Abwesenheit seines Bruders die Regierungsgeschäfte versehen;
mit der Hilfe des Wesirs, der Hohepriester, der Berater…

»Und Onkel Tom Cobley und so weiter«, murmelte ich.

»Nein«, erwiderte der alte Murtek ernst. »Der wohnt nicht
hier.«

Daß ich fasziniert war, ist eine starke Untertreibung. Das alte
Ägypten zu studieren war meine Lebensaufgabe, und Rituale,
die ich bislang nur von verwitterten Grabmauern und zer-
bröckelnden Papyri kannte, leibhaftig mitzuerleben, versetzte
mich in einen Zustand unbeschreiblicher Erregung. Aminreh
war offenbar Amon-Re, und er hatte hier die nämliche hohe
Stellung inne wie in Ägypten. Von einer untergeordneten Gott-
heit in Theben hatte er sich zum König der Götter erhoben
und ihre Namen übernommen, während seine ehrgeizigen Priester Ländereien und Reichtümer ansammelten und ihre Tempel
ausstatteten. Amon-Re würde zum erstenmal einen König bestimmen. Vor mehr als tausend Jahren hatte das Nicken des
Gottes einem einfachen Priester gegolten, der als Thutmoses III.
einer der mächtigsten Pharaonen und Kriegsherren Ägyptens
werden sollte. Und hatte die Stele des ersten Nastasen, die Lepsius entdeckt hatte, nicht seine Wahl durch Amon erwähnt?
Murteks Worte hatten zudem Emersons Theorie über die Bedeutung der Frauen des Königshauses bestätigt. Wie weit ging
ihre Macht, fragte ich mich. Konnten sie nur das Recht auf Re-

gentschaft weitergeben oder auch selbst regieren? Ich wollte
schon weitere Einzelheiten erfragen, als Seine Königliche Hoheit einen barschen Befehl bellte. Offensichtlich langweilte er
sich; vielleicht wurde er auch argwöhnisch. Der arme alte Murtek schluckte und verstummte.

Mehr Wein wurde eingeschenkt, und die Darbietungen begannen – Tänzer, Akrobaten und ein Jongleur. Möglicherweise litt
der Jongleur an Lampenfieber – mir wäre es jedenfalls so ergangen, hätte Nastasen mich derart böse angefunkelt –, denn er
ließ eine der brennenden Fackeln fallen. Sie rollte gefährlich
nah am Fuß Seiner Königlichen Hoheit vorbei, bis jemand die
Flamme austrat. Erzürnt und tobend erhob sich Nastasen. Der
Jongleur suchte, gefolgt von zwei Soldaten, das Weite.

Anscheinend waren die Darbietungen vorbei, was auch für
das Bankett galt. Ein Diener reichte Nastasen mit einer tiefen
Verbeugung seinen goldgesäumten Mantel, den der Prinz sich
über die Schultern warf. Ich atmete erleichtert auf. Da die Höflichkeit es offenbar verlangte, hatte ich ziemlich viel Wein getrunken.

Vielleicht war es der Wein, der mir den Mut verlieh, eine
letzte Frage zu stellen, obwohl ich glaube, daß ich es in jedem
Fall gewagt hätte. Mir lagen Hunderte auf der Zunge, doch diese hier war die wichtigste. Ich wandte mich an Murtek: »Fragt
Seine Hoheit, was mit dem weißen Mann, Willoughby Forth,
und seiner Frau geschehen ist.«

Dem alten Mann blieb der Mund offenstehen. Er warf dem
Prinzen einen ängstlichen Blick zu. Diesmal aber war keine
Übersetzung nötig: Entweder sprach Nastasen mehr Englisch,
als er zugab, oder er hatte Mr. Forths Namen verstanden. Zum
ersten Mal an diesem Abend verzogen sich seine schön geschwungenen Lippen zu einem Lächeln. Langsam und deutlich
sagte er ein Wort.

Ich kannte dieses Wort. Wahrscheinlich stand mir der Schrek-
ken ins Gesicht geschrieben, denn Nastasens Lächeln wurde
breiter, wobei er kräftige, weiße Zähne sehen ließ. Er schlang
sich einen Zipfel seines Umhangs um den Kopf, machte auf
dem Absatz kehrt und stolzierte hinaus.

9. KAPITEL

»Rührt diese Mutter nicht an, wenn euch euer Leben lieb ist!«

Tot!« rief ich aus. »Sie sind tot, Emerson! Ich habe es zwar befürchtet, aber trotzdem gehofft… Hast du gesehen, wie dieser abscheuliche junge Mann gelächelt hat, als er es mir erzählte? Er wußte, die Nachricht würde ein Schlag für mich sein; ich bin sicher, er hat…«

»Pssst, Peabody.« Emerson legte den Arm um mich. Wir waren allein, denn die anderen waren eilends ihrem Prinzen gefolgt, dessen plötzlicher Aufbruch sie offensichtlich überrascht hatte. Sie hatten den Raum zurückgelassen wie ein Schlachtfeld: Weinpfützen, Knochen, Brotstückchen und Geschirrscherben bedeckten den Boden.

Einige Diener waren unter Anleitung der Magd bereits damit beschäftigt, das Durcheinander zu beseitigen. Ich lehnte mich an die starke Schulter meines Gatten und bemühte mich, wieder Fassung zu gewinnen. Du benimmst dich albern, sagte ich mir streng. Du kanntest weder Mr. Forth noch seine Frau, und doch führst du dich auf, als hättest du einen nahen Verwandten verloren.

Emerson bot mir sein Taschentuch an. Ich fand mein eigenes und wischte mir die Augen.

»Ich glaube, du hast den Charakter des Prinzen richtig eingeschätzt«, meinte Ramses. »Leider hast du ihm die Genugtuung verschafft, dir einen Schlag versetzen zu können, denn ich kannte die Wahrheit schon von Tarek und hätte sie dir schonender beigebracht.«

»Mir kommt es vor, als wolltest du mich mit deiner Bemerkung kritisieren, Ramses«, sagte ich. »Und damit bin ich ganz und gar nicht einverstanden. Äh... was hat Tarek gesagt?«

Ramses sah sich nach einer Sitzgelegenheit um. Beim Anblick des schmutzigen Bodens verzog er angewidert den Mund. Obwohl sein Ordnungssinn einiges zu wünschen übrig ließ, war er doch in manchen Dingen so pingelig wie eine Katze. (Das heißt, er ertrug keinen Schmutz, es sei denn, er hatte ihn selbst verursacht.) »Gehen wir lieber in dein Schlafzimmer, Mama. Dort können wir uns bequemer unterhalten.«

Wir folgten seinem Vorschlag – geistesabwesend stieg Emerson über die Diener hinweg, die auf dem Boden herumkrochen, um die Scherben aufzuheben. Es war bereits dunkel, doch nach unseren Maßstäben noch früh. Wie alle Menschen, die nicht über ausreichende Lichtquellen verfügen, begaben sich die Bewohner des Heiligen Berges früh zu Bett und standen bei Sonnenaufgang auf. Da ich ein wenig müde war, war ich froh, mich hinlegen zu können. Emerson schob sich einen Stuhl heran, und Ramses kuschelte sich ans Fußende des Bettes, räusperte sich und begann:

»Mrs. Forth ist bald nach ihrer Ankunft hier gestorben. ›Sie ging zum Gott‹, wie Tarek es meiner Ansicht nach recht zartfühlend ausdrückte. Mr. Forth lebte noch viele Jahre lang. Tarek versicherte mir, daß er sich hier glücklich gefühlt und nicht fortgewollt habe.«

»Ha!« rief ich aus. »Diese Aussage ist meiner Meinung nach mit Vorsicht zu genießen!«

»Nicht unbedingt«, widersprach Ramses. »Möglicherweise schrieb er seinen Hilferuf am Anfang seiner Gefangenschaft.«

»Und dann dauerte es ein Jahrzehnt, bis er weitergeleitet wurde?«

»Es sind schon viel merkwürdigere Dinge geschehen«, meinte Emerson nachdenklich. »Die Nachricht muß geschrieben worden sein, als Mrs. Forth noch lebte. Vielleicht hat Forth später seine Meinung geändert.«

»Das hat er«, antwortete Ramses. »Wenn ich bitte weitererzählen darf...«

»Wie ist Mrs. Forth gestorben?« fragte ich.

Die Worte sprudelten aus Ramses heraus: »Eines natürlichen Todes, wenn man Tarek glauben kann, und ich sehe keinen Grund, an seinen Worten zu zweifeln, denn er erzählte mir außerdem, Mr. Forth sei in den Rang eines Lehrers der königlichen Kinder erhoben worden. Von ihm haben Tarek und einige andere Englisch gelernt. Tarek sprach mit großer Zuneigung und sehr respektvoll von ihm.«

Er hielt inne und holte tief Luft.

»Das erklärt weder die Nachricht noch die Karte«, wandte ich ein. »Oder warum Tarek sich bei uns als Arbeiter verdingt hat. Was waren seine Gründe dafür, und weshalb brachte er uns hierher?«

In gespielter Verzweiflung verdrehte Ramses die Augen. »Tarek konnte nicht frei sprechen. Nicht alle Anwesenden heute abend waren ihm treu ergeben. Er warnte mich aufzupassen, was wir sagen, und zitierte das Sprichwort: ›Seine Zunge kann einen Mann ins Verderben bringen....‹«

»Ach – der Papyrus von Ani!« rief Emerson aus. »Wenn man sich vorstellt, daß dieses alte Buch der Weisheit so lange überlebt hat. Die Amonpriester, die am Ende der Zweiundzwanzigsten Dynastie aus Theben flohen, müssen es nach Kusch mitgebracht haben. Peabody, du kennst doch noch den Rest des Absatzes: ›Öffne nie einem Fremden dein Herz...‹«

»Ich erinnere mich sehr gut daran. Ein ausgezeichneter Rat, aber ich glaube, Ramses gibt seiner theatralischen Neigung nach, wenn er das als Warnung auslegt.«

Ramses machte ein entrüstetes Gesicht, doch ehe er widersprechen konnte, sprang sein Vater für ihn in die Bresche: »Meiner Meinung nach war der Satz so gemeint, wie Ramses ihn verstanden hat, Peabody. Wir sind mitten in einen politischen Machtkampf geraten. Tarek und sein Bruder streiten um den Thron...«

»Der Gott wird entscheiden«, unterbrach ich. »Bestimmt hast du mitbekommen, was Murtek mir gesagt hat; du hast doch gehört, daß die Zeremonie bald stattfinden wird.«

»Ja. Aber hoffentlich bist du nicht so naiv zu glauben, daß der Gott nicht bestechlich ist. Hinter den frommen Platitüden der Inschriften wie der von Thutmoses dem Dritten steckt die gleiche häßliche Wahrheit, die auch heute noch den Kampf um Macht und Ansehen bestimmt. In Ägypten waren die Hohepriester Amons die grauen Eminenzen hinter dem Thron, und irgendwann rissen sie die Macht an sich.«

»Dann glaubst du...«

»Ich glaube, daß Nastasen und Tarek beide König werden wollen«, sagte Emerson. »Und daß der Hohepriester des Aminreh...« Mit einem unterdrückten Fluch hielt er inne, als die Magd in der offenen Tür erschien.

»Verdammt, was will sie? Schick sie weg.«

»Ich glaube, sie will mich ins Bett stecken«, antwortete ich, wobei ich ein Gähnen unterdrückte. »Schick *du* sie doch weg.«

»Schon gut.« Emerson erhob sich seufzend. »Du mußt müde sein, Peabody. Es war ein interessanter Tag.«

»*So* müde bin ich nun auch wieder nicht«, widersprach ich und sah ihn in die Augen.

»Oh? Ja, aber...« Emerson räusperte sich. »Nun, Äh – komm, Ramses. Gute Nacht, Peabody.«

»*Au revoir*, mein lieber Emerson.«

Ich war zwar doch ein wenig müde, wollte aber noch nicht schlafen. Mein Gehirn arbeitete fieberhaft, und mir lagen unzählige Fragen auf der Zunge, die ich liebend gern mit Emerson erörtert hätte. Während die Magd geschäftig im Zimmer herumlief, die Lampen herunterdrehte, die Laken glattstrich und mir in mein Nachthemd half, wünschte ich, Tarek wäre direkter gewesen, anstatt sich in literarischen Anspielungen zu ergehen. Gut, er hatte uns gewarnt, nie Fremden unser Herz zu öffnen – aber alle hier waren Fremde, selbst Tarek. Was wollte er von uns? Wem konnten wir trauen?

Nachdem die Magd mich ins Bett verfrachtet hatte, machte sie sich daran »der Stimme des Herzens zu lauschen«. Als ich die schlanken Finger auf meiner Brust betrachtete, bestätigte sich mein Verdacht. »Ihr seid nicht Amenit«, sagte ich. »Eure Finger sind länger als ihre, und Ihr bewegt Euch anders. Wer seid Ihr?«

Ich wollte die Frage schon auf Meroitisch wiederholen, aber das erwies sich als überflüssig. Während das Mädchen mein Nachthemd glattstrich, sagte sie leise: »Ich heiße Mentarit.«

Ihre Stimme war höher als Amenits – eher ein Sopran als ein Alt. »Darf ich Euer Gesicht sehen?« fragte ich, und als sie zögerte, fuhr ich fort: »Amenit hat es für mich entschleiert. Wir waren Freundinnen.«

»Freundinnen«, wiederholte sie.

»Das heißt…«

»Ich weiß.« Mit einer plötzlichen Bewegung schlug sie den Schleier zurück.

Es war ein liebreizendes Gesicht, runder und weicher als das ihrer Mitpriesterin, mit großen, dunklen Augen und einem zart geschwungenen Mund, der in seiner Form sehr dem von Nastasen ähnelte. Er stand dem Mädchen um einiges besser als dem Prinzen, nahm mich aber dennoch gegen sie ein.

»Ihr seid sehr hübsch«, sagte ich.

Sie senkte schüchtern den Kopf wie ein bescheidenes englisches Mädchen, beobachtete mich jedoch durch die Wimpern; ihre Augen blickten argwöhnisch. »Ihr müßt jetzt schlafen«, sagte sie. »Ihr wart sehr krank.«

»Aber jetzt bin ich nicht mehr krank. Dank Eurer ausgezeichneten Pflege habe ich mich vollständig erholt. Hat Amenit Euch nicht gesagt, daß es mir besser geht?«

Als sie die glatte Stirn in Falten legte, wiederholte ich die Frage in meinem holprigen Meroitisch. Anders als Amenit amüsierte sie sich nicht über meine Fehler. »Ich habe nicht mit meiner Schwester gesprochen«, sagte sie langsam und deutlich. »Ihre Zeit der... war vorbei, meine Zeit begann (?) heute.«

Ich fragte sie nach den Wörtern, die ich nicht verstanden hatte, und sie erklärte mir, das erste bedeute »Dienst« oder »Pflicht«; meine Deutung des zweiten war richtig gewesen. Doch als ich versuchte, das Gespräch weiterzuführen, legte sie mir den Finger auf die Lippen. »Schlaft jetzt«, sagte sie. »Es ist nicht gut zu reden.«

Sie zog sich in eine Zimmerecke zurück, wo sie sich auf einem niedrigen Schemel niederließ. Kurz darauf öffnete sich der Vorhang zum Nebenzimmer. Emerson stand auf der Schwelle. Er trug ein besonders hübsches Gewand mit blauen und safrangelben Streifen und hatte eine irdene Lampe in der Hand. Möglicherweise war es das Licht, das seinem Gesicht einen rosigen Schimmer verlieh, doch ich vermutete andere Gründe.

»Geht, Magd«, meinte er in holprigem Meroitisch. »Heute bin ich bei meiner Frau. Es ist Zeit... äh... ich wünsche... äh...« An dieser Stelle wurde er wieder von seiner typischen Schamhaftigkeit übermannt, und ihm fehlten die Worte, denn seine Sprachstudien waren noch nicht weit genug gediehen, um die von ihm geplante Tätigkeit taktvoll zu umschreiben. Also griff er zur Zeichensprache. Er blies die Lampe aus und ging auf Mentarit zu, wies auf die Tür und wedelte mit der Hand.

Ich glaube, sie verstand ihn. Sie gab ein ersticktes Geräusch von sich, das ein Kichern gewesen sein konnte, und ging rückwärts zur Tür. Ich platzte fast vor Lachen, als ich diese Szene beobachtete, aber gleichzeitig überkam mich noch ein anderes Gefühl, das ich hier nicht weiter zu erläutern brauche. Beim Anblick von Emersons selbstzufriedenem Gesichtsausdruck, mit dem er sich, nachdem er sie hinausgescheucht hatte, meinem Bett näherte, hätte ich mich vor Lachen ausschütten können. Allerdings wurde meine Erheiterung bald von anderen, viel mächtigeren Empfindungen abgelöst. Es war lange her. Mehr will ich hier nicht sagen.

Als wir dann, angenehm entspannt nach erfüllter ehelicher Liebe, nebeneinanderlagen, zischte Emerson: »Jetzt können wir uns ungestört unterhalten, ohne daß jemand uns belauscht.«

Ich rückte ein wenig von ihm weg, denn er hatte genau in mein Ohr geflüstert. Das war zwar nicht unangenehm, lenkte mich aber vom eigentlichen Thema ab. Emerson hielt mich fest. »Ich bin nicht nur aus diesem Grund zu dir gekommen.«

»Deinen hauptsächlichen Grund, zu mir zu kommen, hast du bereits sehr wirkungsvoll unter Beweis gestellt, mein lieber Emerson, aber wir sollten die Gelegenheit nützen. Ich nehme an, du hast bereits einen brillanten Fluchtplan ausgeheckt.«

»Flucht? Warum Flucht? Zum Teufel, Peabody, aus diesem Haus zu entkommen ist nicht das Problem. Das würde uns vermutlich gelingen, aber was dann? Ohne Kamele, Wasser und Lebensmittel haben wir nicht die geringste Chance, selbst wenn ich den Eingang des Tunnels wiederfinden sollte, durch den wir gekommen sind, was ich wahrscheinlich nicht könnte.«

»Was schlägst du dann vor? Du hast unser romantisches Rendezvous doch bestimmt nicht nur arrangiert, um mir vor Augen zu führen, was wir nicht können.«

Emerson kicherte. »Mein Liebling, wie schön, dich wieder nörgeln zu hören. Wie dem auch sei, du hast den eigentlichen Grund dieses Rendezvous' vergessen...«

»Hör auf, Emerson. Oder besser – verschiebe, was du gerade tust, bis wir die Lösung unseres Problems gefunden haben. Ich kann nicht denken, während du...«

Nach einer weiteren Unterbrechung stellte Emerson atemlos fest: »Du redest zuviel, Peabody, aber es ist ein Vergnügen, dich auf diese ganz bestimmte Weise zum Schweigen zu bringen. Als deine Gegenwart mich wieder einmal aus der Fassung brachte, wollte ich gerade sagen, daß ich erst einen Beweis für die Notwendigkeit einer Flucht brauche. Wir haben diese bemerkenswerte Stadt noch nicht einmal erkundet. Sie ist ein ausgezeichnetes Betätigungsfeld für einen Wissenschaftler und Forscher!«

»Ich muß sicher nicht betonen, daß ich deine Begeisterung teile, mein Liebling. Trotzdem habe ich einige besorgniserregende Anzeichen gesehen...«

»Du siehst immer besorgniserregende Anzeichen«, knurrte Emerson.

»Die du gewöhnlich ignorierst, wenn sie deinen Wünschen

entgegenstehen. Ganz gleich, ob Mr. Forth diesen Ort verlassen wollte oder nicht, ist es nicht von der Hand zu weisen, daß er keine Gelegenheit dazu erhielt. Ich möchte nicht zu einem überstürzten Aufbruch drängen, sondern nur sichergehen, daß man uns fortläßt, wenn wir dazu bereit sind. Oder möchtest du den Rest deines Lebens hier verbringen? Vielleicht machen sie dich ja zum Ratgeber und Lehrer der königlichen Kinder.«

»Ohne Pfeifentabak und mit diesen verhüllten Weibsbildern, die ständig um uns herumwimmeln? Nein danke.«

»Du nimmst die Sache sehr auf die leichte Schulter, Emerson. Ein weiteres besorgniserregendes – oder wichtiges, falls dir das lieber ist – Zeichen ist der Zwist zwischen den beiden Prinzen. Du hattest recht, als du sagtest, daß sich derartige politische Machtkämpfe im allgemeinen ziemlich ähneln. ›Wer nicht für mich ist, ist gegen mich‹ ist eine Redewendung, die hier sicherlich ebenso zutrifft wie in unserem Teil der Welt. Wir können kaum davon ausgehen, daß man uns Neutralität zugesteht, und in einer Gesellschaft wie dieser hier tritt politische Opposition meist in Form eines gewalttätigen Übergriffs auf.«

»Es ist ein Vergnügen«, sagte Emerson, »mit einem so raschen und logischen Verstand wie dem deinen zu tun zu haben, meine liebe Peabody. Ich gebe zu, deine Begründung überzeugt mich. Wir sollten mit dem Schlimmsten rechnen, damit wir darauf vorbereitet sind. Gewiß gibt es eine Fraktion oder Fraktionen, die verhindern wollen, daß wir gehen. Deshalb brauchen wir Verbündete, die uns die notwendige Ausrüstung für eine Durchquerung der Wüste beschaffen.«

»Schlägst du vor, wir sollten einem der Anwärter auf den Thron unsere Hilfe anbieten, damit er uns die Flucht ermöglicht?«

»Nichts so Machiavellistisches. Ich stehe bereits auf der Seite unseres Freundes Tarek.«

»Ich auch. Ich hatte ihn schon ins Herz geschlossen, als er noch Kemit hieß; und außerdem gefällt mir Nastasens Mund nicht.«

Emerson hob zu einem brüllenden Gelächter an, das ich prompt und wirkungsvoll zum Verstummen brachte. Während er versuchte, wieder zu Atem zu kommen, sagte ich ernst: »Die Physiognomie ist eine Wissenschaft, Emerson, und ich habe mich lange eingehend damit beschäftigt. Also unterstützen wir Tarek?«

»Wie die Dinge im Augenblick liegen, verstehe ich nicht, warum wir überhaupt hierhergelockt wurden – denn so verhält es sich, Peabody, dessen bin ich mir sicher – oder weshalb unsere Anwesenheit von solcher Bedeutung ist.«

»Wir müssen mehr in Erfahrung bringen«, stimmte ich zu. »Und wir dürfen uns nicht auf die Aussagen anderer verlassen; am besten glauben wir nur das, was wir mit eigenen Augen sehen. Ich habe klargestellt, daß ich wieder völlig gesund bin. Also können sie das nicht mehr als Vorwand benutzen, um uns im Haus festzuhalten.«

Wir erörterten diese Angelegenheit noch eine Weile und dachten verschiedene Alternativen durch. Als ich dann zu gähnen anfing, meinte Emerson, falls ich mich langweilen sollte, wisse er, wie dem abzuhelfen sei.

Und so geschah es.

Am nächsten Morgen wurden wir recht spät von Mentarit geweckt, die die Vorhänge zurückzog, die Emerson um das Bett geschlossen hatte. Trotz ihres Schleiers war ihre Neugier schon an der Haltung ihres Kopfes zu erkennen. Glücklicherweise waren wir wegen der kühlen Nacht ausreichend bedeckt, doch Emerson ärgerte sich trotzdem und fluchte lauthals. Nach einigem Herumgewühle unter der Decke gelang es ihm, in sein Gewand zu schlüpfen, und er marschierte, immer noch schimpfend, zurück in sein Zimmer.

Wir hatten uns zwei Listen ausgedacht, um das Gebäude verlassen zu können. Methode Nummer eins setzte ich sofort in die Tat um, indem ich in meinem Frühstück herumstocherte und versuchte, matt und bedrückt auszusehen – keine leichte Aufgabe, denn ich war hungrig wie eine Löwin und hatte mich noch nie unternehmungslustiger gefühlt. Nachdem Mentarit mich eine Weile beobachtet hatte, fragte sie mich, was mir fehle.

»In diesem Zimmer siecht sie dahin«, antwortete Emerson. »In unserem Land sind es die Frauen gewohnt, frei in der Stadt herumzugehen.«

Er hatte absichtlich Englisch gesprochen. Das Mädchen tat nicht so, als hätte sie ihn nicht verstanden; sie zeigte auf den Garten.

»Das ist nicht genug«, sagte ich. »Ich muß laufen, mir Bewegung machen, eine längere Strecke zurücklegen. Sag das dem Prinzen.«

Ich erhielt nur ein kurzes Nicken zur Antwort, aber sie verließ uns bald, und ich hoffte, sie würde meine Bitte weitergeben. Emerson folgte ihr durch den Vorhang.

Während er fort war, legte ich mich auf einen mit Kissen bedeckten Diwan, um weiter die Schwache zu spielen. Dabei beobachtete ich die Dienstboten. Mir war etwas Neues eingefallen.

In jeder Gesellschaft (abgesehen von den utopischen Konstrukten phantasiebegabter Schriftsteller) gibt es mindestens zwei Klassen: Leute, die dienen, und Leute, die sich bedienen lassen. Aufgrund der menschlichen Natur ist es unvermeidlich, daß es zwischen diesen beiden Bevölkerungsgruppen zu Konflikten kommt. In der Geschichte gibt es unzählige Beispiele für die Greueltaten, zu denen es führen kann, wenn die ausgebeutete Arbeiterklasse sich voller Haß gegen ihre Unterdrücker erhebt. Konnten wir uns, so fragte ich mich, dieses wohlbekannte gesellschaftliche Phänomen zunutze machen? Kurz gesagt: Würde es uns gelingen, eine Revolution anzuzetteln?

Die Diener, die ich bislang gesehen hatte, wurden ganz offensichtlich ausgebeutet. Sie gehörten anscheinend einer anderen Rasse an als ihre Herrschaften, waren schätzungsweise zehn Zentimeter kleiner und von dunklerer Hautfarbe. Sie trugen nur Lendenschurze oder grobe ungebleichte Stoffstreifen um die Taille. Möglicherweise waren sie ja gar keine Diener, sondern Leibeigene oder Sklaven. Je länger ich darüber nachdachte, desto mehr war ich davon überzeugt, daß man sie wahrscheinlich eher Sklaven nennen konnte. Daß sie schweigend ihren Pflichten nachgingen, bestätigte diese Theorie; die Armen durften nicht einmal miteinander plaudern oder ein fröhliches Lied singen. Ein Sklavenaufstand! Beim Gedanken, an der Spitze eines Freiheitskampfes zu stehen, wurde ich ganz aufgeregt!

Impulsives Handeln ist schon immer typisch für mich gewesen. Eine der Frauen, untersetzt und mit welligem Haar, durch das sich braune und graue Strähnen zogen, fegte auf den Knien liegend unter dem Bett. Ich streckte die Hand aus und berührte sie an der Schulter.

Sie fuhr auf, als ob ich sie geschlagen hätte. Glücklicherweise stieß sie sich den Kopf am Bettrahmen und gab einen unwillkürlichen Schmerzensschrei von sich, so daß ich neben ihr niederknien und ihr Hilfe anbieten konnte. Wenigstens wollte ich das, aber vielleicht mißverstand sie meine Absichten, denn anstatt mir zu antworten, krabbelte sie auf allen vieren von mir weg wie ein Skarabäus.

Meine Vorstellung, in der ich mich schon als Jungfrau von Orléans, die Fahne der Freiheit in der Hand, gesehen hatte, verblaßte schlagartig. Wenn eine bloße Berührung diese kleinen Leute bereits so verängstigte, fehlte ihnen offenbar das Talent zum Freiheitskämpfer. Ich nahm mir vor, Ramses zu fragen, was Freiheit auf meroitisch hieß.

In diesem Moment kam Emerson herein und starrte mich entgeistert an. »Was zum Teufel tust du da, Peabody? Spielst du Fangen?«

Ich stand auf.

Die Frau riß ihren Besen an sich und fegte in einer weit von mir entfernten Ecke weiter.

»Ich habe nur versucht, ein Gespräch mit einer dieser unglücklichen Sklavinnen anzufangen, Emerson. Mir ist eingefallen...«

»Du weißt nicht, ob sie Sklaven sind«, unterbrach Emerson. Dann verzog er sein Gesicht zu einer theatralischen Grimasse. »Leg dich hin, Peabody. Du bist schwach und fühlst dich schwindelig.«

»Ich bin nicht...« Da bemerkte ich, daß Mentarit zurückgekehrt war. »Ach ja. Danke, Emerson.«

Ich legte mich also wieder hin. Emerson setzte sich neben mich und nahm meine Hand. »Beherrsche deine sozialistischen Anwandlungen, Liebling«, sagte er leise und meinte dann laut: »Geht es dir besser?«

»Nein. Ich brauche frische Luft, Freiheit…« Ich stieß ein herzzerreißendes Stöhnen aus.

»Du übertreibst, Peabody«, zischte Emerson, wobei sich seine Lippen kaum bewegten. »Verliere nicht den Mut, Liebling. Ich habe mit den Wachen gesprochen, und sie haben mir zugesagt, daß unsere Botschaft weitergeleitet wird.«

Als das Mittagessen serviert wurde, zwang ich mich wieder, auf meinem Teller herumzustochern, obwohl ich am liebsten alles auf dem Tisch verschlungen und noch Ramses seine Portion streitig gemacht hätte. Emerson gab sich überaus besorgt, fühlte mir die Stirn und schüttelte traurig den Kopf. »Es geht dir nicht besser, Peabody. Es sieht fast so aus, als seist du noch schwächer geworden.«

»Das ist die Wirkung der Nahrungsdeprivation«, antwortete ich, da ich mir sicher war, daß Mentarit dieses Wort nicht kannte.

Grinsend biß Emerson in eine von Honig tropfende Brotscheibe.

Wir aßen immer noch – Ramses und Emerson zumindest –, als sich vor der Tür etwas regte. Die Vorhänge wurden beiseite gezogen. Offenbar hing die Größe des Gefolges vom Rang des Betreffenden ab. Murtek – denn er war es – hatte nur einen Speerträger, einen Bogenschützen und keine Mägde bei sich. Seine Sandalen schlurften über den Boden, als er auf mich zueilte. Er grinste übers ganze Gesicht und versuchte, sich beim Gehen zu verbeugen.

»Ihr wünscht auszugehen, Herrin?«

»Aber ja«, erwiderte ich.

»Dann geht.«

»Was, sofort?« rief Emerson aus.

»Sofort, irgendwann. Warum habt Ihr nichts gesagt?«

»Verdammt…«, fing Emerson an. »Das ist nicht…«

»Emerson«, murmelte ich.

»Ach ja, wie dem auch sei. Wir danken Euch, edler Weiser. Wir sind bereit.«

»Jetzt?«

»Jetzt«, sagte Emerson mit Nachdruck.

»Gut. Gehen wir.«

Es gab jedoch eine kleine Verzögerung, da ich es für ratsam hielt, meine eigene Kleidung einschließlich des Gürtels mit der wertvollen Ausrüstung anzulegen. Als ich aus meinem Zimmer trat, rief der alte Mann bewundernd aus: »Wie schön ist die Dame! Wie schön ist diese Schmuck aus funkelnd Eisen! Wie schön ihre Fuß, ihre Bein in dem Stiefel! Wie schön ihre…«

Da es mir weiser erschien, die Aufzählung meiner Vorzüge an diesem Punkt zu unterbrechen, verbeugte ich mich und dankte ihm.

Der Korridor vor unseren Zimmern war so schmal, daß nur zwei Personen nebeneinander hergehen konnten. Murtek und Emerson bildeten also die Vorhut, Ramses und ich folgten. Diesmal stellten sich die Wachen in zwei Reihen neben dem Eingang auf, anstatt uns den Weg zu versperren. Nachdem wir die Tür durchschritten hatten, schloß sich eine der beiden Gruppen uns an, die aus drei Speerträgern und drei Bogenschützen bestand.

Emerson blieb stehen. »Warum kommen sie uns nach, Murtek? Wir brauchen sie nicht.«

»Eine Ehre«, erklärte Murtek hastig. »Alle wichtigen Leute am Heiligen Berg haben Wachen. Zur Sicherheit.«

»Hmmm«, brummte Emerson. »Nun, sagt ihnen, sie sollen Abstand halten. Vor allem zu Mrs. Emerson.«

Nachdem wir einige hübsch geschmückte Räume von erheblicher Größe durchquert hatten, erreichten wir eine breite Eingangshalle; zwei Säulenreihen verliefen längs durch den Saal. Und direkt vor uns befanden sich die ersten wirklichen Türen, die wir hier gesehen hatten. Sie bestanden aus Holz, hatten schwere Eisenbeschläge und waren groß genug, um einem Elefanten Einlaß zu gewähren. Emerson marschierte schnurstracks darauf zu, ohne seinen Schritt zu verlangsamen. Zwei Wachen eilten ihm voraus und schoben die Türflügel auf.

Das helle Sonnenlicht schien mir in die Augen, so daß ich im ersten Moment wie geblendet war. Als ich wieder etwas sehen konnte, stellte ich fest, daß wir auf einem schmalen Podest oder einer Terrasse standen. Es gab keine Balustrade zwischen der Ebene und dem steilen Abhang darunter, nur eine Reihe lebensgroßer Statuen im altägyptischen Stil. Später hatte ich Gelegenheit, sie näher in Augenschein zu nehmen: die katzenköpfige Bastet und Sekhmet mit dem Löwenkopf, ihr wilderer Gesell; Thoth, der Gott der Weisheit und der Schrift, in Gestalt eines Pavians; Isis, die den kleinen Horus stillt. Doch in diesem Augenblick interessierte mich mehr, was jenseits dieser Terrasse lag. Zum erstenmal sah ich die Stadt des Heiligen Berges, und ich war bitter enttäuscht.

Es war mein Fehler oder vielmehr der meiner ausufernden Phantasie. In meinen Träumen hatte ich die Märchenstadt aus den Legenden gesehen – Mauern aus weißem Marmor und schimmernde goldene Kuppeln, zierliche Minarette, Türme und majestätische Tempel. Doch statt dessen erblickte ich nur ein Tal, geformt wie eine langgezogene, unregelmäßige Ellipse und von schartigen Klippen umgeben, die wegen der hervorstehenden Felsvorsprünge nicht wie schützende Hände, sondern wie Pranken mit Klauen wirkten.

Das Haus, das wir gerade verlassen hatten, lag an einem steilen Abhang mit terrassenförmigen Einschnitten. Wie ich vermutet hatte, schmiegte sich das Gebäude an die Klippen und ging in den Fels über. Unter uns erstreckten sich baumbewachsene Gärten; dazwischen erkannte ich die flachen Dächer weiterer Behausungen. Zur Rechten und zur Linken waren die Abhänge mit ihren terrassenförmigen Einschnitten ähnlich bebaut, so weit das Auge blickte. Einige der Häuser waren von bescheidener Größe, andere so riesig und verschachtelt wie unseres. Mir fiel ein ganz bestimmtes Gebäude auf, das auf einem breiten Plateau etwa in der Mitte des Steilhangs stand. Man konnte keine Einzelheiten daran erkennen, doch seine Ausmaße wiesen darauf hin, daß es sich um etwas Wichtiges handeln mußte, vielleicht um einen Tempel.

Unter mir auf dem Boden des Tals sah ich ein scheinbar typi-

sches afrikanisches Dorf. Einige der Häuser bestanden aus
Lehmziegeln, doch die Mehrheit war aus Schilf und Ästen gebaut wie die nubischen *tukhuls*. Das Dorf nahm nur einen kleinen Teil der langgezogenen Ellipse ein. In der Mitte lag eine
von einer Sumpflandschaft umgebene Wasserfläche. Der Rest
wurde von Feldern und Weiden eingenommen. Jeder Quadrat-
zentimeter Boden wurde genutzt, selbst die niedrigeren Abhänge waren in Terrassen unterteilt und bepflanzt.

»Ach, du meine Güte«, sagte ich. »Das sieht ja gar nicht aus
wie die Märchenstadt Zerzura.«

Emerson hielt sich die Hand über die Augen, um sie vor der
Sonne zu schützen. »Genauso muß der Großteil von Meroë und
Napata ausgesehen haben, Peabody. Du glaubst doch nicht, daß
die Arbeiter in Palästen wohnten. Was für ein erstaunlicher Ort!
Du siehst, wie intensiv hier Landwirtschaft betrieben wird.
Wahrscheinlich ernten sie zwei- oder dreimal im Jahr. Aber
trotzdem ist mir nicht klar, wovon sie sich ernähren. Bestimmt
tauschen sie Lebensmittel mit anderen Stämmen im Westen.
Und möglicherweise beschränken sie ihr Bevölkerungswachs-
tum durch...«

»Irgendeine Methode«, unterbrach ich ihn – denn an einige
dieser Methoden wollte ich lieber gar nicht denken. »Woher bekommen sie wohl ihr Wasser?«

»Aus Quellen oder Brunnen. Vermutlich liegt der Talboden
um einiges tiefer als die umliegende Wüste. Dasselbe Phänomen
findet man in Khārga und Siwa und den anderen Oasen im
Norden, abgesehen natürlich von den Klippen ringsherum.
Nicht unbedingt ein gesundes Klima, Peabody. Sicherlich ist dir
schon aufgefallen, daß die Hütten der Armen unten im Tal liegen, während die Behausungen der Oberschicht auf den Abhängen erbaut sind, hoch über der verpesteten Luft des Sumpfes.«
Er wandte sich zu Murtek um, der sein liebenswürdiges Gesicht
beim angestrengten Versuch, unserem Gespräch zu folgen, zu
einer Grimasse verzogen hatte. »Wo ist Euer Haus?«

Der alte Mann streckte den Arm aus. »Dort drüben, verehrter
Sir. Ihr könnt sein Dach sehen.«

Er fuhr fort, uns die weiteren Sehenswürdigkeiten zu zeigen.

Die Häuser der beiden Prinzen lagen weit voneinander entfernt
auf den Abhängen links und rechts von uns, wie auch die der
übrigen Adeligen. »Und das da?« fragte Emerson, wobei er auf
das gewaltige Gebäude auf der gegenüberliegenden Seite des
Tals zeigte.

Ich hatte recht gehabt. Es war ein Tempel – das Haus der
Götter und derer, die ihnen dienten, wie Murtek es ausdrückte.
»Wollt Ihr dorthin?« fragte er. »Oder wollt Ihr hier bleiben; hier
ist Luft und Platz, um spazierenzugehen.«

Wir brauchtes uns nicht zu beraten. Da wir bereits so weit
gekommen waren, waren wir fest entschlossen, noch mehr zu
sehen. Ich wollte schon einen Besuch des Tempels anregen, als
Murtek wieder das Wort ergriff: »Zum Haus des Prinzen Nastasen, zum Haus des Prinzen Tarek, zum Haus der Candace (der
Titel der meroitischen Königin (?)) – alles steht Euch frei, verehrter Sir, verehrte Madam. Alle guten, alle schönen Orte, wo
gnädige Herrschaften gerne hingehen.«

»Alle guten, alle schönen Orte«, wiederholte Emerson und
strich über das Grübchen in seinem Kinn. »Hmmm. Aber das
hier gehört wohl nicht zu den guten, schönen Orten?«

Er zeigte auf das Dorf.

»Nein, das ist nichts für verehrte Herrschaften!« rief Murtek
sichtlich erregt aus. »Dahin dürft Ihr nicht.«

»Ich glaube, wir tun es trotzdem«, meinte Emerson. »Peabody?«

»Was immer du sagst, Emerson.«

Ich wußte nicht genau, warum Emerson so versessen darauf
war, den häßlichsten und am wenigsten interessanten Teil des
Tals zu besuchen. Doch eines wußte ich – offenbar im Gegensatz zu Murtek – ganz genau: Widerspruch war die sicherste
Methode, die Entschlossenheit meines Gatten zu wecken. Obwohl Murtek alles tat, um ihn davon abzubringen, war seine
Mühe vergebens. Die zweite Auseinandersetzung verlor er, als er
versuchte, Sänften für uns kommen zu lassen. Aber als Emerson
zu guter Letzt forderte, die Wachen wegzuschicken, biß er bei
Murtek auf Granit. Das kam nicht in Frage. Das war nicht gestattet. Falls jemand den verehrten Gästen irgendeinen Schaden

△ ▲ △   VERLOREN IN DER WÜSTENSTADT   243

zufügen oder sie beleidigen sollte, würde man ihn, Murtek, dafür verantwortlich machen.

Emerson gab sich, verärgert und mit viel Aufhebens, geschlagen; allerdings entdeckte ich ein zufriedenes Funkeln in seinen blauen Augen. Er hatte mehr gewonnen, als er gehofft und als ich erwartet hatte.

Steile Stufen führten zu einer Plattform hinunter, von der mehrere Treppen und Pfade abgingen, über die man zu den übrigen Häusern am Hügel und hinab ins Tal gelangte. Den Tempel erreichte man auf einer breiteren, gewundenen Straße. Murtek unternahm einen letzten Versuch, uns zu überreden, diesen Weg einzuschlagen, doch als Emerson sich weigerte, gab er es, verzweifelt die Hände ringend, auf. Von Wachen flankiert stiegen wir die Stufen ins Tal hinunter.

Mit jedem Schritt steigerte sich die feuchte Hitze, und auch ein gewisser unangenehmer Geruch verstärkte sich. Hauptsächlich stank es nach faulenden Pflanzen, doch es waren auch Ausdünstungen von tierischen und menschlichen Exkrementen und ungewaschenen Körpern verschiedener Spezies wahrzunehmen. Als Murtek bemerkte, daß ich die Nase rümpfte, griff er in den Ausschnitt seines Gewandes und zog ein Sträußchen blühender Kräuter hervor, das er mir mit einer Verbeugung überreichte. Auch er hielt sich ein solches Sträußchen vor die gewaltige Nase, aber Emerson und Ramses lehnten die angebotenen Kräuter ab. Mein Sträußchen half jedenfalls kaum gegen den Gestank.

Am Fuße der Treppe lag offenbar die Hauptstraße des Dorfes. Die schlammigen Wege, die davon abzweigten, waren so schmal und gewunden wie Viehpfade und mit Pfützen übersät. Die Hauptstraße war breit genug, daß wir zu dritt nebeneinander hergehen konnten. Ich war froh, daß ich meine Stiefel angezogen hatte, denn der Boden schmatzte unter unseren Schritten. Es war komisch anzusehen, wie Murtek dahintrippelte; mit der einen Hand raffte er seine langen Röcke, mit der anderen hielt er sich das Sträußchen vor die Nase.

»Wie Ihr seht, leben sie wie die Ratten«, sagte er durch seinen Blumenstrauß.

»Richtig«, bemerkte Emerson. »Aber wo sind sie?«

Nicht einmal eine Ratte war zu sehen; alle Fenster und Türen waren mit Läden oder Bastmatten verschlossen.

»Sie arbeiten«, antwortete Murtek und spuckte ein Blütenblatt aus.

»Alle? Die Frauen und Kinder auch?«

»Sie arbeiten.«

»Offenbar auch die Frauen und Kinder«, stellte Emerson fest. »Aber doch nicht ausschließlich auf den Feldern? Wo sind die Handwerker – die Töpfer, Weber und Holzschnitzer?«

Allerdings kannte er die Antwort ebensogut wie ich. Ich hatte schon viele solcher Dörfer erlebt. Die Bewohner verbrachten den Großteil des Tages im Freien, und die Ankunft eines Fremden lockte stets eine neugierige Menschenmenge herbei. Entweder waren diese Leute ungewöhnlich ängstlich oder hatten Befehl erhalten, uns aus dem Weg zu gehen. Möglicherweise waren sie beim bloßen Anblick der Wachen in ihre Hütten geflohen. Hie und da war hinter den verdunkelten Fenstern eine Bewegung wahrzunehmen – offenbar riskierte ein besonders mutiger Dorfbewohner Hölle und Verdammnis, nur um einen Blick auf die Fremden zu erhaschen.

Schließlich mündete die Straße in einen Platz mit einer ummauerten Quelle und einigen Palmen. Hier waren die Häuser ein wenig größer und solider gebaut als diejenigen, an denen wir vorbeigekommen waren. Einige sahen aus wie Geschäfte. Die Eingänge waren mit gewebten Matten verhängt.

»Wir kehren jetzt um«, sagte Murtek. »Es sieht überall so aus. Nicht von Bedeutung.«

»Eigentlich hat er recht, Peabody«, meinte Emerson. »Ich glaube, wir haben genug gesehen.«

Ich wollte schon zustimmen, als sich der Vorhang vor einem Ladeneingang hob und eine kleine Gestalt darunter hindurchschlüpfte. Sie war nicht größer als ein einjähriges, englisches Kind, doch als sie auf uns zugelaufen kam, erkannte ich an ihren gelenkigen Bewegungen, daß sie zwei oder drei Jahre alt sein mußte. Eigentlich sollte ich besser »er« sagen, denn das Geschlecht des Kindes war nicht zu übersehen. Der kleine, braune

Körper des Knaben war bis auf eine Perlenschnur unbekleidet, sein Kopf, abgesehen von einer Locke auf der linken Seite, kahlrasiert.

Murtek schnappte nach Luft. Das Kind blieb stehen und steckte einen Finger in den Mund. Da trat einer der Speerträger mit erhobener Waffe vor, und im gleichen Moment stürzte eine Frau aus dem Laden. Sie riß das Kind in ihre Arme, kauerte sich nieder und schützte es mit ihrem Körper.

Mit einem gewaltigen Krachen traf Emersons Faust die Nase des Wachmanns, so daß dieser zurücktaumelte. Ich trat den Soldaten vor mir gegen das Schienbein, drängte mich an ihm vorbei und lief auf Mutter und Kind zu. So groß waren meine Wut und Erregung, daß meine Wortwahl, wie ich befürchte, nicht ganz angemessen war.

»Zerschmettert mein graues Haupt, wenn ihr nicht anders könnt!« schrie ich. »Doch rührt diese Mutter nicht an, wenn euch euer Leben lieb ist!«

»Sehr hübsch, Peabody«, keuchte Emerson. »Obwohl ich bisher noch kein graues Haar auf deinem Kopf entdeckt habe. Oder zupfst du sie etwa aus?«

»Ach, Emerson!« rief ich. »Ach, verdammt! Mein Gott... Murtek! Was zum Teufel hat das zu bedeuten?«

Jemand mußte das Kommando übernehmen, denn Murtek hielt sich die Augen zu, und die Soldaten liefen wild durcheinander – ein schockierendes Beispiel militärischer Disziplinlosigkeit. Einer von ihnen beugte sich über seinen Kameraden, der mit blutüberströmtem Gesicht am Boden lag. Ein anderer drohte Emerson, der ihn mit bewundernswertem Gleichmut ignorierte, schüchtern mit dem Speer.

Murtek schielte zwischen seinen Fingern hindurch. »Ihr lebt!« rief er aus.

»Ja, und das habe ich auch weiterhin vor«, erwiderte Emerson. »Und du troll dich«, fügte er hinzu, schob den Speer, der auf ihn gerichtet war, beiseite und versetzte dem Soldaten einen kräftigen Schubs.

Murtek verdrehte die Augen gen Himmel. Inzwischen konnte ich genug Meroitisch, um seinen Wortschwall zu verstehen, der in der Hauptsache aus innigen Dankesgebeten an verschiedene Gottheiten bestand. Offenbar entsprach seine Behauptung, er sei für unsere Sicherheit verantwortlich, der Wahrheit. »Aber wer hätte gedacht, daß diese Leute ihr Leben für einen *rekkit* aufs Spiel setzen?« beendete er seinen Monolog.

Niemand antwortete. Vielleicht übte Murtek ja schon die Erklärung ein, die er seinen Vorgesetzten gegenüber würde abgeben müssen.

Beeindruckt von Emersons befehlsgewohnter Art, stellten sich die Soldaten verlegen in Reih und Glied auf. Auch der Mann, den Emerson geschlagen hatte, stand inzwischen wieder auf den Beinen. Mehr als ein wenig Nasenbluten hatte er nicht davongetragen.

Als ich jemanden an meinen Hosen zupfen fühlte, drehte ich mich um und stellte fest, daß die junge Mutter meine Knie umklammert hielt. Ramses hatte ihr das Kind abgenommen; es zog Ramses an der Nase, und der Ausdruck auf dem Gesicht meines Sohnes entschädigte mich für viele Unannehmlichkeiten, die er mir schon verursacht hatte.

»Stellt mich unter Euren Schutz (?), große Herrin«, keuchte die kleine Frau. »Hüllt mich in die… Eurer Gewänder (?).«

»Gewiß, gewiß«, erwiderte ich, während ich versuchte, ihr auf die Füße zu helfen. Murtek kam auf uns zu getrottet.

»Kommt, edle Herrin, kommt schnell. Ihr habt etwas Verbotenes getan, sehr gefährlich…«

»Nicht, ehe Ihr dieser Frau nicht Euer Wort gegeben habt, daß ihr nichts geschieht, Murtek. Und vergeßt nicht, durch meine Zauberkräfte werde ich erfahren, ob ihr etwas zugestoßen ist.«

Murtek stieß ein Stöhnen aus. »Das werdet Ihr ganz sicher, verehrte Madam.«

Er wiederholte der Frau diese Worte. Sie blickte mit tränenüberströmtem Gesicht auf, doch die keimende Hoffnung, die es erhellte, versicherte mir, daß es sich wirklich um einen feierlichen Schwur handelte. Dennoch erhob sie sich nicht, sondern bedeckte meine staubigen Stiefel mit unzähligen Küssen und schickte sich an, dasselbe mit Murteks Sandalen zu tun. Er

sprang zurück, als ob sie eine Aussätzige wäre – und nach ge-
sellschaftlichen Maßstäben war sie es wahrscheinlich auch. Am
merkwürdigsten aber war ihr Verhalten gegenüber Emerson:
Vor mir sie nur niedergekniet und hatte mir die Stiefel geküßt, doch als er sich näherte, warf sie sich flach wie ein Fuß-
abstreifer mit dem Gesicht in den Staub.

Emerson wich zurück und errötete heftig. »Ich muß sagen
Peabody, das hier ist mir verdammt peinlich. Was zum Teufel
hat sie bloß?«

Ich beugte mich über die kleine Frau, die sich nicht rührte,
bis Emerson das Wort an sie richtete. Er war so verlegen, daß er
nicht gleich den richtigen Ausdruck fand. »Erhebt Euch, edle
Herrin... äh... Frau... oh, verdammt! Fürchtet Euch nicht. Alles ist gut. Äh... dem kleinen Knaben geht es gut. Ach, komm,
Peabody, ich kann so etwas nicht ausstehen.«

Letzteres hatte er natürlich auf Englisch gesagt, aber sie mußte etwas verstanden haben, denn sie erhob sich auf die Knie.
Nachdem sie als Zeichen großer Ehrerbietung ihr Gesicht ver-
hüllt hatte, richtete sie eine kurze Ansprache an Emerson und
deutete dann an, daß sie sich zurückziehen wolle.

Doch zuerst mußten wir das Kind von Ramses' Nase lösen,
worauf der Kleine – damit meine ich das Kind, nicht Ramses –
lauthals zu schreien begann. Das Gebrüll ging weiter, bis es vom
fallenden Türvorhang gedämpft wurde.

Auf dem Rückweg war Murtek überhaupt nicht gesprächig,
und anfangs schwiegen auch wir, während wir das dramatische
Ereignis und seine möglichen Folgen überdachten. Schließlich
ergriff Ramses (natürlich war es wieder einmal Ramses) das
Wort.

»Hast du verstanden, was sie dir gesagt hat, Papa?«

Emerson hätte das nur zu gerne behauptet, aber er ist im
Grunde seines Herzens ein ehrlicher Mensch. »Hat sie mich ihren Freund genannt?«

»Das war eines der Wörter, die sie benutzt hat«, antwortete
Ramses unerträglich herablassend. »Die ganze Anrede lautete in
etwa ›Freund der *rekkit*‹. Das Wort *rekkit* ist offenbar aus dem
altägyptischen Begriff für ›gemeines Volk‹ abgeleitet.«

»Hmm, ja«, meinte Emerson. »Wie einige andere Wörter, die die Adligen benutzen. Die kleine Frau sprach anscheinend einen anderen Dialekt. Ich muß zugeben, daß ich sie kaum verstanden habe.«

»Sie und die Diener sehen auch anders aus«, sagte Ramses. »Vielleicht gehören sie einer anderen Rasse an.«

»Das ist nicht richtig«, antwortete Emerson. Er kann es nicht leiden, wenn man sich unpräzise ausdrückt. »Dieses Wort wird häufig falsch verwendet, Ramses, selbst von Wissenschaftlern. Allerdings gibt es innerhalb einer Rasse verschiedene Unterteilungen, und möglicherweise... Hallo, Murtek.«

Er versetzte dem alten Priester, der leise murmelnd vor uns her trottete, einen Schubs. Murtek fuhr zusammen. »Verehrter Sir?«

»Gibt es Ehen zwischen Angehörigen Eures Volkes und den *rekkit*?«

Murtek verzog die Lippen, als wolle er ausspucken. »Sie sind Ratten. Menschen heiraten keine Ratten.«

»Aber einige ihrer Frauen sind doch recht hübsch«, meinte Emerson und bedachte den Priester mit einem anzüglichen Lächeln von Mann zu Mann.

Murteks Züge hellten sich auf. »Wünscht der verehrte Sir die Frau? Ich lasse sie holen...«

»Nein, nein«, sagte Emerson, wobei er sich Mühe gab, seinen Abscheu zu verbergen. Mir versetzte er einen Rippenstoß, damit ich den Mund hielt. »Ich will keine andere Frau als die verehrte Madam.«

Murteks Gesicht verfinsterte sich wieder. Mit gebeugten Schultern stieg er die Stufen hinauf.

»Das ist doch wohl die Höhe!« rief ich entrüstet aus. »Offenbar wäre deine Einmischung geduldet oder sogar gebilligt worden, wenn du dir die Frau als Konkubine ausgeguckt hättest! Und wenn man sich vorstellt, daß dieser alte Schwerenöter sie dir angeboten hat wie ein Kätzchen! Dazu noch in meiner Gegenwart!«

»Die Monogamie ist nicht weltweit verbreitet, Peabody«, entgegnete Emerson und nahm meine Hand, als wir die Stufen

hinaufstiegen. »Und ich glaube, daß sich die Frauen in vielen
Kulturen über eine zusätzliche Gattin freuen. So haben sie Gesellschaft und können sich die hausfraulichen Pflichten teilen.«

»Ich habe hierzu eine andere Auffassung, Emerson.«

»Das überrascht mich nicht, Peabody.« Emerson wurde wieder ernst. »Offensichtlich hattest du recht: Die *rekkit* haben es
nicht viel besser als Sklaven. Möglicherweise waren sie die Ureinwohner dieser Oase. Die augenblickliche Oberschicht besteht
aus Nachkommen ägyptischer und meroitischer Einwanderer.
Ehen zwischen den beiden Bevölkerungsgruppen sind verboten
oder werden zumindest erschwert. Allerdings bin ich mir sicher,
daß es trotzdem zu Vermischungen gekommen ist.«

»Wenn man bedenkt, wie die Männer nun einmal sind…«,
höhnte ich.

»Peabody, du weißt, ich habe nie… und ich werde auch
nie…«

»Solange du bei Anwesenden eine Ausnahme machst«, meinte
ich gnädig.

Murtek verabschiedete sich von uns mit der Trauer eines Menschen, der einem sterbenden Freund zum letztenmal Lebewohl
sagt – oder eines sterbenden Menschen, der seinen Freunden
zum letztenmal Lebewohl sagt. Seit wir zu unserem Ausflug aufgebrochen waren, schien er um zehn Jahre gealtert. Zwei Wachmänner mußten ihn in seine Sänfte heben.

»Glaubst du, wir haben ihn durch unser Verhalten ernsthaft
in Gefahr gebracht?« fragte ich, als wir vor unserer Eskorte her
in unsere Gemächer gingen.

Emerson beantwortete das mit einer Gegenfrage: »Interes-
sierst dich das wirklich?«

»Ja, eigentlich schon. Er ist ein netter alter Herr, und man
kann es ihm kaum zum Vorwurf machen, daß er sich nicht
über die zweifelhaften Verhaltensregeln seiner Gesellschaft hin-
wegsetzt.«

»Du solltest dich besser fragen, ob wir uns selbst in Gefahr gebracht haben.«

»Das haben wir wahrscheinlich, oder?«

»Jedenfalls haben wir uns keinen guten Dienst erwiesen«, antwortete Emerson ruhig.

»Aber wir hatten keine andere Wahl«, merkte Ramses in seinem würdevollsten Tonfall an. »Wir hätten nicht anders handeln können.«

»Ganz recht, mein Sohn.« Emerson klopfte ihm auf den Rücken. »Und deshalb bleibt uns nur, die Folgen abzuwarten. Ganz sicher wird Murtek unser Abenteuer melden; er weiß, daß es sonst einer der Wachleute tut.«

Mentarit stürzte sich tadelnd und kopfschüttelnd auf mich und bestand darauf, daß ich meine Kleider, besonders meine Stiefel wechselte, die mit verschiedenen ekelhaften Substanzen beschmiert waren. Da ich vor Aufregung, körperlicher Anstrengung und der schrecklichen Schwüle im Tal recht ins Schwitzen geraten war, erhob ich keinen Einspruch. Ich versuchte gerade, einen Riß in meiner Hose zu flicken – eine gräßliche Aufgabe, denn das Nähen gehört, obwohl ich immer Nadel und Faden bei mir habe, ganz und gar nicht zu meinen Begabungen –, als Ramses aus dem Garten hereinkam. Im Arm hielt er eine riesige, getigerte Katze.

Ich stach mich in den Daumen. »Wo um Himmels willen...«, fing ich an.

»Sie ist über die Mauer geklettert«, antwortete Ramses, wobei ihm ein fast normaler Ausdruck kindlicher Freude auf dem Gesicht stand. »Sie könnte die Schwester oder der Bruder von unserer Katze Bastet sein, findest du nicht, Mama?«

Das Tier hatte wirklich eine gewisse Ähnlichkeit mit Ramses' Haustier, das uns auf einer früheren Expedition in Ägypten adoptiert hatte. Doch obwohl diese Katze dasselbe bräunliche Fell hatte wie Bastet, war sie mindestens doppelt so groß – und Bastet konnte man auch nicht eben zierlich nennen.

»Willst du sie mal halten, Mama?« Ramses streckte mir die Katze entgegen. Ich freute mich, daß er sie so bereitwillig mit mir teilen wollte, beschloß allerdings trotzdem abzulehnen: Das

Tier sah mich aus großen, goldenen Augen an, und ich stellte fest, daß es die Krallen ausgefahren hatte.

Ramses ließ sich im Schneidersitz auf dem Boden nieder und redete leise auf die Katze ein, was dieser zu gefallen schien. »Komisch«, meinte ich, während ich die beiden lächelnd beobachtete. »Wir haben doch im Dorf gar keine Katzen gesehen.«

»Möglicherweise werden sie verehrt wie im alten Ägypten«, erwiderte Ramses und kraulte die Katze unterm Kinn. Seine nächsten Worte wurden von einem kehligen Schnurren untermalt. »Die hier trägt ein Halsband.«

Und so war es auch – ein Halsband aus fein geflochtenem Stroh oder Binsen. Ich hatte es erst bemerkt, als die Katze den Kopf hob, denn ihr Fell war sehr dicht und flauschig.

Ramses spielte noch eine Weile mit der Katze – wenn »spielen« der richtige Ausdruck ist. Es war fast unheimlich mitanzusehen, wie sie tuschelnd beziehungsweise schnurrend die Köpfe zusammensteckten, wobei die Katze von Zeit zu Zeit ein heiseres »Miau« ertönen ließ, das wie die Antwort auf eine Frage klang. Doch schließlich rollte sie sich von Ramses' Schoß, stand auf und stolzierte davon. Ramses folgte ihr in den Garten.

Es wollte einfach nicht Nacht werden. Meiner Erfahrung nach dauert es meist eine Ewigkeit, bis ein herbeigesehntes Ereignis eintritt. Doch schließlich legte ich mich ins Bett, und Emerson kam aus seinem Zimmer.

Sein majestätischer Gang und die herrische Geste, mit der er die kichernde Mentarit hinausschickte, weckte in mir den deutlichen Eindruck, daß ihm diese Prozedur allmählich zu gefallen schien. Dieser Eindruck wurde zusätzlich durch gewisse Aktivitäten seinerseits erhärtet, die den Vorgängen zugegebenermaßen eine neue und pikante Note verliehen.

Einige Zeit später kamen wir auf Mordanschläge zu sprechen.

»Höchst unwahrscheinlich«, verkündete Emerson, immer noch in Siegerlaune.

»Da bin ich anderer Ansicht. Jeder könnte über die Gartenmauer klettern, sogar ich.«

»Und du würdest den Wachmännern in die wartenden Arme laufen, Peabody.«

»Woher weißt du das? Hast du sie gesehen?«

»Nein, aber gehört. Ich rechnete mit ihrer Anwesenheit, da der Garten, wie du schon gesagt hast, eine Schwachstelle darstellt. Als ich lauschte, hörte ich das Klappern von Waffen und leise Stimmen. Was die Fenster betrifft, könnte sich ein Mann zwar hindurchzwängen, allerdings nicht ohne Lärm zu verursachen, denn sie sind zu hoch und zu eng.«

»Aha«, sagte ich. »Also hast du auch daran gedacht.«

Emerson rutschte unruhig herum. »Warum bist du heute nacht in so düsterer Stimmung, Peabody?«

»Wie kannst du das fragen?«

»Aber *ich* habe dich soeben gefragt«, gab Emerson zurück. »Und bitte rede nicht wieder von unheilvollen Vorahnungen oder dem Gefühl, uns drohe ein Unglück. Was – was tust du denn da?«

»Ich lausche der Stimme deines Herzens«, antwortete ich. »Es schlägt ein wenig schnell, glaube ich.«

»Das würde mich nicht wundern«, meinte Emerson. »Wie steht es mit deinem?«

Nach einer Weile jedoch verkündete Emerson, er wolle in sein Zimmer zurückkehren. »Macht es dir etwas aus, Peabody? Dieses schreckliche Mädchen huscht immer an der Tür vorbei. Ich kann mich nicht konzentrieren… darauf, was ich gerade tun wollte.«

Meiner Ansicht nach hatte er sich recht gut konzentriert, aber ich wollte nicht widersprechen. Obwohl er es nie zugegeben hätte, verspürte er dieselbe unheilvolle Vorahnung, die auch mir aufs Gemüt schlug. Ich war bewaffnet und bereit – aber Ramses nicht, und man hatte ihn schon zweimal durch geheimnisvolle und unbekannte Mächte aus dem Bett gelockt. Also wünschte ich Emerson liebevoll eine gute Nacht, und bevor ich einschlief, hörte ich ihn noch unterdrückt fluchen, als er auf dem Weg zur Tür über einen Schemel stolperte.

Ich möchte nicht behaupten, daß ich nachts häufig von Einbrechern, Mördern oder anderen Eindringlingen geweckt werde. »Häufig« wäre eine Übertreibung. Allerdings ist es schon oft genug geschehen, so daß meine Sinne geschärft sind und mein

Geist schlafend fast ebenso aufmerksam ist wie im Wachzustand. Diesmal vernahm ich, wie ich glaube, kein Geräusch, doch trotzdem wurde ich von meinem erprobten sechsten Sinn jäh aus dem Schlaf gerissen. Eine dunkle Gestalt beugte sich über mich. Die Lampen waren ausgegangen, und das schwache Mondlicht aus dem Garten schien nicht bis an mein Bett. Aber ich brauchte kein Licht, um zu wissen, daß es sich nicht um die Magd handelte. Als ich versuchte, mich auf die andere Seite des Bettes zu rollen, senkte sich eine schwere Hand auf meinen Mund. Ein stählerner Arm drückte mich gegen die Matratze.

10. KAPITEL

Überfall
um Mitternacht

Ich gehöre nicht zu den zarten weiblichen Wesen, die beim geringsten Anlaß in Ohnmacht fallen. Dank meiner sorgfältigen Studien alter Reliefs beherrschte ich sogar einige Ringergriffe, unter anderem auch deswegen, weil mein Mädchen Rose mir freundlicherweise gestattete, an ihr zu üben. Doch gegen diesen Gegner halfen mir weder Kraft noch Geschicklichkeit. Als ich das Knie hob, um ihm einen undamenhaften Stoß zu versetzen, wich er mir blitzschnell aus und ließ sich dann mit seinem ganzen Gewicht auf mich fallen, so daß ich weder Arme noch Beine bewegen konnte.

Es war ein schlanker, kräftiger Körper mit stählernen Muskeln. Durch mein dünnes Leinenhemd spürte ich das nur allzu deutlich. Allmählich ließen meine Kräfte nach.

Warme Lippen glitten meine Stirn und meine Wange entlang... zu meinem Ohr. »Ich bin hier, um zu helfen, nicht um

Euch Schaden zuzufügen, Herrin.« Das Flüstern war kaum mehr als ein warmer, feuchter Hauch. »Vertraut mir.«

Nun, mir blieb auch gar nichts anderes übrig. Er fuhr in Meroitisch fort und sprach sehr langsam und deutlich. »Wenn Ihr schreit, bedeutet das meinen Tod. Hört mich erst an. Ich lege mein Leben in Eure Hand, um meine guten Absichten zu beweisen.«

Ich ließ mich überzeugen. Als er die Hand von meinem Mund nahm, schnappte ich nach Luft. Sein Körper war angespannt, aber er hielt mir nicht wieder den Mund zu. »Wer seid Ihr?« flüsterte ich.

»Ihr werdet nicht die Wachen rufen?«

»Nein. Außer... Seid Ihr allein?«

Er verstand sofort, worauf ich hinauswollte. »Ich bin allein. Euer Mann und Euer Kind sind in Sicherheit. Sie schlafen.«

»Was wollt Ihr hier? Wer seid Ihr?«

»Ich will...« Das Wort war mir unbekannt, doch sein nächster Satz erklärte alles. »Es besteht Gefahr. Ihr müßt von hier (fliehen, fort?).«

»Wir brauchen Kamele und Wasser«, fing ich an.

»Das wird sich finden.«

»Wann?«

»Nach...« Er hielt inne.

Aha, dachte ich. Mit einem »nach« hatte ich schon gerechnet.

»Was wollt Ihr von uns?« fragte ich.

»Heute habt Ihr zwei von meinem Volk gerettet. Sie sterben, sie leiden, Ihr habt ihnen geholfen zu (?)«

»Dieses Wort verstehe ich nicht.«

»Zu kommen, zu gehen und zu tun, was sie wollen.«

»Aha!« In meiner Aufregung hatte ich zu laut gesprochen. Sofort senkte sich seine Hand wieder über meinen Mund. Als er sie wieder fortnahm, hauchte ich: »Ich verstehe. Ja, wir werden helfen. Was können wir tun?«

»Wartet. Ein Bote wird kommen, er hat ein... bei sich. Traut nur dem Boten mit dem...«

»Dem *was*?«

»Pssst!«

»Ich kenne dieses Wort nicht! Es ist wichtig«, fügte ich hinzu – eine der größten Untertreibungen meines Lebens.

Er atmete schnell und stoßweise. Nach einer Weile sagte er auf englisch: »Buch.«

»Buch?«

»Buch!« Sein ungeduldiges Flüstern erinnerte mich so sehr an Emerson, daß ich fast gelächelt hätte. »Buch. Englisches Buch.«

»Oh. Welches?«

»Ich gehe.« Er sprach wieder Meroitisch.

»Wartet!! Ich habe Fragen, viele Fragen.«

»Sie werden beantwortet werden. Ich gehe. Die Wachen (wechseln?) um Mitternacht.«

»Wie ist Euer Name? Wie kann ich Euch finden?«

»Niemand kann mich finden. Ich bin nur noch am Leben, weil keiner meinen Namen kennt.« Geschmeidig erhob er sich. Er hatte kein Gesicht und stand wie eine geschnitzte Säule in der Dunkelheit. Dann beugte er sich wieder über mein Ohr, und in seiner Stimme lag der Anflug eines Lachens, als er flüsterte: »Sie nennen mich den Freund der *rekkit*.«

»Verd… S…!« brüllte Emerson.

Ich tadelte ihn nicht, obwohl uns Ramses im Schneidersitz zu Füßen saß. Seine Ohren waren gespitzt wie die der großen Katze, die auf seinem Schoß thronte. Emerson war so erbost, daß er beim Versuch, seine Wut zu zügeln, vibrierte wie ein kochender Teekessel. Ihn weiter zu erzürnen, hätte sich nachteilig auf seine Gesundheit ausgewirkt.

»Zuerst gerate ich in eine Geschichte hinein, die von deinem Lieblingsautor Rider Haggard stammen könnte«, fuhr Emerson heiser flüsternd fort. »Und jetzt muß ich mich mit einer weiteren Romanfigur befassen – oder, was noch schlimmer ist, einer englischen Märchengestalt. Robin Hood! Der Verteidiger der Armen gegen die adligen Unterdrücker…«

»Ich weiß nicht, warum du dich beschwerst«, antwortete ich. »Genau das gleiche hast du gestern auch getan, und nun wissen wir, was die kleine Frau gemeint hat. Kein Wunder, daß sie in Ehrfurcht erstarrte. Sie muß dich für den heldenhaften und geheimnisvollen Verteidiger ihres Volkes gehalten haben. Du verstehst doch sicher, was das bedeutet, Emerson? Niemand weiß, wer er ist oder wie er aussieht. Es ist eine sehr romantische...«

»Grrr«, knurrte Emerson. (Die Katze legte die Ohren an und knurrte zurück.) »Warum hast du bis heute morgen gewartet, um mir das zu erzählen, Peabody? Warum bist du nicht sofort zu mir gekommen?«

Natürlich war das der wahre Grund seines Zorns. Obwohl Emerson es besser weiß, klammert er sich weiterhin an die vergebliche Hoffnung, ich würde mich doch noch in eines der zarten Frauenzimmer verwandeln – die leider typisch für unsere Gesellschaft sind – und mich ihm bei jedem Vorfall kreischend in die Arme werfen. Dabei wäre ihm das sicherlich gar nicht recht. Aber wie alle Männer kann er sich einfach nicht von seinen Illusionen verabschieden.

»Da die Wachen um Mitternacht wechseln, mein Liebling«, antwortete ich.

»Mitternacht? Es gibt kein...«

»Ich habe frei übersetzt. Ganz gleich, welche Uhrzeit er meinte, sie stand offenbar kurz bevor. Und die Eile, mit der er sich verabschiedete, wies darauf hin, daß die neuen Wachen nicht auf seiner Seite stehen. Ich wollte keine Spitzel auf mich aufmerksam machen, indem ich mich ungewöhnlich verhielt.«

»Aber du bist aufgestanden, um Amenit – Mentarit – oder wie auch immer dieses verdammte Frauenzimmer heißt, zu suchen...«

»Daß ich aufgestanden bin, war nicht außergewöhnlich. Und Mentarit, sie war es, konnte ich nicht übersehen, denn auf dem Weg zum... äh... stolperte ich über sie. Sie schlief so fest, daß sie sich nicht einmal rührte.«

»Betäubt«, murmelte Emerson.

»Wahrscheinlich. Als ich sagte, daß ich über sie stolperte, meinte ich das ganz wörtlich, denn ich bin auf sie gefallen. Aber sie wachte um die gewöhnliche Zeit auf und benahm sich ganz wie immer.«

Nachdenklich strich Emerson sich übers Kinn. Ramses tat
das gleiche. Die Katze erhob sich anmutig und geschmeidig.
Angespannt und mit peitschendem Schwanz stand sie da und
beobachtete einen Vogel, der singend auf einem Zweig wippte.

Die Luft war noch kühl und wohlriechend; die Lilien im
Teich entfalteten ihre keuschen Blätter und warteten darauf,
daß die ersten Sonnenstrahlen sie küßten. Alles hier war friedlich und voller Schönheit. Ich dachte an die schmutzige Dorf-
straße, die verschlossenen und verrammelten Häuser, die Atmosphäre der Angst, die man fast mit Händen greifen konnte.

»Wir dürfen nicht fort, ohne diesen armen Menschen zu helfen«, flüsterte ich.

»Offensichtlich läßt man uns gar nicht fort, wenn wir es nicht
tun«, lautete die gereizte Antwort meines Gatten. »Wir können
es versuchen, aber verdammt, Peabody, ich glaube, die armen
Teufel haben keine Chance.«

»Sie waren doch in der Überzahl.«

»Sie dürfen keine Waffen besitzen«, merkte Ramses an.

Irgendwie – ich wagte nicht zu fragen, wo oder von wem –
hatte er gelernt zu sprechen, ohne die Lippen zu bewegen, fast
wie ein Bauchredner.

»Sie müssen doch über Werkzeuge verfügen«, wandte ich ein.
»Spaten, Pflugscharen…«

»Man kann aus einer steinernen Pflugschar kein Schwert
schmieden, Mama«, meinte Ramses. »Die herrschende Klasse
hat eiserne Waffen. Dem gewöhnlichen Volk ist es unter Todesstrafe verboten, Gegenstände aus Eisen, ganz gleich welcher Art,
zu besitzen.«

»Woher weißt du das?« fragte ich

»Wahrscheinlich von den Wachen«, antwortete Emerson. »Inzwischen ist er bei ihnen eine Art Maskottchen.«

»Die Leute hier sind sehr kinderlieb«, sagte Ramses mit einer
zynischen Abgebrühtheit, die mir das Blut gefrieren ließ. »Der
Hauptmann (er heißt Harsetef) hat gelacht und mir den Kopf
getätschelt, als ich bat, einmal seinen großen Eisenspeer halten
zu dürfen. Er sagte, er hoffe, sein Sohn würde später ein so tapferer Junge werden wie ich.«

Im Laufe des Vormittags beobachtete ich sorgfältig die Sklaven. Ich fragte mich, ob sie schon von unserem mutigen Einsatz für eine der ihren gehört hatten. Aber sie machten einen noch größeren Bogen um mich als sonst, und auf mein Lächeln und meine Versuche, ein Gespräch anzuknüpfen, erhielt ich keine Reaktion. Schließlich meinte Mentarit neugierig: »Warum sprecht Ihr mit den *rekkit*? Sie antworten nicht; sie sind wie Tiere.«

Ich hielt ihr einen kleinen Vortrag über Menschenrechte und die Grundsätze der Demokratie. Zwar reichten meine Sprachkenntnisse nicht, um diesen edlen Idealen gerecht zu werden, aber wahrscheinlich war ihr Unverständnis eher in ihren Vorurteilen als in meiner verbalen Unzulänglichkeit begründet. Also gab ich auf – für den Moment wenigstens.

Als die Stunden vergingen, wurde mir immer unbehaglicher zumute. Ich konnte mir nicht vorstellen, daß man über unser Verhalten hinweggehen oder es ignorieren würde. Mentarits Frage hatte mir weiterhin bewiesen, wie merkwürdig unser Benehmen diesen vornehmen Adligen erscheinen mußte. Ich erinnerte mich an die Reaktion unseres Nachbarn Sir Harold Carrington und der Mitglieder seiner Jagdgesellschaft, als Emerson sich zwischen sie warf und die Hunde von dem in die Ecke gedrängten Fuchs verjagte. Weniger Zorn als völliges Erstaunen stand ihnen ins Gesicht geschrieben, und einer der Männer meinte, man solle Emerson eine Tracht Prügel verabreichen. (Es muß nicht betont werden, daß er diesen Vorschlag nicht wiederholte.) Etwa dasselbe mußten die hiesigen Adligen empfunden haben, als wir Geschöpfe schützten, die sie als Tiere betrachteten.

Wahrscheinlich hatten wir durch unsere Einmischung unsere Lage nicht verbessert, aber schlimmer hatten wir sie vermutlich auch nicht gemacht – aus dem einfachen Grund, weil es gar nicht schlimmer kommen konnte. Noch immer kannten wir die wahren Absichten der Leute nicht, die uns gefangenhielten. Wir waren höflich behandelt und mit allem möglichen Luxus bedacht worden; allerdings hatten die Azteken und noch viele andere Völker gerade diejenigen Gefangenen verhätschelt, die zum

Menschenopfer auserkoren waren. Und zweifellos wären sie
sehr erbost gewesen, hätte eines dieser Opfer schon vor der Zeremonie Schaden genommen. Soweit ich informiert war, gab es
bei den alten Ägyptern keine Menschenopfer, doch die Zeiten
hatten sich geändert – und es waren sehr viele Jahrhunderte
vergangen.

An Emersons wachsender Unruhe erkannte ich, daß er mein
Unbehagen teilte. Nach dem Mittagessen lief er im Zimmer auf
und ab und murmelte leise vor sich hin, ehe er sich in sein
Schlafzimmer zurückzog. Ich nahm an, daß er bei seinem Tagebuch Ruhe zu finden suchte. Also wandte ich mich dem meinen zu – denn natürlich machten wir uns alle umfangreiche
Aufzeichnungen über dieses Abenteuer. Ich war mir sicher, daß
mein weiblicher Standpunkt wertvolle Einblicke beitragen würde. Eifrig schrieb ich vor mich hin, als mich ein Tumult zur Tür
eilen ließ. Eine der Stimmen (die lauteste) gehörte Emerson.

Ich fand ihn im Vorzimmer, wo er mit den Wachleuten stritt.
Ihre großen Speere versperrten die Tür wie ein eisernes Kreuz,
und sie wandten die Gesichter ab, selbst als Emerson jedem von
ihnen mit der Faust drohte.

»Komm schon, Emerson«, flehte ich und packte ihn am Arm.
»Es ist unter deiner Würde, hier herumzuschreien. Sie gehorchen nur ihren Befehlen.«

»Verdammt«, schimpfte Emerson, doch mein Einwand überzeugte ihn, und er gestattete mir, ihn wegzuführen. »Ich habe
nicht geschrien, Peabody«, fügte er hinzu, während er sich die
schweißnasse Stirn wischte.

»Ich habe mich unglücklich ausgedrückt, Emerson. Was hattest du vor?«

»Was wohl? Ausgehen. Ich verstehe nicht, warum auf unser
regelwidriges Verhalten im Dorf noch keine Reaktion erfolgt ist.
Murteks Entrüstung war doch ein deutlicher Hinweis darauf,
daß wir mitten ins Fettnäpfchen getreten sind. Ich kann nicht
glauben, daß man einfach darüber hinweggeht, ohne uns wenigstens zu tadeln. Und diese Ungewißheit zerrt an meinen Nerven.
Mir ist eine Auseinandersetzung – und sei sie gewalttätiger
Natur – lieber als dieses Warten.«

»Ich würde das Warten einer gewalttätigen Auseinandersetzung vorziehen, mein Liebling. Diese Leute sind nicht so
dumm, als daß sie nicht wüßten, welche Wirkung das Warten
auf Menschen wie uns hat. Vielleicht wird es einige Tage dauern, bis sie reagieren.«

»Sie reagieren bereits«, meinte Emerson mit finsterer Miene.
»Die Wachen weigerten sich, mir zu antworten, als ich sie bat,
Murtek eine Botschaft zu überbringen. Und schau« – mit einer
Geste umschrieb er den Empfangssalon und den dahinterliegen-
den Garten – »sie sind alle verschwunden. Keine Menschenseele
in Sicht. Nicht einmal die Magd.«

Er hatte recht. Versunken in mein Tagebuch, hatte ich nicht
bemerkt, daß die Diener gegangen waren. Wir waren allein.

Obwohl es schwierig ist, sich vor dem Unbekannten zu schützen, taten wir, was wir konnten. Emerson hatte bereits seine
Kleider angezogen, und ich folgte seinem Beispiel. Ich schnallte
meinen Gürtel um und hielt den Sonnenschirm in Reichweite.
Da ich darauf bestand, steckte Emerson meine kleine Pistole
und eine Schachtel mit Munition in seine Jackentasche. Er verabscheut Feuerwaffen und kommt auch sehr gut ohne sie aus,
aber bei dieser Gelegenheit widersprach er mir nicht. Sein finsterer Gesichtsausdruck sagte mir, daß er, falls es zum Schlimmsten kommen sollte, die letzte Kugel genau so benutzen würde,
wie ich selbst es getan hätte.

Zusätzlich zu meinem nützlichen Sonnenschirm hatte ich
mein Messer und eine Schere bei mir. Zwar war die Bewaffnung
nicht ausreichend, um gegen eine ganze Stadt zu kämpfen,
doch mich tröstete das Wissen, daß auch Schnellfeuer- oder
Maschinengewehre uns nur wenig genützt hätten, solange nur
wir beide da waren, um sie zu bedienen.

Also saßen wir wartend herum, während die Schatten länger
wurden und sich die bläuliche Dämmerung über die Landschaft
senkte. Ich nutzte die Zeit, um mein Tagebuch auf den neue-
sten Stand zu bringen. Gerade war ich bei der Zeile »nur wir
beide« angekommen, als mir plötzlich etwas einfiel. Ich ließ den
Federhalter fallen. »Wo zum Teufel steckt eigentlich Ramses?«
fragte ich.

»Bitte etwas gewählter, Peabody«, rügte mich Emerson grinsend. »Er ist mit der Katze im Garten.«

»Nun, dann hol ihn sofort. Wir müssen zusammenbleiben.«

Ramses kam ohne Katze herein. »Hier bin ich, Mama, aber ich glaube nicht…«

»Es ist ganz gleich, was du glaubst. Geh und zieh deinen Anzug an.«

»Zu spät«, sagte Ramses ruhig.

»Was soll das…«

»Peabody.« Emerson hob die Hand. »Hör mal.«

Ramses hatte sie natürlich zuerst gehört. Ein leises Stimmengewirr, das rasch zu einem gewaltigen Chor anschwoll. Ganz offensichtlich war es Gesang, begleitet vom Scheppern und Jaulen von Instrumenten. Ehe ich entscheiden konnte, ob es sich um ein gutes oder ein schlechtes Omen handelte, wurden die Vorhänge zurückgezogen, und die Musikerinnen kamen herein. Sie sangen und kreischten aus vollem Halse und bearbeiteten hingebungsvoll ihre Instrumente. Nach ihnen folgten einige Würdenträger – ich erkannte zwei, die auch beim Bankett gewesen waren – und drei Frauen. Ich starrte letztere neugierig an, denn ich erblickte die ersten weiblichen Wesen, die weder Mägde noch Sklavinnen waren.

Allerdings blieb mir nicht die Zeit, sie länger zu betrachten, denn unsere Besucher kamen auf uns zu und schwenkten Gegenstände, die ich als Angriffswaffen erkannte. Meine Hand fuhr an den Gürtel. Eine Flamme flackerte auf und wurde heller, dann noch eine und noch eine. Mentarit – oder eine andere der Mägde – huschte lautlos durch den Raum und zündete die Lampen an. In ihrem Licht stellte ich fest, daß die Neuankömmlinge ein freundliches Lächeln auf den Gesichtern trugen. In der Hand hatten sie keine Waffen, sondern Kämme, Bürsten, Krüge, Vasen und Stoffbündel.

Die Frauen scharten sich um mich; die Männer umringten Ramses und Emerson. »Was soll das?« entrüstete sich Emerson.

»Ich glaube, sie wollen uns nur frischmachen, Emerson«, sagte ich. Eine der Frauen hatte einen Krug entkorkt und hielt ihn

mir unter die Nase; es roch kräftig nach einem duftenden
Kraut. Eine andere Frau zeigte mir ein zartes Leinengewand.

»Und genau dagegen erhebe ich Einspruch…« Sein Einspruch wurde von einem Niesen unterbrochen. Obwohl ich
meinen Gatten nicht sehen konnte, weil die Männer einen Kreis
um ihn bildeten, vermutete ich, daß man auch ihn an dem
Duftöl hatte schnuppern lassen. Da er die Vergeblichkeit seines
Widerstandes einsah, ließ er sich wegführen, aber ich hörte ihn
noch, nachdem er schon längst außer Sichtweite war.

Die Frauen begleiteten mich ins Badezimmer, wo uns einige
Sklaven erwarteten. Einer von ihnen war ein junger Mann. Als
sich diensteifrige Hände an meinen Kleidern zu schaffen machten, sträubte ich mich, doch erst nachdem Mentarit übersetzt
hatte, verstanden die Frauen. Unter Gekicher und nachsichti-
gem Lächeln wurde der Jüngling hinausgeschickt. Ich meinerseits brauchte keine Übersetzung, um ihre Haltung zu begreifen: Für sie war er kein Mann, sondern ein Tier.

Trotzdem wiesen ihre Gesichter und Gestalten darauf hin,
daß Emerson mit seinen Vermutungen über Mischehen recht
gehabt hatte. Die Frauen waren zwar recht hübsch – aber das
hätte mit der richtigen Ernährung und Hygiene auch für die
rekkit gegolten. Ihre Leinengewänder und ihr Schmuck ähnelten der Ausstattung, die sie mir mitgebracht hatten, obwohl
meine von besserer Qualität war. Anstelle von Gold hatten sie
sich mit Kupferarmbändern und Perlenketten behängt. Ich
nahm an, daß sie dem niederen Adel angehörten; möglicherweise waren sie Hofdamen der Prinzessinnen. Und sie verstanden
ihr Geschäft. Sie besprengten mich mit Wasser, trockneten mich
ab, salbten mich mit duftenden Ölen, und eine von ihnen flocht
mein Haar zu einer komplizierten Frisur aus Zöpfen und Wellen, die von goldenen Haarnadeln zusammengehalten wurde.

Nur selten war ich so geistesabwesend gewesen. Ein Teil meines Verstandes beobachtete die Szene und merkte sich die Einzelheiten des Verschönerungsvorgangs. Ein anderer überlegte,
ob diese ausführliche Zeremonie das Vorspiel zu einer anderen,
weniger angenehmen sein würde. Und ein dritter fragte sich,
wie es wohl dem armen Emerson erging, denn ich zweifelte

nicht daran, daß er und Ramses ebensolche Aufmerksamkeiten
über sich ergehen lassen mußten.

Als die Damen mich in das zarte weiße Gewand hüllen wollten, hinderte ich sie daran. Erheitert sahen sie zu, wie ich zuerst meine Unterwäsche zusammensuchte und sie anzog. Die
Wirkung war zwar etwas merkwürdig, doch ich war nicht gewillt, mich, nur mit durchsichtigem Leinen angetan, in der
Öffentlichkeit zu zeigen.

Nachdem ich mit einem zarten, kleinen goldenen Diadem,
Armbändern, Ketten und Reifen aus schwerem Gold geschmückt worden war, schnallte man mir Sandalen an die Füße.
Die Sohlen bestanden aus Leder, das Obermaterial jedoch nur
aus schmalen Riemen, besetzt mit denselben blauen und rotbraunen Steinen, die auch den Schmuck zierten. Beim Gedanken, in diesem seltsamen Schuhwerk gehen zu müssen, überkam mich eine düstere Vorahnung, und in der Tat: Als man
mich wieder in den Empfangssalon zurückführte, mußte ich
schlurfen, damit ich nicht stolperte.

Emerson und Ramses warteten schon. Ramses sah – abgesehen von dem prächtigen Schmuck, der wie meiner aus massivem Gold bestand – nicht sehr verändert aus. Aber Emerson!
Ich bereute bitterlich, daß er mir nicht gestattet hatte, einen
Photoapparat mitzunehmen. Doch selbst der wäre nicht in der
Lage gewesen, die volle Wirkung seiner wilden Schönheit einzufangen – das üppige Funkeln des Goldes, das Schimmern von
Lapislazuli und Türkisen auf seiner Haut, die man geölt hatte,
bis sie glänzte wie polierte Bronze. Seine Haltung paßte zu dieser Aufmachung, denn er sah aus wie ein Kriegerkönig: die
dunklen Brauen zusammengezogen, die Lippen zu einem hochmütigen, höhnischen Grinsen verzogen. Ich warf einen kurzen
Blick auf seine unteren Gliedmaßen. Sie waren ein wenig blas-
ser als Arme und Brust, aber nicht mehr so bleich wie früher.
Die Stunden, in denen er seine Beine der Sonne ausgesetzt hatte, trugen nun Früchte.

›Ich kann in diesen verdammten Dingern nicht laufen, Peabody‹, sagte er, als er meine Blickrichtung bemerkte. Damit

meinte er seine Sandalen, die wirkten, als bestünden sie aus gehämmertem Gold. Sie hatten nach oben gebogene Spitzen.

»Aber du siehst großartig aus, Emerson.«

»Hmmm. Du auch, Peabody, obwohl ich das Kleidungsstück vorziehe, das du, wie ich zu meiner Freude feststelle, unter deinem Gewand trägst.«

»Emerson, bitte!« zischte ich errötend.

Die Schwierigkeit mit unseren Sandalen verlor durch die Ankunft einiger mit Vorhängen versehener Sänften, die kräftige Träger heranschafften, an Bedeutung. Ich erwartete schon, daß Emerson Einspruch erheben würde, was auch geschah. Die Bemerkung, die ihm beim Anblick der dunkelhäutigen muskulösen Männer entfuhr, kam aus den Tiefen seines edlen Herzens: »Eigens dafür gezüchtet«, murmelte er. »Gezüchtet wie Vieh. Verdammt, Peabody...«

»Sag nichts mehr, Emerson, ich stimme dir mit ganzer Seele zu. Aber jetzt ist nicht der richtige Zeitpunkt für Debatten.«

Unbeholfen kletterte Emerson in eine der Sänften. Ramses und ich sprangen geschickt, gefolgt von einer der Hofdamen, in die zweite. Daß sie uns unbedingt begleiten wollte, war ziemlich lästig, da sie sich vor lauter Ehrerbietung weigerte, sich zu setzen. Sie kniete vor mir und fiel mir bei jeder Erschütterung in den Schoß. Als ich durch die Vorhänge spähte, stelle ich fest, daß sich die Beine der Träger vollkommen im Gleichschritt bewegten; trotzdem habe ich schon bequemere Fortbewegungsmittel erlebt.

Wie ich erwartet hatte, wurden wir den aufsteigenden Pfad hinaufgetragen, der von den Häusern der Adligen zum Tempel führte. Es war fast dunkel; wie Diamanten funkelten die Sterne am nachtschwarzen Himmel. In den prächtigen Häusern über uns am Abhang waren Lichter zu sehen. Das Dorf hingegen wirkte, als hätte man ihm einen dichten, schwarzen Schleier übergeworfen. Dunstschwaden schwebten darüber hinweg wie Tüllschals auf einem Untergrund aus Samt.

Ich fühlte meinen Puls und stellte fest, daß er ein wenig schnell ging. Keine Sorge, sagte ich mir. Ein rascher Herzschlag würde das Blut kräftiger durch die Venen pumpen. Wir waren

zwar mit größter Ehrerbietung und Hochachtung behandelt
worden, doch das mußte noch lange nicht heißen, daß wir die
Nacht überleben würden. Wieder wurde ich an die alten Azteken erinnert. Ich änderte meine Sitzposition, da mir die Spitze
meines Messers in die Haut bohrte. Ich hatte die Gelegenheit
ergriffen, es an meinem Körper zu verstecken, als ich meine
Unterwäsche anzog.

Während wir unseren Weg fortsetzten, sträubte ich mich gegen die Versuche meiner Begleiterin, mich ins schicklich abge-
schiedene Sänfteninnere zu ziehen, denn ich hatte gesehen, daß
Emersons Kopf aus der Sänfte vor uns ragte. Der Mond war
über den Klippen aufgegangen; er war noch nicht voll, aber in
der kalten, trockenen Luft genügte sein Licht, um die Landschaft in einen silbrigen Schein zu tauchen, ein Anblick, dem
kein Forscher widerstehen kann. Mondlicht über dem alten
Theben! Nicht die gewaltigen Ruinen, die überlebt haben, sondern die Stadt der hundert Pforten in ihrer stolzen Blütezeit,
mit ihren Palästen und Bauwerken, noch unberührt vom Verfall. Ein von Säulen gestütztes Tor glitt vorbei; eine Reihe
hathorköpfiger Statuen bildete den Wandelgang eines großen
Anwesens. Nun, zur Rechten, kam eine breite Treppe in Sicht;
kauernde Sphinxe säumten die Balustrade; darüber erhoben
sich Mauern, in die monumentale Figuren eingehauen waren.
Die Straße vor uns wurde von einem helleren, weniger romantischen Licht erhellt. Ich reckte den Hals, um besser sehen zu
können, doch die Sänften vor uns versperrten mir den Blick,
bis wir unser Ziel fast erreicht hatten: Zwillingssäulen, die sich
hoch in den Himmel erhoben, ihre bemalte Fassade wurde von
Fackeln erleuchtet. Ohne den Schritt zu verlangsamen, liefen
die Träger dazwischen hindurch in einen Hof, in dem Säule an
Säule stand wie in der Hypostylonhalle von Karnak.

Inzwischen war meine Begleiterin einem Nervenzusammen-
bruch nah, und da wir gefährlich dicht an den Säulen vorbeikamen, zog ich den Kopf ein. Als ich wieder einen Blick hinaus-
wagte, war das Mondlicht verschwunden. Wir befanden uns tief
im Inneren des Berges, und während wir Raum um Raum,
Gang um Gang durchquerten, bewunderte ich voller Staunen

diese großartige Leistung. Welche Unmengen von Sklaven, wie
viele Jahrhunderte waren nötig gewesen, um ein derart gewalti-
ges Werk zu vollbringen?

Endlich kam die Prozession zum Stillstand, und die Träger
ließen die Sänften sinken. Mir gelang es auszusteigen, obwohl
meine langen Gewänder mir dabei in die Quere kamen.

Verglichen mit den anderen Räumen, die ich gesehen hatte,
war dieser hier ziemlich klein. Gewebte Teppiche bedeckten die
Wände, an einer Seite befand sich eine steinerne, mit Kissen
bedeckte Bank. Die Träger nahmen die Sänften auf und liefen
den Weg zurück, den sie gekommen waren. Dann stürzten sich
die Frauen auf mich, fingen an, meine Röcke glattzustreichen
und bohrten mir die Haarnadeln fester ins Haar wie Kammer-
zofen, die ihre gnädige Frau für einen wichtigen Empfang zu-
rechtmachen.

Ich schob sie weg und ging zu Emerson hinüber, der eine
Hand auf Ramses' Schulter gelegt hatte. Er hielt mir die andere
hin. »Wie eiskalt ist dein Händchen«, bemerkte er poetisch.

»Mich friert.«

»Hmmm, ja. Ich frage mich, ob…« Er hielt inne als ein me-
tallenes Dröhnen den Raum erschütterte. Das Geplauder und
Gelächter verstummte. Unsere Begleiter stellten sich in Reihen
auf; einige vor, einige hinter uns. Die Wandbehänge an einer
Seite des Raums hoben sich wie von Geisterhand. Wieder das
metallene Dröhnen, und dann setzte sich die Prozession in Bewegung.

»Jetzt gibt es kein Entkommen mehr, ganz gleich, was uns
erwartet«, meinte Emerson fröhlich. »Ich hoffe nur, daß ich
nicht über diese verdammten Sandalen stolpere.«

Ich drückte seine Hand.

Wir betraten einen breiten, aber kurzen Gang, der nicht
mehr als vier oder fünf Meter maß. An seinem Ende hing ein
Vorhang aus zartem Leinen, durch den das Licht hindurch-
schimmerte, so daß man die kunstvolle Stickerei darauf erkennen konnte. Als wir näherkamen, teilte er sich. Emerson stolperte, fand jedoch sein Gleichgewicht wieder und ging weiter.
»Du lieber Gott«, hörte ich ihn murmeln.

Genau das empfand auch ich. Wir befanden uns im innersten Heiligtum des Tempels – einem riesigen, hohen Raum von gewaltigen Ausmaßen. Säulen teilten ihn in drei Gänge; und den mittleren und breitesten davon marschierten wir feierlich schweigend entlang und betrachteten voller Staunen das, was vor uns lag.

Selbst wenn der Anblick merkwürdig war, hatte er für mich doch etwas Vertrautes, denn der Tempel war nach demselben Grundriß angelegt wie die Tempel im alten Ägypten. Nachdem wir durch den Säulengang und den Säulenhof gekommen waren, hatten wir nun das Heiligtum erreicht – die Heimstatt der Götter, denen der Tempel geweiht war. Häufig waren es drei, die eine göttliche Familie bildeten: Osiris, Isis und ihr Sohn Horus: oder Amon, seine Gefährtin Mut und ihr Sohn Khonsu. Auch am Ende dieses Heiligtums befanden sich in einer Nische drei Statuen, doch es handelte sich nicht um das übliche Dreigestirn. Zur Linken sah ich die sitzende Gestalt einer Frau, die mit gebogenen Hörnern gekrönt war und einen nackten Säugling an ihre Brust hielt – Isis, die den kleinen Horus stillt. Die Statue mußte sehr alt sein, denn die Gesichtszüge der göttlichen Mutter waren fein geschnitten und zeigten nicht die groben Merkmale, die meroitische oder spätägyptische Arbeiten auszeichnen.

Die Nische zur rechten Hand enthielt ebenfalls eine vertraute Gestalt: Osiris in der starren Gestalt einer Mumie; er war der Herrscher der Menschen im Westen (das heißt: der Verstorbenen), dessen Tod und Auferstehung seinen Anhängern Hoffnung gab. Die dritte Figur jedoch, die die wichtigste, die mittlere Position besetzte, gehörte nicht zu dieser göttlichen Familie. Sie war etwa sechs Meter hoch. Ihre gewaltige Doppelkrone und das Zepter in ihrer Hand bestanden aus Gold, das von Emaille und wertvollen Steinen funkelte.

»Du meine Güte, das ist ja unser alter Freund Amon-Re«, meinte Emerson so kühl, als betrachte er eine Statue, die er soeben aus einem viertausend Jahre alten Grab geholt hatte. »Oder Aminreh, wie man ihn hier nennt. Zwar nicht in seiner

ursprünglichen Form, aber er zeigt die Attribute des Min. Das
ist der mit dem enormen…«

»Schon gut«, antwortete ich. »Ach, Emerson – mir kommt das
alles sehr eigenartig vor. Ich befürchte, wir sollen geopfert werden. Sonnenanbeter bringen für gewöhnlich Menschenopfer dar,
und Amon…«

»Sei nicht albern, Peabody. Diese Schundromane, die du da
liest, weichen dir das Hirn auf.«

Der Tempel war so groß, daß es eine Zeit dauerte, bis wir den
Hochaltar erreichten – denn ein solcher stand dort, und er wies
unheilverkündende dunkle Flecken auf. Die Prozession hielt
inne. Unsere Begleiter reihten sich zwischen die Priester ein,
die zu beiden Seiten des Mittelganges standen.

Gerade hatte ich die Stühle zu beiden Seiten des Altars entdeckt, als zwei Männer hereinkamen und sich darauf niederlie-
ßen. Einer war Tarek, der andere sein Bruder. Ich versuchte,
Blickkontakt zu Tarek aufzunehmen, doch er starrte wie verstei-
nert geradeaus. Nastasen schmollte; er sah aus wie ein trotziges
Kind.

Darauf folgte ein langes Schweigen. Emerson fing an, unruhig zu werden; er verabscheut formelle Zeremonien jeglicher
Art. Außerdem brannte er darauf, sich durch die Reihen zu
drängen und die Reliefs an Wänden und Altar näher in Augenschein zu nehmen. Was mich betraf, fand ich die Szene so interessant, daß ich nicht ungeduldig wurde. Keine der Götterstatuen
des alten Ägyptens hatte im Originalzustand überdauert; diese
hier waren alle bunt bemalt; einige Teile wie der Bart an
Amons Kinn und das Zepter und die Peitsche in Osiris' Hand
waren aufgesetzt und bestanden aus Holz oder Edelmetall.
Nachdem sich meine Augen an die Dunkelheit gewöhnt hatten,
erkannte ich, daß hinter den Statuen nicht, wie ich zuerst vermutet hatte, eine nackte Wand lag. Es waren verschiedene
Durchgänge in die Mauer geschnitten. Amons Nische war tiefer
und dunkler als die beiden anderen, und als ich näher hinsah
und die Augen zusammenkniff, entdeckte ich, daß sich dort etwas bewegte.

Endlich erklang in der Ferne Musik und brach das Schweigen. Das schrille Pfeifen der Flöten mischte sich mit dem Klagen der Oboen, dem Klimpern von Harfen und leisem Trommelwirbel. Durch eine Tür im hinteren Teil des Heiligtums kamen die Musikerinnen. Ihnen folgten weißgewandete Priester, deren rasierte Schädel im Lampenlicht glänzten. Murtek und Pesaker gingen Seite an Seite. Obwohl Pesaker kräftig und ausladend einherschritt, gelang es dem alten Mann, nicht zurückzubleiben, wobei er allerdings immer wieder ins Trippeln geriet. Hinter ihnen wogte eine Wolke weißer Schleier herein – die Mägde kamen mit feierlichen Tanzschritten näher. Ich versuchte, sie zu zählen, doch da sie einander nach komplizierten Riten umkreisten, verlor ich bald den Überblick. Ihre Bewegungen machten mich schwindelig; erst als sie in einem letzten Aufwallen der Schleier vor dem Altar stehenblieben, erkannte ich, daß sie um eine Gestalt herumgetanzt waren, die nun auf einem niedrigen Schemel Platz nahm. Wie die anderen war sie von Kopf bis Fuß in Weiß gehüllt, aber in ihrem Gewand funkelten goldene Fäden.

Die nun folgende Zeremonie habe ich in einem wissenschaftlichen Artikel geschildert (dessen Veröffentlichung sich leider aus Gründen, auf die ich noch zu sprechen kommen werde, verschieben wird), weshalb ich die Laien unter meinen Lesern nicht mit Einzelheiten langweilen möchte. In vielerlei Hinsicht (unter anderem wurden zwei arme Gänse geopfert) erinnerte sie mich an das wenige, was ich über ähnliche Zeremonien im Altertum wußte. Emerson packte Ramses fest bei der Hand, als die Gänse hereingebracht wurden, aber ich muß meinem Sohn zugute halten, daß er die Vergeblichkeit eines Widerspruchs einsah. Allerdings hätte ich ein paar zusätzliche Leibwächter eingestellt, hätte der Blick, mit dem er den messerschwingenden Pesaker bedachte, mir gegolten.

Nach der Opferung der Gänse kam eine Gruppe Priester mit einem riesigen, reich bestickten Leintuch hereingelaufen, das sie über Amons steinerne Schultern breiteten. Ich konnte nicht erkennen, wie sie das zustande brachten, denn sie machten sich hinter der Statue zu schaffen; man mußte davon ausgehen, daß sie ein Gerüst oder Leitern benutzten. Als sie sich wieder zeig-

ten, führten sie eine Frau vor sich her, die – prächtiger als alle
weiblichen Wesen, die ich bislang gesehen hatte – in ein Gewand aus durchsichtigem Leinen gehüllt war. Auf dem Kopf
trug sie eine Königskrone. Pesaker ging ihr entgegen und geleitete sie vor die Statue. Dort angekommen, begann sie, die Füße
und gewisse andere Körperteile der Statue zu liebkosen und einige unmißverständliche Gesten zu vollführen, die ich hier
nicht näher erläutern muß. Dann nahm Pesaker sie bei der
Hand und brachte sie hinter die Statue, wo sie verschwand.

Nachdem Amon gebührend geehrt worden war, kamen nun
Osiris und Isis an die Reihe. Die verschleierte Gestalt vor dem
Altar stand auf und erhob die Hände. Ich hatte nicht gesehen,
was sie darin hielt; nun aber hörte ich die Geräusche, die Sie
verursachten, als die Frau sie sanft schüttelte: Es waren Sistren,
die seltsamen, rasselähnlichen Instrumente, die der Göttin Ha-
thor geweiht sind; auf Drähte aufgefädelte Perlen aus Kristall
und Bronze, die ein sanftes, melodisches Klimpern erzeugen
wie Wasser, das über Steine plätschert. Die Frau schüttelte sie
– begleitet von Gesang – vor Osiris und Isis. Dann häuften die
Mägde vor beiden Statuen Blumen auf, und die Frau kehrte zu
ihrem Schemel zurück.

Woher, mag sich der werte Leser fragen, wußte ich, daß es
sich bei der Gestalt um eine Frau handelte? Trotz der Schleier
erkannte ich, wie zierlich und anmutig sie war, und als sie
schließlich sprach, ließ ihre Stimme nicht mehr an ihrem Geschlecht zweifeln.

Diese Stimme vernahmen wir zuerst, als sie sich singend an
den Gott wandte; sie war hoch und klar und wäre mit der richtigen Ausbildung meiner Ansicht nach recht hübsch gewesen.
Doch das zitternde Jaulen, das hierzulande als Gesang galt,
brachte sie kaum zur Geltung. Allerdings war Ramses offenbar
davon fasziniert; ich sah, daß er sich mit gespannter Miene vor-
beugte.

Dann kletterten die Priester wieder die Leiter hinauf und
nahmen Amon das Tuch ab. Sie falteten es sorgfältig zusammen
wie Hausmädchen ein Bettlaken. Danach vollführte Pesaker seine letzte, fast beiläufige Geste der Hochachtung in Richtung der

Statuen... und dann wies er, so plötzlich, daß ich zusammen-
zuckte, auf uns.

Ich konnte nicht verstehen, was er sagte, doch sein gleichgül-
tiger Ton und sein Gesichtsausdruck erweckten in mir den starken Eindruck, daß er nicht vorschlug, uns zu königlichen Rat-
gebern zu ernennen. Meine Hand tastete nach dem Ausschnitt
meines Gewandes.

»Ganz ruhig, Peabody«, zischte Emerson aus dem Mundwinkel. »Es besteht keine Gefahr. Vertrau mir.«

Wenn ich schon einem nubischen Robin Hood vertraut hatte,
war ich meinem Gatten mindestens dasselbe schuldig. Ich ließ
meine Hand sinken.

Als Pesaker seine Ansprache beendet hatte, erhob sich Nastasen, als ob er eine Erklärung abgeben wolle. Aber noch ehe er
dazu kam, war die hohe, süße und nun ziemlich schrille Stimme der verschleierten Frau zu vernehmen. Sie sprach einige
Zeit lang, wobei sie mit den Armen ruderte, als seien es anmuti-
ge, weiße Schwingen. Niemand widersprach ihr, nachdem sie zu
Ende geredet hatte. Offensichtlich verändert, biß Pesaker sich
auf die Lippen und verbeugte sich. Dann verließen die Priester
den Raum.

»Nun!« rief ich aus und wandte mich an Emerson. »Anscheinend sind wir immer noch Ehrengäste. Ich erwartete schon, Pesaker würde unseren Tod fordern.«

»Ganz im Gegenteil. Er hat uns eingeladen, hier im heiligen
Tempel zu wohnen.«

»Ja«, warf Ramses eifrig ein. »Und sie... Mama, hast du gehört...«

»Natürlich, Ramses, ich habe ausgezeichnete Ohren. Aber ich
muß gestehen, daß ich nicht alles verstanden habe.«

Unsere Begleiter plauderten angeregt, während sie uns zum
Ausgang geleiteten. Emerson, der in seinen verhaßten Sandalen
neben mir herschlurfte, erwiderte: »In der Sprache religiöser
Rituale haben sich oft alte Formen erhalten. Man nehme nur
das Koptische, das schon seit Hunderten von Jahren nicht mehr
gesprochen wird und in der ägyptischen christlichen Kirche –
verdammt!«

Damit meinte er (zumindest diesmal) nicht die Kirche, sondern seine Sandale, die ihm vom Fuß geglitten war. »Aber Mama«, fing Ramses wieder an, wobei er vor Aufregung fast zu hüpfen anfing. »Sie...«

»Schon gut«, sagte ich. Die Sänftenträger warteten. Knurrend bestieg Emerson seine Sänfte. »Sie-der-man-gehorchen-muß – wie dieser geheimnisvollen Frau. Ganz in Weiß verschleiert, damit ihre unglaubliche Schönheit nicht alle, die sie erblickten, um den Verstand brachte...«

Emerson steckte den Kopf durch die Vorhänge seiner Sänfte. Er machte ein schrecklich finsteres Gesicht. »Du sprichst von dem Hirngespinst irgendeines vermaledeiten Schriftstellers, Peabody. Steig in deine Sänfte.«

»Aber Papa!« Ramses' Stimme erhob sich fast zu einem Kreischen. »Sie...«

»Tu, was dein Papa gesagt hat, Ramses«, befahl ich und nahm in der Sänfte Platz.

Der Rückweg schien länger zu dauern als der Weg zum Tempel, was möglicherweise daran lag, daß ich darauf brannte, die bemerkenswerten Ereignisse dieses Abends mit Emerson zu besprechen. Möglicherweise würden uns sogar einige Momente trauter Zweisamkeit vergönnt sein, denn Mentarit (oder Amenit) hatte bestimmt bei ihrer Herrin zu tun, ehe sie sich wieder uns widmen konnte.

Diese Hoffnung sollte jedoch enttäuscht werden. Nachdem die Sänftenträger uns vor unseren Gemächern abgeliefert hatten, verschwanden sie, was leider nicht für unsere Begleiter galt. Emerson, der seine Sandalen ausgezogen hatte und sie nun in der Hand trug, wandte sich der wartenden Gruppe zu und wünschte ihnen nachdrücklich gute Nacht. Doch sie antworteten nur mit Lächeln und Nicken und blieben stehen.

»Verdammt«, sagte Emerson. »Warum verschwinden sie nicht?« Er wies heftig in Richtung Tür.

Doch diese Geste wurde mißverstanden. Einer der Männer

nahm Emerson die Sandalen aus der Hand, während zwei andere auf ihn zustürmten und begannen, die Schmuckstücke zu
entfernen.

»Ich glaube, sie machen dich bettfertig«, rief ich, als Emerson
zurückwich wie ein Löwe, der von schnappenden Schakalen in
die Enge gedrängt wird. »Das ist ein Zeichen der Ehrerbietung,
Emerson.«

»Zum Teufel mit der Ehrerbietung«, schimpfte Emerson. Gefolgt von seinen aufmerksamen Dienern, floh er in sein Zimmer.

Geduldig ließ ich die gleichen Aufmerksamkeiten der Damen
über mich ergehen. Während ihre Hände mir geschickt das
Festgewand auszogen, mein Haar lösten und mich in ein unglaublich weiches Leinenhemd hüllten, sagte ich mir, daß es das
beste war, sich fremden Sitten anzupassen, so unangenehm es
einem auch sein mochte. Als sie mich zu Bett brachten, fielen
mir gewisse mittelalterliche Rituale ein: Das Brautpaar wurde
von einer Horde Gratulanten zum Ehebett geleitet – von denen
viele betrunken waren und schmutzige Witze rissen. Die Damen
waren, wie ich annahm, zwar nicht betrunken, aber sie kicher-
ten unentwegt. Eine von ihnen wies auf die Tür zu Emersons
Zimmer, rollte die Augen und vollführte eine Reihe äußerst ein-
deutiger Gesten, was bei den anderen Kreischen und noch
mehr Gekicher hervorrief.

Bis jetzt war alles noch recht amüsant gewesen, aber nun
mußte etwas geschehen; solange sie anwesend waren, würde
mein armer Emerson nie aus seinem Zimmer kommen. Also
richtete ich mich auf und wandte mich an die weißverschleierte
Gestalt, die an ihrem gewöhnlichen Platz an der Wand saß:
»Mentarit, sagt ihnen, sie sollen gehen.«

Diesem Befehl zu gehorchen, brach ihnen fast das Herz, aber
sie kamen der Aufforderung nach. Mentarit verließ mit ihnen
den Raum. Nach einer Weile bewegte sich der Vorhang und öffnete sich dann einen Spalt weit. Emersons Kopf lugte hervor.
Sein Blick suchte argwöhnisch das Zimmer ab. Dann löschte er
rasch die Lampe und legte sich neben mich.

»Wie bist du sie losgeworden, Peabody?«

»Ich habe Mentarit gebeten, sie wegzuschicken. Offenbar gehört sie auch zu den Leuten, denen man gehorchen muß. Wie hast du...«

»Ich habe sie selbst weggeschickt«, antwortete Emerson mit einem bösen Kichern.

»Ich stimme dir zu, sie sind eine Landplage, aber ich glaube, ihre Anwesenheit weist darauf hin, daß wir im Ansehen gestiegen sind. Seltsam, oder? Ich dachte, man würde uns bestrafen oder wenigstens tadeln, weil wir uns in den Umgang mit den *rekkit* eingemischt haben; doch statt dessen achtet man uns noch mehr.«

»Oder man fürchtet uns«, meinte Emerson. »Obwohl das unwahrscheinlich ist. Fandest du die Zeremonie nicht auch faszinierend?«

»Sehr. Meiner Meinung nach können wir davon ausgehen, daß es sich um religiöse Rituale handelt, die in regelmäßigen Abständen zu Ehren der Götter stattfinden. Und wir hatten das Privileg dabeizusein.«

»Ein Privileg in mehr als einer Hinsicht«, erwiderte Emerson nachdenklich. »Beruflich gesehen war es ein interessantes Erlebnis, doch noch bemerkenswerter ist, daß wir überhaupt dazu eingeladen wurden.«

»Oh, ich kann mir vorstellen, daß jemand dabei böse Hintergedanken hatte, von denen wir nichts ahnten«, entgegnete ich vergnügt. »Vielleicht hoffte der Hohepriester Amons, uns so in seine Gewalt zu bringen, um uns in den Kerker zu werfen und uns entsetzlich zu foltern. Möglicherweise hatte die Hohepriesterin der Isis ähnliche Absichten mit uns. Wer war denn die andere Frau, die in den prächtigen Gewändern, die sich der Amonstatue auf so... so undamenhafte Weise näherte?«

»Offenbar verkörpert sie die Konkubine des Gottes«, antwortete Emerson. »Ich konnte ihren Titel nicht ganz verstehen, obwohl Pesaker sie einige Male damit ansprach.« Er nahm mich in die Arme und küßte mich auf den Scheitel.

»Hohepriesterin des Amon?« Ich lehnte den Kopf zurück. Emersons Lippen glitten zu meiner Schläfe.

»So hat es nicht geklungen. Die andere Dame, die mit den vielen Schleiern, war ganz sicher die Hohepriesterin der Isis.

Vielleicht sind sie beide Töchter des Königs, was wiederum die Frage aufwirft, über wieviel politische Macht sie, abgesehen von ihrem religiösen Rang, verfügen. Ich beabsichtige, irgendwann eine Abhandlung zu diesem Thema…«

»Ich habe bereits eine Abhandlung zu diesem Thema angefangen«, murmelte ich.

»Mama! Papa!«

Es war kein Hilfeschrei aus dem Nebenzimmer. Das durchdringende Flüstern erklang nur allzu dicht an unserem Ohr.

Jeder Muskel in Emersons Körper zuckte zusammen, worauf jeder Muskel in meinem ein schmerzhaftes Knacken von sich gab, da sich die Arme meines Gatten wie Stahlklammern um mich schlossen.

»Entschuldige, Peabody«, sagte Emerson und lockerte seinen Griff. Allerdings biß er immer noch die Zähne zusammen; ich spürte, wie sie neben meiner Wange knirschten.

Ich konnte nicht antworten. Emerson tätschelte meinen Rükken und rollte sich herum. »Ramses«, flüsterte er. »Wo bist du?«

»Unter dem Bett. Es tut mir entsetzlich leid, Mama und Papa, aber ihr wolltet mir ja vorher nicht zuhören, und es ist von größter Wichtigkeit, daß ihr…«

Die Federung des Bettes (geflochtene Lederriemen) quietschte, als Emerson sich aufrichtete und das Kinn in die Hand stützte. »Habe ich dir schon einmal ordentlich den Hintern versohlt, Ramses?«

»Nein, Papa. Falls du glaubst, daß mein augenblickliches Verhalten diese Strafe verdient, werde ich sie klaglos auf mich nehmen. Niemals hätte ich zu einer solchen List gegriffen, wenn ich nicht den Eindruck gehabt hätte…«

»Sei ruhig, bis ich dir erlaube zu sprechen.«

Ramses gehorchte, aber in der nun folgenden Stille hörte ich seinen raschen Atem. Er klang, als wäre er kurz davor zu ersticken, und ich hoffte aus ganzem Herzen, daß es dazu kommen würde.

»Peabody«, sagte Emerson.

»Ja, Liebling?«

»Erinnere mich daran, ein Gespräch mit dem Direktor der

Akademie für junge Gentlemen zu führen, wenn wir wieder nach Kairo kommen.«

»Ich werde dich begleiten, Emerson.« Nun, da der erste Schrecken vorbei war, wurde mir die Komik der Situation bewußt. (Mein Sinn für Humor ist bekannt, und meine Fähigkeit zu scherzen hat mich und meine Freunde schon aus so mancher ausweglosen Lage befreit.) »Wenn er schon einmal hier ist, soll er eben bleiben. Vielleicht kann er etwas zu unserer Beurteilung der Zeremonie beitragen.«

»Meinetwegen«, bemerkte Emerson finster. »Im Augenblick kann ich sowieso nichts anderes tun, als zu reden. Nun gut, Ramses. Vermutlich hast du unser Gespräch über die Priesterinnen belauscht.«

»Ja, Papa. Aber...«

»Die Priesterin der Isis hat beschlossen, uns in unseren Räumen zu belassen, anstatt uns in den Tempel überzusiedeln. Offensichtlich war der Hohepriester Amons, der letzteres vorgeschlagen hat, ziemlich erbost darüber, doch er widersprach nicht. Können wir daraus schließen, daß er uns in die Gewalt der Priester bringen wollte und daß sie etwas anderes befahl, da sie glaubte, daß wir hier sicherer seien?«

»Pa...«, sagte die Stimme unter dem Bett.

»Man könnte aber auch das Gegenteil annehmen, Emerson«, meinte ich. »Im Tempel würde man uns besser schützen. Und möglicherweise würden wir uns näher an dem Tunnel befinden, durch den wir fliehen müssen.«

»Mama...«

»Doch zumindest können wir davon ausgehen, daß zwei verschiedene gegnerische Parteien darum wetteifern, uns in ihre Gewalt zu bekommen.«

»Mindestens zwei. Auch wenn die Hohepriesterin der Isis und Pesaker jeweils einen der beiden Prinzen bevorzugen, darfst du meinen nächtlichen Besucher nicht vergessen. Gewiß vertritt er die dritte Partei – die des Volkes.«

»Nicht unbedingt«, widersprach Emerson. »Das Konzept einer Herrschaft durch das Volk ist Kulturen wie dieser hier fremd.

Die *rekkit* können bestenfalls auf einen verständnisvollen König hoffen.«

»Vielleicht ist die Demokratie ihnen unbekannt, aber daß ein Abenteurer die Macht an sich reißt, kam schon öfter vor.«

»Richtig. Wenn Robert von Locksley dich das nächste Mal besucht, könntest du ihn fragen, was er vorhat. Außerdem sollten wir mit der Priesterin der Isis ein kleines Gespräch führen. Diese Aufgabe fällt dir zu, Peabody; es ist ein Gebot der Höflichkeit, ihr deine Aufwartung zu machen. Sie könnte auf einen solchen Besuch angespielt haben, als sie sagte…«

»Von Grönlands Eisbergen!« Ramses' Flüstern klang so durchdringend wie ein Schrei. »Von Indiens Korallenstrand!«

»Wie bitte?« meinte Emerson.

Die Worte sprudelten aus Ramses heraus: »Papa, Mama, sie hat es nicht gesagt, sondern gesungen. Die Hymne. Als sie für den Gott sang. Vermischt mit den anderen Wörtern. ›Heil dir, Amon-Re, großer Schöpfer von Grönlands Eisbergen, du bist es, der das Kind im Mutterleibe weckt, von Indiens Korallenstrand.‹ Mama, Papa – *sie hat es auf englisch gesungen.*«

11. KAPITEL

»Schon wieder ein verdammtes junges Liebespärchen!«

Unsere Reaktion auf Ramses' Aussage fiel – ganz ohne böse Absicht – ziemlich entmutigend aus. Ich dämpfte mein Gelächter an Emersons breiter Schulter, während er freundlich und gönnerhaft meinte: »Wirklich, mein Junge? Nun, das ist nicht weiter überraschend, denn die Priesterinnen sind alle von hoher Geburt. Wie wir wissen, haben sie von Forth alle ein wenig Englisch gelernt. Vielleicht wollte sie ihrem Gott ihre Achtung erweisen, indem sie ihm die Hymne einer anderen Religion vorsang. Oder vielleicht... Peabody, vielleicht wollte sie auch uns ihre Achtung erweisen – als Zeichen dessen, daß sie uns wohlgesonnen ist.«

»Ich glaube nicht, daß sie überhaupt etwas Derartiges gesungen hat«, erwiderte ich. »Mit Ramses ist wieder einmal die Phantasie durchgegangen. In diese merkwürdig jaulende Musik konnte man alles hineindeuten.«

»Ich versichere dir, Mama...«

»Oh, ich glaube dir aufs Wort, daß du es gehört hast. Und
jetzt Schluß damit«, fügte ich zunehmend gereizt hinzu – denn
das Lachen hatte Emerson wieder in bessere Laune versetzt
und verleitete ihn nun zu Gesten, die seine Befürchtungen von
vorhin Lügen straften. »Bis jetzt haben dein Papa und ich trotz
deines unglaublichen Benehmens Geduld mit dir gehabt. Und
jetzt marsch ins Bett mit dir.«

Unter dem Bett erklang ein leises Kratzgeräusch. Ramses versuchte, mit den Zähnen zu knirschen – rührend, wie er sich
bemühte, seinen Erzeuger nachzuahmen. Allerdings erhob er
keinen Einspruch und verließ den Raum so lautlos, wie er gekommen war. Erst als das leise Rascheln der Vorhänge darauf
hinwies, daß er sich im Nebenzimmer befand, fuhr Emerson
mit seinen Aktivitäten fort.

Zu Emersons Ärger erschien unser Hofstaat pünktlich am folgenden Morgen. Sofort nach dem Frühstück verkündete mein Gatte
seine Absicht, einige Anstandsbesuche zu machen; zuerst bei
Murtek, dann, falls man es ihm gestattete, bei den Prinzen.

Wenn er gehofft hatte, so seinem Gefolge zu entgehen, wurde
er enttäuscht. Die Kammerdiener waren ihm dicht auf den Fersen. Doch da er nicht zurückkehrte, vermutete ich, daß man
ihm erlaubt hatte, das Haus zu verlassen. Also beschloß ich, das
gleiche zu tun.

Als ich vorschlug, der Hohepriesterin einen Besuch abzustatten, wurde mir angesichts der schockierten Reaktionen meiner
Hofdamen klar, daß ich einen Fauxpas begangen hatte. Die
Priesterin empfing keine Besucher und verließ ihre Gemächer
nur, um an religiösen Zeremonien teilzunehmen. Ich hatte Mit-
leid mit dem armen Geschöpf; selbst muslimische Frauen genossen größere Freiheiten, denn sie konnten zumindest im Garten
spazierengehen und – ordentlich verschleiert und in Begleitung
einer Anstandsdame – das Haus verlassen.

»Gilt das für alle Frauen von hoher Geburt?« fragte ich. »Sind
sie Gefangene?«

Eilends erklärte man mir, daß die Priesterin erstens keine Gefangene sei; zweitens seien die Priesterinnen anderen Regeln unterworfen. Die übrigen Frauen gingen, wohin es ihnen beliebte. Und wohin gingen sie? fragte ich. Oh – zum Tempel, Besuche machen, der Königin und ihren Kindern ihren Respekt bezeugen...

Das gab mir die gewünschte Gelegenheit. Ich verkündete, auch ich wolle der Königin – die sie mit dem alten Titel Candace bezeichneten – meinen Respekt bezeugen. »In meinem Land«, erklärte ich, »machen alle Besucher der Königin ihre Aufwartung (wörtl.: gehen hin und verbeugen sich). Es wäre unhöflich (wörtl.: schlechtes Benehmen), es nicht zu tun.«

Nach einiger Debatte stimmten die Damen zu, daß ich einen ausgezeichneten Einfall gehabt hatte. Allerdings erwies sich die Durchführung dieses Vorhabens um einiges komplizierter als erwartet: Jeder Schritt mußte zuvor erörtert werden. Sollte man eine von ihnen vorausschicken, um uns anzumelden? (Ja.) Was sollte ich anziehen? (In diesem Punkt waren wir uns einig; ich war fest entschlossen, meine Ausrüstung anzulegen, und die Damen dachten offensichtlich, Ihre Majestät würde mich gern in meinen merkwürdigen Kleidern sehen). Wie sollten wir unser Ziel erreichen? (Wir kamen schließlich zu einem Kompromiß: Die Damen nahmen die Sänfte, ich ging zu Fuß.) Sollte Ramses uns begleiten?

Ramses war wie vom Erdboden verschluckt, was diese Frage hinfällig machte. Da die Damen das Ganze für ein Spiel – etwa wie Verstecken – hielten, hätten sie wohl den restlichen Tag nach ihm gesucht, hätte ich nicht die Absicht geäußert, ohne ihn gehen zu wollen. Um seine Sicherheit machte ich mir keine Sorgen, da er das Haus nicht verlassen konnte. Außerdem war mir schon der Gedanke gekommen, daß der Besuch ohne ihn reibungsloser verlaufen könnte. Man wußte nie, was er sagen würde. Endlich machten wir uns auf den Weg. Die Sonne stand hoch am Himmel, und es war sehr heiß, was mich jedoch nicht weiter störte. Es war eine solche Wohltat, frei auszuschreiten, tief durchzuatmen und die Aussicht am Wegesrand zu genießen. Wahrscheinlich waren auch die Sänftenträger froh darüber, denn sie mußten sich meinem Tempo anpassen, das zwar recht

zügig, aber weniger schweißtreibend war als ihr sonstiger Lauf-
schritt.

Die steingepflasterte Straße war ausgezeichnet in Schuß. Ein
Trüppchen der kleinen, braunen Leute war mit Straßenbauar-
beiten beschäftigt; beim Anblick der Wachen knieten sie nieder
und verharrten in dieser Stellung, bis wir vorbei waren. Als wir
weitergingen, sah ich weitere Sklaven in den Gärten arbeiten.
Teile des Abhangs waren ordentlich in Terrassen eingeteilt, doch
andere hatte man dem Unkraut und Dornengestrüpp überlassen. Bruchstücke alter Mauern ragten empor wie faule Zähne.
Ich fragte mich, ob die Ruinen Relikte eines früheren Bürger-
krieges waren oder ob sie auf Bevölkerungsrückgang und Roh-
stoffmangel hinwiesen. Bis zu einem gewissen Grade war der
Verfall unvermeidlich. Ein Wunder, daß diese seltsame Kultur
überhaupt so lange überlebt hatte. Allerdings waren die Tage
ihrer Abgeschiedenheit gezählt, dachte ich mit einem eigenartigen Anflug von Bedauern. Früher oder später würde jemand
dieses Tal entdecken – diesmal jedoch kein einsamer Wanderer
wie wir oder Willoughby Forth. Die Flutwelle der Zivilisation
würde den Heiligen Berg überrollen, und die Speere und Bogen
der Wachen waren machtlos gegen moderne Waffen. Wie würde
wohl die Zukunft dieses Volkes aussehen?

Die Residenz der Candace – das beeindruckende Gebäude,
das ich am Vorabend bemerkt hatte – war der eigentliche Kö-
nigspalast und grenzte an die westliche Tempelmauer an. Da die
Thronfolge noch nicht geklärt war, wurde das Schloß im Augenblick nur von Ihrer Majestät bewohnt – abgesehen von den üblichen Konkubinen, Dienern, Hofdamen und Höflingen. Von
meinen Damen hatte ich erfahren, daß die momentane Königin
Mutter des Prinzen Nastasen war; Tarek war schon als kleines
Kind zum Halbwaisen geworden.

Nach den langwierigen Willkommenszeremonien wurde ich
durch eine Reihe von Höfen und Eingangshallen in einen
prächtig geschmückten Empfangssalon geführt, wo mich die Königin erwartete. Zu meiner Schande muß ich gestehen, daß
mich ihr Anblick – und der ihrer Hofdamen – so entsetzte, daß
ich meine guten Manieren vergaß und sie anstarrte.

Mir zu Ehren hatte sich Ihre Majestät in ihr bestes Gewand gehüllt. Auf ihrem Kopf saß ein gewagter kleiner Hut mit einem juwelenbesetzten Falken darauf, dessen Flügel bis hinunter zu ihren Wangen reichten. Zudem trug sie Halsketten und Armbänder aus massivem Gold; geflochtene Fransen schmückten ihr Gewand, das aus durchsichtigem Leinen gefertigt war und weite, plissierte Ärmel hatte. Durch den Stoff konnte man die Dame weitgehendst erkennen. Sie war unglaublich dick, fast so breit wie hoch. Fettwülste umgaben ihren Leib; ihr lächelndes Mondgesicht schien direkt auf den Schultern zu ruhen. Das Gesicht selbst war eigentlich ziemlich hübsch mit fein geschnittenen Zügen, die sehr denen ihres Sohnes ähnelten. Obwohl sie in den fleischigen Wangen versanken, paßten sie besser zu ihr als zu Nastasen, und ihre dunklen Knopfaugen funkelten freundlich und neugierig. Ihre Hofdamen waren ebenso prächtig gewandet und standen ihrer Herrin an beeindruckender Leibesfülle um nichts nach.

Ihre Majestät erhob sich nicht, um mich zu begrüßen – ich nehme an, es hätte zweier oder mehr starker Männer bedurft, um sie auf die Füße zu hieven –, doch sie begrüßte mich mit einer hohen, zwitschernden Stimme und wies auf einen Haufen Kissen, der neben ihr lag. Ich überwand mein Erstaunen mit meiner üblichen Weltgewandtheit. Nachdem ich mich höflich verbeugt hatte, nahm ich Platz.

Da Mentarit uns nicht begleitet hatte, mußte ich ohne Dolmetscherin auskommen. Allerdings erwies sich das eher als Vorteil, da meine Fehler und mein eigentümlicher Akzent die Damen amüsierte – vor allem Ihre Majestät, deren Lachen das Eis brach. Das Lachen war gutartig; die Königin kicherte ebenso fröhlich über ihre eigenen Versuche, mich auf Englisch zu begrüßen. Ich konnte nicht widerstehen, sie nach ihrem Alter zu fragen. Nach längerer Debatte und Abzählen an ihren Fingern und denen ihrer Hofdamen teilte sie mir mit, sie sei zweiunddreißig. Zuerst konnte ich das kaum glauben, aber rasch wurde mir klar, daß sie vermutlich schon im zarten Alter von vierzehn Jahren Mutter geworden war, wie es einigen bedauernswerten Mädchen in Ägypten und Nubien auch heute noch geschieht.

Demzufolge mußten Nastasen und Tarek, die im gleichen Jahr geboren waren, achtzehn Jahre alt sein – nach englischen Maßstäben halbwüchsige Burschen, nicht aber in dieser Kultur. Wahrscheinlich hatte man ihnen »die Locke des Knabenalters« noch vor ihrem dreizehnten Geburtstag abgeschnitten.

Die unbeschreibliche Neugier und großzügige Gastfreundschaft Ihrer Majestät verhinderten, daß ich sie weiter ausfragte. Riesige Mengen von Speisen und Getränken wurden mir aufgenötigt. Obwohl ich aus Angst, unhöflich zu erscheinen, mein Bestes tat, hatte ich keine Chance, mit den Eßgewohnheiten der Königin und ihrer Damen mitzuhalten. Mein mangelnder Appetit machte Ihrer Majestät Sorgen. Nachdem sie mich in Arm und Schulter gekniffen hatte, schüttelte sie mitleidig den Kopf. Was für ein… mußte mein Gatte sein, mich so hungern zu lassen!

Da mir keine Antwort einfiel, die Emersons Ehre wieder hergestellt hätte, ohne Ihre Majestät zu beleidigen, ließ ich lächelnd meine Muskeln spielen, um meine strotzende Gesundheit und mein Wohlbefinden unter Beweis zu stellen. Dies erwies sich als willkommene Ablenkung, denn die Königin wandte ihre Aufmerksamkeit nunmehr meiner Kleidung zu. Jeden Ausrüstungsgegenstand an meinem Gürtel mußte ich vorzeigen und seinen Zweck erläutern. Die Hofdamen umringten mich und lauschten atemlos meinen Worten. Auch mein Sonnenschirm war eine große Attraktion; sie wußten, wozu er gut war, denn auch sie besaßen verschiedene Schutzvorrichtungen gegen die Sonne, doch der Mechanismus begeisterte sie. Ich mußte den Schirm etwa ein dutzendmal auf- und zuklappen, ehe sie genug davon hatten.

Ich spielte mit dem Gedanken, ihn der Königin zu überreichen, doch ich beschloß, daß es zu gefährlich war, sich von einer möglichen Waffe zu trennen. Als sie sich ein kunstvoll verziertes Goldarmband vom Handgelenk nahm, es mir gab und mir bedeutete, daß die Audienz vorüber sei (ich konnte das Schmuckstück bis an die Schulter hinaufschieben, wo es immer noch locker saß), schenkte ich ihr statt dessen mein Nähetui. Es war kein großer Verlust für mich und kam ausgesprochen gut an. Die Damen hatten die zierlichen schimmernden Nadeln und die dünnen, bunten Garne bereits bewundert. Und als ich mich mit einer Verbeugung entfernte, sah ich, wie eine der Damen sich, angestrengt die Augen zusammenkneifend, über eine Nadel beugte und versuchte, einen Faden einzufädeln, während die Königin, übers ganze Gesicht strahlend, ihren kleinen Finger in den Fingerhut zwängte.

Der Rückweg zu Fuß brachte mir ein wenig Erleichterung, denn ich hatte allzu reichlich den Süßigkeiten zugesprochen. Auch beim Anblick des gedeckten Mittagstisches erwachte mein Appetit nicht, und die Gegenwart meines Gatten stellte ohnehin eine viel angenehmere Zerstreuung dar. Als er mich wegen meiner langen Abwesenheit schalt, klang seine Stimme sehr fröhlich, woraus ich schloß, daß er etwas Interessantes erfahren haben mußte. Allerdings hatte er es nicht eilig, mir selbiges mitzuteilen, rückte mir statt dessen einen Stuhl zurecht und fragte, wie ich den Vormittag zugebracht hätte.

»Ich habe gegessen«, antwortete ich, wobei ich ein unschickliches Geräusch der Übersättigung unterdrückte. »Ich glaube, ich kann keinen Bissen mehr herunterbringen.«

»Ich auch nicht.« Angewidert beäugte Emerson die Schalen mit Eintopf und frischem Obst. »Murtek war ein sehr aufmerksamer Gastgeber. Hast du der Hohepriesterin deine Aufwartung gemacht, Peabody?«

Ich erklärte ihm alles. »Emerson, du hättest die Königin sehen sollen«, fuhr ich fort. »Abgesehen davon, daß sie hübscher ist, gleicht sie der Königin von Punt aus den Reliefs im Hatschepsut-Tempel wie ein Ei dem anderen! Du erinnerst dich doch an sie: eine riesige, beleibte Gestalt neben einem winzigen Esel.«

»Einer der vielen Hinweise darauf, daß die alten Ägypter Sinn für Humor hatten«, meinte Emerson grinsend. »Die weiblichen Mitglieder des meroitischen Königshauses waren genauso gebaut. Also hältst du Ihre Majestät nicht für eine Agrippina oder Roxelana?«

Obwohl seine Anspielung auf die beiden ehrgeizigen Königsmütter aus Rom und der Türkei für unsere Diener unverständ-

lich war, begriff ich natürlich sofort, worauf er hinauswollte.
»Nein. Es ist mir gelungen, ihr einige Fragen zu ihrem Sohn
und der Thronfolge zu stellen. Aber sie antwortete nur, der Gott
werde entscheiden. Und ich könnte schwören, daß sie das ehrlich meinte. Wie du weißt, bin ich eine ausgezeichnete Menschenkennerin...«

»Hmmm«, brummte Emerson.

»Weiterhin ist sie wahrscheinlich wegen ihrer außergewöhnlichen Korpulenz überhaupt nicht zu geistigen und körperlichen
Anstrengen in der Lage«, sprach ich weiter, denn mir war etwas
Neues eingefallen. »Ich frage mich, ob das die Erklärung für
den Leibesumfang der Damen des meroitischen Königshauses
ist. Man nudelte die Frauen wie Gänse und hinderte sie so daran, sich in die Staatsgeschäfte einzumischen – wie ich zugeben
muß, eine humanere Methode als Hinrichtung oder Kerker-
haft.«

Emerson betrachtete mich zweifelnd. Dann schüttelte er bedauernd den Kopf. »Du weißt ebensogut wie ich, daß dickleibi-
ge Menschen nicht träger sind als andere. Und auf einigen meroitischen Reliefs sind Königinnen zu sehen, die Gefangene mit
jugendlichem Elan und Begeisterung aufspießen.«

»Richtig.« Ich zwang mich, ein paar Löffel von dem Eintopf
zu essen. »Ich bezweifle, daß einige Kilo mehr meinen Charakter verändern würden.«

»Dessen bin ich mir auch sicher«, verkündete Emerson. »Aber
ich hoffe, daß du nicht mit dem Gedanken an ein Experiment
spielst. Hast du sonst noch etwas Interessantes von der Königin
erfahren?«

»Eigentlich nicht. Und was ist mit dir?«

»Ich kann den Anblick von Essen nicht ertragen«, erklärte
Emerson und schob seinen Stuhl zurück. »Wenn du ebenfalls
fertig bist, Peabody, können wir im Garten spazierengehen.«

Bis dahin hatten wir nichts gesagt, was nicht auch unserem
Gefolge bekannt gewesen wäre. Doch ich sah Emerson an, daß
er mit mir etwas unter vier Augen besprechen wollte und einen
taktvollen Weg suchte, unserem Hofstaat zu entkommen. Die
Männer lenkten wir ab, indem wir sie einluden, sich an den

kaum berührten Speisen zu laben. Und als die Damen uns folgen wollten, schickten wir sie auf die Suche nach Ramses. Er war schon den ganzen Vormittag verschwunden, weshalb meine mütterliche Sorge nicht nur gespielt war.

»Was ist?« fragte ich, während wir am Wasserbecken entlangschlenderten. »Hast du Tarek gesehen?«

»Nein. Man teilte mir mit, beide Prinzen seien mit Staatsgeschäften befaßt. Aber Murtek empfing mich herzlich und hielt mich den ganzen Vormittag fest. Mir gefällt der alte Knabe, Peabody; er hat einen wissenschaftlichen Verstand. Er war der einzige Erwachsene, der die intellektuelle Neugier besaß, Englisch von Forth zu lernen und ihn über das Leben in der Welt da draußen auszufragen.«

»Murteks Englisch ist nicht so gut wie Tareks.«

»Murtek hatte die zusätzliche Schwierigkeit, daß er die Sprache erst spät im Leben lernte. Ein junger Mensch kann sich die seltsamen Laute einer Fremdsprache viel leichter aneignen. Allerdings ist Tarek mit Sicherheit hochintelligent. Laut Murtek war er Forths Musterschüler und setzte seine Studien fort, nachdem die meisten seiner Altersgenossen schon gelangweilt das Handtuch geworfen hatten. Auch Murtek blieb bei der Stange. Und als er über Forth sprach, war ihm deutlich anzumerken, wie gern er ihn gehabt haben muß. Murtek besitzt die seltene und bewundernswerte Gabe der geistigen Neugier – die Liebe zum Wissen um seiner selbst willen. Du hättest einige seiner Fragen hören sollen: über unsere Regierung, unsere Geschichte, selbst unsere Literatur. Ich mußte ihm sogar Hamlets großen Monolog erläutern.«

»Shakespeare!« rief ich aus. »Emerson, weißt du, was das bedeutet? Hat Murtek dir das Buch gezeigt?«

»Nein, warum sollte er? Er...« Emerson hielt inne und starrte mich an. »Mein Gott, Peabody! Du mußt mich für einen kompletten Idioten halten. So begeistert war ich, einen Mann von derart großem Verstand kennenzulernen, daß ich nicht auf diesen Gedanken gekommen bin. Forth muß eine Shakespeare-Ausgabe bei sich gehabt haben; woher sonst hätte Murtek davon wissen sollen?«

»Es gibt wahrscheinlich noch andere Möglichkeiten«, räumte
ich ein. »Von Shakespeare sind schon seit vielen Jahren unzählige verschiedene Ausgaben im Umlauf. Bestimmt war Mr. Forth
nicht der erste, der dieses Tal entdeckt hat. Vielleicht ist es ja
ein Zufall. Murtek hat dir das fragliche Buch nicht gezeigt, und
mein nächtlicher Besucher sagte mir, ich solle auf einen Boten
warten.«

»Ja, aber die Umstände könnten sich geändert haben«, sagte
Emerson bekümmert. »Ich weiß nicht, wie Robin Hood es überhaupt geschafft hat, hier ins Haus zu kommen. Möglicherweise
gelingt es ihm kein zweites Mal. Ich habe von Murtek eine
Menge über die politische Lage erfahren. Er sagte nichts, was
man ihm als Verrat auslegen könnte – seine Diener und meine
hingen an unseren Lippen –, aber ich bin sicher, daß er von
mir genügend Intelligenz erwartete, um seine Anspielungen zu
verstehen. Natürlich weißt du, daß man im alten Ägypten, anders als bei uns, nicht zwischen Politik und Religion unterschied. Der König war ein Gott, und die Priester waren Staats-
beamte.«

»Und was hat das mit der hiesigen Situation zu tun?«

»Alles. Im Laufe der Jahrhunderte hat Amon wie in Ägypten
die Macht und die Attribute anderer Götter übernommen – Re,
Atum, Min – der mit dem enormen...«

»Ja, Emerson, diese Entwicklung ist mir bekannt. Man nennt
besagtes Phänomen Synkretismus.«

»Richtig. Nun, Osiris ist der einzige Gott, den Amon nie ver-
einnahmen konnte. Die beiden sind zu verschieden – Amon-Re,
der große und mächtige König der Götter, erhaben und ehrfurchtgebietend. Osiris, der leidende Erlöser, der wie ein gewöhnlicher Mensch gestorben ist und wieder auferstand. Isis,
seine angebetete Gattin, ist beim Volk sehr beliebt. Die anderen
Götter – Bes, Bastet, Apedemak, der alte kuschitische Löwen-
gott –, auch sie haben hier ihre Anhänger. Aber nur zwei Kulte
sind wirklich von Bedeutung – der des Amon-Re, der von dem
sauertöpfischen alten Schurken Pesaker vertreten wird, und der
von Osiris und Isis; und deren Hohepriester ist unser Freund
Murtek.«

»Ich verstehe. Das erklärt die eigenartige Figurengruppe, die wir letzte Nacht gesehen haben: Aminreh, Isis und Osiris, anstatt einer der üblichen göttlichen Familien.«

»Und es erklärt auch die Meinungsverschiedenheiten zwischen Pesaker und der Priesterin der Isis, was unsere Zukunft betraf.« Emerson räkelte sich, so daß die Muskeln unter seinem Leinenhemd spielten. »Es ist doch schmeichelhaft, wenn sich zwei Götter um einen streiten.«

»Du meinst ihre Vertreter auf Erden, Pesaker und Murtek – denn die Hohepriesterin sprach bestimmt im Namen von letzterem. Immer wieder der gute, alte Machtkampf, Emerson. Können wir davon ausgehen, daß Amon den einen Prinzen und Osiris den anderen unterstützt?«

»Ich wünschte, es wäre so einfach. Ganz sicher haben es beide Prinzen auf Amons Fürsprache abgesehen, denn *sein* Priester verkündet die Entscheidung des Gottes. Und beide Priester wünschen sich einen Prinzen, der nach ihrer Pfeife tanzt. Vermutlich wird hinter den Kulissen kräftig geschachert, bestochen, erpreßt und Druck ausgeübt. Allerdings habe ich heute etwas noch viel Interessanteres erfahren, Peabody. Murtek ist ein alter Fuchs – anderenfalls hätte er in diesem Intrigennest wahrscheinlich nicht überlebt –, denn als er mich zur Tür begleitete, ließ er eine Bemerkung fallen, die einschlug wie ein Blitz.«

»Und?« fragte ich.

Hinter uns raschelte der Vorhang aus grünen Kletterpflanzen. Es war nur eine Brise, die zärtlich meine Wangen liebkoste, aber Emerson nahm mich bei der Hand und zog mich auf die Füße. »Gehen wir ein Stückchen, Peabody.«

»Es ist geschmacklos, die Spannung bis ins Unerträgliche zu steigern, Emerson!«

»Ich möchte nicht belauscht werden.« Emerson legte den Arm um mich und drückte mich an sich. »Peabody – es ist noch ein Europäer hier!«

Emerson mußte mich daran hindern weiterzufragen, indem er mich hinter einen blühenden Busch zerrte und seine Lippen fest auf meine preßte. Diese Unterbrechung war in jeder Hinsicht erfrischend, und als ich endlich wieder sprechen konnte, verstand ich den Grund seines Handelns.

»Du hast das Thema nicht weiterverfolgt – hast dich nicht danach erkundigt, wer dieser Mann ist oder wo er lebt?« flüsterte ich.

Emerson schüttelte den Kopf. »Murtek redete sofort weiter, und wir waren von den verdammten Höflingen umringt. Er machte es recht geschickt, eine beiläufige Anspielung auf etwas, was ihm der ›andere weiße Mann‹ kürzlich gesagt habe; selbst wenn jemand ihn gehört haben sollte, hielt er es gewiß für einen Versprecher.«

»Könnte dieser Mann nicht doch Willoughby Forth sein? Vielleicht haben sie gelogen, als sie uns von seinem Tod erzählten…«

Emerson unterbrach mich, indem er mich so fest drückte, daß mir die Luft wegblieb. »Ruhig, Peabody. Ich flehe dich an. Meiner Meinung nach ist das höchst unwahrscheinlich. Du hast vergessen, daß es noch einen Kandidaten gibt.«

»Aber natürlich!« hauchte ich.

Ich hatte den armen Reggie Forthright nicht vergessen, und ich vertraue darauf, daß auch der werte Leser sich seiner noch erinnert. Wir hatten zwar des öfteren über sein trauriges Schicksal gesprochen, aber gezwungenermaßen darauf vertraut, daß die Vorsehung, der liebe Gott oder das Militär (nicht notwendigerweise in dieser Reihenfolge) uns wieder mit ihm vereinen würden, denn wir waren machtlos. Nun überkam mich die Erkenntnis wie eine Erleuchtung, und ich fragte mich, warum mir das nicht schon früher eingefallen war.

»Die wilden Männer der Wüste«, sagte ich. »Vielleicht dieselben ›wilden Männer‹, die uns gerettet haben. Aber wir haben unterwegs keine Spur von ihm entdeckt.«

»Wenn er nur um fünfzig Meter vom Weg abgewichen ist, hatten wir gar keine Möglichkeit dazu. Und da er auch ansonsten recht unfähig ist, würde es mich nicht überraschen, wenn er

den Kompaß nicht lesen könnte. Aber rechne lieber nicht damit, daß es sich um deinen Freund handelt, Peabody. Während
des Mahdi-Aufstandes sind viele Menschen verschollen oder
ums Leben gekommen.«

»Ganz gleich, wer es ist, wir müssen ihn sehen. Ich glaube,
du hast recht, Emerson. Der gute, alte Murtek wollte, daß wir
davon erfahren und etwas unternehmen. Aber wie?«

Eine der Damen erschien an der Tür zum Garten, doch
Emerson bedachte sie mit einem so finsteren Blick, daß sie auf-
kreischend die Flucht ergriff. »Bis jetzt scheint das Glück mit
den Tapferen zu sein. In anderen Worten: Ich werde einfach
verlangen, daß man mich zu dem ›anderen weißen Mann‹
bringt. Wir werden schon sehen, was sich daraus entwickelt.«

Die Dame hatte uns mitteilen wollen, daß man Ramses gefunden
hatte – oder besser gesagt, daß er freiwillig zurückgekommen war.
Er saß am Tisch, verzehrte die Überreste des Mittagessens und
verfütterte Bröckchen davon an die Katze. Die Katze war so elegant und sauber wie immer; mein Sohn war mit Staub und Spinnweben bedeckt. Als ich ihm befahl, sich waschen zu gehen, widersprach er, er habe sich bereits gewaschen – seine Hände. Eine
Überprüfung ergab, daß sie tatsächlich sauberer waren als der
Rest seiner Person, weshalb ich nicht auf einer weiteren Reinigung beharrte.

»Wo warst du?« fragte ich. »Wir haben dich überall gesucht.«

Ramses schob sich ein riesiges Stück Brot in den Mund und
wies mit der Hand auf den hinteren Teil des Gebäudes. Ich ent-
nahm dem, er habe sich seiner selbst auferlegten Aufgabe ge-
widmet, die Wandgemälde und Inschriften zu kopieren. Also er-
teilte ich ihm eine Standpauke zum Thema Tischmanieren,
denn seine hatten unter dem Einfluß unserer Diener erheblich
nachgelassen, und sagte ihm tadelnd, es sei unhöflich, sich vor
Menschen zu verstecken, die einen suchten.

Emerson, der sich sofort zu den Wachen begeben hatte, um

sein Vorhaben in die Tat umzusetzen, kam schimpfend und mit finsterer Miene zurück.

»Haben sie dich nicht gehen lassen?« fragte ich.

»Das war nicht das Problem.« Schwer ließ Emerson sich auf einen Stuhl fallen. »Sie gaben vor, mich nicht zu verstehen.«

»Vielleicht haben sie dich wirklich nicht verstanden, Emerson. Möglicherweise ist der arme Mann ein Gefangener und wird scharf bewacht.«

»Oder es gibt ihn nur in meiner Phantasie«, murmelte Emerson und strich sich über das Grübchen im Kinn. »Nein, verdammt, Murteks Worte waren eindeutig. Und was tun wir jetzt?«

Als Ramses nach einer Erklärung verlangte, kam sein Vater dieser Bitte nach. »Sehr interessant«, sagte Ramses und strich sich auch übers Kinn. »Mir erscheint es am besten, jemanden in gehobener Stellung zu fragen – oder die Auskünfte bei ihm einzufordern.«

»Genau das wollte ich auch vorschlagen«, stimmte ich zu. »Einen der Prinzen vielleicht?«

»Alle beide«, meinte Ramses.

Also steckten wir die Köpfe zusammen und schrieben eine Botschaft nach dem Vorbild des Steins von Rosetta, indem wir den Text in Englisch und Meroitisch abfaßten. Nachdem wir uns zur allgemeinen Zufriedenheit auf den Wortlaut geeinigt hatten, schrieb ich alles noch einmal ab, und Emerson übergab die beiden Briefe den Wachen.

»Es gab keine Schwierigkeiten«, berichtete er bei seiner Rückkehr. »Man versicherte mir, unsere Nachricht werde umgehend weitergeleitet. Nun können wir nur noch warten.«

»Ich habe es allmählich satt, ständig nur herumzusitzen. Warten ist nicht unser Stil, Emerson. Ich brenne darauf, etwas zu tun. Ein kühner Wurf, ein Staatsstreich…«

»Du könntest ja mit gezücktem Sonnenschirm ins Dorf marschieren und die *rekkit* zu den Waffen rufen«, antwortete Emerson und griff nach seiner Pfeife.

»Sarkasmus steht dir nicht, Emerson. Ich meine es ernst. Es muß doch einen Weg geben, wie wir unseren Einfluß mehren

und den Leuten hier Angst und Schrecken einjagen können...
Emerson! Es steht nicht zufällig eine Sonnenfinsternis bevor?«

Emerson nahm die Pfeife aus dem Mund und starrte mich
an. »Woher zum Teufel soll ich das wissen, Peabody? Normalerweise nehme ich zu einer Expedition nach Afrika keinen Alma-
nach mit.«

»Ich hätte daran denken sollen«, meinte ich bedauernd. »In
Zukunft werde ich einen einstecken. Es würde so gelegen kommen – eine Sonnenfinsternis, meinte ich.«

»Noch besser wäre die Ankunft des Kamelcorps mit fliegen-
den Standarten«, stellte Emerson fest. Die Verzögerungen schienen seinen Sinn für Humor negativ zu beeinflussen. »Verdammt,
Peabody, Himmelskörper bewegen sich nicht, wie man es gerade braucht, und eine völlige Sonnenfinsternis ist ohnehin ein
ziemlich seltenes Phänomen. Wie bist du denn auf diese dumme Idee gekommen?«

Zweimal an diesem Nachmittag ging ich ins Vorzimmer, um
zu fragen, ob eine Nachricht für uns eingetroffen sei. Man versicherte mir, daß sie in diesem Fall sofort bei uns abgegeben worden wäre. Daß Emerson in aller Seelenruhe Tagebucheintra-
gungen machte, vergrößerte nur meine Ungeduld, und ich ging,
die Hände auf dem Rücken, im Zimmer auf und ab. Schließlich
hörte ich das Schlurfen von Sandalen und das Klappern von
Waffen, das die Ankunft der Wachen ankündigte – dem Geräusch nach zu urteilen, waren es mehrere.

»Endlich!« rief ich aus. »Die Botschaft!«

Emerson erhob sich; seine Augen verwandelten sich in
schmale Schlitze. »Wie es sich anhört, ist es mehr als nur *ein*
Bote. Vielleicht ist Tarek selbst gekommen.«

Der Vorhang wurde von einer Speerspitze beiseite geschoben,
und zwei Soldaten kamen herein. Zwischen sich schleppten sie
einen dritten Mann, den sie mit einem kräftigen Schubs ins
Zimmer stießen. Da die Hände des Gefangenen auf dem Rükken gefesselt waren, konnte er den Sturz nicht abfangen, stolperte und fiel mir genau vor die Füße.

Natürlich handelte es sich bei dem Gefangenen um Reggie
Forthright. Sein Anzug war zerknittert und ausgebleicht, und

inzwischen war ihm ein dichter Bart gewachsen. Abgesehen von seiner Blässe, die darauf hinwies, daß er längere Zeit hinter Kerkermauern verbracht hatte, machte er einen recht fidelen Eindruck. Sein Gesicht sah sogar ziemlich rundlich aus. Das mochte am Bewegungsmangel liegen, aber ich wurde dadurch an die Azteken erinnert, die ihre Gefangenen zu Opferzwecken mästeten.

Emerson verdrehte die Augen zum Himmel und setzte sich wieder. Ich kniete neben dem am Boden Liegenden nieder und... doch es wäre, wie ich befürchte, eine Wiederholung, wenn ich meine nun folgenden Handlungen beschriebe. Bald saß Reggie auf einem Stuhl und stärkte sich mit ein wenig Wein.

Mir sprudelten Tausende von Fragen über die Lippen, auf die Reggie wiederum mit einem Schwall von Fragen antwortete. Es dauerte eine Weile, bis wir uns ausreichend beruhigt hatten und in der Lage waren, uns zusammenhängend auszudrücken.

Reggie bestand darauf, daß ich zuerst unsere Reise und unsere bisherigen Abenteuer schilderte. Im Laufe meines Berichts zeigte Emerson zunehmend Anzeichen von Ungeduld, und nachdem ich unseren Besuch im Dorf und die Rettung von Mutter und Kind beschrieben hatte, unterbrach er mich: »Du wirst allmählich heiser, Peabody. Jetzt soll Mr. Forthright seine Geschichte erzählen.«

In seiner charmanten Art gestand uns Reggie, daß er sich gleich zu Anfang verirrt hatte. »Wenigstens glaubte ich das, Mrs. Amelia, denn die Orientierungspunkte, die Sie beschrieben haben, habe ich nie gesehen. Damals dachte ich mir noch nichts dabei, denn wie der Professor zweifelte auch ich an der Genauigkeit der Karte, die mein armer Onkel angefertigt hat. Doch nachdem ich nun von Ihrer Reise gehört habe... Es ist unerklärlich! Ich bin doch nicht zu dumm, um einen Kompaß zu lesen.«

»Vielleicht gibt es trotzdem eine Erklärung«, meinte ich nachdenklich. »Möglicherweise steckt der Fehler in Ihrer Kopie der Karte.«

»Ich versichere Ihnen...«, fing Reggie an.

»Schon gut«, sagte Emerson. »Warum sind Sie nicht umgekehrt, als Sie den ersten Orientierungspunkt nicht gefunden haben?«

»Nun, wissen Sie, wir haben am vierten Tag Wasser gefunden
und hatten auch noch genügend Lebensmittel für den Rückweg. Es war nur ein verlassener Brunnen, der erheblicher Reinigung bedurfte, ehe wir ihn benutzen konnten, aber wir ge-
wannen dadurch Zeit. Uns widerfuhr keiner der Unglücksfälle,
mit denen Sie sich herumschlagen mußten. Die Kamele waren
gesund und die Männer willig und bester Stimmung. Deshalb
beschloß ich, noch ein paar Tage weiterzureiten. Ich hatte das
Gefühl, daß ich die Suche noch nicht aufgeben durfte.«

»Sehr bewundernswert«, lobte ich ihn. »Und dann sind Sie
wohl überfallen worden?«

Reggie schüttelte den Kopf. »Ich erinnere mich nur undeutlich, Mrs. Amelia. Ich bin dann krank geworden... Sie schlugen
im Morgengrauen zu. Ich weiß lediglich, daß ich von Geschrei
und Stöhnen geweckt wurde. Als ich aus meinem Zelt stürzte,
sah ich, wie meine Männer flohen. Ich kann es ihnen nicht ver-
übeln, denn sie waren nur mit Messern bewaffnet, und die
Schurken, die sie verfolgten, trugen große Eisenspeere, Pfeile
und Bogen.«

»Aber Sie hatten doch eine Flinte«, meinte Emerson und kaute an seiner Pfeife.

»Ja, und es gelang mir, einige der Teufel ins Jenseits zu beför-
dern, ehe sie mich überwältigten«, antwortete Reggie. Ein finsterer, zufriedener Ausdruck ließ sein liebenswürdiges Gesicht här-
ter erscheinen. »Als ich feststellte, daß sie mich nicht töten,
sondern gefangennehmen wollten, setzte ich mich noch heftiger
zur Wehr. Einen raschen Tod hätte ich der Sklaverei vorgezogen. Aber es war vergeblich. Ein Schlag auf den Kopf streckte
mich nieder, und ich muß einige Tage lang bewußtlos gewesen
sein. An den Weg hierher erinnere ich mich nicht.«

»Und Sie wissen auch nicht, was mit Ihren Männern geche-
hen ist?« fragte Emerson.

Reggie zuckte die Achseln. »Wahrscheinlich sind einige von
ihnen entkommen – und dann elend verdurstet. Doch nun sind

Sie wieder an der Reihe, Mrs. Amelia. Sind Sie schon lange hier gefangen? Haben Sie Fluchtpläne? Wie ich Sie kenne, Herr Professor, kann ich mir nicht vorstellen, daß sie sich achselzuckend in die Gefangenschaft fügen.«

»Sie drücken das recht theatralisch aus, Mr. Forthright«, sagte Emerson. »Das Tal ist der Traum eines jeden Archäologen, und ich würde es nur ungern verlassen, ehe ich diese faszinierenden Überreste der meroitischen Kultur nicht eingehend untersucht habe. Wir sind nicht wie Gefangene, sondern wie Ehrengäste behandelt worden. Und dann ist da noch eine Kleinigkeit, der Grund, weshalb wir überhaupt hier sind: herauszufinden, was aus Ihrem Onkel und seiner Frau geworden ist.«

»Sie sind tot«, sagte Reggie leise. »Gott schenke ihrer Seele Frieden.«

»Woher wissen Sie das?«

»Er hat es mir gesagt.« Zwar versuchte Reggie, seine Stimme zu dämpfen, aber Trauer und Wut waren ihm dennoch deutlich anzumerken. »Mit einem schurkischen Lachen hat er mir ihren langsamen und qualvollen Tod unter der Folter beschrieben...«

»Nastasen?« rief ich aus.

»Wer?« Fragend sah Reggie mich an. »Nein, es war Ihr Freund Kemit, den man hier Prinz Tarekenidal nennt. In seinem Kerker saß ich all diese schrecklichen Wochen lang gefangen.«

Reggies Bericht wurde nicht durch seine überbordenden Gefühle oder von einem literarischen Kunstgriff meinerseits, sondern durch das Erscheinen der Diener unterbrochen, die sich anschickten, das Abendessen vorzubereiten. Emerson wies sie an, ein Zimmer für den Neuankömmling herzurichten, und ging mit, um zu übersetzen, denn Reggie hatte, wie er zugab, kaum etwas von der Sprache gelernt. Kurz darauf kam ein Wachmann mit einem Rucksack herein, den ich als Reggies erkannte. Ich schickte einen Diener damit zu ihm.

Ramses hatte seinen Vater und Reggie begleitet, doch die Katze hatte es vorgezogen zu bleiben und sich auf einem Haufen Kissen zusammengerollt. Als ich mich neben sie setzte, öffnete sie ein goldenes Auge und gab ein genüßliches Grunzen von sich. Ich streichelte ihren Kopf und ihr weiches Fell und beruhigte mich, so daß ich endlich meine wild durcheinanderwirbelnden Gedanken ordnen konnte.

Ich hatte mich immer für eine gute Menschenkennerin gehalten, aber offenbar mußte ich mich in einem der beiden Männer geirrt haben. Entweder log Reggie, oder Tarek war ein finsterer Schurke – und ebenfalls ein Lügner. Waren das wirklich die einzigen Alternativen? Gab es noch eine weitere Möglichkeit?

Mir fielen noch einige ein. Reggie war krank und vielleicht nicht ganz bei Verstand gewesen. Vielleicht hatte er sich alles nur eingebildet oder die beiden Prinzen miteinander verwechselt. Wie vielen unwissenden Europäern fiel es ihm schwer, einen »Eingeborenen« vom anderen zu unterschieden, und die beiden Brüder sahen sich auf den ersten Blick sehr ähnlich – vor allem, wenn es dunkel war. Und man konnte mit Sicherheit davon ausgehen, daß es sich bei Reggies Zelle um ein finsteres, feuchtes Loch gehandelt hatte.

Andererseits aber hatte Tarek Reggie möglicherweise absichtlich getäuscht, obwohl ich mir dafür noch keinen Grund denken konnte.

Nachdem ich diese Theorien im Geiste durchgegangen war, fühlte ich mich um einiges besser.

Unserem Gast zu Ehren beschloß ich, statt meiner Hosen ein Gewand anzulegen. Ich hatte mein Bad gerade beendet, und die Damen trockneten mich ab, als Emerson den Kopf durch die Tür steckte. Seine finstere Miene erhellte sich beim Anblick dessen, was da vor sich ging.

»Schick sie weg«, sagte er.

»Aber Emerson, sie sind...«

»Ich sehe, was sie tun.« Er bellte einen Befehl, der die Damen aus dem Raum stieben ließ, und griff nach einem frischen Leinenhandtuch.

»Ich muß schon sagen, Peabody«, bemerkte er im Laufe der nun folgenden Aktivitäten, »du wirst mit der Zeit richtiggehend genußsüchtig. Soll ich dir ein paar Sklavinnen besorgen, wenn wir wieder in Kent sind?«

»Im Augenblick kann ich über die Bedienung nicht klagen«, witzelte ich.

»Das will ich hoffen«, murmelte Emerson. »Warum geraten wir immer in solche Situationen? Warum gelingt es mir nicht, einfach eine ganz gewöhnliche Ausgrabung durchzuführen?«

»*Mir* kannst du unsere Lage nicht zum Vorwurf machen, Emerson. Und außerdem ist diesmal alles ganz anders als sonst.«

»Es gibt aber einige Gemeinsamkeiten«, widersprach Emerson. »Zum Beispiel hast du die unselige Angewohnheit, Mitglieder des Adels anzulocken, nur daß es sich hier nicht um britische Aristokraten handelt.«

Da er mich gleichzeitig mit Zärtlichkeitsbeweisen überschüttete, konnte ich ihm wegen seiner Rüge nicht böse sein. »Wenigstens ist diesmal kein junges Liebespärchen mit von der Partie, mein Schatz«, antwortete ich vergnügt.

»Da muß ich dir recht geben«, meinte Emerson, »das ist auf jeden Fall ein Vorteil, Peabody, und ich bin auch sehr dankbar dafür. Außerdem hoffe ich, daß du das hier zu schätzen weißt…«

Ich bestätigte ihm das auf angemessene Weise, doch schließlich mußte ich widerstrebend sagen: »Mein Liebling, ich glaube, ich sollte mich jetzt anziehen. Wir haben einen Gast. Hoffentlich hast du ein angemessenes Quartier für ihn aufgetan.«

»Ich fand es angemessen«, erwiderte Emerson geheimnisvoll. »Was hältst du von seiner Geschichte?«

Da ich annahm, daß er damit Reggies schockierende Aussage über Tarek meinte, erläuterte ich meine Theorien.

»Hmmm«, brummte Emerson noch geheimnisvoller. »Wenn ich du wäre, würde ich Forthright gegenüber nicht so offen sein, Peabody. Erzähle ihm nichts von deinem mitternächtlichen Besucher und verteidige nicht Tareks Tugend.«

Jetzt war mir alles klar. »Du hast Reggie von Anfang an nicht gemocht«, sagte ich, während ich Emerson gestattete, mich in mein Gewand zu hüllen und mir die Schärpe zu binden.

»Das tut nichts zur Sache«, erwiderte Emerson. »Jedenfalls ist er mir noch eine Erklärung schuldig.«

Wie sich herausstellte, verhielt es sich umgekehrt ebenso. Als

Reggie sich zu uns in den Empfangssalon gesellte, stellte ich auf
den ersten Blick fest, daß sich sein Äußeres zum Vorteil verändert hatte. Seine gebräunte Haut und sein flammend rotes Haar
hoben sich von dem schneeweißen Gewand ab, und man hatte
seinen Bart gewaschen, bis er leuchtete wie die untergehende
Sonne. Allerdings machte sein sonst so offenes Gesicht einen
verspannten Eindruck, und anstatt mit seinem Bericht fortzufahren, plauderte er über die Speisen und die Gegenstände auf
dem Tisch wie ein neugieriger Tourist. Da mir einfiel, daß ihm
die Anwesenheit der Diener vielleicht unangenehm war, schickte ich sie hinaus.

»Nun können Sie ungehindert sprechen«, forderte ich ihn
auf. »Aber Sie hatten recht mit Ihrer Vorsicht. Ich glaube, wir
haben uns schon so an die Diener gewöhnt, daß wir sie kaum
noch bemerken.«

»Das habe ich auch schon festgestellt«, antwortete Reggie, wobei er meinem Blick auswich. »Sie scheinen sich hier ganz wie
zu Hause und sehr wohl zu fühlen.«

Emerson, der einen sechsten Sinn für mögliche Beleidigun-
gen hat, verstand die Anspielung, bevor ich es tat. Klappernd
ließ er den geschnitzten Hornlöffel fallen und fauchte: »Worauf
wollen Sie hinaus, Mr. Forthright?«

»Sie wünschen, daß ich offen spreche?« Die Wangen des jungen Mannes röteten sich. »Das werde ich tun, denn die hohe
Kunst der Intrige habe ich nie gelernt. Vor lauter Freude über
meine Freilassung und unser Wiedersehen bin ich unvorsichtig
geworden. Doch inzwischen hatte ich Zeit, alles zu überdenken,
und ich muß Ihnen in aller Deutlichkeit sagen, Herr Professor,
daß Sie mir in einigen Dingen noch eine Erklärung schuldig
sind. Meine Karte war fehlerhaft, Ihre korrekt; ich wurde gefangengenommen und gequält, Sie wurden gerettet und gut behandelt. Ich habe die letzten Wochen in einer finsteren, feuchten
Zelle verbracht, während Sie in diesen luxuriösen Räumen lebten, mit Speisen, Wein, schönen Kleidern und Dienern, die Ihnen jeden Wunsch von den Augen ablesen…«

»Genug!« rief ich aus. »Ich verstehe Ihre Zweifel, Reggie. Sie
haben uns im Verdacht, aber Sie irren sich, mein armer Junge.

Warum man uns so unterschiedlich behandelt hat, kann ich mir nicht erklären, doch ich würde nie einen Landsmann oder eine Landsmännin verraten. Wenn Ihr Onkel und Ihre Tante noch am Leben sind, werden wir dieses Tal nicht ohne sie verlassen.«

»Ich – ich bitte Sie um Verzeihung«, flüsterte Reggie.

»Sie sei Ihnen gewährt«, erwiderte ich gnädig.

»Einen Augenblick«, schaltete sich Emerson ein. Er raufte sich die Haare. »Ich glaube, ich habe den roten Faden verloren. Soll das heißen, Mr. Forthright, daß Ihr Onkel und Ihre Tante Ihrer Ansicht nach immer noch am Leben sind? Auch uns hat man erzählt, sie wären verstorben... allerdings nicht unter den grausigen Umständen, die Sie uns geschildert haben.«

»Ich glaube nicht, daß sie noch leben«, sagte Reggie. »Ich wollte nur fragen... vorschlagen... ich weiß nicht, was ich eigentlich wollte.«

»Das passiert häufig, wenn man sich mit Mrs. Emerson unterhält«, meinte mein Gatte beruhigend. »Reißen Sie sich zusammen, Forthright, und benutzen Sie Ihren Verstand. Ich verstehe Ihr Problem, aber Sie können doch nicht ernsthaft annehmen, daß wir den Rest unseres Lebens in diesem Palast herumsitzen wollen.«

»Dann – dann denken Sie also an Flucht?«

»Wir wollen fort, das ist richtig. Früher oder später, auf irgendeinem Weg. Vielleicht«, fügte Emerson nachdenklich hinzu, »brauchen wir ja nur zu fragen. Das haben wir noch gar nicht versucht.«

Reggie schüttelte den Kopf. »Keiner verläßt den Heiligen Berg. Wie sonst, glauben Sie, ist er all die Jahre lang ein Geheimnis geblieben? Wir sind nicht die ersten Wanderer, die zufällig darauf gestoßen sind oder von den Soldaten gefangengenommen wurden, die die Wege hierher bewachen. Auf Flucht steht sowohl für Einheimische als auch für Fremde die Todesstrafe.«

»Aha.« Emerson schob seinen Stuhl zurück und musterte den jungen Mann eindringlich. »Sie wissen mehr, als Sie uns vorhin verraten haben.«

»Natürlich. Wie Sie sich sicher erinnern, wurden wir unterbrochen.«

»Dann fahren Sie bitte an der Stelle fort, wo man uns gestört hat. Das heißt, falls Sie beschlossen haben, uns zu vertrauen.«

»Ich weiß nicht, was in mich gefahren war«, nuschelte Reggie. »Ich bitte um Entschuldigung. Aber wenn Sie wüßten, was ich durchgemacht habe…«

»Wir glauben Ihnen Ihre Leiden aufs Wort«, meinte Emerson trocken. »Sprechen Sie weiter.«

»Nun denn. Zuerst einmal sollten Sie wissen, daß wir mitten in einen Machtkampf geraten sind…«

Er erzählte uns zum Großteil nichts Neues – der Tod des Königs, der Kampf der beiden Erben um den Thron –, und ich hätte ihn auch darauf hingewiesen, hätte Emerson mich nicht mit einer abwehrenden Geste daran gehindert. Und in der Tat erhielten wir von Reggie eine neue und ganz andere Deutung der Tatsachen. »Kemit – oder Tarek, wie ich ihn nennen sollte – hat mehr oder weniger zugegeben, daß sein Bruder der rechtmäßige Thronfolger ist. Er bezog sich dabei auf ein Gerücht, daß seine Mutter… daß sein Vater in Wirklichkeit… daß er nicht…«

»Ja, ja, das alte Gerücht, der Erbe könne ein Bastard sein«, meinte Emerson. »Bei europäischen Thronräubern sehr beliebt. Und Tarek meinte, es entspräche der Wahrheit?«

»Nein, nicht im eigentlichen Sinne. Er hat es als üble Verleumdung bezeichnet. Allerdings hat er es ein wenig zu heftig abgestritten. Und warum sollte er die Hilfe von Fremden brauchen, wenn er wirklich der Thronerbe ist?«

»Hat er Sie um Hilfe gebeten?« fragte Emerson. »Einen Mann in einen finsteren, feuchten Kerker – so haben Sie sich doch ausgedrückt – einzusperren, ist eine eigenartige Methode, ihn für sich zu gewinnen.«

»Das mit dem Kerker kam erst später, nachdem ich mich geweigert hatte«, antwortete Reggie bedrückt. »Er wollte, daß ich seinen Bruder ermorde. Ich mußte mich weigern. Was hätte ich sonst tun sollen?«

»Sie hätten zustimmen und Nastasen warnen können«, erwiderte Emerson. »Ehrlichkeit ist nicht immer der beste Weg.«

»Warum ausgerechnet Sie?« fragte ich. »Es standen ihm doch

so viele Möglichkeiten offen, sich seines Konkurrenten zu entledigen. Und er hat viele treue Gefolgsleute...«

»Schon, aber sein Bruder hat ebenfalls viele treue Gefolgsleute. Mordanschläge haben hier Tradition. Die Adligen beschäftigen Vorkoster und Leibwächter. Ich bin ein guter Schütze und hätte Nastasen aus jeder Entfernung getroffen.«

Obwohl es mir widerstrebte, meine gute Meinung von Tarek ändern zu müssen, ergab Reggies Geschichte leider einen Sinn. »Was sollen wir tun?« murmelte ich. »Wie sollen wir nur herausfinden, wem wir vertrauen können?«

Reggie rutschte mit seinem Stuhl nah an mich heran und flüsterte: »Wir müssen fliehen, und zwar bald. Das Fest des Gottes rückt näher. Wenn Tarek den Thron erringen will, muß er seinen Bruder vorher ermorden, denn der Gott wird sich für den wahren Erben entscheiden. Falls wir dann noch hier sind, werden wir die schreckliche Entscheidung treffen müssen, entweder zum Mörder zu werden oder zu sterben.«

»Eine Entscheidung kann man das nicht gerade nennen«, brummte Emerson. »Denn ich bezweifle, daß dem Attentäter ein langes Leben vergönnt sein dürfte. Sie sind gut informiert, Forthright, und Tarek scheint unglaublich geschwätzig zu sein. Hat *er* Ihnen all das verraten?«

Im Westen ging die Sonne unter; ein weiches, dämmriges Licht wärmte das Zimmer. Reggies Lippen verzogen sich zu einem Lächeln. »Nein. Meine Informationen habe ich von einer anderen Person. Ohne ihre aufopferungsvolle Pflege wäre ich wohl meinen Wunden erlegen. Wenn wir fliehen, wird sie uns begleiten, denn ich werde nie eine andere lieben.«

Krachend schlug Emersons Faust auf den Tisch, daß das Geschirr klapperte. »Zum Teufel! Ich wußte es! Schon wieder ein verdammtes junges Liebespärchen!«

Nachdem Emerson sich wieder beruhigt hatte, fuhr Reggie mit seiner Geschichte fort – und sie ging ans Herz. Offenbar hatte

man ihn zu Anfang ähnlich behandelt wie uns. Er war in einem
sauberen, gut gelüfteten und sonnigen Zimmer erwacht und von
einer der weißgewandeten Mägde gepflegt worden, die, wie ich
schon sagte, in dieser Gesellschaft die Pflichten eines Arztes versahen. Frauen sind sehr empfänglich für gutaussehende, ver-
wundete junge Männer. Also dauerte es nicht lange, bis die
Dame sich überreden ließ, den Schleier abzulegen. Und wie
Reggie es ausdrückte, genügte ihr bloßer Anblick, um sich in
sie zu verlieben. Sprachliche Verständigungsschwierigkeiten haben für Liebende noch nie ein Hindernis dargestellt, und außerdem sprach die Magd ein wenig Englisch – genug, um ihn vor
der Gefahr zu warnen, in der er schwebte, und um ihm seine
verzweifelte Lage klarzumachen. »Sie hat ihr Leben riskiert, indem sie mir alles erzählte«, flüsterte Reggie, und Tränen traten
in seine Augen. »Und sie hätte noch mehr für mich getan. Doch
kurz darauf hatte ich meine letzte Auseinandersetzung mit dem
Prinzen, und er befahl, mich in den Kerker werfen zu lassen.
Nun, da ich frei bin…« Mit einem Zischlaut hielt er inne, als
eine weißverhüllte Gestalt aus dem Schatten trat.

»Ist das nicht Ihre Freundin?« fragte Emerson, wandte sich
um und musterte das Mädchen neugierig.

Reggie schüttelte den Kopf.

»Zum Teufel, wenn man sie nur auseinanderhalten könnte«,
meinte Emerson. »Aber sie sind von Kopf bis Fuß vermummt.«

»Liebende Augen durchdringen die dichtesten Schleier, Emerson«, merkte ich an.

Reggie versuchte, uns zum Schweigen zu bringen. »In Gegenwart der Mägde müssen Sie aufpassen, was Sie sagen. Viele von
ihnen verstehen Englisch, und wenn sie vom Verrat meiner
Liebsten erführen… es würde ihren Tod bedeuten. Nicht zu
vergessen, auch den unsrigen.«

»Die Mägde würden doch gewiß nicht eine Freundin, eine
Schwester, anschwärzen«, flüsterte ich.

»Sie begreifen nicht, was Aberglaube in den Köpfen primiti-
ver Menschen anrichten kann«, sagte Reggie, was ihm ein ver-
ächtliches Schnauben von Emerson einbrachte. »Diese Mädchen

wurden von Kindheit an im Glauben an ihre heidnischen Götter und für ihre Aufgabe erzogen. Sie sind Jungfrauen…«

Er brach ab, als Mentarit (ich erkannte sie an ihrem Gang) näherkam, um die Lampen anzuzünden. Nachdem sie hinausgegangen war, fuhr Reggie fort. »Die Mägde sind alle von hoher Geburt; einige von ihnen sind sogar Prinzessinnen. Wenn Sie ihre Zeit abgedient haben, werden sie mit Männern verheiratet, die der König für diese Ehre ausgewählt hat.«

»Wie entsetzlich!« rief ich aus. »Sie werden in die Ehe verkauft wie Vieh… Und sie haben gar kein Mitspracherecht?«

»Natürlich nicht«, sagte Emerson. »Wenn sich die Thronfolge, wie wir annehmen, über die Mutter vererbt, wird die Hochzeit einer Prinzessin zur Staatsangelegenheit. Hmmm. Ich frage mich…«

»Pssst!« Reggie beugte sich vor. Seine Stirn war ängstlich gerunzelt. »Sie wagen sich auf gefährliches Terrain, Herr Professor. Ich erkläre es Ihnen ein andermal. Hier gibt es zu viele Lauscher.«

Das stimmte in der Tat. Die Lampen waren angezündet, das Abendessen wurde vorbereitet, und unser Hofstaat nahm bereits seine Plätze ein. Emerson ging mit Ramses hinaus, um ihn säubern zu lassen.

»Versuchen Sie, ihren Namen herauszufinden«, flüsterte Reggie, wobei er auf Mentarit wies. »Einige der Mädchen stehen auf unserer Seite.«

»Ich kenne ihren Namen. Bis jetzt haben uns nur zwei bedient, und ich habe mit beiden gesprochen. Sie heißt Mentarit.«

Ein herzzerreißendes Stöhnen entrang sich den Lippen des jungen Mannes. »Das habe ich befürchtet. Passen Sie um Himmels willen auf, Mrs. Amelia! Von allen Mägden ist sie die gefährlichste.«

»Warum?« Seine Angst war ansteckend, mein Atem ging schneller.

»Hat sie Ihnen nicht erzählt, wer sie ist? Aber andererseits kann ich mir vorstellen, daß sie dieses Thema gern vermeidet. Sie ist eine der königlichen Erbinnen – und Tareks Schwester.«

12. KAPITEL

»Wenn ich spreche,
hören die Toten meine Worte
und gehorchen!«

Emerson nahm einen Schluck Bier und verzog das Gesicht. »Wenn ich auch nur die geringste Lust gehabt hätte hierzubleiben, hätte ich angesichts von Bier zum Frühstück meine Meinung geändert. Was würde ich nicht für eine gute Tasse Tee geben!«

»Du kannst auch Ziegenmilch trinken«, meinte ich, während ich an meiner nippte.

»Die schmeckt noch schlimmer als das Bier.«

Reggie hatte sein Bier ausgetrunken. Als er seinen Becher hinhielt, eilte einer der Diener herbei, um ihn nachzufüllen. Obwohl unser Freund sich am Vorabend früh zurückgezogen hatte und erst spät zum Frühstück erschienen war, sah er ein wenig bläßlich aus. Doch er lehnte meine Medikamente ab und meinte, es handle sich nur um die Nachwirkungen des Kerkeraufenthaltes.

»Nehmen Sie ein wenig von dem Getreidebrei, Forthright«,

meinte Emerson besorgt. »Wenn man einen halben Liter Honig darüberschüttet, ist er sogar genießbar. Eine Hirseart, meinst du nicht auch, Peabody?«

Mit angewidertem Gesicht schob Reggie die Schale weg. »Ich bringe keinen Bissen herunter. Ich frage mich, wie Sie bloß essen können.«

»Wir müssen bei Kräften bleiben«, verkündete Emerson und löffelte den Brei. »Vielleicht sollten Sie ein wenig ruhen, Forthright. Mrs. Emerson und ich gehen für eine Weile aus.«

Erschrocken blickte Reggie auf. »Wohin?«

»Ach – hierhin und dorthin. Ich möchte mir nur ungern die Gelegenheit entgehen lassen, diese faszinierende Kultur zu studieren.«

»Ihre Gemütsruhe erstaunt mich, Herr Professor!« rief Reggie aus. »Verstehen Sie denn nicht, in welcher Gefahr wir schweben? Ein falsches Wort, eine unbedachte Handlung...«

»Ihre Sorge rührt mich«, meinte Emerson und tupfte sich die Lippen mit einem der viereckigen Stoffstücke, die man uns (auf mein Beharren hin) anstelle von Servietten gegeben hatte.

Zwar erbot sich Reggie, uns zu begleiten, aber Emerson, der rundheraus meinte, daß das nicht in Frage käme, konnte ihn leicht davon abbringen. Zu meiner Überraschung beschloß Ramses ebenfalls zurückzubleiben. Vermutlich hoffte er, seine Freundin, die Katze, wiederzusehen, denn er ging sofort nach dem Essen in den Garten.

Die Wachen hatten nichts dagegen, daß wir das Haus verließen. Allerdings mußten wir uns mit einer Eskorte abfinden. Emerson murrte, bis ich ihn daran erinnerte, daß die Männer nur ihren Befehl befolgten. »Außerdem«, fügte ich hinzu, »sollte man angesichts von Reggies Geschichte ein wenig Vorsicht walten lassen, auch wenn man – wie ich – glaubt, daß er die Lage allzu pessimistisch einschätzt.«

»Papperlapapp«, brummte Emerson, womit er zugab, daß ich recht hatte.

Die Soldaten nahmen ihre Positionen ein. Zwei marschierten vorneweg, zwei folgten uns. Mit raschen Schritten eilte Emerson die Stufen hinab und bog sofort in die Straße ein. Als ich ins

Dorf hinunterblickte, bildete ich mir ein, es selbst aus dieser Entfernung riechen zu können. »Was hast du vor, Emerson? Wir haben kein Wort von... du-weißt-schon-wem gehört. Wenn Reggie wirklich eine... du-weißt-schon-was in die Wege leiten kann, sollten wir... äh... du weißt schon.«

»Ich sehe nicht, wie wir das jetzt schon entscheiden sollen«, meinte Emerson. »Die Gleichung hat noch zu viele Unbekannte.«

»Dann sollten wir sie lösen, Emerson.«

»Genau das werde ich jetzt tun, Peabody.«

»Und wohin gehen wir?«

Emerson verlangsamte seinen Schritt und nahm meinen Arm. »Du klingst ein wenig außer Atem, meine Liebe. Bin ich zu schnell gelaufen? Wir werden Willie Forths Grab suchen.«

Beim Weitergehen erklärte mir Emerson, was er von Murtek über die hiesigen Begräbnissitten erfahren hatte. Die Gräber waren alle in den Stein gehauen, da es wegen des Mangels an bebaubarem Land unpraktisch gewesen wäre, Pyramiden zu errichten. »Ein Wunder, daß diese Klippen noch nicht zusammengebrochen sind«, sagte Emerson. »Sie sind mit Gräbern, Tempeln und Lagerräumen durchlöchert wie ein Schweizer Käse. Die Friedhöfe sind natürlich den Königen und Adligen vorbehalten.«

»Wie beerdigen die *rekkit*...«

«Frag lieber nicht, Peabody.«

»Oh.«

»Es gibt einige dieser Friedhöfe«, fuhr Emerson fort. »Vor vielen Generationen legte man einen neuen auf dieser Seite des Tals an. Wenn Forth hier begraben ist, muß er dort bestattet sein. Als Ratgeber des Königs stand ihm wahrscheinlich ein recht ansehnliches Grabmal zu. Wenn wir es nicht finden, haben wir allen Grund, die Glaubwürdigkeit unserer Informanten in Frage zu stellen.«

»Sehr klug, Emerson«, lobte ich. »Und während wir nach dem

fraglichen Grab suchen, können wir Beobachtungen über die
Begräbnissitten anstellen. Glücklicherweise habe ich Notizbuch
und Bleistift mitgebracht.«

Den Eingang zum Friedhof zu finden, war nicht schwer, denn
er bestand aus dem riesigen, von Säulen gestützten Tor, das mir
auf dem Weg zum Tempel aufgefallen war. In die abgeschrägten
Seiten und die flache Schwelle waren Abbildungen der Begräb-
nisgottheiten eingehauen – Anubis, der schakalköpfige Gott der
Friedhöfe, Osiris, der Herrscher des Totenreiches, und Ma'at,
die Göttin der Wahrheit und Gerechtigkeit, gegen deren Feder
das Herz des Verstorbenen beim Jüngsten Gericht aufgewogen
wird. Zwar hatte man sich genau, ja sogar übertrieben an die
traditionellen Vorgaben gehalten, aber die grobe Bildhauerarbeit
bewies, daß von den künstlerischen Fähigkeiten des Altertums
nicht mehr viel übriggeblieben war.

Während wir die Reliefs betrachteten und erörterten, stand
unsere Eskorte dabei und beobachtete uns mit unbehaglicher
Miene. Allerdings behinderte uns niemand, bis wir uns anschickten, die Stufen hinter den Säulen hinaufzusteigen. Der
junge Hauptmann sprang vor und versperrte uns den Weg. Aufgeregt redete er auf uns ein, und ich konnte die Wörter »verboten« und »heilig« verstehen. Emerson löste das Problem, indem
er ihn beiseite schob und weiterging. Als ich mich umsah, entdeckte ich, daß sich die vier Männer wie schutzsuchend zusam-
mendrängten. Sie blickten uns ängstlich nach und fuchtelten
mit den Händen.

Trotz des hellen Sonnenlichts und der brütenden Hitze
herrschte eine düstere Atmosphäre. Wir begegneten keiner
Menschenseele, bis wir eine gepflasterte Plattform erreichten,
von der ab gewundene Pfade in alle Richtungen in die Klippen
führten.

Das Klappern unserer Stiefelabsätze auf der steinernen Treppe hatte den wachhabenden Priester wahrscheinlich an seinem
Gehör zweifeln lassen. Eilig kam er aus dem kleinen Schrein
am hinteren Ende der Plattform gestolpert. Bei unserem Anblick riß er die Augen auf, und der Mund blieb ihm offenstehen. Wahrscheinlich hatten wir ihn beim Gebet gestört, denn

sein langes, weißes Gewand war zerknittert und staubig. Als sich
das Sonnenlicht in den grauen Stoppeln seines kahlrasierten
Schädels fing, leuchteten sie, als hätte er einen Heiligenschein.

Emerson ließ ihm keine Zeit, sich von seiner Überraschung
zu erholen. »Gut, daß Ihr hier seid«, verkündete er. »Wir sind
gekommen, um unseren Freund und Landsmann, dem königlichen Ratgeber Forth, die letzte Ehre zu erweisen (wörtlich: Op-
fergaben darzubringen). Wo ist sein Grab (wörtlich: Haus der
Ewigkeit)?«

»Gut gemacht, Liebling«, meinte ich, als wir dem Pfad folgten, den der erstaunte Geistliche uns gewiesen hatte.

»Wenn man jemanden überrumpelt und das dazugehörige
Selbstbewußtsein an den Tag legt, tut derjenige meistens, was
man von ihm will. Aber ich rechne damit, daß der Bursche,
sobald er sich wieder gefaßt hat, sofort losläuft, um Rat und
Hilfe zu holen. Also müssen wir uns beeilen.«

Zwar war der Pfad breit, hatte aber zur Linken keine Brü-
stung. Statt dessen ging es steil etwas vierzig Meter bergab, wo
schartige Felsen emporragten. Zur Rechten lagen die Gräber,
einige auf gleicher Ebene mit dem Pfad, andere erreichte man
über Stufen. Ich mußte mich des Gefühls erwehren, daß es sich
nur um Kulissen handelte, denn obwohl die Gräber im Grundriß denen ähnelten, die wir in Ägypten entdeckt hatten, hatte
ich noch nie eines im Originalzustand gesehen. Vor jedem Grab
war ein kleiner Vorhof in den Fels gehauen worden; dahinter
befand sich eine Säulenhalle, darüber eine winzige Pyramide.
Die weiß verputzten Wände und bemalten Reliefs leuchteten in
der Sonne. Die Türen zu den Grabkammern waren mit Stein-
blöcken verschlossen; links und rechts standen Statuen, die den
Verstorbenen darstellten. Dazu befand sich auf jeder der schatti-
gen Veranden eine große Stele, die mit einem Portrait des Toten, seinen Namen, seinen Titeln und den üblichen Totengeleit-
sprüchen versehen war.

Wir eilten weiter. Vor jedem Grab blieben wir stehen, um die
Hieroglyphen auf den Stelen zu lesen. »Offenbar sind die mei-
sten der hier Bestatteten Hohepriester und Ratgeber mit ihren
Familien«, sagte Emerson und hielt inne, um ein hübsches Ge-

mälde des Jüngsten Gerichts zu betrachten: Osiris auf seinem
Thron beobachtete, wie das Herz des Verstorbenen mit der Feder der Gerechtigkeit aufgewogen wurde. Anscheinend störte
das Fehlen dieses Organs den Betreffenden nicht weiter; vergnügt und in seine besten Gewänder gehüllt, hob er die Hände,
um dem Gott zu huldigen. Neben ihm stand seine elegant ge-
kleidete Gattin. »Verdammt, Peabody«, schimpfte Emerson, wobei er den verschlossenen Eingang des Grabes finster betrachtete. »Was gäbe ich darum, einen Blick hineinwerfen zu können.
Warum zum Teufel haben diese Leute nicht den Mumm, Gräber
auszurauben und sie für Besucher offenzulassen?«

»Achte auf deine Ausdrucksweise, Emerson«, sagte ich. »Ich
teile deine Gefühle, aber ich glaube nicht, daß die Grabräuberei
hierzulande ein sehr beliebter Beruf ist. Wo sollte ein Dieb
denn sein gestohlenes Gut genießen? Ach verdammt, wo ist
denn dieses vermaledeite Grab? Hier liegt schon wieder ein ver-
fluchter Kuschite mit Frau und vier Kindern.«

»Achte auf deine Ausdrucksweise, Peabody«, sagte Emerson.
»Ich glaube – aha! Schau dir das an!«

Es war der letzte Grabeingang an diesem Teil des Pfades und
in seiner prunkvollen Ausstattung den anderen mindestens
ebenbürtig.

»Ja«, murmelte Emerson, während er mit dem Finger die Hieroglyphen nachfuhr. »Ich hätte den Namen anders transkribiert,
aber der arme Forth war noch nie eine Leuchte auf dem Gebiet
der Hieroglyphen. Es gibt keinen Zweifel.«

Der wachhabende Priester hatte Hilfe geholt und war mit
Verstärkung zurückgekehrt – zweien seiner Berufskollegen und
einer beeindruckenden Gestalt, die ein Leopardenfell über dem
weißen Gewand trug und einen vergoldeten Stab in der Hand
hatte. Ich baute mich in der Mitte des Pfades auf, verzog mein
Gesicht zu einem Lächeln und öffnete meinen Sonnenschirm.

Es war ein ziemlich großer Sonnenschirm, weshalb die Ab-
ordnung nicht an mir vorbeigekommen wäre, ohne mich rüde
beiseite zu stoßen. Also blieben die drei Männer stehen. Ich erklärte, wir seien gekommen, um unserem Freund die letzte
Ehre zu erweisen. Als man mir mitteilte, daß sich niemand

ohne ein vorheriges Reinigungsritual den Gräbern nähern dür-
fe, setzte ich eine unschuldig-erstaunte Miene auf. Ich entschuldigte mich für unseren unbeabsichtigten Fehltritt und erkundigte mich nach den Einzelheiten des Rituals. Der vorgesetzte
Priester geriet ins Stottern und schwenkte seinen Stab, tat sonst
aber nichts. Er stotterte immer noch, als Emerson sich zu mir
gesellte.

»Danke, Liebling«, sagte er. »Nun können wir uns in Würde
zurückziehen.«

Das taten wir auch. Der Priester folgte uns einen Teil des
Weges. Sein Gesicht zeigte denselben Ausdruck, den ich bei unserem ehemaligen Butler beobachten konnte, wenn er gezwungen war, einen unserer unkonventionelleren Gäste zur Tür zu
geleiten.

»Nun?« fragte ich, während wir die Stufen hinabgingen. »Hat
Mr. Forth uns eine Botschaft hinterlassen?«

Emerson stolperte und wäre fast gestürzt. »Aber Peabody! Du
hast die lebhafteste Phantasie, die ich kenne! Wie hätte er das
zuwege bringen sollen? Die Texte sind so festgelegt, wie das Va-
terunser; jede Abweichung wäre bemerkt und hinterfragt worden.«

»Was hast du dann so lange dort getrieben? Ich dachte, wir
wollten nur herausfinden, ob Mr. Forth in der Nekropolis beigesetzt ist. Offenbar ist das der Fall, und die Größe und Lage des
Grabes weisen darauf hin, daß er hier ein sehr angesehener
Mann war. Allerdings muß das nicht zwingend heißen, daß er
kein unrühmliches Ende genommen hat. Falls er in Ungnade
gefallen ist…«

»Diese Frage hast du schon vor einiger Zeit gestellt«, unterbrach mich Emerson. »Möchtest du die Antwort wissen, oder
ziehst du es vor, bis in alle Ewigkeit Vermutungen anzustellen?«

Als wir uns auf den Rückweg machten, nahm unsere Eskorte
wieder ihre Plätze ein. Ich hatte den Eindruck, daß sie ein wenig bedrückt dreinblickten.

»Wonach hättest du sonst suchen sollen, wenn es sich bei den
Texten nur um festgelegte Formeln handelt?« fragte ich, ein wenig verärgert über seinen tadelnden Ton.

»In dieser Gesellschaft«, antwortete Emerson, »werden die Ehefrauen eines Mannes und manchmal auch seine Kinder in demselben Grab beigesetzt. Das ist dir, wie ich glaube, ebenfalls aufgefallen.«

»Ja, ihre Titel und Abbildungen befinden sich auf dem... Emerson! Meinst du etwa...«

»Sie liegt nicht dort, Peabody. Nur Forths Name ist in das Grabmal eingemeißelt.«

Die Sonne stand hoch am Himmel und brannte heiß auf uns herunter. Aus einem Khakibaum auf dem Abhang über uns flog ein Vogel mit leuchtend smaragdgrünem Gefieder auf. Unsere Schritte hatten eine sandfarbene Eidechse aufgeschreckt, die eilends die Kante der Plattform hinabhuschte. Die Sandalen der Wachen verursachten ein rhythmisches Schlurfen, das wie gedämpfte Trommelschläge klang.

»Du bist so ungewöhnlich schweigsam, Peabody«, meinte Emerson nach einer Weile. »Hoffentlich ziehst du alle Möglichkeiten in Betracht, ehe du zu einer deiner dogmatischen Feststellungen gelangst.«

»Ich weiß nicht, wovon du redest, Emerson«, erwiderte ich. »Ich wäge die Fakten stets leidenschaftslos gegeneinander ab, ehe ich eine Schlußfolgerung ziehe. Im Augenblick wissen wir nicht genug über die Begräbnissitten, um mit Sicherheit sagen zu können, ob Mrs. Forth im gleichen Grab wie ihr Gatte beigesetzt wurde. Wenn unser Informant die Wahrheit spricht, ist sie lange vor ihm gestorben. Vielleicht hat sie auf einem christlichen Begräbnis bestanden, anstatt wie ihr Mann dem heidnischen Einfluß zu erliegen – was ich übrigens sehr bedaure.«

Emerson warf mir einen argwöhnischen Blick zu. »Ganz recht«, meinte er.

Trotz meines schattenspendenden Sonnenschirms war ich schweißgebadet, als wir unser vorübergehendes Zuhause erreichten. Ich sehnte mich nach kaltem Wasser, einem kühlen Getränk und der Gelegenheit, meine Schlußfolgerungen zu erörtern. Allerdings kam es zu einer kurzen Verzögerung. Anstatt sich wie sonst zurückzuziehen, bauten sich unsere Wachen in einer Reihe auf. Der Anführer, ein hübscher Bursche von nicht mehr als zwanzig Jahren, bellte einen Befehl. Mit wie einstudiert wirkenden Bewegungen ließen die Männer ihre Speere zusammenkrachen und schleuderten sie dann zu Boden. Die Waffen fielen klappernd auf den Stein. Dann sanken die Soldaten demütig auf die Knie, erhoben sich und marschierten davon. Die Speere ließen sie liegen.

»Was zum Teufel soll das?« rief ich aus, wobei ich mich in meiner Überraschung vergaß.

Emerson strich sich übers Kinn. »Ich frage mich, ob das die meroitische Version von ›die Todgeweihten grüßen dich‹ darstellt. Hallo, stehenbleiben! Kommt sofort zurück! *Abadamu*, verdammt!«

Seine Stimme brachte die eisernen Spitzen der Speere zum Klirren. Die Soldaten blieben stehen. Allerdings wandten sie nicht den Kopf und gaben auch keine Antwort. Emerson ging schnurstracks auf den Anführer zu, packte ihn bei der Schulter und drehte ihn herum. »Warum gehorchst du nicht?«

Der junge Mann schluckte. Sein Gesicht war leichenblaß, und als er antwortete, bewegte er kaum die Lippen: »Oh, Vater der Flüche, wir sind tot. Die Toten hören nicht.«

Zum erstenmal erlebte ich, wie er Emerson direkt ansprach, und mir fiel auf, daß er den Kosenamen, unter dem Emerson in Ägypten bekannt ist, wörtlich ins Meroitische übersetzte. Tarek und seine beiden Männer, die für uns in Napata gearbeitet hatten, kannten als einzige diesen Titel und mußten ihn erwähnt haben; so hatte er sich herumgesprochen.

»Verdammt«, sagte Emerson. »Damit hätte ich rechnen müssen... Aber du hast mich gehört«, fügte er in Meroitisch hinzu.

Der junge Mann fuhr zusammen. »Die Stimme des Vaters der Flüche grollt wie der Donner, und seine Hand ist so schwer wie die des Gottes.«

»Um Himmels willen, Emerson, was sollen wir tun?« rief ich aus. »Wir dürfen nicht zulassen, daß diese armen Burschen unseretwegen bestraft werden. Liegt es daran, daß sie uns nicht am Betreten des Friedhofs hindern konnten?«

Emerson wiederholte die Frage auf Meroitisch. Der junge Mann nickte. »Wir haben unsere Pflicht nicht erfüllt, und darauf steht der Tod. Nun werde ich den zweiten Tod sterben, weil ich Euch angehört und mit Euch gesprochen habe. Vater der Flüche, nehmt Eure Hand von mir, damit ich mit meinen Männern sterben kann.«

»Ich glaube, du tust ihm weh, Emerson«, sagte ich. »Sein Arm ist schon ganz blau.«

»Wenn ich ihn loslasse, läuft er davon«, antwortete Emerson nachdenklich. »Hierzulande ist Gnade vor Recht offenbar nicht üblich. Hmmm.«

Der junge Offizier stand reglos und mit einem leeren Ausdruck im Gesicht da, als wäre er wirklich bereits tot. Emerson schien einen Augenblick nachzudenken und meinte dann zu mir: »Tritt bitte einen Schritt zurück, meine liebe Peabody.«

Ich kam dieser Aufforderung nach und hielt mir als zusätzliche Vorsichtsmaßnahme die Ohren zu.

»Ich bin der Vater der Flüche!« brüllte Emerson, wobei er den jungen Mann schüttelte wie eine Puppe. »Wenn ich spreche, hören die Toten meine Worte und gehorchen! Wenn ich befehle, zittern die Götter! Die Kraft meiner Stimme wühlt den Himmel auf und läßt die Erde erbeben!«

In diesem Stil fuhr er eine Zeitlang fort. Als er den Höhepunkt seiner Ansprache erreicht hatte, war eine verhältnismäßig große Menschenmenge zusammengeströmt: mehr als ein Dutzend Soldaten, einige Offiziere und ein Teil unseres Hofstaats. Unbemerkt wie ein Mäuschen waren auch ein paar der kleinen Diener herbeigehuscht. Ramses und Reggie kamen ebenfalls, gefolgt von der weißverhüllten Gestalt einer Magd (welche es war, konnte ich nicht feststellen).

»Ich verbiete euch zu sterben!« rief Emerson. »Ihr seid meine Männer, ihr gehört dem Vater der Flüche! Hebt eure Speere auf!« Und mit einer ebenso anmutigen wie kräftigen Handbewegung stieß er den jungen Mann in Richtung seiner Waffen.

Ich muß zugeben, daß es sich um eine von Emersons beeindruckendsten Vorstellungen handelte. Selbst ich verspürte den übermächtigen Drang, einen der Speere zu ergreifen.

Ein Offizier versuchte, Einspruch zu erheben, während die Todgeweihten, die bereits viel fröhlicher dreinblickten, hastig dem Befehl nachkamen. Blitzschnell fuhr Emerson auf den Mann los: »Die Männer des Vaters der Flüche sind heilig. Keiner wagt es, sie anzurühren.«

Dann wandte er sich um und bot mir den Arm. Als wir uns in unsere Gemächer begaben, zerstreute sich die Menge. Nur Ramses und Reggie blieben, um uns zu begrüßen. »Ich muß schon sagen, Herr Professor!« rief Reggie aus. »Das war... das war wirklich... äh... Worum ging es denn überhaupt?«

Emerson ließ sich herab, es ihm zu erklären.

»Eine ausgezeichnete Vorstellung, Liebling«, sagte ich. »Und sie hat uns bestimmt einige treue Anhänger eingebracht. Diese Männer verdanken dir ihr Leben.«

»Verlaß dich lieber nicht darauf, Peabody. Aberglaube läßt sich nur schwer ausrotten. Und erfolgreiche Demagogen sind in totalitären Staaten nicht sonderlich beliebt.« Emersons Miene hellte sich auf, und er zuckte die breiten Schultern. »Aber mir blieb nichts anderes übrig. Und jetzt möchte ich baden. Wo stecken diese gräßlichen Diener? Nie sind sie da, wenn man sie braucht!«

Nachdem wir gebadet und uns umgezogen hatten, setzten wir uns zu Tisch und ließen uns eine ausgezeichnete Mahlzeit schmecken. Ich sah mich gezwungen, Ramses zu tadeln, weil er mit den Fingern aß und seine Ellenbogen aufstützte. »Du verwandelst dich in einen richtigen kleinen Kuschiten, Ramses«, schimpfte ich. »Und dein Kopf ist immer noch kahl. Ich habe dir doch gesagt, du sollst dich nicht mehr rasieren lassen.«

»Sie haben darauf bestanden, Mama«, erwiderte Ramses.

»Dann mußt du eben hart bleiben. Ich werde nicht dulden, daß du mit dieser Frisur in die Zivilisation zurückkehrst.«

Nachdem der Tisch abgeräumt und die Krümel zusammengefegt worden waren, schlug Reggie vor, in den Garten zu gehen. »Ich muß mit Mentarit über Ramses' Haar sprechen«, sagte ich. »Ich werde nicht... Wo ist sie? Ich habe sie gar nicht fortgehen sehen.«

Reggie nahm meinen Arm. »Das wollte ich Ihnen gerade sagen«, tuschelte er. »Sie ist in den Tempel zurückgekehrt. Amenit wird ihren Platz einnehmen.«

»Mrs. Emerson ist durchaus in der Lage, sich ohne Ihre Hilfe fortzubewegen, Forthright«, meinte Emerson mit finsterer Miene. »Hände weg von meiner Frau, wenn Sie so gut sein wollen.«

Reggie sprang zurück, als hätte ihn etwas gestochen, und wir setzten unseren Weg in den Garten fort. Als wir uns dem Wasserbecken näherten, gerieten die Hängepflanzen an der Mauer heftig in Bewegung. Ein Gesicht blickte auf uns hinunter. Es war mit braunem Fell bewachsen.

Ramses begrüßte die Katze, indem er seltsame, leise Geräusche ausstieß. Das Tier antwortete ihm, doch anstatt zu ihm herabzuspringen, fing es an, auf der Mauer hin und her zu laufen. Ramses folgte ihm mit erhobenem Blick und ausgestreckten Armen wie ein kleiner Romeo, der einer pelzigen und recht flinken Julia den Hof machte.

»Eine der Tempelkatzen – hier?« rief Reggie aus.

»Woher wissen Sie, daß es sich um eine Tempelkatze handelt?« fragte Emerson. »Aus dem Tempel der Bastet?« wollte ich gleichzeitig wissen.

Da es die Höflichkeit gebot, antwortete Reggie mir zuerst: »Bastet, Isis, Mut – diese heidnischen Gottheiten sind hier in einer Göttin vereint. Die ihr geweihten Katzen gehören einer besonderen Rasse an, sind größer als die gewöhnlichen und werden wie Heilige verehrt.«

»Sie kommt einfach nicht hinunter«, quengelte Ramses wie ein ganz gewöhnliches Kind. »Mama, kannst du...«

»Nein, kann ich nicht«, antwortete ich mit Nachdruck. »Katzen sind immun gegen Überzeugungsversuche, die beim Menschen durchaus wirksam sein können. Außerdem sind sie eigenwillige Geschöpfe...«

»... die über ein ausgezeichnetes Gehör verfügen«, ergänzte Emerson den Satz. »Ich glaube, wir bekommen Besuch, Amelia.«

Von einer unerklärlichen Ahnung getrieben, drängten wir uns enger aneinander. Die Katze machte sich aus dem Staub, und Ramses stellte sich neben mich. Als der Besucher, gefolgt von Bogenschützen und weißverhüllten Mägden, in Sicht kam, stieß

Reggie einen Fluch aus und zog sich auf die andere Seite des Wasserbeckens zurück.

Tarek – denn er war es – nahm auf einem Stuhl Platz, den ein Diener ihm hastig hinschob. Als er eine Handbewegung vollführte, schimmerten seine goldenen Armreifen in der Sonne. Auch für uns und die Männer in seinem Hofstaat wurden Stühle gebracht. Einer von Tareks Begleitern war Pesaker, der Hohepriester Aminrehs. Anscheinend hatte er schlechte Laune.

Auch Tarek schien nicht eben in guter Stimmung zu sein. Als er uns eindringlich anblickte, zeigten seine Augen nicht den freundlichen Ausdruck, mit dem er uns bis dahin bedacht hatte, und anstatt uns höflich zu begrüßen, ließ er einen zornigen Redeschwall auf uns niedergehen. »Was seid Ihr für Menschen, daß Ihr denen, die Euch gerettet haben, Höflichkeit und Dankbarkeit verweigert? Habt Ihr keine Achtung vor unseren Sitten? Ihr habt eines unserer strengsten Gesetze gebrochen! Wir haben Euch Gnade erwiesen und Euch wieder mit Eurem Freund vereint. Und Ihr vergeltet es uns mit einer Gotteslästerung. Hätte ein Angehöriger unseres Volkes diese Tat begangen, sein Leben wäre verwirkt!«

»Allerdings gehören wir nicht zu Eurem Volk«, erwiderte Emerson ruhig. »Wenn wir ein Gesetz übertreten haben, taten wir das unwissentlich, und wir bereuen es aus tiefstem Herzen. Wir werden den Schaden so wieder gutmachen, wie Ihr es für richtig haltet.«

»Es stimmt, Ihr seid unwissende Barbaren«, meinte Tarek gedankenvoll.

Um Emersons Mundwinkel zuckte es. »Richtig«, antwortete er mit demselben feierlichen Ernst. »Aber ist es nicht ebenfalls richtig, daß der Weise die Pflicht hat, den Unwissenden zu belehren, anstatt ihn zu bestrafen?«

Tarek dachte darüber nach. Pesakers Miene verfinsterte sich. Obwohl er wahrscheinlich nicht alles verstanden hatte, bemerkte er, daß der Prinz inzwischen milder gestimmt war, und das gefiel ihm offenbar gar nicht. »Was haben sie gesagt?« zischte er. »Hört nicht auf sie. Es gibt keine Entschuldigung (?) für ihr Verbrechen. Ich befehle...«

Tarek wandte sich zu ihm um. »Ihr wollt mir befehlen? Hier sprecht Ihr nicht für den Gott. Ich selbst werde über das Schicksal dieser Sünder entscheiden.«

Mir ist schon häufig vorgeworfen worden, ich würde oft unüberlegt und impulsiv handeln. Doch das war in diesem Augenblick nicht der Fall. Ich hatte sorgfältig überlegt, was ich tun wollte, und Emerson selbst hatte eine ähnliche Vorgehensweise vorgeschlagen.

»Wir sind Eurer Hoheit sehr dankbar für seine Güte«, ergriff ich das Wort. »Und wie mein Gatte bereits sagte, bereuen wir sehr, unwissentlich gegen die guten Sitten verstoßen zu haben. Vielleicht wäre es das beste, wenn wir diesen Ort verließen. Wir würden Kamele brauchen – etwa ein Dutzend würde genügen – und eine Eskorte bis zur Oase.«

Emerson hüstelte und murmelte etwas, das wie »unverbesserlich« klang.

Tarek lehnte sich in seinem Stuhl zurück und musterte mich ernst. »Wollt Ihr etwa fort? Vielleicht habt Ihr recht, wir sollten Euch belehren, nicht bestrafen. Und Ihr könntet uns unterrichten und auf diese Weise große Ehre und hohes Ansehen erringen.«

»Das ist sehr freundlich von Euch, aber wir müssen leider Abschied nehmen.«

Während dieses Gesprächs hatte Emerson ein herzliches Lachen unterdrückt. Nun beruhigte er sich wieder und beteiligte sich am Gespräch. »Ihr wißt, warum wir hier sind, Tarek«, sagte er langsam und mit Nachdruck. »Wie Ihr gesehen habt, haben wir unseren Freund gefunden. Ihr sagt, daß die anderen, die wir suchten, bei den Göttern sind. Also ist unsere Aufgabe vollbracht. Es ist Zeit, daß wir nach Hause in unser eigenes Land zurückkehren.«

Der Hohepriester lauschte dieser Ansprache und hatte anscheinend einen Teil verstanden. (Hatte Emerson sich deshalb so einfach ausgedrückt und so langsam gesprochen?) Jetzt umklammerte Pesaker die Armlehnen seines Stuhles und rief: »Nein! Es ist verboten! Laßt Ihr etwa zu, daß diese Fremden, diese... die Gesetze mit Füßen treten...«

Als Tarek ihm einen Blick zuwarf, verstummte er.

»Meine Freunde«, sagte Tarek. »Denn Ihr seid meine Freunde. Kann mein Herz die verleugnen, die ich geliebt habe, selbst wenn sie meine Liebe nicht erwidern? Wenn Ihr fort wollt, sollt Ihr Euren Willen haben. Doch ich werde Euch betrauern, als wäret Ihr zu den Göttern heimgegangen.«

»Das kommt mir irgendwie spanisch vor«, murmelte Emerson. Laut sagte er: »Dann werdet Ihr uns helfen?«

Tarek nickte.

»Wann?« fragte Emerson.

»Bald, meine Freunde.«

»Morgen?« mischte ich mich ein.

»Aber eine solche Reise kann nicht so schnell vorbereitet werden«, antwortete Tarek, dessen Englisch sich enorm verbessert hatte. »Eine angemessene Eskorte, Geschenke… Zeremonien der Verehrung und des Abschieds.«

Das kam nun wiederum mir spanisch vor. »Zeremonien«, wiederholte ich.

»Ihr wollt unsere Bräuche studieren«, meinte Tarek. »Unsere merkwürdigen, primitiven Zeremonien. Die findet Ihr doch so faszinierend, oder? Aus diesem Grund seid Ihr doch unter anderem hier. Ja, Ihr werdet die größte Zeremonie von allen miterleben, bevor ihr… uns verlaßt. Sie findet schon sehr bald statt. Und dann, meine Freunde… sagen wir uns Lebewohl.«

»Ach, du meine Güte«, stöhnte ich. »Ich befürchte, daß ich mich in unserem Freund Tarek gründlich getäuscht habe.«

»Außerdem spricht er viel besser Englisch, als er uns verraten hat. Ein Lob an seinen Lehrer, meinst du nicht auch, Peabody?«

»Ja, obwohl ich persönlich finde, daß er einen äußerst blumigen Stil hat. Er klang genau wie…«

»Wie können Sie so ruhig sein?« brach es aus Reggie heraus. »Haben Sie denn die Drohung hinter seinen freundlichen Worten nicht verstanden?«

»Aber natürlich gehe ich davon aus, daß es sich dabei um

eine Drohung handelte«, antwortete Emerson. Er zog seine Pfeife hervor und betrachtete sie traurig. »Doch womit genau drohte er uns? Bis jetzt haben wir noch keine Hinweise dafür entdeckt, daß hier Menschenopfer üblich sind.«

»Aber sie finden statt«, sagte Reggie und biß sich auf die Lippe. »Tarek hat sie mir bis in alle schauerlichen Einzelheiten geschildert…«

Schaudernd hielt er inne. »Wie geht das vor sich, Mr. Forthright?« fragte Ramses interessiert. »Schlagen sie den Opfern mit einem Knüppel den Schädel ein wie die alten Ägypter oder…«

»Schon gut, Ramses«, unterbrach ich. »Wenn Mr. Forthright recht hat, werden wir es vielleicht bald aus eigener Erfahrung wissen.«

»Sie erstaunen mich, Mrs. Emerson!« rief Reggie aus. »Sie nehmen die Angelegenheit nicht ernst. Aber ich versichere Ihnen…«

»Darf *ich* Ihnen versichern, daß wir die Angelegenheit sehr ernst nehmen«, sagte Emerson und kaute auf seiner kalten Pfeife herum. »Betrachten Sie das Ganze doch einmal von der positiven Seite, Mr. Forthright. Wenn man uns die Hauptrolle in dieser Aufführung zugedacht hat, wird man uns bis dahin die beste Pflege angedeihen lassen. Ich frage mich…« Mit einer Grimasse nahm er die Pfeife aus dem Mund. »Ich frage mich, ob Tarek mir nicht ein wenig Tabak besorgen könnte. Offenbar betreibt dieses Volk Handel mit einigen nubischen Stämmen.«

»Herr Professor, ich muß sagen, daß Sie der britischen Nation alle Ehre machen«, meinte Reggie bewundernd. »Sich bloß nicht unterkriegen lassen, he? Wenn Sie Tabak brauchen, kann ich Ihnen aushelfen. Ich habe eine zusätzliche Dose bei mir.«

»Wirklich?« Emerson klopfte ihm auf den Rücken. »Ich stehe tief in Ihrer Schuld, alter Junge. Wie Mrs. Emerson mir ständig sagt, ist das Rauchen zwar eine lästige und schmutzige Angewohnheit, aber meiner Ansicht nach beflügelt es den Denkprozeß.«

Einer der Diener wurde weggeschickt, um Reggies Rucksack zu holen. Nachdem Reggie eine Zeitlang in dessen Tiefen gewühlt hatte, förderte er eine Tabakdose zutage, auf die Emerson sich stürzte wie ein Verhungernder auf ein Beefsteak. Er stopfte seine Pfeife, zündete sie an und blies eine riesige Rauchwolke aus. Ein glückseliger Ausdruck erschien auf seinem Gesicht.

Reggie lächelte wohlwollend wie ein Vater, der seinem Kind eine Freude gemacht hat. »Nun, Sir, wie steht es um den Denkprozeß? Wir haben keine Zeit zu verlieren. Nach Tareks Drohungen sollten Sie meinem Vorschlag zustimmen und noch vor der Zeremonie fliehen.«

»Ich habe Ihnen nie widersprochen«, antwortete Emerson freundlich. »Ich frage mich nur, wie Sie eine Flucht zuwege bringen wollen.«

Reggie beugte sich vor und senkte seine Stimme zu einem Flüstern: »Die Vorbereitungen habe ich getroffen, bevor man mich in den Kerker warf. Kamele, Führer, Lebensmittel – alles ist bereit. Wir können fort, sobald...«

»Sobald wir wissen, daß Mrs. Forth nicht mehr unter den Lebenden weilt«, sagte ich.

Reggie blieb der Mund offenstehen. Emerson sah mich lächelnd an, und Ramses nickte heftig. Da ich nun das Wort hatte, fuhr ich fort: »Wir wissen nur von Leuten, deren Glaubwürdigkeit fraglich ist, daß die Forths nicht mehr leben. Schließlich sind wir so schnell wie möglich und unter großen Gefahren hierhergeeilt, da wir glaubten, daß ihnen unmittelbare Gefahr drohte.«

Reggie schloß seinen Mund. Dann öffnete er ihn wieder.

»Verschwenden Sie nicht Ihren Atem, indem Sie ihr widersprechen«, meinte Emerson und sog zufrieden an seiner Pfeife. »Es ist vollkommen zwecklos. Fahr fort, meine liebe Peabody.«

Ich erzählte Reggie und Ramses, was wir am Vormittag entdeckt hatten. »Schon oft hat man mir vorgeworfen, ich würde voreilige Schlußfolgerungen ziehen«, sprach ich weiter. »Doch ich glaube nicht, daß man mir das jetzt unterstellen kann, wenn ich behaupte, daß wir über Mrs. Forths Schicksal noch nichts wissen. Würdest du mir darin zustimmen, Emerson?«

»Ach, gewiß«, sagte Emerson. Seine Lippen, zwischen denen das Mundstück der Pfeife steckte, verzogen sich zu einem Grinsen.

»Aber…«, setzte Reggie an.

»Bitte, lassen Sie mich zu Ende erzählen, Reggie. Angesichts dessen, was wir heute erfahren haben, gewinnen einige weitere Punkte an Wichtigkeit. Man sagte uns, Mrs. Forth sei ›zum Gott‹ gegangen. Wir verstanden das so, als wäre sie gestorben. Hier jedoch kann diese Aussage – ebenso wie im alten Ägypten – auch eine andere Bedeutung haben. Während der Zeremonie im Tempel hat die Hohepriesterin der Isis einige englische Verse rezitiert oder gesungen. Wenn wir all diese Einzelheiten zusammenfügen, welchen Schluß müssen wir dann zwangsläufig ziehen?«

»Fragen Sie etwa mich?« Reggie riß die Augen auf. »Ich verstehe nicht, worauf Sie hinauswollen. Sie können doch unmöglich meinen…«

»Sein Verstand arbeitet ein wenig langsam«, sagte Emerson zu mir. »Eine interessante Idee, Peabody. Ich habe mir schon gedacht, daß du diese Theorie verfolgst.«

»Ich habe versucht, diese Möglichkeit anzudeuten, Mama«, meinte Ramses gekränkt. »Und Papa und du, ihr habt behauptet, ich bilde mir das nur ein.«

»Seitdem wissen wir mehr, Ramses. Ich muß zugeben, daß wir auch anhand all dieser Einzelheiten nicht sicher sein können. Trotzdem muß ich darauf bestehen, daß wir nicht abreisen, ohne uns zu vergewissern, ob Mrs. Forth nicht von den Priestern gefangengehalten wird.«

»Aber«, stammelte Reggie. »Aber, Mrs. Amelia…«

»Ich habe Ihnen doch gesagt, es ist Zeitverschwendung, ihr zu widersprechen«, sagte Emerson. »Und in diesem Fall stimme ich ihr völlig zu. Aller Wahrscheinlichkeit nach ist Mrs. Forth tot, aber wir können doch nicht dem Wort heimtückischer Wilder trauen, oder?«

»Sie ist keine Wilde«, widersprach Reggie mit Leidenschaft. »Und sie hat geschworen…«

»Möglicherweise hat man sie belogen«, entgegnete Emerson. »Ich nehme an, Sie meinen Ihre… äh… Verlobte?«

»Äh… ja. Ich kann nicht glauben…« Reggie schien durch

und durch verwirrt. Dann griff er in seinen Rucksack. »Das hat sie mir gegeben.«

Er zog ein kleines Buch heraus, das in abgegriffenes, braunes Tuch gebunden war.

»Das Buch!« rief ich. »Natürlich, Emerson...«

Emersons Zähne ließen die Pfeife los, die prompt auf meinen Schoß fiel. Er sprang auf mich zu und fing an, die Glut auszuschlagen.

»Entschuldige, Peabody. Ich war so überrascht.«

»Das sehe ich. Verdammt, und ich kann diese Löcher nicht stopfen, denn ich habe mein Nähetui Ihrer Majestät geschenkt.«

»Das ist ganz offensichtlich ein Buch.« Emerson nahm es Reggie aus der Hand. »*Der Mondstein* von Wilkie Collins. Das wundert mich nicht, denn ich habe mir schon gedacht, daß Willie Forth genau dieser Art von Literatur zugetan war. Ja, da auf dem Innendeckel steht sein Name.«

»Er hat es ihr gegeben«, sagte Reggie. »Auf dem Totenbett. Sie war seine Lieblingsschülerin.«

»Sie«, wiederholte Emerson nachdenklich. »Wollen Sie behaupten, daß sie – Ihre Freundin – verdammt, wie heißt das Mädchen?«

»Sie ist Prinzessin Amenit, Tochter des verstorbenen Königs.« Als Reggie unsere überraschten Gesichter sah, lächelte er. »Wissen Sie jetzt, warum ich mir so sicher bin, daß Sie uns bei unserer Flucht helfen kann?«

»Kann Sie uns auch der Hohepriesterin der Isis vorstellen?« fragte ich.

»Ich glaube nicht...« Reggies Miene erhellte sich. »Das wird nicht nötig sein; wir brauchen sie ja nur zu fragen. Sie muß wissen, ob die Frau, der sie dient...«

»Ich möchte ja die Glaubwürdigkeit Ihrer Liebsten nicht in Frage stellen, Reggie, aber Sie müssen verstehen, daß ihr Wort uns nicht genügt. Vielleicht hat man sie getäuscht; möglicherweise ist sie so um Sie besorgt, daß sie Ihnen die Wahrheit verheimlichen würde, um Sie vor weiterer Gefahr zu schützen.«

»Ich kann mir nicht vorstellen, daß sie mich belügen würde«, murmelte Reggie.

»Aber Mrs. Emerson kann es«, meinte Emerson und klopfte seine Pfeife aus. »Und mir geht es ebenso. Wir müssen die Hohepriesterin unverschleiert sehen!«

»Das hätte ich selbst nicht besser ausdrücken können, Emerson«, lobte ich ihn.

»Hmmm«, brummte Emerson. »Allerdings ist das ziemlich schwierig, wenn sie keine Besucher empfängt und im abgelegensten Teil des Tempels lebt... Ich glaube nicht, daß unsere Unverfrorenheit von heute vormittag in diesem Fall Erfolg zeitigen würde, Peabody.«

»Wir müssen es darauf ankommen lassen, Emerson. Wir müssen es versuchen.«

»Lassen Sie mich zuerst mit Amenit reden«, drängte Reggie. »Versprechen Sie mir, nichts zu unternehmen, ehe ich sie nicht um Rat gefragt habe. Vielleicht kann sie etwas in die Wege leiten, aber wenn Sie einfach mit der Tür ins Haus fallen... Entschuldigen Sie! Ich wollte eigentlich sagen...«

»Ich werde so tun, als hätte ich es nicht gehört«, entgegnete Emerson. Er erhob sich majestätisch, und der finstere Ausdruck auf seinem Gesicht hätte Jupiter alle Ehre gemacht. »›Mit der Tür ins Haus fallen‹! Komm, Peabody, es ist Zeit für deinen Mittagsschlaf.«

Als wir Reggie verließen, betrachtete er bedrückt und in Gedanken versunken seine Füße. »Du warst ein wenig hart mit ihm, Liebling«, meinte ich. »Und ich kann mir wirklich nicht vorstellen, daß Amenit uns eine Audienz bei der Hohepriesterin verschaffen könnte.«

»Es schadet nichts, sie darum zu bitten.« Emerson setzte sich neben mich auf die Bettkante. »Verdammt, Peabody, mittlerweile würde mich nicht einmal mehr ein Grabstein überzeugen. Wir haben nichts weiter als eine Unmenge unbewiesener und widersprüchlicher Aussagen gehört. Ich weiß nicht, was ich glauben oder wem ich trauen soll.«

»Ich stimme dir zu, Emerson. Vielen Dank übrigens, daß du meine Hosen angezündet hast. Ich vergesse ständig, daß Reggie nicht mehr Verstand hat als eine Eidechse. Er kann unmöglich der Bote sein, den unser mitternächtlicher Besucher angekündigt hat. Aber das mit Mr. Forths kleinem Buch war schon ein merkwürdiger Zufall. Könnte Prinzessin Amenit die Botin sein?«

»Wenn ja, hat sie sich eine gefährlich umständliche Methode ausgesucht, Kontakt mit uns aufzunehmen«, antwortete Emerson. »Vielleicht ist es doch nur ein Zufall. Wir wissen nicht, wie groß Willie Forths Bibliothek war und wie viele seiner Bücher er an Freunde und Schüler verschenkte. Ich rate dir, in Gegenwart der beiden jungen Liebenden Stillschweigen zum Thema *rekkit* zu bewahren, Peabody. Menschen in ihrem Zustand scheren sich im allgemeinen nur um ihre eigene kostbare Haut.«

»Soweit würde ich nicht gehen. Allerdings neigen sie zur Leichtgläubigkeit, solange sie sich einbilden, daß sie verliebt sind. Möglicherweise wird Reggie von dieser jungen Frau getäuscht.«

»Ganz recht. Verdammt, Peabody, ich möchte mich nur ungern aus dem Staub machen, ohne etwas für die armen Teufel im Dorf getan zu haben. Wir müssen eine zweite Expedition starten.«

»Natürlich. Allerdings habe ich die Hoffnung noch nicht aufgegeben, auf die eine oder andere Weise wieder von meinem geheimnisvollen Besucher zu hören.«

Gespannt erwartete ich die erste Begegnung der beiden jungen Liebenden nach so vielen Tagen der Trennung und Ungewißheit. Voll Mitgefühl malte ich mir aus, wie Amenit Tränen der Sorge vergossen hatte, während sie daran dachte, in welcher Gefahr ihr Liebster schwebte. Ich stellte mir ihre Freudentränen vor, wenn sie von seiner Freilassung erführe. Vor meinem geistigen Auge sah ich, wie sie einander in die Arme fielen und Koseworte murmelten. Und dann würden sie sich Hand in Hand in die Abgeschiedenheit des Gartens zurückziehen. Begleitet vom beruhigenden Summen der Bienen und vom Gurren der Tauben in den Mimosenbäumen würden sie sich in liebevoller Verzückung verlieren und wieder Hoffnung schöpfen.

So malte ich es mir aus, aber selbstverständlich wußte ich,

daß es nur schwärmerischer Mumpitz war. Mit öffentlichen Liebesbeweisen mußten die zwei sich bis nach ihrer Flucht aus dem Tal gedulden, denn diese wäre gescheitert, hätte jemand von ihren zärtlichen Gefühlen erfahren. Als die Magd hereinkam, erkannte ich sie an ihrem gleitenden Gang sofort als Amenit. Allerdings schenkte sie Reggie nicht mehr Aufmerksamkeit als uns, und er würdigte sie kaum eines Blickes. Doch er entschuldigte sich bald und begab sich in sein Zimmer, und eine kurze Zeit später war auch Amenit plötzlich verschwunden.

Sie blieben einige Zeit fort. Amenit kam zuerst zurück. Gleichmütig wie immer versah sie ihre Pflichten (es ist sehr leicht, einen gleichmütigen Eindruck zu machen, wenn man von Kopf bis Fuß mit Schleiern vermummt ist). Meine Spannung steigerte sich ins Unerträgliche. Dann endlich erschien Reggie. Er streckte sich gähnend und erklärte, er habe ein höchst erholsames Nickerchen gehalten.

»Offenbar habe ich einen Hemdenknopf verloren«, fügte er mit einem bedauernden Blick auf seine Brust hinzu, mit dem er kein Kind hinters Licht geführt hätte. »Würde es Ihnen große Umstände machen, mir behilflich zu sein, Mrs. Amelia?«

Ich folgte ihm in mein Schlafzimmer. »Sie junger Esel!« zischte ich. »Ich habe mein Nähetui der Königin geschenkt. Inzwischen weiß das wahrscheinlich jede Frau in der Stadt.«

»Aber woher hätte ich es wissen sollen?« fragte Reggie gekränkt. »Ich brauchte einen Vorwand, um unter vier Augen mit Ihnen zu sprechen.«

»Sie sind ein miserabler Lügner, Reggie. Sie sollten besser… Nun, was ist, Ramses?« Denn mein Sohn war, gefolgt von seinem Vater, hereingekommen.

»Hier hast du Nadel und Faden zurück, Mama«, sagte Ramses. »Ich habe sie mir ausgeliehen. Hoffentlich bist du mir nicht böse.«

Es waren nicht *meine* Nadel und *mein* Faden; die schmutziggraue Farbe des letzteren (nicht der ursprüngliche Ton) verrieten seinen Besitzer. Ich wollte lieber gar nicht wissen, wozu Ramses Nadel und Faden gebraucht hatte. Mir fielen zu viele unappetitliche Möglichkeiten ein.

»Vielen Dank«, antwortete ich und näherte mich Reggie. Entschlossen ergriff ich Stoff und Knopf und stieß die Nadel hinein.

»Autsch!« schrie Reggie auf.

»So reden Sie schon«, befahl ich. »Ich kann die Näherei nicht ewig hinauszögern. Wir machen einen lächerlichen Eindruck.« Emerson und Ramses beobachteten uns so gespannt, als handle es sich bei dem Annähen eines Knopfes um ein spektakuläres Ereignis.

»Alles ist bereit«, zischte Reggie. »Morgen nacht führt Amenit uns zu der wartenden Karawane.«

»Was ist mit Mrs. Forth?« fragte ich. Reggie schnappte nach Luft. »Es tut mir leid«, entschuldigte ich mich. »Nähen gehört nicht zu meinen Stärken.«

»Sind Sie fest entschlossen?« wollte Reggie wissen.

»Ja, natürlich«, antworteten wir im Chor.

»Gut. Amenit wird es versuchen. Sie hat gelacht, als ich ihr von Ihrer Theorie erzählte, aber wenn Sie sich nicht anders überzeugen lassen… Halten Sie sich heute nacht bereit.«

»Wann?« fragten wir wieder im Chor.

»Wenn sie den richtigen Zeitpunkt für gekommen hält«, lautete die unheilschwangere Antwort. »Es ist sehr gefährlich. Schlafen Sie nicht, sondern warten Sie, bis Sie gerufen werden.«

»Das wäre geschafft«, sagte ich laut, als eine Dienerin mit neugierig glitzernden Augen in der Tür erschien.

»Vielen Dank«, meinte Reggie und betrachtete seine Hemdbrust.

»Ich glaube, du hast ihm den Knopf ans Unterhemd genäht, Mama«, stellte Ramses fest.

Ich kann nicht sagen, wie lange ich in der Dunkelheit gewartet habe; mir kam es wie eine Ewigkeit vor. Allerdings mußte ich nicht gegen den Schlaf ankämpfen, denn ich hatte mich nie wacher gefühlt. Nach einer recht hitzigen Debatte mit Reggie hatte ich mich bereit erklärt, meinen Gürtel samt Ausrüstung zurück-

zulassen. Wie nicht anders zu erwarten, hatte mein Gatte Reggie
unterstützt: »Du klapperst, Peabody. Immer versprichst du, es
nicht zu tun, und veranstaltest dann doch einen Höllenlärm. Außerdem können wir uns mit der richtigen Verkleidung für Einheimische ausgeben, falls uns unterwegs jemand begegnet.«

Ich war tief in Gedanken – nicht in Schlaf – versunken, als
mich eine Hand berührte. Wortlos stand ich vom Bett auf und
folgte der weißverhüllten Gestalt.

Nachdem die anderen drei sich uns angeschlossen hatten,
huschte Amenit leise davon, nicht zum Garten oder zur Vorder-
tür, wie ich erwartet hatte, sondern in Richtung der in den Felsen gehauenen Kammern am hinteren Ende des Hauses. Immer
tiefer führte sie uns in die Klippen, durch schmale Türen und
unbenutzte, staubige Räume. Die Dunkelheit bedrängte uns
gleich einem Ungeheuer, das sich schon seit Jahrhunderten an
der Finsternis mästet. Die kleine Flamme von Amenits Lampe
flackerte wie ein Irrlicht. Es sah aus, als schwebe ihr weißes
Gewand körperlos vor uns her.

Schließlich blieb sie in einem kleinen, fensterlosen Zimmer
stehen. Obwohl ich kaum etwas sehen konnte, erkannte ich
doch, daß der Raum, abgesehen von einer steinernen Bank, un-
möbliert war. Diese Bank war etwa einen halben Meter hoch
und gerade breit genug, um Platz für eine liegende Gestalt zu
bieten. Die Magd beugte sich darüber. Plötzlich waren ein Klik-
ken und ein leises Knarren zu vernehmen. Die Bank hob sich,
als wäre sie an einer Feder befestigt. Amenit raffte ihre Röcke
mit einer seltsam modern anmutenden Geste, kletterte geschickt
über die Kante und verschwand.

Da Emerson darauf bestand, folgte er ihr als erster. Dann
kam ich und fand mich am Kopfe einer schmalen Steintreppe
wieder. Sie war so steil, daß ich sie wie eine Leiter hinabsteigen
mußte, wobei ich mich mit beiden Händen festhielt. Doch mein
lieber Emerson stützte mich und versicherte mir, er würde mich
auffangen, falls ich eine Stufe verfehlen sollte. Zwar gelang es
Ramses einige Male, mir auf die Hand zu treten, aber schließlich kamen wir unten an und blieben stehen, um Atem zu
schöpfen.

»Alles in Ordnung, Mrs. Amelia?« fragte Reggie.

Amenit eilte bereits geradeaus einen Gang entlang. »Selbstverständlich«, antwortete ich. »Wenn wir uns nicht beeilen, verlieren wir unsere Führerin.«

Das hätte ein böses Ende nehmen können, denn nach einer Weile beschrieb der Tunnel Kurven und Biegungen, und zu beiden Seiten taten sich weitere Korridore auf. Ich war bereits in Pyramiden gewesen, die über einen weitaus komplizierteren Grundriß verfügten und überdies um einiges baufälliger waren. Trotzdem schoß mir durch den Kopf, daß sich dieses Labyrinth hervorragend dazu eignete, sich unwillkommener Besucher zu entledigen. Amenit mußte den Weg auswendig kennen, denn an den Wänden befand sich keine Kennzeichnung. Falls wir uns hier verliefen, würden wir nie mehr zurückfinden.

Emerson folgte Amenit auf den Fersen. Immer wieder warf er einen Blick auf die rauhen Felswände um uns herum. »Wenn wir nur mehr Licht hätten«, murmelte er. »Ausgehend von dem, was ich sehen kann... Ja, das würde eine Menge erklären.«

»Was meinst du?« fragte ich.

»Erinnerst du dich an das berühmte kuschitische Gold, Peabody? Die meisten Wissenschaftler vermuten die Minen in der westlichen Wüste – aber wenn dieser Irrgarten nicht ursprünglich ein Grubenschacht war, will ich einen Besen fressen. Inzwischen ist die Ader ausgebeutet, und die Gänge dienen nun anderen Zwecken. Doch es gibt immer noch Gold in diesem Berg – es muß welches geben. Wo sonst haben unsere Gastgeber das Material für ihren Schmuck her? Und über welche anderen Reichtümer verfügen sie, um sie gegen die Lebensmittel einzutauschen, die sie einführen?«

»Du hast sicher recht, Papa«, ließ sich Ramses hinter mir vernehmen. »Und hast du die kleinen Öffnungen in der Wand bemerkt? Bestimmt sind die Schächte, die an die Oberfläche führen, wie bei manchen ägyptischen Pyramiden. Die Luft hier ist erstaunlich frisch, wenn man bedenkt, wie tief unter der Erde wir uns befinden.«

Als besonders frisch hätte ich die Luft nicht bezeichnet. Sie war sehr trocken, und ich bekam allmählich Halsschmerzen.

Ich schubste Emerson in den Rücken. »Frag sie, wie weit es noch ist.«

»Verdammt, Peabody, hast du etwa deinen vermaledeiten Sonnenschirm dabei? Ich habe dir doch gesagt…«

»Du hast nur gesagt, daß ich nicht klappern darf, Emerson. Mein Sonnenschirm klappert nicht. Frag sie…«

Amenit unterbrach mich, indem sie mich eindringlich zum Schweigen mahnte. »Nicht mehr weit. Sie hören uns sonst. Ruhe!«

Nach einigen Minuten verbreiterte sich der Tunnel. Mit einem Zischen rief Amenit uns zu sich. Wir standen vor einer Wand, die offenbar keine Öffnungen aufwies. »Ruhe«, hauchte Amenit. »Ruhe!« Dann blies sie die Lampe aus.

Ich hatte nicht gewußt, daß eine solche Finsternis überhaupt möglich war.

Plötzlich erblickte ich wohltuendes Licht. In der Wand vor uns hatte sich ein kleines, viereckiges Loch geöffnet, aus dem dieses Licht drang – zwar schwach, gelblich und flackernd, aber doch willkommener als die hellsten Sonnenstrahlen. Ich nahm Ramses fest beim Arm und schob ihn von meinem linken Fuß; er drängte sich eng an mich, um einen Blick durch die Öffnung zu erhaschen, die sich allerdings oberhalb seiner Augenhöhe befand. Emersons Wange berührte meine, als wir zusammen in den Raum spähten, der sich hinter der Öffnung befand.

Archäologenfieber! Keine Leidenschaft der Welt kommt ihm gleich, und kaum eine kann einen Menschen zu ähnlicher Verzückung hinreißen. Es ergriff mich genau so wie es meinen außergewöhnlichen Gatten befallen hatte. Welchem Zweck die Kammer vor unseren Augen diente, stand außer Frage. Die prächtige Ausstattung – geschnitzte Truhen, riesige Krüge voller Wein und Öl, Statuen, mit Gold und Fayence geschmückt – wurde von mehreren Alabasterlampen erleuchtet. Das Wichtig-

Die Königin von Meroë durchbohrt in kindlicher Begeisterung Gefangene mit einem Speer.

ste ruhte auf einem niedrigen Bett in der Mitte des Raumes – eine
moderne Leiche, von der Zeit und den natürlichen Zerfallspro-
zessen fast zum Skelett verwittert. Die vergilbten Zähne waren zu
einem grausigen Lächeln entblößt. Die Knochen eines Armes sta-
ken durch das faulige Fleisch.

»Sie mumifizieren ihre Leichen nicht!« rief Emerson aus. »Es
ist wohl schwierig, Natron aufzutreiben, ich… autsch!«

Ich weiß nicht, ob Reggie oder Amenit ihn ein wenig heftig
darauf hingewiesen hatten, daß absolutes Schweigen angesagt
war, doch die gewünschte Wirkung trat ein. Und das gerade
noch rechtzeitig. Das Licht wurde heller. Es rührte von Lampen
in den Händen zweier Gestalten her. Ihre Umrisse waren mir
nur allzu vertraut, denn es handelte sich um zwei Mägde, von
Kopf bis Fuß verschleiert. Aber ich glaubte nicht, daß eine von
ihnen Mentarit war.

Die Hohepriesterin folgte ihnen.

Nur durch ihre goldbestickten Schleier unterschied sie sich
von den anderen. Auf ihr Zeichen hin stellten die Mägde die
Lampen auf eine Truhe und nahmen ihre Plätze zu ihrer Rechten und ihrer Linken vor dem grausigen Leichnam ein. Gemeinsam stimmten sie einen leisen Sprechgesang an.

Amenit hatte unsere Bitte erfüllt. Vor uns stand die Hohepri-
sterin. Doch wenn sie den Schleier nicht abnahm, würde der
lange, strapaziöse und gefährliche Weg vergebens gewesen sein.
Zum Glück für meine Nerven dauerte die Zeremonie nicht lang
und wirkte fast wie eine Pflichtübung. Nach einem kurzen Lied
knieten die Gestalten nieder, erhoben sich und fielen wieder auf
die Knie. Während die beiden Mägde in dieser Stellung verharrten, stand die Hohepriesterin auf und führte die Hände ans Gesicht. Ihr Schleier erzitterte und fiel. Dann schloß ich – wie ich
zu meiner Schande gestehen muß – die Augen. Denn sie hatte
den Schleier abgenommen, um die vermoderte Stirn der Leiche
zu küssen.

Sie war nicht Mrs. Forth, sondern hatte die kohlschwarzen
Locken und die glatten, gebräunten Wangen einer jungen
Kuschitin von hoher Geburt.

13. KAPITEL

»Genausowenig
könnte ich Ramses
im Stich lassen«

Ich rückte von der Öffnung ab, damit Emerson Ramses hochheben konnte, denn dieser hatte mir durch ständiges Zerren und Schubsen zu verstehen gegeben, daß er auch etwas sehen wollte. Kurz darauf wurde das Licht in der Kammer schwächer, verlosch jedoch nicht ganz: Die Frauen hatten die Lampen zurückgelassen, um dem Toten zu leuchten, und sie würden weiterbrennen, bis das Öl verbraucht war – eine Mahnung an die Vergänglichkeit des menschlichen Daseins. Auch wir treten hinaus in die Dunkelheit, wenn unser Licht niedergebrannt ist.

So tief war ich in philosophische und andere Gedanken versunken, daß Reggies Flüstern mir wie ein Schrei vorkam: »Nun? War es…?«

Erst dann fiel mir ein, daß er nicht die Möglichkeit gehabt hatte, selbst einen Blick in die Kammer zu werfen. »Nein«, zischte ich.

Schweigend traten wir den Rückweg an. Eigentlich hätte ich

über den Sinn der grausigen Zeremonie nachdenken und die
Ausstattung der Grabkammer für eine spätere Abhandlung im
Geiste noch einmal durchgehen sollen, doch mich hatte sonder-
barerweise Niedergeschlagenheit überkommen. Ich hatte Ramses' Theorie, es könnte sich bei der Hohepriesterin um Mrs.
Forth handeln, nie wirklich Glauben geschenkt, aber trotzdem
hatte ich mir gestattet zu hoffen. Das Schicksal der armen jungen Braut war mir immer viel tragischer erschienen als das ihres Gatten. Er hatte zumindest gewußt, worauf er sich einließ,
während sie ihm nur treu gefolgt war, ohne an seiner Urteilsfä-
higkeit und dem Schutz, den er ihr bieten konnte, zu zweifeln.
Das mochte dumm gewesen sein, wies jedoch auf eine edle Ge-
sinnung hin. Ich hatte tiefstes Verständnis für sie – nicht wegen
ihrer Dummheit, sondern wegen ihres Muts.

Ohne Zwischenfall erreichten wir unsere Gemächer, die wir
so dunkel und verlassen vorfanden wie bei unserem Aufbruch.
»Ich würde mich gerne waschen«, sagte ich leise zu Emerson,
»aber vermutlich ist es nicht ratsam, da ich dann Gefahr liefe,
unseren Hofstaat zu wecken. Übrigens, Emerson, was ist mit unseren Kleidern? Der Staub und die Spinnweben könnten Spitzel
auf uns aufmerksam machen.«

Amenit hatte das – oder einen Teil davon – verstanden und
kicherte. »Ich werde sie verstecken. Gebt sie mir.«

»Etwa sofort?« fragte Emerson entrüstet.

»Jetzt ist nicht der richtige Zeitpunkt für Scherze, Herr Professor«, meinte Reggie. »Gehen Sie gleich zu Bett. Um Mitternacht wechseln die Wachen.«

Er ging mit gutem Beispiel voran, indem er sich eilig in sein
Zimmer begab. Amenit begleitete ihn. Ich konnte zwar in der
Dunkelheit nicht richtig sehen, aber sie standen so dicht beisammen, daß ich annahm, er habe den Arm um sie gelegt. Ein
leises Kichern drang an unser Ohr, während sie in der Finsternis verschwanden.

»Hast du gehört, Emerson?« flüsterte ich. »Die Wachen wechseln um Mitternacht!«

»Hmmm. Anscheinend ist die erste Schicht der Dame treu
ergeben, und die andere nicht. Sie macht einen sehr fähigen

Eindruck, wenn sie nur nicht so viel kichern würde. Beeil dich, Peabody, wir befolgen am besten Forthrights Rat.«

Offenbar waren die zarten Leinengewänder in unbegrenzter Menge vorhanden. Ich rollte die schmutzigen Kleider zu einem Bündel zusammen und versteckte sie unter dem Bett. Hoffentlich würde Amenit sich morgen darum kümmern. Für den Rest der Nacht schien sie andere Pläne zu haben.

Bald gesellte Emerson sich zu mir. »Wenn du schlafen willst, Peabody, gehe ich wieder«, flüsterte er.

»Ich bezweifle, daß ich überhaupt schlafen kann. Was sollen wir tun, Emerson? Glaubst du, daß diese junge Frau mit Reggie ein offenes Spiel treibt?«

»Wenn sie nicht in ihn verliebt ist, muß sie eine glänzende Schauspielerin sein. Keine Frau könnte mehr für einen Mann tun.«

Ich fuhr im Bett hoch. »Emerson! Du hast doch nicht etwa...!«

»Natürlich habe ich. Vielleicht hängt unser Leben von der Echtheit ihrer Gefühle ab. Ich mußte mich vergewissern.« Er schlang die Arme um mich und zog mich an sich, ehe er fortfuhr. »Allerdings quält mich ein weitaus wichtigerer Zweifel: Hat sie die Macht, ihre Versprechen wahrzumachen? Selbst für eine Prinzessin ist es kein Kinderspiel, eine Expedition von dieser Größe auszurüsten, ohne daß jemand es bemerkt.«

»Das ist sicherlich richtig«, antwortete ich. »Und es gibt weitere Gründe, warum wir uns mit dem Aufbruch nicht so beeilen sollten. Wir könnten uns wenigstens anhören, was der angekündigte Bote uns zu sagen hat.«

»Ich weiß nicht, warum du dich so auf diesen Burschen und seine vagen Versprechungen versteifst«, meinte Emerson argwöhnisch. »Was war er denn für ein Mann? Hast du mir nicht erzählt, er sei uralt und gebrechlich gewesen?«

Ich lächelte in der Dunkelheit. »Ich sagte dir doch, daß ich sein Gesicht nie gesehen habe. Und er war ganz sicher nicht uralt und gebrechlich; ganz im Gegenteil.«

»Hmmm«, brummte Emerson. »Es ist schon einige Tage her. Vielleicht ist er ja gefaßt worden.«

»Das glaube ich nicht.«

»Verdammt, Peabody...«

Er brach mit einem Geräusch ab, das ich bei einem weniger mutigen Mann für einen unterdrückten Schreckensschrei gehalten hätte. Dazu sollte ich noch erklären, daß wir einander zugewandt auf der Seite lagen. In der Hitze der Debatte hatte Emerson sich auf den Ellenbogen gestützt und konnte so über meine liegende Gestalt hinwegsehen. Eilig drehte ich mich um. Eine weißverhüllte Frau beugte sich mit ausgestreckter Hand über mich.

»Um Himmels willen«, zischte ich. »Was ist denn, Amenit, warum stört Ihr uns?«

Mit einer abrupten Geste riß sich das Mädchen den Schleier vom Gesicht. Ihre Züge konnte ich nicht klar erkennen, doch die Bewegung verriet, um wen es sich handelte. »Mentarit!« rief ich aus.

Mit einer Hand hielt sie mir den Mund zu. Mit der anderen griff sie in den Ausschnitt ihres Gewandes und zog...

»Emerson«, flüsterte ich. »Ich glaube, es ist ein Buch.«

»Noch eins?« fragte Emerson wenig begeistert.

»Kommt«, meinte Mentarit leise. »Werdet Ihr mir vertrauen? Ich bringe Euch das Zeichen, das er Euch versprochen hat. Die Zeit ist knapp, und es droht große Gefahr. Ihr müßt mitkommen.«

»Emerson?«

»Du fragst *mich*, Peabody? Nicht zu fassen. Nun, warum auch nicht? Wenn du die Dame überreden kannst, sich umzudrehen, während ich...«

»Ich hole den Kleinen«, sagte Mentarit taktvoll.

»Er ist wahrscheinlich unter dem Bett«, sagte ich, während ich nach meinem Gewand griff. »Wozu, glaubst du, will sie ihn dabei haben?«

»Es liegt nicht an uns, nach den Gründen zu fragen«, entgegnete Emerson. »Wo zum Teufel ist meine Schärpe? Ach, da liegt sie ja. Wir können nur...«

Glücklicherweise hinderte ihn die Ankunft von Mentarit und

Ramses daran, dieses traurige Zitat zu Ende zu führen. »Ach, da bist du ja, mein Junge«, meinte er freundlich.

»Entschuldige, daß wir dich geweckt haben, aber die Dame wollte es so.«

»Ich habe nicht geschlafen«, sagte Ramses. »Wohin gehen wir, Papa?«

»Wenn ich das wüßte«, lautete die Antwort.

»Pssst«, zischte Mentarit.

Ich wunderte mich über ihre Selbstsicherheit, denn obwohl sie uns zum Schweigen mahnte, hatte sie offenbar keine Angst, entdeckt zu werden. Ein Teil des Geheimnisses lüftete sich, als wir ins Vorzimmer kamen. Vier Wachmänner standen dort reglos wie Statuen. Ihre riesigen Speere funkelten im Lampenlicht. Als Mentarit uns an ihnen vorbeiführte, bewegten sie nicht einmal die Augen.

»Vielleicht hypnotisiert«, hauchte ich.

»Durch meine Wortgewalt«, sagte Emerson. »Hast du sie nicht wiedererkannt?«

Die große hölzerne Tür war verschlossen und verriegelt. Doch Mentarit kümmerte sich nicht darum, sondern eilte uns voraus durch eine Reihe von Gängen, die immer enger und schmuckloser wurden. Dann stiegen wir eine Treppe hinab, die zu einem kleinen Durchlaß führte, vor dem eine grob gewebte Matte hing. Mentarit schob ihn beiseite, und wir standen in einem von Mauern umgebenen Hof. Ich mußte einen Schrei unterdrücken, denn uns bot sich ein schrecklicher Anblick: reglose Gestalten, starr wie Tote, in Reih und Glied im bleichen Mondlicht liegend aufgereiht.

Wir mußten uns zwischen ihnen hindurchschlängeln. Als ich vorsichtig über einen am Boden Liegenden stieg, sah ich, daß er mich aus wachen Augen anblickte. Hier war der Schlafplatz der Diener, mit dem Himmel als Dach und einer dünnen Matte als Bett. Aber sie schliefen nicht. Man kann behaupten, daß es sich nur um Einbildung handelte, doch ich spürte ihre Gedanken, die sie nicht auszusprechen wagten – Hoffnung, Ermutigung und gute Wünsche – und die mich wie warme, helfende Hände auf meinem Weg begleiteten.

Jenseits des Tors befanden sich ein Abhang und ein übelriechender Abfallhaufen. Mit gerafften Röcken rannte Mentarit einen schmalen Trampelpfad entlang. Sie war flink wie ein Wiesel, und als sie endlich stehenblieb, war ich außer Atem. Genau unter uns erblickte ich einen vertrauten, von Säulen gestützten Torbogen. Wir standen am äußeren Rand des Friedhofs.

Als ich mich umsah, war Mentarit verschwunden. Emerson nahm meine Hand. »Noch ein Tunnel, Peabody. Hier hinter dem Felsen ist ein Loch.«

Es gab dort eine Menge Löcher, Risse und Spalten. Zwar wirkte das, worauf Emerson gezeigt hatte, nicht sonderlich einladend, aber ich quetschte mich dennoch hindurch. Mentarit nahm mich bei der Hand. Emersons breite Schultern blieben stecken, doch schließlich schaffte er es, auch wenn es ihn einige abgeschürfte Hautfetzen kostete.

Mentarit zündete Licht an. Nun, da wir nicht mehr weithin sichtbar waren, schien sie ruhiger; allerdings setzte sie den Weg in noch rascherem Tempo fort. Die Tunnels sahen genauso aus wie die, durch die wir schon einmal an diesem Abend gekommen waren: eng, dunkel und schmucklos. Vielleicht gehörten sie zu demselben Gangsystem.

Wir waren bestimmt schon zwanzig Minuten durch diesen Irrgarten gelaufen, als wir endlich eine steile Treppe erreichten. Aus einer Öffnung über uns drang Licht. Ich folgte Mentarit, Ramses hielt sich dicht an mich, und Emerson bildete das Ende unserer kleinen Kolonne. Obwohl die Lampe nicht sehr hell schien, fühlte ich mich nach der Dunkelheit im Tunnel wie geblendet. Mentarit führte mich durch die Öffnung; der Boden dahinter bestand aus kahlem Stein.

Die Kammer war so klein und niedrig, daß Emersons Kopf die Decke berührte. Ein dunkles Rechteck an der gegenüberliegenden Wand wies darauf hin, daß man den Raum auch auf konventionellere Weise betreten konnte. Abgesehen von einer niedrigen Steinbank gab es keine Möbel. Jemand saß auf dieser Bank – nicht die kräftige Männergestalt, mit der ich gerechnet hatte, sondern eine verschleierte Frau. Neben ihr stand ein weiteres, weißverhülltes Mädchen mit einer Lampe. Mentarit trat auf die andere Seite der Sitzenden, deren goldbestickte Schleier im Licht funkelten.

»Mein Gott!« rief Emerson aus. »Nicht noch eine!«

Denn als die Frau sich erhob, hatten wir sofort erkannt, daß es sich nicht um dieselbe Priesterin handelte, die die grausige Stirn des Toten geküßt hatte. Sie war zierlicher und bewegte sich mit größerer Anmut. Ein Schauder durchfuhr sie; ihre zarten Schleier zitterten wie die Schwingen eines verängstigten Vogels. Dann – mit einer plötzlichen, flatternden Geste – schlug sie die Schleier zurück und ließ sie zu Boden sinken.

Das durchscheinende Gewand unter den Schleiern konnte ihre schlanke Gestalt kaum verbergen. Sie war ein Mädchen an der Schwelle zur Frau mit einem herzförmigen Gesicht, dessen gerundete Wangen in ein leicht spitzes Kinn übergingen. Ihre Haut hatte die zarte Farbe einer Perle und war von einem rosigen Hauch überzogen. Sie hatte blaue Augen – nicht von dem leuchtenden Azur wie Emersons, sondern vergißmeinnichtfarben. Ihre Augenbrauen waren sanft geschwungen, ihre Wimpern lang. Und das prächtige Haar, schimmernd wie geschmolzenes Gold mit kupfersprühenden Funken, fiel ihr bis über die Schultern hinab.

Das erste Geräusch, das das Schweigen brach, kam etwa aus der Gegend meines linken Schulterblattes. Es ähnelte dem Gurgeln in einem Wasserschlauch.

Emerson stieß einen lauten Seufzer aus. Die Lippen des Mädchens zitterten, und ihre Augen füllten sich mit Tränen. Ich wußte, daß es an mir war, etwas zu sagen, – aber mir fehlten (vielleicht zum erstenmal in meinem Leben) die Worte.

Das Mädchen richtete sich kerzengerade auf und bemühte sich zu lächeln. »Ich nehme an, Sie sind Professor und Mrs. Emerson«, sagte sie.

Ihre Stimme klang lieblich und sanft; sie hatte einen leicht fremdländischen Akzent. Ramses gab wieder ein Gurgeln von sich, und von Emerson – der unter seiner rauhen Schale sehr sentimental ist – war ein erstickter Laut zu vernehmen.

Ich lief auf sie zu und nahm sie in meine Arme. Was ich ge-

sagt habe, weiß ich nicht mehr, man kann jedenfalls davon ausgehen, daß ich nicht schwieg.

Einen Augenblick lang klammerte sie sich an mich, und ich
spürte, wie einige heiße Tränen meine Schulter benetzten. Doch
sie faßte sich rasch. »Entschuldigen Sie«, sagte sie und trat einen
Schritt zurück. »Ich hatte die Hoffnung schon aufgegeben. Sie
ahnen ja nicht, was es für mich bedeutet... Aber wir schweben
in großer Gefahr und dürfen keine Zeit verlieren. Sie werden...
Sie können... Sie werden mich doch nicht hier zurücklassen?«

Emerson räusperte sich geräuschvoll, trat vor und streckte
die Hand aus. Als sie ihm die ihre reichte, schlossen sich seine
kräftigen, gebräunten Finger fest darum. »Genausowenig könnte
ich Ramses im Stich lassen«, verkündete er.

»Ramses.« Sie lächelte ihm zu. »Entschuldige, daß ich dich
noch nicht begrüßt habe. Ich habe schon viel von dir gehört;
von... von einem Freund.«

»Du mußt *uns* verzeihen, liebes Kind«, sagte ich. »Weil wir
dich so unhöflich angestarrt und uns benommen haben, als hätten wir den Verstand verloren. Wir hatten ja keine Ahnung, daß
du hier bist.«

»Ehrlich gesagt wußten wir gar nichts von deiner Existenz«,
meinte Emerson. »Du mußt Willoughby Forths Tochter sein,
aber du wirkst so... Wie alt bist du denn, mein Kind?«

»Am fünfzehnten April bin ich dreizehn geworden«, lautete
die Antwort. »Mein Vater hat mir beigebracht, die Jahre zu zählen, wie man es in England tut, und mir eingeschärft, dieses
Datum nicht zu vergessen. Er hat mich auch vieles andere gelehrt, damit ich mich stets meiner Herkunft erinnere. Doch Sie
müssen entschuldigen, wenn ich Ihre übrigen Fragen nicht be-
antworte – sicherlich wollen Sie vieles wissen, und ich ebenfalls. Wenn ich nicht sofort zurückkehre und man meine Abwesenheit bemerkt, droht meinen treuen Mädchen, von denen ich
leider nur wenige habe, ein grausiges Schicksal. Unser Treffen
wurde in höchster Eile arrangiert, ohne Vorsichtsmaßnahmen,
die mir lieber gewesen wären. Gerade erst haben wir erfahren,
daß man Ihnen eine Frau vorgeführt hat, die sich als Hoheprie-

sterin ausgab. Ich hatte solche Angst, daß Sie ihr glauben und mich zurücklassen könnten!«

»Warte, liebes Kind!« rief ich aus. »Die Fragen, die nur unsere Neugier befriedigen sollen, müssen selbstverständlich warten, aber es gibt noch andere, die von größter Wichtigkeit sind. Wie sollen wir mit dir in Verbindung treten? Wem können wir trauen? Offenbar ist diese Stadt ein Intrigantennest.«

»Sie haben recht, Mrs. Emerson.« Mentarit berührte sie an der Schulter und flüsterte ihr etwas ins Ohr, worauf sie nickte. »Ja, wir müssen uns beeilen. Keine Sorge, Sie werden auf diese Fragen und auch auf die anderen eine Antwort erhalten, und zwar von dem Menschen, der sie zu Ihrem Haus begleiten wird.«

»Mentarit?«

»Nein, sie muß mit mir zurückkehren. Aber Sie kennen Ihren Führer – er ist der Freund, von dem ich gesprochen habe, mein bester Freund.« Als sie sich umwandte, trat aus einem Gang hinter ihr ein Mann. Er trug den kurzen, grobgewebten Rock des gewöhnlichen Volkes; eine Kapuze oder Maske aus demselben Stoff bedeckte den oberen Teil seines Gesichts. Füße, Brust und Arme waren nackt und ungeschmückt und verrieten nichts über seinen Rang. Allerdings erkannte ich ihn, ehe er sich die Kapuze aus der Stirn schob.

»Prinz Tarek«, sagte ich. »Also seid *Ihr* der Freund der *rekkit*. Das habe ich mir gedacht.«

»Eure Augen sind scharf wie die eines Adlers, Herrin«, erwiderte Tarek mit einem Lächeln. »Ich kam in der Dunkelheit zu Euch, denn ich wußte, Ihr würdet Euren Diener auch maskiert und im Gewand eines einfachen Mannes erkennen. Nun müssen wir uns beeilen. Und du, kleine Schwester…«

Sie umarmte ihn heftig. Es war die unschuldige Umarmung eines Kindes; ihr schimmernder Blondschopf reichte ihm kaum bis an die Schulter. »Sei vorsichtig, Bruder. Ich werde bereit sein, wenn du mich rufst.«

Und mit einem letzten strahlenden Lächeln hüllte sie sich wieder in ihre Schleier und verschwand durch die Tür, durch die Tarek gekommen war. Mentarit und das andere Mädchen folgten ihr. Tarek blickte ihr nach, bis der Schein ihrer Lampe in der Dunkelheit nicht mehr zu sehen war.

»Kommt«, sagte er mit wohltönender Stimme. »Ihr sollt alles erfahren, aber jetzt dürfen wir keine Zeit verlieren. Ihr müßt Euch wieder in Euren Gemächern befinden, ehe die Morgendämmerung sich über den östlichen Himmel breitet.«

Emerson stieg zuerst die Stufen hinab, während Tarek ihm leuchtete. Ich wollte meinem Gatten schon nachgehen, als ich feststellte, daß Ramses – reglos wie ein Holzklotz – immer noch an der gleichen Stelle stand und sich seit dem Beginn des Gesprächs nicht gerührt hatte.

»Ramses!« zischte ich. »Was zum Teuf... Komm sofort her!«

Ramses fuhr zusammen. Als er sich umdrehte, bemerkte ich, daß er den geistesabwesenden, verwirrten Gesichtsausdruck eines Schlafwandlers hatte. Ich packte ihn und schüttelte ihn heftig. »Steig da runter!« befahl ich.

Er gehorchte, wobei er nicht einmal ein »Ja, Mama« von sich gab. Eine schreckliche Vorahnung ergriff mich.

Tarek kam als letzter die Treppe hinab und schloß die Falltür. Während wir den Pfad zurückeilten, den wir gekommen waren, erzählte er uns zwar nicht alles, aber eine ganze Menge.

»Ich lebte noch im Haus der Frauen (also war er weniger als sechs Jahre alt gewesen, denn in diesem Alter verlassen die Knaben die Obhut ihrer Mütter), als die Fremden kamen. Ich war sehr erstaunt. Noch nie hatte ich solche Menschen gesehen, besonders die Frau mit ihrem seltsamen weißen Gesicht und ihrem Haar, das leuchtete wie ein Fluß im Mondlicht. Mein Onkel Pesaker, seit kurzem der Hohepriester Aminrehs, fürchtete sich vor dem weißen Mann und hätte ihn töten lassen, hätte meine Mutter nicht aus den alten Büchern der Weisheit zitiert, die uns sagen, daß die Götter den lieben, der die Durstigen tränkt und die Nackten kleidet. Die Frau war sehr krank, und sie erwartete ein Kind. Die Worte meiner Mutter rührten meinen Vater, der ein gütiger Mann war. Bald schätzte er den weißen Mann sehr, denn er beriet ihn gut und lehrte ihn viele Dinge. Auch ich liebte den Fremden und hing an seinen Lippen, wenn er von der großen Welt jenseits dieses Tals erzählte. Nach-

dem das Kind geboren war, ging seine Mutter zum Gott. Die
Hofdamen meiner Mutter nährten das Mädchen, denn ihr Vater
wollte nichts von ihr wissen. Später jedoch lernte er sie lieben
und war glücklich, sich um sie kümmern zu können. Er nannte
sie Nefret, die Schöne, um das war sie auch... Aber Ihr habt sie
ja selbst gesehen. Sie ähnelt einer weißen Lotosblüte, und als
ich sie zum erstenmal erblickte, griff sie nach meiner Hand und
lächelte mich an.«

Er schwieg eine Weile. Dann fuhr er fort: »Ich muß mich
kurz fassen, denn bald wird das Reden zu gefährlich. Der Weise,
wie wir ihn nannten, hatte geschworen, für immer bei uns zu
bleiben. Er sagte, er hasse die Welt da draußen, und er bezeich-
nete uns als seine Kinder. Doch eines Tages wurde er krank,
und er spürte den kalten Hauch des Seelensammlers. Und als
er die Augen aufschlug, sah er, daß seine Tochter bald kein
Kind mehr sein würde, sondern eine erwachsene Frau. Meine
Mutter war gestorben. Mein Vater war ein alter Mann. Und
mein Bruder – mein Bruder Nastasen hatte auch bemerkt, daß
Nefret allmählich zur Frau erblühte. Wer könnte sie erblicken,
ohne sich nach ihr zu sehnen...«

»Ich glaube, Ihr liebt sie auch«, sagte ich leise. »Aber Ihr
wollt ihr trotzdem zur Flucht verhelfen?«

Tarek seufzte. »Der Tag kann sich nicht mit der Nacht vereinen und das Schwarze nicht mit dem Weißen.«

»Papperlapapp«, meinte Emerson. »Dummes Gewäsch!«

»Pssst, Emerson«, zischte ich. »Ihr seid ein edler Mann, Tarek.«

»Sie muß zu ihrem Volk zurückkehren. Das war der Wunsch
ihres Vaters«, erwiderte Tarek. Wieder seufzte er. »Ich werde
Mentarit heiraten, die ich auch liebe. Sie wird meine Hauptfrau
sein, Königin des Heiligen Berges.«

Er blieb stehen und hielt die Lampe hoch. »Jetzt müssen wir
schleichen wie die Eidechsen unter dem offenen Himmel. Hört
zu. Von Forth habe ich auch gelernt, daß alle Menschen vom
Gesetz her Brüder sind. Als er mich losschickte, um Nefrets
Volk zu finden, sah ich die Welt des weißen Mannes. Dort gibt
es zwar auch Grausamkeit und Leid, aber einige unter Euch

kämpfen für die Gerechtigkeit. Ich wollte meinem Volk diese
Gerechtigkeit bringen. Und ich stellte auch fest, daß eine weitere Sache, vor der Forth mich gewarnt hatte, der Wahrheit entsprach: Die Soldaten der englischen Königin scharen sich wie
Heuschrecken am großen Fluß. Eines Tages werden sie dieses
Tal finden, und dann werden wir wie Mäuse in den Krallen der
heiligen Katzen Bastets zappeln. Nur ich kann mein Volk darauf
vorbereiten. Nur ich kann die *rekkit* von ihrem Joch befreien.
Deshalb, und auch weil ich Nefret von ihm fernhalte, haßt
mein Bruder mich. Er will den Thron, und er wird alles tun,
um ihn zu bekommen. Falls es ihm möglich ist, wird er Euch
töten, denn Ihr habt Euch freundlich gegen mein Volk gezeigt
und seine Befehle mißachtet. Seid auf der Hut! Bleibt im Haus!
Der Pfeil eines Mörders kann Euch aus großer Entfernung treffen! Vertraut nur Mentarit. Selbst die Männer, die meine Farben
tragen, könnten Spitzel meines Bruders sein.«

Er ließ uns keine Zeit, ihm weitere Fragen zu stellen, sondern eilte vorwärts. Nachdem wir uns durch das Loch im Abhang gedrängt hatten, beschleunigte er sein Tempo. Der Mond
war untergegangen. Das Lüftchen, das unsere schweißnassen
Gesichter kühlte, hatte den frischen Duft des Morgens.

Als Tarek stehenblieb, waren wir noch einige Meter von unserem Haus entfernt, aber inzwischen war es so hell geworden,
daß ich die Umrisse des Gebäudes erkennen konnte. »Ich habe
zu viel geredet, es ist spät«, flüsterte er eindringlich. »Findet Ihr
von hier aus zurück? Ihr müßt in Euren Zimmern sein, ehe
sich die Sonne über den Berg erhebt, und das gleiche gilt auch
für mich.«

»Ja«, antwortete ich. »Aber was ist mit Amenit? Sie ist…«

»Eine Spionin meines Bruders«, entgegnete Tarek. »Aber der
Wein, den sie heute nacht mit ihrem Geliebten getrunken hat,
war mit einem Betäubungsmittel versetzt. Verratet ihm nichts!
Er glaubt die Lügen, die sie ihm erzählt, und er… Es ist keine
Zeit mehr! Beeilt Euch!«

Er ging uns mit gutem Beispiel voran und verschwand wie
ein Schatten in der Dunkelheit. Seine Schritte verursachten

nicht mehr Geräusch als das Rascheln des trockenen Grases im Wind.

Wir waren nicht so geschickt. Mir kam es vor, als veranstalteten wir einen Lärm wie eine ganze Armee, während wir den Pfad entlangeilten. Allerdings erschien mir Geschwindigkeit wichtiger als Ruhe. Der Gestank des verfaulenden Mülls wies uns den Weg zur Pforte, die wir offen vorfanden. Und als wir über den Hof liefen, tat sich wie durch Zauberhand eine Gasse für uns auf, denn die Schlafenden drehten sich ganz zufällig in die richtige Richtung und machten uns Platz. Emersons Männer standen auf ihrem Posten, doch als wir den Gang zu unserem Empfangssalon entlangrannten, hörte ich in der Ferne marschierende Schritte.

»Das war knapp«, murmelte Emerson und wischte sich die Stirn ab. »Schnell, Ramses.«

Ramses gab keinen Mucks von sich und blieb auch nicht stehen, als Emerson ihm den Rock vom Leibe riß und mir zuwarf. »Was hast du mit den anderen Kleidern gemacht?« zischte er, während er hastig sein staubiges, zerknittertes Gewand auszog.

»Sie sind unterm Bett. Aber ich glaube nicht, daß es klug wäre...«

»Ganz richtig. So...« Er packte einen Zipfel meines Kleides und zerrte ruckartig daran, daß ich mich drehte wie ein Kreisel, während es sich abwickelte. Emerson raffte die Sachen zusammen, warf sie in einen der Körbe, stieß mich ins Bett und ließ sich neben mich plumpsen.

»Uff«, atmetete er erleichtert auf.

»Ich bin ganz deiner Meinung, Liebling. Was für eine erstaunliche neue Entwicklung! Gib zu, Emerson, du warst ebenso überrascht wie ich.«

»Wie vom Donner gerührt, meine liebe Peabody. Mrs. Forth muß bereits in anderen Umständen gewesen sein, als ich sie kennenlernte, aber natürlich wäre ich nie auf diesen Gedanken gekommen. Hoffentlich tappte auch ihr Gatte im Dunkeln. Welcher Ehrenmann würde eine Frau in einem solchen Zustand auf eine derartige Reise mitnehmen?«

»Allerdings hätte sie selbst daran denken müssen«, meinte ich.
»Warum, um Himmels willen, hat sie es ihm verschwiegen?«

»Hättest du es mir denn erzählt, Peabody?« Da Emerson inzwischen wieder zu Atem gekommen war, drückte er mich jetzt so fest, daß mir die Luft wegblieb.

»Nun… ich hoffe, ich wäre vernünftig gewesen. Aber sie war noch sehr jung und wahrscheinlich schrecklich verliebt. Die Arme. Für ihre irregeleitete Treue hat sie einen hohen Preis bezahlt. Aber wenigstens mußte sie nicht mehr miterleben, daß ihrem Kind Gefahr droht.«

»Wir werden das Mädchen wohlbehalten von hier fortbringen, Peabody.«

»Natürlich. Wir… Mein Gott, Emerson. Wir sollten doch morgen – nein, du meine Güte, schon heute abend! – fliehen, und zwar mit der verräterischen Amenit!«

»Verdammt, das hatte ich ganz vergessen.« Emerson rollte sich auf den Rücken. »Wir müssen uns eine Ausrede einfallen lassen, Peabody. Wenn wir Forthright sagen, daß seine Angebetete eine Lügnerin und ein Spitzel ist, würde er uns nicht glauben.«

»Er würde darauf bestehen, sie zur Rede zu stellen«, stimmte ich zu. »Allmählich teile ich deine Ansichten über junge Liebespaare, Emerson; sie können entsetzlich lästig sein. Schade, daß wir nicht die Zeit hatten, Tarek um Rat zu fragen.«

Emerson gähnte. »Überhaupt schade, daß wir nicht noch mehr von ihm erfahren konnten. Ich muß sagen, daß er eine verdammt umständliche und geschraubte Art hat, sich auszudrücken. Er erinnert mich an…«

»Vielleicht weiß er von Amenits Plan, Emerson, und wird etwas tun, um ihn zu vereiteln.«

»Vielleicht. Jeder bespitzelt jeden…« Ein weiteres herzhaftes Gähnen hinderte ihn am Weitersprechen. »Aber ich weigere mich, mir jetzt darüber Gedanken zu machen. Uns fällt schon noch ein Ausweg ein. Das war doch bis jetzt immer so.«

»Natürlich, mein Liebling. Ich mache mir auch gar keine Sorgen.«

»Gute Nacht, liebe Peabody.«

»Gute Nacht, lieber Emerson. Oder besser, guten Morgen.«

Meine Lider fühlten sich bleiern an. Der Schlaf übermannte mich. Ich versank immer tiefer...

»Peabody!«

»Verdammt, Emerson. Ich war schon fast eingeschlafen. Was ist?«

»Du konntest nicht wissen, daß Tarek der Freund der *rekkit* war, ehe er die Maske abnahm. Gestehe, das hast du nur behauptet, um mich zu ärgern.«

»Ach, verd... Hältst du mich solcher Falschheit für fähig, Emerson?«

»Ja.«

»Aber ich habe es gewußt. Es war des Ergebnis eines Denkprozesses.«

»Ach wirklich? Würdest du diesen deinem geistig minderbemittelten Gatten bitte näher erläutern?«

Als ich näher an ihn heranrutschte, lag er stocksteif da und ging nicht im mindesten darauf ein. »Schon gut«, meinte ich, drehte mich ebenfalls auf den Rücken und verschränkte die Arme vor der Brust. Wir müssen furchtbar lächerlich ausgesehen haben: wie zwei Mumien nebeneinander im Bett.

Ich begann: »Ich habe schon von Anfang an vermutet, daß Tarek Mr. Forths Botschaft nach London brachte. Er war Mr. Forths Lieblingsschüler und sprach gut Englisch. Wer sonst wäre in Frage gekommen? Und nur jemand, der hoch in der Gunst des Königs stand, konnte ungestraft gegen die Gesetze des Heiligen Berges verstoßen. Allerdings setzte Tarek mehr aufs Spiel, als er ahnte, denn während seiner Abwesenheit starb sein Vater. (›Der Horus fliegt zur Zeit der Ernte‹, wenn du dich erinnerst.) Bei seiner Rückkehr mußte Tarek feststellen, daß seine Thronfolge ernstlich gefährdet war.«

»Plausibel, allerdings unbewiesen«, sagte Emerson, der vor lauter Interesse an meiner Theorie vergessen hatte, daß er eigentlich schmollen wollte. »Aber du hast immer noch nicht erklärt, warum Tarek der Freund der *rekkit* ist?«

»Es gibt einen Beweis«, entgegnete ich ruhig. »Tarek hat heute nacht zugegeben, daß er nach England gereist ist. Wir haben ihn erst bei unserer Ankunft in Nubien kennengelernt, also

muß er uns aus England gefolgt sein. Wahrscheinlicher allerdings ist, daß er uns vorausfuhr, nachdem er sich vergewissert
hatte, daß wir am Gebel Barkal arbeiten wollten. Vermutlich
war *er* der alte Magier, der Ramses hypnotisiert hat…«

»Hmmm«, brummte Emerson. »Sicherlich wollte er Ramses
entführen. Dann hätten wir ihn natürlich bis zum Heiligen Berg
verfolgt. Da wir auf die Botschaft als Köder nicht ansprangen,
glaubte Tarek gewiß, uns nur so hierherlocken zu können. Und
nun wissen wir, was er von uns wollte – wir sollten ihm helfen,
Nefret von hier fortzubringen.«

»Ein Gespräch mit einem Menschen, der über eine derart rasche Auffassungsgabe verfügt wie du, ist immer wieder ein Vergnügen, Liebling«, meinte ich bescheiden.

Emerson kicherte. »Jetzt sind wir quitt, Peabody. Aber du hast
mir immer noch nicht erklärt…«

»Hast du jemals *Der Mondstein* gelesen, Emerson?«

»Du weißt doch, daß ich deinen schlechten Literaturgeschmack nicht teile, Peabody. Was hat das Buch damit zu tun?«

Wenn Emerson von meinen schauerlichen Lesegewohnheiten
spricht, scherzt er nur. Ich weiß genau, daß er heimlich Kriminalromane verschlingt. Allerdings habe ich inzwischen gelernt,
daß Ehemänner es nicht mögen, wenn man ihnen widerspricht,
weshalb ich auch nur im äußersten Notfall zu diesem Mittel
greife. Und hier handelte es sich nicht um einen Notfall.

»In *Der Mondstein*«, sagte ich, »gibt es eine Szene, in der beschrieben wird, wie drei geheimnisvolle indische Priester eine
Zeremonie durchführen. Sie gießen eine Flüssigkeit in die Hand
eines kleinen Kindes…«

»Verdammt«, murmelte Emerson.

»Sobald ich dieses interessante literarische Werk sah, wußte
ich, daß nicht Amenit – die nur über äußerst schlechte Englischkenntnisse und, wie ich befürchte, sehr begrenzte geistige
Fähigkeiten verfügt –, sondern Tarek das Buch geschenkt bekommen hat. Wie Amenit der Band in die Hände fiel, weiß ich
nicht; aber sie muß ihn Reggie gegeben haben, um ihm den
Tod seines Onkels glaubhaft zu machen. Und nun hör mir gut
zu, Emerson.«

»Ich werde es versuchen, Peabody, obwohl es meinen schwachen Geist überfordert. Doch ich gebe mir Mühe.«

»Es ist eine simple Gleichung, Liebling. Tarek hat *Der Mondstein* gelesen. Der Freund der *rekkit* schickte uns als Erkennungszeichen ein anderes Buch, und zwar durch Mentarit, die, wie wir erfahren haben, Tareks Schwester ist. Ich war mir nicht ganz sicher«, gab ich ehrlich zu, »doch alle Hinweise deuten in die gleiche Richtung.«

Eigentlich hatte ich meinen Besucher als Tarek erkannt, sobald er... Nun, lassen Sie es mich einmal so ausdrücken: Ich wußte, daß der junge Mann, dessen Körper so schwer auf meinem gelastet hatte, keiner der kleinen unterernährten Sklaven sein konnte. Als Tarek sich noch als Kemit ausgegeben hatte, hatte ich genug Gelegenheit gehabt, seinen bewundernswerten Körperbau – selbstverständlich nur unter ästhetischen Gesichtspunkten – in Augenschein zu nehmen. Es gibt eine gewisse Ausstrahlung... Der werte Leser wird sicherlich verstehen, warum ich diesen Hinweis meinem Gatten gegenüber lieber nicht erwähnte.

»Hmmm«, brummte besagter Gatte. »Wieder ins Schwarze getroffen, Peabody. Alle Achtung.«

»Gute Nacht, Emerson.«

»Gute Nacht, Liebling.«

Schlaf, wohltuender Schlaf, der einen von allen Mühen und Sorgen erlöst.

»Peabody.«

»Mein Gott, Emerson! Was ist denn jetzt schon wieder?«

»Ist dies das Buch, das Mentarit dir gegeben hat?«

»Wenn du es auf oder unter dem Bett gefunden hast, muß es das wohl sein«, antwortete ich gereizt. »Ich gebe zu, ich hätte es verstecken sollen. Aber ich war so überrascht, daß ich es einfach fallengelassen habe.«

»Weißt du, was das für ein Buch ist?«

»Nein, woher denn? Es war so dunkel, daß ich den Titel nicht lesen konnte.«

Schweigend reichte Emerson mir das Buch, dessen Einband im bleichen Morgengrauen fahl schimmerte.

»*König Salomons Minen*«, las ich. »Von H. Rider Haggard.«

»Ich hätte es gleich wissen sollen«, meinte Emerson mit Grabesstimme.

»Was hättest du wissen sollen?«

»Woher Tarek seine hochtrabende Ausdrucksweise und seine sentimentalen Anwandlungen hat. Er klingt genau wie einer der verdammten Eingeborenen in diesen vermaledeiten Büchern.« Mit einem Stöhnen, das aus tiefstem Herzen kam, sank Emerson in die Kissen zurück. »Da hat Forth ja etwas Schönes angerichtet.«

»Daran trägt er keine Schuld«, sagte ich.

»Was meinst du damit?«

»Dieses Buch wurde erst nach Mr. Forths Verschwinden veröffentlicht. Ich habe mir in diesem Jahr ein Exemplar mitgenommen, weil es eins meiner liebsten... wirklich, da steht ja mein Name. Ich habe es zurückgelassen, als wir uns unseres Gepäcks entledigen mußten. Tarek muß es eingesteckt haben.«

Es war heller geworden. Emerson wandte mir sein müdes Gesicht zu. »Warum?« fragte er entgeistert. »Warum würde er so einen verd... verflixten Unsinn machen?«

»Nun, es war schlau von ihm, ausgerechnet dieses Buch als Erkennungszeichen zu benutzen. Wenn es gefunden worden wäre, hätte es jeder für meines gehalten. Aber ich befürchte...«

»Was?«

»Ich befürchte, er hat es aus einem sehr einfachen Grund mitgenommen«, sagte ich. »Er wollte es lesen. Wenn man genauer darüber nachdenkt, Emerson, ist es rührend. Dieser intelligente und feinfühlige junge Mann, der von seinem Lehrer in die Freuden des Lesens und die Schönheit der Literatur eingeführt worden ist...«

Emersons Bemerkung werde ich hier nicht wiedergeben; sie war seiner nicht würdig.

Ich hatte gehofft, daß Amenit lange schlafen und uns in Ruhe lassen würde, doch sie trat frisch und munter in aller Früh ihren

Dienst an. Zwar konnte ich ihr Gesicht nicht sehen, aber nichts an ihrem Verhalten oder ihren Bewegungen wies darauf hin, daß sie ein Betäubungsmittel zu sich genommen hätte. Reggie hingegen verließ erst am späten Vormittag sein Zimmer, und bei seinen ersten Worten blieb mir fast das Herz stehen. »Was zum Teufel tun diese Wilden in ihren Wein? Seit meiner Studentenzeit habe ich mich nicht mehr so elend gefühlt.«

»Diese Ausrede habe ich schon von anderen jungen Männern gehört, die einen über den Durst getrunken hatten«, erwiderte ich streng. »Vermutlich haben Sie mit ihrer Angebeteten Wiedersehen gefeiert, aber das macht Ihren Fehltritt schlimmer, anstatt ihn zu entschuldigen.«

Stöhnend hielt sich Reggie den Kopf. »Bitte keine Gardinenpredigt, Mrs. Amelia, ich fühle mich so schon entsetzlich genug.« Seine Stimme sank zu einem aufgeregten Flüstern. »Es steht alles bereit. Heute nacht...«

Ich warf Emerson einen Blick zu. Er antwortete mir mit einem kaum merklichen Nicken, und ich verstand ihn sofort, denn dank unserer geistigen Verwandtschaft brauchten wir fast keine Worte. »Warte«, lautete seine Botschaft, »widersprich nicht. Vielleicht kommt ja etwas dazwischen.«

Das hoffte ich sehr, denn uns war noch keine überzeugende und trotzdem unverdächtige Ausrede eingefallen, warum wir nun auf einmal nicht mehr fliehen wollten. Wenn uns die zündende Idee nicht vor dem Aufbruch kam, würden wir eine plötzliche Erkrankung vortäuschen müssen. Ein weiterer Vorschlag war (er kam von mir, und ich hielt ihn für sehr schlau), Ramses könne sich verstecken und sich einfach nicht finden lassen. Als ich ihn fragte, ob er das zuwege bringen könnte, sah er mich nur gönnerhaft an und nickte.

Emerson benahm sich an diesem Morgen wie gewöhnlich; er war lediglich ein wenig schweigsam. Seine Besorgnis merkte ich ihm nur daran an, daß er sehr viel rauchte. Ich beneidete ihn um den verflixten Tabak, denn offenbar beruhigte er seine Nerven, was auch meine dringend nötig gehabt hätten. Obwohl ich nicht an übernatürliche Mächte glaube – das verbietet die Bibel –, bin ich dennoch fest davon überzeugt, daß manche

Menschen einen sechsten Sinn fürs Atmosphärische haben. Ich
gehöre zu diesen Menschen, und an diesem Morgen fühlte ich
mich, als könne ich kaum atmen. Ein Unheil lag in der Luft.

Es heißt, daß ein Verurteilter beim Warten auf die Hinrichtung mehr leidet als während des tatsächlichen Vorgangs. Obgleich ich daran meine Zweifel habe, spürte ich fast so etwas
wie Erleichterung, als – natürlich nur bildlich gesprochen – die
Axt endlich fiel. Reggie klagte gerade über Kopfschmerzen und
beschwerte sich, mein Pulver habe nichts dagegen bewirkt, als
wir marschierende Schritte hörten. Es klang eher wie ein Trupp
Soldaten als wie die Eskorte des Prinzen.

Das Zimmer leerte sich wie durch Zauberhand; ein *rekkit*
versteckte sich eilig, während die Diener, die nahe an den Aus-
gängen standen, hastig die Flucht ergriffen. Nur wer sich nicht
mehr durch die Tür hatte drängen können oder schwer von Begriff war, blieb zurück. Während sich alle auf die Knie warfen,
erhob ich mich. Mit einem Satz stand Emerson neben mir; sein
Gesicht war aufmerksam wie das einer Katze auf Beutefang.
Dann wurden die Vorhänge beiseite gestoßen und sechs, acht,
zehn Speerträger mit ledernen Helmen marschierten herein. Ihnen folgte Prinz Nastasen in Begleitung von Pesaker und Murtek. Als ich mich vergebens nach Tarek umsah, wurde mir sehr
mulmig.

Nastasen, die Daumen in den Gürtel gehakt, musterte uns.
Wahrscheinlich wollte er uns mit seinem finsteren Blick ein-
schüchtern, der wahrhaft fürchterlich anzusehen war. Doch als
Emerson ihn mindestens ebenso böse anfunkelte, gab sich der
Prinz geschlagen.

Anklagend wies er mit dem Finger auf uns. »Ihr seid Verräter!« brüllte er. »Ihr habt Euch mit meinen Feinden verschwo-
ren (?)!«

Murtek fing an, das Gesagte hastig zu übersetzen, doch der
Prinz brachte ihn mit einem Ausruf zum Verstummen, bei dem
es sich offensichtlich um einen Fluch handelte. »Sie sollen in
unserer Sprache antworten. Nun?« Er zeigte mit dem Finger auf
Emerson. »Habt Ihr mich verstanden?«

»Ich höre Eure Worte, aber sie ergeben keinen Sinn (wörtl.:

enthalten keine Weisheit)«, erwiderte Emerson ruhig. »Wir sind
Fremde. Wie können wir deine Feinde sein, wenn wir dich
nicht kennen? Verdammt«, fügte er auf Englisch hinzu. »Ich
weiß nicht, ob ich es richtig erklärt habe. Meine Sprachkenntnisse sind zu begrenzt, um juristische Feinheiten auszudrücken.«

Ramses räusperte sich. »Wenn du erlaubst, Papa...«

»Ganz bestimmt nicht!« rief ich aus. »Welchen Eindruck würde das machen, wenn ein kleiner Junge sich anmaßt, für seine
Eltern zu sprechen? Außerdem bezweifle ich, daß Seine Hoheit
mit besagten juristischen Feinheiten etwas anfangen kann.«

Nastasens Gesicht rötete sich vor Wut. »Seid still! Warum zeigt
Ihr keine Furcht? Ihr seid in meiner Hand. Werft Euch in den
Staub und fleht um Gnade.«

»Wir fürchten niemanden«, entgegnete ich auf Meroitisch.
»Und wir knien nur vor Gott.«

Der Hohepriester Aminreh ließ ein heiseres Lachen vernehmen. »Bald werdet ihr vor ihm knien, und Heneshems (?) Hand
wird...«

»Ich bestimme, was hier geschieht!« brüllte Nastasen seinen
Gefolgsmann an.

»Jawohl, edler Prinz. Vergebt Eurem Diener.«

Aber, aber, dachte ich (denn mir erschien es ratsam, in diesem Augenblick zu schweigen). Offenbar war Prinz Nastasen
nichts weiter als ein bösartiger, verwöhnter kleiner Junge. Er
würde einen äußerst unfähigen Herrscher abgeben, und bald
würde die wahre Macht im Land in Pesakers Händen liegen.

Allerdings können bösartige kleine Jungen sehr gefährlich
werden, wenn sie eine Armee von bewaffneten Männern befeh-
ligen. Und Nastasen bewies, daß er doch nicht so dumm war,
wie ich vermutet hatte. Sein Atem wurde langsamer, seine Muskeln entspannten sich, und sein finsterer Blick wurde von einem tückischen Lächeln abgelöst.

»Ihr seid Fremde«, sagte er. »Und Ihr habt hier keine Freunde? Ihr hattet vor Eurer Ankunft einen Freund. Ihr seid die
Freunde eines Verräters.«

»Mitgefangen, mitgehangen«, flüsterte ich Emerson zu.

»Laß ihn ausreden«, meinte Emerson. »Das gefällt mir überhaupt nicht...«

»Er ist ein Verräter an seinem Volk«, fuhr Nastasen fort. »Er verrät die Seinen und erhebt die... (offenbar eine Beschimpfung), um über sie zu herrschen.« Mit der Handfläche schlug er sich auf die Brust. »Aber ich, der große Prinz und Verteidiger meines Volkes, sehe alles, was im Land vor sich geht. Ich habe diesen Nichtswürdigen enttarnt; ich weiß, wer er ist, ich kenne seinen Namen! Und nun...«

Laut klatschte er in die Hände und drehte sich um. Darauf kamen zwei Soldaten herein, die einen Gefangenen zwischen sich schleppten. Grob zwangen sie ihn in die Knie. Man hatte ihm die Arme auf dem Rücken gefesselt, allerdings nicht an den Handgelenken, sondern an den Ellenbogen. Diese besonders unbequeme Haltung kannte ich aus altägyptischen Gefangenendarstellungen. Sein Gesicht war immer noch von der Kapuze bedeckt, und er trug denselben grobgewebten Rock wie letzte Nacht. Sie mußten ihn, kurz nachdem er sich von uns verabschiedet hatte, gefaßt haben. Entweder hatten wir ihn zu lange aufgehalten – oder jemand hatte ihm eine Falle gestellt. Ich sah mich nach Amenit um. Sie war verschwunden, und Reggie ebenfalls.

Feixend wie ein Bühnenschurke, beugte sich Nastasen über seinen Bruder. »Er hat melodramatisches Talent«, murmelte Emerson. »Ich frage mich, ob man hier immer noch die alten, religiösen Theaterstücke aufführt. Halt dich bereit für die nächste Szene, Peabody.«

Ich rückte näher an Emerson heran. Er legte den Arm um mich. Hinter mir entstand ein schlurfendes Geräusch, als Ramses sich bewegte; in welche Richtung, konnte ich nicht feststellen.

Nastasen genoß seinen Triumph und sein theatralisches Gehabe so sehr, daß er nicht auf uns achtete. »Er versteckt sein Gesicht wie ein Feigling, aber ich erkenne ihn! Mein Auge sieht alles und weiß alles. Vielleicht sind Eure Augen schwach; vielleicht habt Ihr ihn nicht erkannt. Seht her!«

Er riß Tarek die Kapuze ab. Zu meiner Erleichterung war

unser Freund bis auf ein paar Schrammen unversehrt. Sein Gesicht zeigte, obwohl ein wenig bleicher als gewöhnlich, keine Angst. Verächtlich sah er seinen Bruder an. Nastasen packte ihn grob beim Haar, zerrte ihm den Kopf in den Nacken, zog ein Messer aus der Tasche und hielt die scharfe Klinge gegen die pulsierende Ader an Tareks Kehle.

Ein leises Stöhnen, wie ein melancholischer Winterwind, ging durch den Raum. Die kleinen Leute sahen zu und trauerten um ihre Hoffnung, die mit der Ergreifung ihres Helden dahin war.

Ein dünnes Rinnsal Blut lief Tareks gebräunten Hals hinab. Doch er gab keinen Laut von sich und regte keine Miene. Ich spürte Emersons Finger an meinem Gürtel, als würde er mich fester halten. Hinter mir drückte sich eine kleine Gestalt, offensichtlich verängstigt, an mich. Doch als ich mit einer Hand nach meinem Sohn tastete, fühlte ich nicht seinen zitternden Körper, sondern einen eisernen Schaft. Ich umfaßte ihn und wartete.

Plötzlich steckte Nastasen sein Messer wieder weg. »Der König tötet nur im Krieg«, erklärte er. »Und dieser Tod wäre zu gnädig.«

Ich hatte einen solchen Ausgang erwartet, war aber trotzdem unglaublich erleichtert. Schließlich tun schwache und geistig verwirrte Menschen häufig unberechenbare Dinge. Und Nastasens Gesicht war vor Haß auf seinen Bruder verzerrt.

Er stieß Tarek zu den Soldaten hinüber. »Nun«, sagte er, während er sich wieder zu uns umwandte. »Hier steht Euer Freund, der Verräter. Ihr werdet sein Schicksal teilen, aber erst, nachdem Ihr das Scheitern Eurer Pläne und die Krönung des rechtmäßigen Königs miterlebt habt. Wollt Ihr Euch von Eurem Freund, dem Verräter, verabschieden? Ihr werdet ihn erst am Altar des Gottes wiedersehen. Und dann… dann wird er wahrscheinlich keine Zunge mehr haben, um mit Euch zu sprechen.«

»Dieser Mensch ist ein widerwärtiger, kleiner Mistkerl«, meinte Emerson in freundlichem Ton zu mir. »Jetzt, Peabody.«

Eigentlich hatte ich geplant, mich Nastasen unter Tränen zu Füßen zu werfen, aber ich brachte es einfach nicht über mich.

Allerdings erwies sich der Schrei, den ich statt dessen ausstieß, als ebenso wirksam. Nastasen sprang zurück, aber er war nicht gelenkig genug, um mir auszuweichen, als ich mich auf ihn stürzte. In einem vorgespiegelten Tobsuchtsanfall ruderte ich mit den Armen und kreischte dabei aus vollem Halse. Ein sorgfältig eingeplantes Stolpern brachte meinen gesenkten Kopf schmerzhaft mit dem Bauch des Prinzen in Berührung. Beim Fallen riß er einen der Soldaten mit; ein zweiter stürzte, als ihm mein Sonnenschirm zwischen die Beine geriet.

Ich rollte mich gerade rechtzeitig herum, um zu sehen, wie sich Tarek in den hinteren Teil des Raumes flüchtete. Zwei Soldaten folgten ihm auf den Fersen. Einer erhob seinen riesigen Speer, als ein mit zwei Leintüchern gefüllter Weidenkorb wie ein geschickter Paß den Weg des Wurfgeschosses kreuzte. Der Speer fiel klappernd, gefolgt von dem Soldaten, zu Boden. Ramses zog sich klugerweise hinter einen großen Weinkrug zurück. Blitzschnell verschwand Tarek durch die Tür. Es dauerte einige Sekunden, bis einer der Soldaten ihm nachsetzte.

Tarek war in Sicherheit – oder wenigstens hoffte ich das. Doch was war mit meinem mutigen Gatten geschehen? Ich konnte mich nicht rühren, da Nastasen mich am Kragen gepackt hatte. Er versuchte, mich zu erwürgen, und schlug dabei meinen Kopf auf den Boden. Allerdings verfehlten seine Bemühungen die erwünschte Wirkung, was ein Beweis für meine häufige Ermahnung an Ramses war: Es ist schwierig, zwei Dinge gleichzeitig zu tun, wenn man nicht mit außergewöhnlichen geistigen und körperlichen Fähigkeiten gesegnet ist.

Eine Hand riß den Prinzen von meiner Kehle und schleuderte ihn durch den Raum wie eine Stoffpuppe. »Alles in Ordnung, Peabody?« fragte Emerson und half mir auf.

Das Messer, das er mir aus dem Gürtel gezogen hatte, befand sich nicht in seiner Hand. Ich schloß daraus, daß es ihm gelungen war, es in die Tasche zu stecken, nachdem er Tareks Fesseln durchschnitten hatte.

Nastasen trommelte schreiend mit den Fäusten auf den Boden. Murtek hatte sich hinter einem sehr großen Soldaten versteckt und rang die Hände, wie nur er es zu tun vermochte.

Pesaker behielt als einziger einen kühlen Kopf. Er brüllte einen Befehl, den ich (und jeder andere vernünftige Mensch) auch gegeben hätte. Die beiden übriggebliebenen Soldaten, die mir und Emerson mit dem Speer drohten, eilten zur Tür hinaus, durch die Tarek verschwunden war.

»Ich glaube, ich falle gleich in Ohnmacht, Emerson«, sagte ich.

»Eine ausgezeichnete Idee, Liebling.«

Also verdrehte ich die Augen, so weit es ging, und sackte zusammen. Mit einem besorgten Aufschrei nahm Emerson mich in die Arme. Ich schmiegte mich bequem an ihn und lauschte interessiert der nun folgenden Debatte.

Emerson forderte für mich ärztliche Versorgung. Nastasen, dessen Stimme vor Wut kaum wiederzuerkennen war, entgegnete, er werde alles Menschenmögliche für mein Überleben tun, damit ihm das Vergnügen nicht entginge, mir eigenhändig den Garaus zu machen. Daraufhin schilderte er einige der Methoden, die ihm in diesem Zusammenhang im Kopf herumspukten. Der Hohepriester Aminrehs unterbrach seinen Wortschwall mit einer Anschuldigung, gegen die sich Emerson entrüstet verwahrte. Seine arme Gattin sei hysterisch geworden, wie das bei Frauen nun einmal des öfteren vorkäme. Als er ihr zur Hilfe geeilt sei, habe der Gefangene ihn angegriffen und ihn und auch einige der Soldaten niedergeschlagen. Wie der Gefangene den Arm freibekommen habe, könne er sich nicht erklären. Vermutlich sei einer der Soldaten ein Verräter.

Dann schrien alle durcheinander. Als der Tumult erstarb, war Murteks ängstliche, hohe Stimme zu hören: »Die Fremden jetzt zu töten, wäre ein Fehler. Zuerst einmal gehören sie dem Gott; er wird zürnen, wenn ein anderer ihr Blut trinkt. Zweitens ist der Gefangene entflohen, während Ihr Euch hier gestritten habt. Falls die Fremden ihm geholfen haben, wird er ihnen dankbar sein und zurückkehren, um sie zu retten.«

»Was?« meinte Nastasen. »Das wäre... närrisch. Ich würde mich nie in eine solche Gefahr begeben.«

»Nein, mein Prinz. Aber Prinz Tarek würde es tun. Schon als

Kind war er schwach und weichherzig und lauschte ständig
Forths Geschichten.«

»Was für Euch ebenfalls gilt«, wandte Pesaker in scharfem
Ton ein. »Auch Eure Treue ist zweifelhaft, Murtek. Was habt Ihr
getan, um Tarek an der Flucht zu hindern?«

»Ich bin ein alter Mann«, erwiderte Murtek kläglich. »Ich hel-
fe so gut ich kann – indem ich kluge Ratschläge gebe und die
Weisheit sprechen lasse. Man darf dem Gott seine Opfer nicht
streitig machen.«

»Zumindest das ist richtig«, antwortete der Hohepriester
Aminrehs. »Und vielleicht habt Ihr auch sonst recht. Wir werden die Fremden also in die finstersten Zellen des Kerkers werfen...«

Murtek hüstelte tadelnd. »Ich dachte, Ihr wolltet Prinz Tarek
eine Falle stellen. Dann müßt Ihr die Fremden in diesem Haus
belassen, wo Tarek seine Kindheit verbracht hat und wo er alle
geheimen Türen kennt. Zu Prinz Nastasens Kerker hat er keinen Zugang; er wird es nicht einmal versuchen.«

Schweigen entstand, während man diesen Vorschlag überdachte. Ich wußte, daß unser Schicksal am seidenen Faden
hing, und beschloß, ihm wie eine wahre Britin stehend ins
Auge zu blicken. »Emerson, laß mich runter«, murmelte ich.

»Sehr gut, sie wacht auf«, meinte Nastasen, als Emerson mich
absetzte. »Sie wird ihr Schicksal aus dem Mund des Königs erfahren.«

»Noch bist du nicht König, du kleiner Gauner«, zischte Emerson. Laut sagte er auf Meroitisch: »Komm, Frau, wir gehen zu
Prinz Nastasens Haus.«

»Wartet!« Der Hohepriester Aminrehs hob die Hand. »Ihr seid
bereit zu gehen? Ihr bittet nicht darum, hierbleiben zu dürfen?«

Emerson zuckte die Achseln. »Ein Ort ist so gut wie der andere. Wir sind bereit.«

»Das ist...« Pesaker musterte uns aus zusammengekniffenen
Augen, und seinem Gesichtsausdruck war die Bedeutung des
Wortes klar zu entnehmen. »Sie gehen allzu bereitwillig. Ich
habe einen besseren Einfall. Sie sollen bleiben. Wir nehmen das
Kind mit.«

14. KAPITEL

Im Inneren
der Erde

Ich mußte mir auf die Lippe beißen, um einen enttäuschten Ausruf zu unterdrücken. Und dabei hatte bis jetzt alles wie am Schnürchen geklappt! In heller Aufregung sah ich mich um und zermarterte mir das Hirn nach einer zündenden Idee. Ramses war nirgends zu entdecken, aber ich rechnete nicht damit, daß er Gelegenheit zur Flucht haben würde. Schon bei einer oberflächlichen Suche würde man ihn hinter den Weinkrügen finden. Da sah ich ein bleiches Gesicht durch die Tür meines Schlafzimmers spähen. Hatte Reggie sich die ganze Zeit dort hinter den Vorhängen – und hinter Weiberröcken – versteckt? Zwar hatte ich leichte Skrupel, ihn den Wölfen zum Fraß vorzuwerfen, doch hätte er sich wie ein Mann verhalten, wären diese weitaus größer gewesen.

»Reggie!« rief ich. »Retten Sie ihn! Retten Sie Ramses!«

Er hatte keine Chance zu entkommen; einer der Soldaten sah ihn und zerrte ihn aus seinem Versteck. Vielleicht hoffte der

Mann, bei seinem Gebieter besser angeschrieben zu sein, wenn
er ihm wenigstens den Spatz in der Hand lieferte. Denn die Taube auf dem Dach war ihm, wie er berichten mußte, entwischt.

»Sollen wir die Suche fortsetzen, edler Prinz?« fragte er.

»Ja«, fauchte Nastasen. »Ihr werdet weitersuchen und weder
Speise noch Trank zu euch nehmen, bis ihr ihn gefunden habt.
Anderenfalls…«

»Aber ich habe doch diesen hier ergriffen«, widersprach der
Soldat ängstlich.

Nastasen wandte sich an seine Ratgeber. »Was sollen wir mit
diesem Wurm beginnen? Vielleicht wird er die Gastfreundschaft
meines Kerkers zu schätzen wissen.«

Keiner der ehrwürdigen Herren schien zu diesem Thema
eine Meinung zu haben. Reggie richtete sich auf. Der Bursche
hatte also doch Mumm in den Knochen. Vielleicht war es eine
Eingebung gewesen – nicht des Muts, sondern der Klugheit –,
die ihn vorhin hatte zögern lassen. »*Ich* gehe«, sagte er. »Nehmt
mich statt des Jungen. Laßt ihn bei seiner Mutter.«

Nastasen nickte. »Eine Geisel ist so gut wie die andere«, meinte er – oder etwas, was so ähnlich klang. Er warf mir einen
bösartigen Blick zu. »Später bringe ich ihn vielleicht zurück
und nehme den Jungen mit. Möglicherweise überlege ich es mir
auch anders. Ich wünsche Euch viel Vergnügen, meine Dame,
während Ihr darüber nachgrübelt, was ich wohl tun werde.«

Er machte auf dem Absatz kehrt und stolzierte hinaus. Pesaker verbeugte sich höhnisch vor uns. »Bis wir uns vor dem Gott
wiedersehen, Fremde.«

Die Wachen hatten Reggie fest gepackt; er lächelte uns trotzdem tapfer zu. »Ich verüble es Ihnen nicht, Mrs. Amelia. Verlieren Sie den Mut nicht. Es besteht noch die Möglichkeit…« Er
wurde davongeschleppt. Murtek folgte; er sagte kein Wort und
wich unserem Blick aus.

Wir waren allein – abgesehen von etwa einem Dutzend Soldaten, die im Zimmer umherliefen, und Amenit, die Reggie aus
meinem Zimmer gefolgt war und nun die aufgereihten Weinkrüge betrachtete.

Ich eilte auf sie zu und nahm sie in den Arm. »Armes Mädchen! Wie gut Ihr Eure Angst um Euren Liebsten verbergt! Können wir denn nichts tun, um ihm zu helfen?«

Geschmeidig wie eine Schlange entwand sie sich mir. Ihre Wut und Enttäuschung – die ich an ihrem angespannt zitternden Körper erkannte – waren so groß, daß sie meine Berührung nicht ertragen konnte. »Was habt Ihr getan? Ihr habt ihn entkommen lassen…«

Sie faßte sich wieder und verstummte. Ich hielt es für klüger, so zu tun, als hätte ich sie mißverstanden. »Ich bin eine Mutter«, sagte ich in ihrer Sprache. »Konnte ich zulassen, daß man mir mein Kind wegnimmt? Euer Geliebter ist ein starker und tapferer Mann. Und Ihr könnt ihm zur Seite stehen und ihm helfen, so gut Ihr es vermögt.«

Mein Gott, war dieses Mädchen schwer von Begriff! Ich hatte sie daran gehindert, sich zu verplappern, und ihr eigentlich den nächsten Schritt erklärt. Doch es dauerte eine Ewigkeit, bis sie sich alles überlegt hatte.

»Ja«, sagte sie schließlich. »Ich muß zu ihm und herausfinden… Bleibt hier. Versucht nicht zu fliehen. Tut nichts und wartet auf meine Nachricht.«

Sie schlüpfte aus dem Zimmer. Ich wartete einen Augenblick und spähte dann hinter die Weinkrüge. »Du kannst jetzt herauskommen, Ramses. Es war schlau von dir, dich zu verstecken. Wenn sie dich in die Finger bekommen hätten, hätten sie sich vielleicht nicht mit Reggie als Ersatz zufriedengegeben.«

»Mama, es war schlau von dir, Amenit abzulenken«, meinte Ramses, als er wieder zum Vorschein kam. »Als sie sagte, sie werde ›ihn‹ um Rat fragen, meinte sie damit doch bestimmt nicht Mr. Forthright.«

»Wo zum Teufel steckt meine Pfeife?« wollte Emerson wissen und fing an, meine Notizen und Papiere zu durchwühlen. »Wenn jemals ein Mann eine gemütliche Pfeife verdient hat… Ach, da ist sie ja. Und hier, meine liebe Peabody, ist dein kleines Messer. Ich empfehle dir, es gut zu schleifen. Tareks Fesseln bestanden nicht aus Seilen, sondern aus Lederriemen.«

»Ich wünschte, ich hätte ein Dutzend Pfeifen und einen ganzen Sack Tabak für dich, mein lieber Emerson«, meinte ich. »Sie haben dir doch nicht weh getan?«

»Nur ein paar Schrammen.« Emerson stopfte seine Pfeife. »Ich war mir sicher, daß wir unsere Lage nicht mehr verschlimmern konnten. Anhänger polytheistischer Religionen nehmen ihre Opferrituale, die langsamen Folterqualen und so weiter ziemlich ernst. Richtig unangenehm wurde es nur, als Nastasen drohte, uns in seinen Kerker zu werfen.«

»Ich glaube, das war Pesakers Idee«, sagte ich.

»Das kommt aufs gleiche hinaus. Dieser junge Schurke hat nicht die Spur von Verstand. Pesaker kann ihn für seine Zwecke einspannen, was wahrscheinlich auch der Grund ist, warum er Nastasen und nicht Tarek unterstützt. Jetzt bleibt uns eine Gnadenfrist bis zur Zeremonie, und da Tarek auf freiem Fuß ist, sollte uns eine Lösung einfallen – solange wir uns von Nastasens Kerker fernhalten können.«

»Daß wir nicht schon jetzt darin schmoren, verdanken wir Murtek«, meinte ich, während ich mir eine Dattel aus der Schale auf dem Tisch nahm. »Auf wessen Seite steht er eigentlich?«

»Ich glaube, auf seiner eigenen«, spottete Emerson. »Politiker sind überall gleich, ob im britischen Parlament oder im finstersten Afrika, und er ist ein schlauer Fuchs. Ich würde vermuten, daß er es eher mit uns und Tarek hält, denn Nastasens Sieg würde gleichzeitig bedeuten, daß Amon und sein Hohepriester über Osiris und Murtek triumphieren. Aber er hat zu große Angst um seine welke Haut und wird sich deshalb nicht festlegen, ehe er nicht weiß, wer gewinnen wird.«

Anmutig spuckte ich den Dattelkern in meine Hand und griff nach der nächsten Frucht. »Ich verhungere. Die ganze Anstrengung, und dann hat sich noch das Mittagessen verspätet... wo stecken denn die Diener?«

»Wahrscheinlich waren sie vernünftig genug, Reißaus zu nehmen.« Lauschend neigte Emerson den Kopf. Aus dem hinteren Teil des Hauses drangen gedämpftes Klappern, Geschepper und derbe Ausrufe zu uns hinüber. Emerson grinste. »Nastasens Soldaten erinnern mich an *Die Piraten* von den Herren Gilbert und Sullivan. »Lautlos wie eine Katze – wumm! – gehn wir auf

Räuberei. Verbreiten stummes Grauen – schepper! – so schleichen wir herbei...«

Lächelnd stimmte ich ein. Ich habe schon immer die Auffassung vertreten, daß sich ein Lied am besten dazu eignet, die Gemüter aufzuheitern. »Und keinen Laut...« Donnernd ließen wir unsere Fäuste auf den Tisch krachen, und Ramses, der sich von der Stimmung anstecken ließ, rief aus vollem Halse: »Bummbumm!«

Virtuos beendeten wir die erste Strophe und sangen dann den Refrain, wobei Ramses schrille Stimme disharmonisch über unseren zitterte: »Wohlan, ihr Freunde, auf zur hohen See«, und so weiter und so fort.

Emerson wischte sich lachend die Stirn. »Und Publikum haben wir auch schon, Peabody. So schlecht können wir also gar nicht gewesen sein.« Er wies auf die Tür, wo zwei Soldaten uns mit gezückten Speeren entgeistert anstarrten.

»Europäische Musik muß in ihren Ohren merkwürdig klingen«, meinte ich. »Vielleicht haben sie unseren Gesang für eine Art Streit gehalten. Wir haben ziemlich viel Lärm gemacht.«

Mit verlegenem Blick senkten die Männer die Speere.

»Inzwischen bin ich auch ein wenig hungrig«, meinte Emerson. »Sehen wir doch einmal, ob wir die Diener zurückrufen können.« Er klatschte laut in die Hände.

Es dauerte zwar eine Weile, aber schließlich erschienen die Diener und fingen an, uns das Mittagessen zu servieren. Offenbar beunruhigte sie die Anwesenheit der Soldaten, die hungrig die Speisen beäugten, so daß Emerson die beiden hinausschickte – allerdings nicht, ohne sie ausdrücklich an Nastasens Befehl zu erinnern.

»Sie wirken nicht sehr begeistert«, meinte ich, als die Männer, ihre Speere hinter sich herschleppend, davonschlurften.

»Ihnen ist der Tod gewiß«, antwortete Emerson zufrieden. »Wenn sie Tarek bis jetzt noch nicht gefunden haben, ist ihm die Flucht geglückt.« Er schlug seine kräftigen Zähne in ein Stück Brot und riß einen Bissen ab. »Und vielleicht...«

»Entschuldige, Emerson, aber du redest mit vollem Mund und gibst Ramses ein schlechtes Beispiel.«

»Tut mir leid«, nuschelte Emerson. Beim Herunterschlucken verzog er das Gesicht. »Kein Wunder, daß Murtek fast keine Zähne mehr hat. Anscheinend mahlt man das Getreide hier noch zwischen zwei Steinen. In diesem gräßlichen Brot ist so viel Spreu wie Mehl. Ich frage mich, warum Forth ihnen keine modernen Fertigungsmethoden beigebracht hat, anstatt sie mit politischen Theorien und schwärmerischem Unsinn vollzustopfen... Aber eigentlich wollte ich sagen, daß ich bei den Wachen schon von Anfang an einen gewissen Mangel an Begeisterung festgestellt habe. Daß sie alle herumstolperten, taumelten und einander über die Füße fielen, kann nicht nur an uns dreien gelegen haben. Und bei der Verfolgung des Flüchtigen haben sie sich außergewöhnlich ungeschickt angestellt.«

»Das ist mir auch schon aufgefallen«, meinte ich. »Die Männer in Nastasens Eskorte trugen diesmal lederne Helme und Speere. Also müssen die Bogenschützen mit der Feder Tareks Leute sein. Allerdings hat er uns erzählt, daß ihm nicht jeder treu ergeben ist, der seine Insignien trägt, und offenbar trifft auch das Gegenteil zu. Du hast nicht zufällig bemerkt, welcher Wachmann der tolpatschigste war?«

»Nein, zum Teufel. Ich war damit beschäftigt, anderen ein Bein zu stellen.« Emerson machte ein finsteres Gesicht. »Das ist das Problem bei Verschwörungen. Man hat einfach nicht die Zeit, die Angelegenheit in Ruhe zu erörtern. Wenn Tarek sich nur die Mühe gemacht hätte, uns zu verraten, wem wir trauen können...«

Heftig biß er in das Brot. Ich betrachtete die kleine Frau, die mir den Becher nachschenkte. Hatte sie nicht ein Geräusch – so leise wie das Summen einer Biene oder das Schnurren einer Katze – von sich gegeben, als Tareks Name gefallen war? Ich zweifelte nicht daran, auf wessen Seite sie stand, aber ich wollte sie nicht gefährden, indem ich sie ansprach. Sicherlich gab es auch unter den *rekkit* Spitzel. Die Wankelmütigeren unter ihnen zu bestechen, damit sie ihr eigenes Volk verrieten, war gewiß ein Kinderspiel. Denn für einen Verhungernden stellt bereits ein Laib Brot einen unermeßlichen Reichtum dar.

»Gut, daß wir heute vormittag Gelegenheit zu einem erfrischen-
den kleinen Ringkampf hatten«, meinte ich zu Emerson, als wir
Arm in Arm um den Lotusteich schlenderten. »Denn anscheinend
werden wir in Zukunft nicht mehr viel Gelegenheit bekommen,
uns Bewegung zu machen.«

Amenit war mit einer neuen Belegschaft kleiner Diener zurückgekommen, die noch kläglicher und bedrückter dreinblickten als ihre Vorgänger. Ich zweifelte nicht daran, daß ihren Familien mit den schrecklichsten Strafen gedroht worden war,
falls sie versuchen sollten, uns zu helfen.

Emerson hatte unsere neuen Bewacher sofort auf die Probe
gestellt, indem er sich schnurstracks zur Pforte begab und be-
gehrte, daß man ihn hinausließ. Er kehrte mit der im Grunde
erwarteten Nachricht zurück, sein Vorhaben sei gescheitert;
»seine« Männer stünden nicht länger Posten. »Ich hoffe nur, daß
ihnen nichts geschehen ist, Peabody. Dieser ekelhafte junge Wi-
derling ist in der Lage, jeden zu ermorden, den er für unseren
Freund hält.«

»Du verstehst nicht, was in Nastasen vorgeht, Liebling«, sagte
ich. »Im Augenblick ist er ganz obenauf und kann sich ungehindert seiner Lieblingsbeschäftigung widmen, nämlich seine Mitmenschen zu piesacken. Ich wette, er hat als Kind Schmetterlin-
gen die Flügel ausgerissen. Er würde keinen unserer Freunde
umbringen, ohne uns vorher holen zu lassen, damit wir zusehen. Und ganz sicher wirst *du* als erster erfahren, ob Tarek wieder gefangengenommen wurde.«

»Ich halte nichts von dieser neumodischen Psychologie«,
knurrte Emerson. »Sie ist nichts weiter als Unsinn, vermischt
mit einer Portion altbewährtem gesundem Menschenverstand.
Hast du seit Amenits Rückkehr schon Gelegenheit gehabt, mit
ihr zu sprechen?«

»Noch nicht. Das Mädchen ist nicht sehr intelligent, Emerson.
Ich würde sie nie an einer Verschwörung teilnehmen lassen,
wenn diese unter meiner Leitung stünde. Sie hätte sich verplappert, wenn ich sie nicht daran gehindert hätte. Ich hielt es für

das beste, so zu tun, als kennte ich ihre wahren Absichten nicht.«

»Ganz richtig. Vermutlich hat sie Tarek verraten.«

»Ganz sicher hat sie bemerkt, daß wir uns letzte Nacht nicht in unseren Zimmern befanden. Für jemanden, der angeblich Wein mit Betäubungsmittel getrunken hat, war sie heute auffällig munter. Bestimmt hat sie Nastasen oder Pesaker – wahrscheinlich letzteren, denn er ist als einziger klug genug, um den offensichtlichen Schluß zu ziehen – gewarnt, daß wir mit einem Mitglied der gegnerischen Partei Verbindung aufgenommen hatten. Ich hätte als Leiterin des Unternehmens vor den Zimmern von Tareks mutmaßlichen Anhängern und natürlich auch vor Tareks Palast einen Hinterhalt gelegt. Daß wir auf unserem Rückweg nicht aufgehalten wurden, weist darauf hin, daß sie wahrscheinlich nicht wissen, wie wir unsere Räume überhaupt verlassen konnten.«

»Oder wo wir waren.«

»Ich hoffe inständig, daß es sich so verhält.« Ich wischte mir eine Träne ab. »Das arme, tapfere Kind! Diese Nachricht wird ein schrecklicher Schlag für sie sein. Ganz sicherlich fühlt sie sich entsetzlich einsam und fürchtet sich. Wenn wir ihr nur sagen könnten, daß sie den Mut nicht verlieren und uns und Gott vertrauen soll.«

»Nicht unbedingt in dieser Reihenfolge«, meinte Emerson, wobei er sich ein Lächeln nicht verkneifen konnte. »Kopf hoch, Peabody. Vielleicht können wir ihr eine Nachricht zukommen lassen, wenn Mentarit zurückkehrt.«

»Falls sie zurückkehrt. Gott sei Dank hat sie uns gestern nicht zum Haus begleitet. Möglicherweise steht sie nicht unter Verdacht, an dieser Sache beteiligt zu sein, Emerson. Meiner Ansicht nach weiß Nastasen gar nicht, daß wir Nefret gesehen haben. Denn er hätte es sich nicht entgehen lassen, uns das unter die Nase zu reiben.«

»Damit könntest du recht haben, Peabody. Wie lange bleibt eine Magd für gewöhnlich bei uns?«

»Fünf Tage. Ich habe sorgfältig mitgezählt. Und heute ist

Amenits zweite Nacht. Ich kann die Spannung kaum noch ertragen, aber es muß sein. Außer...«

Emerson blieb abrupt stehen. »Außer«, wiederholte er.

Über uns auf einem Zweig stimmte ein kleiner Vogel sein Lied an. Emerson und ich sahen einander in die Augen – zwei Menschen, mit einem herausragenden Verstand begabt und vom gleichen Gedanken beseelt.

»Wirst du es schaffen, Peabody?« fragte Emerson.

»Was die Mittel betrifft, natürlich. Ich habe genug Laudanum bei mir; allerdings ist das Ziel nicht, sie einzuschläfern, sondern sie an der Verrichtung ihrer Arbeit zu hindern. Vielleicht Ipecacuanha«, meinte ich nachdenklich. »Doans-Pastillen, eine Arsentinktur...«

Emerson warf mir einen ängstlichen Blick zu. »Ich muß schon sagen, Peabody, manchmal schaudert mir, wenn ich dich so reden höre. Ich wage kaum zu fragen, warum du tödliche Gifte mit dir herumträgst.«

»Arsen macht eine reine Haut und gibt dem Haar Fülle und Glanz, Liebling – selbstverständlich nur in kleinen Dosen. Ich benütze es zwar nicht zu kosmetischen Zwecken, aber es eignet sich auch gut zur Beseitigung von Ratten und anderem Ungeziefer, das sich bei Expeditionen häufig in unseren Unterkünften breitmacht. Keine Angst, ich werde vorsichtig sein. Ihre Krankheit muß natürlich aussehen, sonst geraten wir in Verdacht.«

Aber Emerson schien noch nicht ganz überzeugt. Er drängte mich, das Gift nicht nur sorgfältig zu dosieren, sondern auch den passenden Zeitpunkt abzuwarten – »anstatt ihr das Zeug noch heute nachmittag in den Wein zu kippen«, wie er sich ausdrückte. Ich versicherte ihm, ich hätte nicht die Absicht, überstürzt zu handeln. Es würde eine Weile dauern, bis Amenit ihre unverhohlene Abneigung gegen mich ablegte. Außerdem mußte ich noch herausfinden, wie ich ihr das Medikament am besten verabreichen konnte.

Diese letzte Frage warf einige Schwierigkeiten auf. Amenit nahm ihre Mahlzeiten nicht mit uns am Tisch ein; in unserer

Gegenwart aß und trank sie überhaupt nichts. Aber schließlich mußte sie ja irgendwann und irgendwo einmal etwas essen.

Meine Aufgabe wurde dadurch erleichtert, daß Amenit mehr darauf erpicht war, sich mit mir zu unterhalten, als umgekehrt. Daß sie sich mit Nastasen und dem Hohepriester des Aminreh abgesprochen hatte, wußte ich so sicher, als wäre ich selbst bei dieser Konferenz zugegen gewesen. Vielleicht hatte sie sich auch für Reggie eingesetzt (ob ihre Gefühle für ihn echt waren, war mir noch nicht klar). Doch hauptsächlich hatte sie sicherlich wissen wollen, wie sie nun, angesichts der drastisch veränderten Lage, weiter vorgehen sollte. Tareks Einfluß vor seiner Enttarnung und Gefangennahme hatte dafür gesorgt, daß wir gut behandelt wurden. Nun jedoch gab es keinen Grund mehr, uns mit Samthandschuhen anzufassen, und Nastasens eiserne Faust hielt uns grausam umklammert. Solange Tarek auf freiem Fuß war, mußte Nastasen unser Leben schonen; doch ich wußte genau, wir würden unserem Freund im Fall seiner Ergreifung bald im finsteren, feuchten Kerker seines Bruders Gesellschaft leisten. Und nur der Himmel wußte, welche gräßlichen Martern uns dort erwarteten, bis uns ein ebenso gräßlicher Tod von unseren Leiden erlöste.

Meine Bemühungen, Amenit abzupassen, und auch die ihren, ein Gespräch mit mir anzuknüpfen, scheiterten an einem unerwarteten Umstand, der nicht einer gewissen Komik entbehrte: Die Soldaten, die das Haus durchkämmten, weigerten sich zu gehen. Ich konnte ihnen keinen Vorwurf daraus machen, da ich ebensogut wie sie wußte, welches Schicksal sie erwartete. Allerdings wurde ihre Suche im Laufe des Nachmittags immer verzweifelter, so daß man sich kaum noch ungehindert im Haus bewegen konnte. Sie sahen an Stellen nach, an denen sie bereits dutzendemal nachgesehen hatten, und durchwühlten so unsinnige Verstecke wie Reggies Rucksack und den Lotusteich, in dem sie mit ihren Speeren gründlich herumstocherten. Als einer von ihnen eine Wäschetruhe umstürzte, die die Diener schon dreimal wieder eingeräumt hatten, verlor Amenit die Geduld und schrie sie an. Da sie ihren Befehlen nicht gehorchten, stürmte sie hinaus und blieb einige Zeit weg. Während ihrer Abwesenheit lief einer der Männer plötzlich in den Garten und kletterte über die Mauer. Wahrscheinlich wären die übrigen seinem Beispiel gefolgt, hätten sie nicht kurz darauf eine Reihe sehr unangenehmer Geräusche vernommen. Falls ich noch Zweifel darüber gehabt hätte, daß das Haus gut bewacht wurde, sie wären in diesem Moment verflogen.

Ich wandte mich an den Mann neben mir. Als er die Schreie, das Krachen und das Stöhnen jenseits der Mauer hörte, nahm sein Gesicht eine kränklich fahle Färbung an. »Belohnt dein Herr so seine treuen Diener?« fragte ich leise. »Wird so Gerechtigkeit geübt (ma'at; wörtl.: Wahrheit, richtiges Verhalten)? Was wird er euren Frauen und Kindern antun, wenn ihr…«

Doch an dieser Stelle packte Emerson mich am Arm und zog mich weg. »Mein Gott, Peabody. Wir stecken bis zum Hals in Schwierigkeiten, auch ohne daß du Aufruhr stiftest!«

»Ein kleiner Same des Aufruhrs könnte reiche Früchte tragen«, erwiderte ich. »Es war einen Versuch wert.«

Als Amenit zurückkam, wurde sie von einem Trupp Soldaten begleitet, die ihre Waffenbrüder mittels Schubsern und Schlägen überredeten, sich zurückzuziehen. Der Soldat, den ich angesprochen hatte, warf mir einen kläglichen Blick zu. Ich erwiderte das mit einem Nicken und hielt aufmunternd die Daumen hoch. Das schien ihn sehr zu überraschen. Hoffentlich galt diese Geste hierzulande nicht als anzüglich.

Als die letzten Diener aus ihren Verstecken in irgendwelchen abgelegenen Kammern geholt worden waren, dämmerte schon der Abend. Ramses unterhielt sich im Garten mit der Katze, die sich offenbar von den Wachen jenseits der Mauer nicht daran hindern ließ, zu kommen und zu gehen, wie es ihr beliebte. Bedrückt wie eine ganz normale Hausfrau betrachtete Amenit die Wäsche, die die Soldaten zerknittert hatten (ein glücklicher Zufall für uns, denn die Kleider, die wir bei unserem zweiten nächtlichen Ausflug getragen hatten, befanden sich darunter). Sie schien in nachdenklicher Stimmung, und die Gelegenheit schien mir günstig. Ich näherte mich ihr.

»Gibt es etwas Neues?« flüsterte ich.

Achselzuckend warf sie die zerknüllten Gewänder zurück in

die Truhe. »Woher soll ich das wissen? Ich bin genauso Gefangene wie Ihr. Er vertraut mir nicht.«

»Euer Bruder Nastasen?«

Bejahend nickte sie mit dem verschleierten Kopf. Ich lächelte
in mich hinein. Sie hatte den ersten Fehler begangen, indem sie
eine Verwandtschaft eingestand, die ich bis dahin nur vermutet
hatte. Allerdings war der Schluß logisch gewesen. Mentarit und
Amenit, Tarek und Nastasen, sie alle waren Kinder des verstorbenen Königs und deshalb Geschwister oder Halbgeschwister.
Wie Emerson einmal scherzhaft bemerkt hatte, hielt die Familie
eng zusammen, obwohl einige von ihnen einander die Zuneigung und Treue schuldig blieben, die man von Geschwistern
eigentlich hätte erwarten können. Aber ich habe genügend so-
genannte zivilisierte Familien kennengelernt, die an einem ähnlichen Manko litten.

»Was haben sie mit Reggie gemacht?« fragte ich. »Hat man
Euch zu ihm gelassen?«

»Wie hätte ich darum bitten oder um sein Leben flehen können? Wenn mein Bruder erführe, daß ich ihm bei der Flucht
helfen wollte, wäre der Tod mir gewiß.«

Ich verfluchte die Schleier, die ihr Gesicht verbargen, denn
dieses verrät häufig die Gefühle, die Worte verbergen können.
Ihre Stimme jedenfalls klang nicht überzeugend, sondern so
eintönig und unbewegt, als sage sie etwas auswendig Gelerntes
herunter.

»Schade«, meinte ich. »Du wärst mit ihm in der großen Welt
da draußen sehr glücklich geworden.«

Ich hatte es aufs Geratewohl versucht und ins Schwarze getroffen. Aufgeregt wandte sie sich zu mir um und rang die Hände. »Er sagte, in Eurer Welt herrschen die Frauen. Sie tragen
wunderschöne Kleider in Scharlachrot, Gold und Blau, so weich
wie die Schwingen eines Vogels und mit funkelnden Juwelen
besetzt.«

»Aber natürlich«, antwortete ich.

Eine Hand tauchte aus ihren Gewändern auf und zupfte ab-
fällig an meinem Ärmel. »Eure Kleider sind nicht weich und
schimmernd.«

»Doch, ich habe solche Kleider zu Hause. Würdet Ihr auf einer langen und beschwerlichen Reise schöne Kleider und Schmuck tragen?«

»Nein… Und ist es wahr, was er mir erzählt hat? Daß Frauen in Kutschen fahren, die ohne zu rütteln auf breiten Straßen entlangrollen? Und daß sie so viele köstliche Speisen essen können, wie sie wollen, von denen manche so kalt sind, daß einem der Mund weh tut? Und daß die Betten so weich sind, daß man sich fühlt, als ob man in der Luft liegt? Und fällt wirklich gefrorenes Wasser vom Himmel?«

»All das ist wahr«, antwortete ich, als sie innehielt, um Luft zu holen. Eine Erregung hatte sich ihrer bemächtigt, zu der Reggie sie ganz offensichtlich nicht hatte hinreißen können. Allerdings mußte ich der Aufrichtigkeit halber noch eines hinzufügen: »Für die Reichen.«

»Er ist reich und in Eurem Land ein sehr angesehener Mann.«

»Äh… ja«, meinte ich, wobei ich mich fragte, was wohl Lord Blacktower von dieser Verbindung halten würde.

»Er sagte, er würde mich mitnehmen«, murmelte Amenit. »Er hat bei seinem Gott geschworen. Kann ich ihm glauben?«

»Das Wort eines Engländers ist seine… äh… Wahrheit«, erwiderte ich stockend, da ich Schwierigkeiten mit der Übersetzung hatte. Außerdem war ich mir in diesem Fall nicht ganz sicher.

»Aber ich bin anders als die Frauen in seinem Land. Meine Haut ist dunkel, mein Haar ist nicht schimmernd und golden wie ihres…«

Sie hielt inne, und am Geräusch ihrer Zähne erkannte ich, daß sie den Mund zugeklappt hatte – ein Wort zu spät.

»Wie das von Mrs. Forth, meint Ihr?« sagte ich beiläufig.

»Und seines«, entgegnete Amenit. »Es glänzt wie rotes Gold. Er ist sehr schön.«

Mein Herz pochte aufgeregt. Sie wußte nicht, daß wir Nefret gesehen hatten; sie hatte sich wirklich verplappert und das mit meiner Hilfe überspielen können. Und nicht nur das: Ich hatte nun meine Gelegenheit. Ich sah sie ganz deutlich vor mir.

»Wärt Ihr nicht auch gern schön, Amenit? Die Frauen in meinem Land kennen Wege, ihre Haarfarbe zu ändern und ihre Haut aufzuhellen...«

»Auch ihre Augen? Ich hätte gern blaue, so blau wie der Himmel.«

Ich runzelte die Stirn. »Das ist schon schwieriger und dauert sehr lange. Außerdem tut es etwas weh, vor allem am Anfang.«

»Wir könnten ja sofort beginnen! Dann wäre ich schön, wenn ich in Euer Land komme.«

»Ich weiß nicht recht...«

»Ihr werdet mir helfen! Ich befehle es Euch!«

»Nun«, sagte ich. »Wenn Ihr es so ausdrückt...«

Intrigen über Intrigen! Selbst Machiavelli wäre mit seinem Latein am Ende gewesen. Doch ich behielt den Überblick. Das Gespräch hatte mir einige bislang offene Fragen beantwortet. Also hatte das Mädchen tatsächlich die Absicht, mit ihrem Geliebten zu fliehen, was Reggies Klugheit zu verdanken war. Er hatte sie nicht nur mit seinem Charme, sondern auch mit der Verheißung von Wundern verführt, die einer ungebildeten und ehrgeizigen jungen Frau wie das Paradies vorkommen mußten. Ihre Sehnsucht nach all diesen Reichtümern nahm ich ihr eher ab als ihre Liebe zu Reggie.

Das sagte ich auch Emerson, nachdem wir uns zur Nachtruhe in unser Ehebett zurückgezogen hatten.

»Ich wußte gar nicht, daß du eine so abgebrühte Einstellung zu jungen Liebenden hast, Peabody«, lautete seine Antwort.

»Ich bin nur abgebrüht, was Amenit betrifft. Wie du wissen solltest, Emerson, sind nicht alle Frauen so.«

»Davon mußt du mich erst überzeugen, Peabody.«

Das tat ich auch – ein Vorgang, der mit dieser Geschichte nicht in Zusammenhang steht. Nachdem Emerson zugegeben hatte, er sei nun völlig überzeugt, berichtete ich ihm vom Rest meines Gesprächs mit Amenit. »Sie möchte, daß ich sofort anfange, aber ich habe es hinausgezögert, indem ich verschiedene Zutaten verlangte – Öle, Kräuter und so weiter –, die sie nicht

vorrätig hatte. Außerdem hatte ich mich noch nicht entschieden, welche Methode ich anwenden sollte...«

»Erzähl es mir lieber nicht«, meinte Emerson beunruhigt.

»Du wirst dich glänzend amüsieren, Emerson. Ich hielt es
auch für ratsam, noch einen Tag zu warten, falls doch etwas
geschieht.«

»Wenn ja, ist es wahrscheinlich etwas Unangenehmes«, murmelte Emerson. »Ich habe Ramses gesagt, er solle die Augen
offenhalten und bereit sein, sich blitzschnell zu verstecken, falls
Nastasen uns einen weiteren Besuch abstattet. Du weißt, Peabody, daß ich über eine eiserne Selbstbeherrschung verfüge,
doch wenn jemand Hand an meinen Sohn legt, könnte ich die
Kontrolle über mich verlieren. Und du – ich erinnere mich genau daran, was du damals getan hast, als du glaubtest, Ramses
sei ernstlich verletzt.«

»Ständig sprichst du diesen Vorfall an, obwohl ich dir immer
wieder versichere: Ich kann mich einfach nicht entsinnen, daß
ich mich jemals so undamenhaft verhalten habe. Aber es ist ein
guter Einfall; es könnte schwierig werden, Ramses aus einem
Kerker zu befreien.«

»Für dich gibt es vielleicht eine Rettung, Peabody – du wirst
Amenits Schönheitsberaterin und Kammerzofe.«

»Du hast heute abend wirklich einen makabren Humor,
Emerson. Wahrscheinlich plant sie, die Zaubertränke einzunehmen, die ich ihr braue, um mich dann zu beseitigen. Jetzt aber
mal ernsthaft. Ich sehe die Sache so: Nastasen glaubt, daß Amenit ihm treu ergeben ist – wahrscheinlich hat er versprochen,
sie zu heiraten und sie zur Königin zu machen. Sie unterstützt
ihn in seinem Kampf gegen Tarek, aber keiner von beiden
weiß, daß sie vorhat, mit Reggie das Land zu verlassen. Sie ist
entsetzlich eifersüchtig auf Nefret...«

»Das klingt wie die Handlung eines dieser albernen Romane,
die ihr Frauen ständig lest«, murmelte Emerson. »Warum glaubst
du, daß sie eifersüchtig ist?«

»Ach, Emerson, das sieht doch ein Blinder. Da du es als
Mann sowieso nicht verstehst, wirst du mir glauben müssen.
Amenit schert sich einen Dreck um uns. Sie hat nur zuge-

stimmt, uns mitzunehmen, weil Reggie darauf bestanden hat.
Sie wird keinen Finger krumm machen, um uns vor Nastasen
zu retten; eigentlich erleichtert es ihr Vorhaben eher, wenn wir
aus dem Weg geschafft sind.«

»Wäre es nicht lustig, wenn sie versuchte, uns zu vergiften,
während du sie vergiftest? Überall Leichen wie im letzten Akt
von *Hamlet.*«

»Emerson, wenn du nicht sofort damit aufhörst…«

»Entschuldige, Liebling. Bitte fahr fort; deine Darstellung ist
einleuchtend und logisch.«

»Ich… wo war ich stehengeblieben? Ach, ja! Wenn Nastasen
sich zum Mord entschließt, wird er gleich reinen Tisch machen
– uns drei und Reggie als Dreingabe. Für ihn sind wir allesamt
überflüssig, und Amenit wird ihm kaum erklären können, warum man mit Reggie anders verfahren sollte.«

»So weit, so gut«, meinte Emerson, der an diesem Abend offenbar zu einer pessimistischen Anschauungsweise neigte. »Aber
es gibt noch weitere Komplikationen. Pesaker…«

»… will die Macht für seinen Gott und somit für sich selbst.
Er wird darauf bestehen, daß wir geschont werden, damit er
uns opfern kann. Brot und Spiele, du weißt schon – so halten
Tyrannen das Volk unter der Knute. Eine weitere Komplikation
ist Murtek; in meiner Gleichung steht er für x, die Unbekannte.
Doch ich habe die Hoffnung noch nicht aufgegeben, daß er uns
helfen wird.«

»Ich aber«, meinte Emerson. »Was ist mit Tarek?«

»Wir müssen davon ausgehen, daß er die Wahrheit gesagt hat,
Emerson. Nefret vertraut ihm, und wir haben keinen Grund, es
nicht zu tun. Allerdings verstehe ich nicht ganz, welche Rolle er
spielt. Er hat seinen guten Ruf verloren, ist auf der Flucht –
warum ist es so wichtig, ihn vor einer Zeremonie zu ergreifen,
bei der das Nicken des Gottes ganz sicher Nastasen gelten wird,
da der Hohepriester Amons zu seinen Parteigängern gehört?
Man riskiert sogar, uns unter relativ geringer Bewachung weiterhin in diesem Haus wohnen zu lassen, nur um dadurch Tarek
zu fangen. Eine weitere Möglichkeit wäre natürlich, daß Mur-

tek, der verschlagene alte Mann, heimlich auf Tareks Seite steht und glaubt, daß Tarek uns noch retten kann...«

»Auf Tarek würde ich nicht zählen«, sagte Emerson mit einem tiefen Seufzer. »Er täte am besten daran aufzupassen, daß er ihnen nicht wieder in die Hände fällt.«

»Oh, ich zähle auf niemanden, Emerson. Nur auf uns selbst. Wenn alles andere fehlschlägt, müssen wir eben unseren Dienern ein Betäubungsmittel verabreichen, die Wachen überwältigen, die *rekkit* zu den Waffen rufen und einen Staatsstreich unternehmen.«

»Peabody, Peabody!« Emerson nahm mich fest in die Arme und drückte sein Gesicht in mein Haar, um sein Gelächter zu dämpfen. »Du bist das Licht meines Lebens, die Freude meines Daseins und – und so weiter und so fort. Wann habe ich dir das letzte Mal gesagt, daß ich dich anbete?«

Ich freute mich, daß es mir gelungen war, ihn zuversichtlicher zu stimmen.

Und wir hatten diese Zuversicht bitter nötig, denn der nächste Vormittag entpuppte sich als eine Abfolge unangenehmer Überraschungen.

Zum ersten Zwischenfall kam es am Morgen. Ich ging gerade meinen Erste-Hilfe-Koffer durch und versuchte zu entscheiden, was ich Amenit verabreichen sollte, als marschierende Schritte eine neue Gefahr ankündigten.

Mein erster Gedanke galt Ramses. Als ich mich umwandte, sah ich gerade noch seinen Rockzipfel eilends im Nebenzimmer verschwinden. Einer Sorge ledig – denn ich hatte oft Gelegenheit gehabt, nach meinem Sohn zu suchen, und wußte daher, daß er sich Verfolgern eine Ewigkeit entziehen konnte –, machte ich mich zur nächsten Schlacht bereit.

Die Wachen brachten einen Gefangenen mit – aber es war nicht Tarek. Erst als mir ein lautes Keuchen entfuhr, bemerkte ich, daß ich die Luft angehalten hatte. Reggie – denn um ihn handelte es sich – lächelte mir zu und begrüßte mich mit ei-

nem Winken. Er war zwar ein wenig blaß, wirkte aber sonst
unverletzt.

Nach einer Weile kam Nastasen, gefolgt von weiteren Soldaten und den beiden Hohepriestern, herein. Anscheinend war er
übler Laune – was, wie ich dachte, für Tareks Wohlbefinden
sprach. »Dieser Schurke hier hat gestanden«, verkündete er, wobei er auf Reggie wies. »Ihr alle seid schuldig – Ihr habt versucht, mich zu töten und mir die Krone zu rauben.«

»Glauben Sie ihm nicht!« rief Reggie. »Ich…«

Einer der Wachen versetzte ihm einen Stoß, so daß er das
Gleichgewicht verlor. »Ich habe keine Verwendung mehr für
ihn«, fuhr Nastasen fort. »Wo ist der Junge?«

Bald stand kein Möbelstück mehr aufrecht, und alle Wandbehänge waren abgerissen worden. Rasch hatte Nastasen die Geduld verloren und begonnen, die Einrichtungsgegenstände
durch den Raum zu schleudern. Hätte ich nicht in so großen
Sorgen geschwebt, der Anblick hätte mich sehr erheitert, denn
Nastasen warf einen großen Weinkrug um, dessen Inhalt sich
auf seine schönen Sandalen ergoß, und steckte dann den Kopf
in das Gefäß, um sich zu vergewissern, daß Ramses nicht darin
untergetaucht war. Schließlich näherte sich Pesaker seinem er-
zürnten Prinzen und flüsterte ihm etwas ins Ohr.

Wahrscheinlich wußte er aus Erfahrung, wie man mit königlichen Tobsuchtsanfällen zurechtkam. Nastasen beruhigte sich
darauf und stolzierte davon, um höchstpersönlich die Fahndung
zu leiten. Der Hohepriester Amons folgte ihm, Murtek zögerte
– allerdings nur kurz – und eilte dann den anderen nach.

Reggie ließ sich auf einen Berg Kissen fallen und vergrub das
Gesicht in den Händen. »Verzeihen Sie mir«, murmelte er. »Die
Anspannung der vergangenen Stunden…«

Amenit trat auf ihn zu und strich ihm übers Haar. Lächelnd
blickte er zu ihr auf. »Jetzt geht es mir besser. Aber der arme
kleine Ramses… Wo steckt er? Ist er in Sicherheit?«

»Sicherer als in Nastasens Kerker«, antwortete Emerson und
griff nach seiner Pfeife.

»Wissen Sie das genau? Er ist doch noch so klein und könnte
in Schwierigkeiten geraten sein.«

»Ich weiß nicht, wo er ist, falls Sie darauf hinauswollen«, erwiderte Emerson.

»Sie haben jeden Winkel abgesucht«, murmelte Reggie. »Es gibt nur ein Versteck, wo er sein kann.«

»Warum laufen Sie dann nicht los und erzählen es Nastasen?« höhnte Emerson.

Reggie warf ihm einen entrüsteten Blick zu und schwieg.

In Wirklichkeit hatte ich, was Ramses' Schicksal betraf, weniger Zuversicht als Emerson; und vermutlich war auch sein Optimismus nur gespielt. Tatsächlich gab es nur ein mögliches Versteck: den Tunnel, durch den Amenit uns geführt hatte, um uns die falsche Hohepriesterin zu zeigen. Ich hatte nicht gesehen, wie sie die Falltür geöffnet hatte, doch Ramses war ein Fachmann, wenn es darum ging, Dinge auszukundschaften, die er nicht wissen sollte. Kannte Nastasen den Geheimgang? Wenn nicht, würde Amenit es ihm verraten? Vielleicht hatte sie Gründe zu schweigen – vielleicht aber auch nicht. Wie lange konnte Ramses ohne Nahrung und Wasser in der Dunkelheit ausharren? Oder noch schlimmer – würde er so unvorsichtig sein, einen zweiten Ausgang aus dem Labyrinth zu suchen? Da ich das ungeheure Selbstbewußtsein meines Sohnes kannte, befürchtete ich, daß die Antwort »ja« lautete.

Endlich verstummten die Geräusche in den hinteren Räumen, und bedrohliche Stille breitete sich aus. Ich konnte die Spannung nicht länger ertragen. »Ich sehe nach, was sie tun«, verkündete ich, während ich mich vergewisserte, daß mein Gürtel richtig festgeschnallt war. »Ich kann die Spannung nicht länger ertragen.«

Mit einem verlegenen Lächeln nahm Emerson meinen Arm. »Ich habe mich schon gefragt, wer von uns das zuerst zugibt.«

Reggie und Amenit folgten uns. Wir fanden den Suchtrupp versammelt in dem Raum vor, in dem wir ihn vorzufinden befürchtet hatten. Der Hohepriester Amons hielt Nastasen am Arm und redete heftig auf ihn ein. Als er uns sah, hielt er inne.

»Kein Glück gehabt?« fragte Emerson. Dann übersetzte er: »Das Glück war Euren Bemühungen nicht gewogen?«

»Noch nicht«, entgegnete Nastasen. »Aber bald. Gut, daß Ihr

hier seid, um es mitzuerleben.« Er wandte sich um und wies auf die Steinplatte. »Hier liegt ein geheimer Ort, von dem nur wenige Menschen wissen. Ich glaubte nicht, daß der Junge ihn kennt. Wenn ich ihn gefunden habe, werde ich ihn fragen, wie er davon erfahren hat.«

Er drückte beide Handballen in die flachen Kerben unter der Kante der Steinplatte. Pesaker rollte die Augen und erhob Einspruch, aber zu spät; die Platte hob sich, und der Geheimgang war nicht länger geheim – nun kannten nicht nur wir ihn, sondern auch die Wachen, die gebannt zusahen.

Nastasen riß einem der Männer die Lampe aus der Hand und beugte sich über das Loch. »Nichts.«

»Er ist den Gang weitergelaufen und von hier aus nicht zu sehen«, meinte Pesaker. »Schickt die Männer hinunter, damit sie nach ihm suchen, mein Prinz – nun kennen sie das Geheimnis ohnehin.«

Die Männer waren klüger als ihr Prinz, denn der drohende Unterton dieser Bemerkung war ihnen nicht entgangen. Mit äußerst widerwilligem Gesichtsausdruck stiegen sie einer nach dem anderen in das Labyrinth hinab, aus dem sie vielleicht nie wieder hinausfinden würden.

Ich griff nach Emersons Hand, die die meine wie ein Schraubstock umklammerte. Das Herz schlug mir pochend gegen die Rippen. Es bestand durchaus die Möglichkeit, daß Ramses sich vor den Soldaten verstecken konnte. Allerdings wußte ich nicht, ob ich nicht lieber hoffen sollte, daß sie ihn fanden.

Eine Stimme hallte dröhnend vom Fuße der Treppe empor: »Hier ist er nicht, mein Prinz!«

»Dann sucht weiter hinten!« brüllte Nastasen.

»Wie weit, mein Prinz?«

»Bis ihr ihn gefunden habt, du Dummkopf!«

Murtek räusperte sich. »Mein Prinz, verzeiht Eurem Diener, aber der Knabe ist noch ein Kind und zu jung, um sich vor der Dunkelheit zu fürchten. Wenn dieser Gang zu den Tunnels führt, kann er sich bis in alle Ewigkeit vor großen, unbeholfenen Männern verstecken. Wäre es nicht besser, ihn zu locken oder zu überreden, damit er herauskommt?«

Nastasen dachte über diesen originellen Einfall nach. Das
Licht der einzig übriggebliebenen Lampe spiegelte sich in seinen Augäpfeln. »Ja«, sagte er schließlich. »Ich habe entschieden,
daß wir ihn herauslocken sollten. Ihr, Frau, ruft Euren Sohn!«

Ich war so erschüttert, daß ich es getan hätte, hätte der Hohepriester Amons nicht Einspruch erhoben. Seine Geduld mit
Nastasen schien fast zu Ende zu sein, denn er zitterte am ganzen Leibe. »Mein Prinz, der Knabe wird nicht herauskommen,
wenn er weiß, daß wir hier sind. Vielleicht ist er auch zu weit
entfernt, um die Stimme seiner Mutter zu hören. Wenn ich einen Vorschlag machen darf...« Er nahm Nastasen beiseite und
redete leise auf ihn ein.

Zuletzt handelte Nastasen so, wie es wohl jeder vernünftige
Mensch von Anfang an getan hätte. Er schloß die Falltür und
ließ zwei Wachen davor Posten beziehen. Pesaker mußte ihm
erklären, warum die Soldaten nötig waren – nämlich um uns
daran zu hindern, auf demselben Weg zu entwischen. Die Frage,
ob man die Männer, die sich noch unten im Gang befanden,
zusammen mit dem Flüchtigen einschließen sollte, hatte zuvor
noch zu einer hitzigen Debatte geführt. Zwar befürwortete Nastasen dieses Vorgehen, aber Murtek konnte ihn schließlich
überzeugen, daß sie Ramses nur noch weiter von der Treppe
forttreiben würden, so daß er sich womöglich verirrte.

Inzwischen war das meine größte Sorge, und ich hätte es fast
vorgezogen, meinen Sohn im Kerker zu sehen. Der bloße Gedanke, daß Ramses allein durch die Dunkelheit lief, seine Kehle ausgedörrt vor Durst; daß er die Hoffnung verlor, um Hilfe
rief, in heller Angst durch die endlose Nacht der Tunnels rannte
und sich dabei an den Felswänden stieß; daß er schließlich zu
Boden sank und elend zugrunde ging... Ich versuchte, das
gräßliche Bild vor meinem geistigen Auge zu vertreiben, doch
es wollte mir nicht gelingen. Und als die ungebetenen Besucher
schließlich gingen, fiel es mir nicht weiter schwer, auf der Stelle
in Tränen auszubrechen.

»Keine Angst, Ma'am, wir werden ihn schon finden«, tröstete
mich Reggie und tätschelte meine Hand.

»Komm, leg dich hin, Liebling«, meinte Emerson. Er begleitete mich in mein Schlafzimmer.

Nachdem wir so endlich unter vier Augen waren, stellte ich
zu meiner Überraschung fest, daß ich nicht mehr mit dem Weinen aufhören konnte. Emerson nahm mich in seine Arme, und
ich schluchzte an seiner männlichen Brust. »Ihm wird nichts
geschehen, Peabody.«

»In der Dunkelheit, ganz alleine, verirrt…«

»Psst, Liebling. Ich wette, daß er sich nicht verirrt hat, und
den Rückweg jederzeit findet. Und außerdem ist er auch nicht
in der Dunkelheit.«

»Was?« Als ich den Kopf hob, drückte Emerson ihn wieder
zurück an seine Brust. »Psst! Ich habe es gesehen, als Nasty mit
seiner Lampe in die Öffnung leuchtete – ein abgebranntes
Streichholz, das jemand absichtlich auf die oberste Stufe gelegt
hat.«

Bei einer Überprüfung der Ausrüstungsgegenstände an meinem
Gürtel stellte ich fest, daß aus der wasserdichten Dose, in der ich
sie aufbewahrte, eine Kerze und eine große Menge Streichhölzer
fehlten. Da Ramses sie nicht an diesem Morgen entwendet haben
konnte, mußte er sie schon in der Nacht zuvor versteckt haben,
da er offenbar mit einem solchen Notfall gerechnet hatte. Also
hatte er sich wahrscheinlich auch mit Nahrung und Wasser und
weiteren notwendigen Gerätschaften versorgt.

»Er hätte wenigstens die Freundlichkeit besitzen können,
mich von seinen Plänen in Kenntnis zu setzen«, meinte ich verärgert, während ich die Streichhölzer und die beiden übriggebliebenen Kerzen wieder an ihrem Platz verstaute. »So etwas
Rücksichtsloses und Unbedachtes ist mir noch nie untergekommen. Was zum Teufel hat er vor? Schließlich kann er nicht für
immer dort unten bleiben. Und wie sollen wir ihn wiederfinden,
wenn…«

»Zumindest war er rücksichtsvoll genug, das abgebrannte
Streichholz zurückzulassen«, widersprach Emerson.

»Wahrscheinlich ist es ihm versehentlich heruntergefallen.«

»Er muß seine Kerze oder Lampe angezündet haben, *ehe* er die Falltür geöffnet hat, Peabody. Die Zimmer im hinteren Teil des Hauses haben keine Fenster, und ohne Licht hätte er weder den Weg noch die Federn gefunden, mit denen man die Falltür zurückklappt. Nein, ich bin mir sicher, daß das Streichholz als Zeichen für uns gedacht war, und es sollte uns genau das mitteilen, was wir daraus entnommen haben: daß er alle möglichen Vorsichtsmaßnahmen getroffen hat und sich wieder mit uns in Verbindung setzen wird, wenn die Gefahr vorbei ist.«

Er versuchte, mich zu trösten, und das gelang ihm auch eine Weile. Die Lage war nicht ausweglos, wie ich zuerst angenommen hatte – doch trotzdem noch schlimm genug. Da ich wußte daß Emerson ebenfalls von Sorgen gequält wurde, machte ich ein fröhliches Gesicht und entschuldigte mich für meine vorübergehende Schwäche. Er beantwortete das mit gewohnter Gönnerhaftigkeit: »Meinetwegen kannst du jederzeit zusammenbrechen, Peabody. Ich fand es recht amüsant.«

Die nagende Sorge um Ramses ließ mich nur um so mehr darauf brennen, Amenit schachmatt zu setzen. Allerdings stellte Reggies Anwesenheit eine unerwartete Komplikation dar. Ich wünschte mir aus ganzem Herzen, Nasty – wie Emerson Nastasen nannte – hätte den jungen Mann nicht zu uns zurückgeschickt. Einige Tage mehr im Kerker hätten ihm schon nicht geschadet.

So bald wie möglich nahm ich Amenit beiseite und warnte sie davor, ihrem Geliebten etwas von unserem Plan zu verraten. »Wenn Ihr es ihm erzählt, wird er Euch das gleiche sagen wie alle Männer, nämlich, daß er Euch so liebt, wie Ihr seid. Das glaubt er zwar, aber es ist nicht wahr. Ihr solltet ihn mit Eurer neuen Schönheit überraschen.«

Sie stimmte mir zu, daß das ein ausgezeichneter Einfall sei.

Ich überließ es Emerson, Reggie mit abwegigen Fluchtplänen zu beschäftigen, und zog mich mit Amenit in mein Zimmer zurück, wo die von mir angeforderten Zutaten standen. Während ich sie zusammenrührte und -mischte, sang ich lateinische und hebräische »Beschwörungsformeln« und vollführte einen großen Hokuspokus.

Mit meiner Behauptung, ich hätte Arsen und andere Gifte bei mir, hatte ich meinen lieben Emerson nur auf den Arm genommen – obwohl es vielleicht ratsam wäre, derartige Substanzen in Zukunft bei sich zu führen. Im guten alten England hätte ich zahlreiche Giftpflanzen auf Feldern und in Hecken pflücken können. Hier jedoch standen mir solche Reichtümer der Natur nicht zur Verfügung, und die Abführmittel, von denen ich stets einen großen Vorrat bei mir hatte, wirkten für meine Zwecke zu schnell. Ich wollte nicht, daß das Mädchen ihr Unwohlsein auf meine Aktivitäten zurückführte.

Ein Gegenstand, der in meinem Besitz war, hätte mich rasch von meinen Sorgen befreit – eine Halskette, die mir eine meiner Hofdamen geschenkt hatte, als ich die hübschen, schwarzbraun gefleckten Perlen bewunderte. Es waren Rizinusbohnen, aus denen man das Rizinusöl gewinnt. Da die giftigen Stoffe beim Kochen zerstört werden, ist Rizinusöl völlig ungefährlich; diese Bohnen jedoch waren nicht gekocht, sondern nur getrocknet. Deshalb enthielt meine Kette genug Gift, um Amenit und ein halbes Dutzend Wachleute zu beseitigen.

Doch durfte ich es wagen, es anzuwenden? Ich hatte die Samen zerstoßen und in kaltem Wasser quellen lassen. Gewiß würde ich Amenit unter dem Vorwand, der Sud würde sie von innen heraus schön machen, überreden können, etwas davon zu trinken. Aber ich hatte nicht die leiseste Ahnung, wie stark das Gebräu war. Vielleicht wirkte es überhaupt nicht, vielleicht rief es die erwünschten Krämpfe und Verdauungsstörungen hervor – es konnte allerdings auch ihren Tod bedeuten.

Da ich Christin bin, stellte ich den Trank erst einmal beiseite.

Gerade hatte ich ihr das Haar gewaschen und ihr Gesicht und Arme mit einer selbsterfundenen Paste eingerieben, als es zur zweiten Störung an diesem Tag kam – dem vertrauten Klang marschierender Schritte und scheppernder Waffen. Allmählich wurde es langweilig.

Amenit reagierte wie jede Frau, die Gefahr läuft, die Geheimnisse ihrer Schönheitspflege aufgedeckt zu sehen. Schreiend und kreischend sah sie sich nach einem Versteck um. Sie war wirklich ein Bild des Schreckens, denn ich hatte dem Brei um der Farbwirkung willen noch ein paar gestampfte Kräuter hinzugefügt. Jetzt sah sie aus, als trüge sie eine stark von Grünspan befallene Kupfermaske. »Nicht abwaschen«, warnte ich sie, während ich ihr ihre Schleier reichte, »sonst verfliegt der Zauber.«

Ich hörte Emerson meinen Namen rufen. Nachdem ich mir einige grüne Spritzer von den Unterarmen gewischt hatte (ich hatte die Paste vorsichtshalber mit einem Tuch aufgetragen), eilte ich in den Empfangssalon.

Diesmal ehrte uns Nastasen nicht mit seiner persönlichen Anwesenheit. Einer der Adligen, die unsere improvisierte Abendeinladung besucht hatten, befehligte die Soldaten.

Ich begrüßte ihn mit einer Verbeugung und einem höflichen »guten Tag«, was ihn zu verwirren schien. Er setzte zu einer entsprechend höflichen Antwort an und kam bis: »Die Götter mögen...«, bis er sich wieder faßte. »Kommt mit«, befahl er mit finsterer Miene.

»Ich bin wirklich sehr beschäftigt«, entgegnete ich. »Kann das nicht warten?«

»Treib es nicht auf die Spitze, Peabody«, meinte Emerson lächelnd. »Da man uns offenbar zu sprechen wünscht, sollten wir, um unser Gesicht zu wahren, freiwillig gehen, anstatt uns abführen zu lassen.«

»Gewiß, Emerson. Ist Reggie auch eingeladen?«

Er war. Seit wir so jäh in Ungnade gefallen waren, hatten wir uns angewöhnt, unsere Alltagskleidung zu tragen, um für unerwartete Besuche gerüstet zu sein. Also waren wir passend angezogen, und es gelang mir, meinen Sonnenschirm mitzunehmen, als man uns zur Tür führte. Diesmal wurden uns keine Sänften zur Verfügung gestellt. Wir gingen, umringt von Wachmännern, zu Fuß. Allerdings beobachtete ich, daß unsere Eskorte respektvoll Abstand zu uns hielt; offenbar scheuten sie, Emerson auch nur zu berühren. Auch ihm fiel das auf, und er machte sich einen Spaß daraus, unvermittelt mal nach rechts, mal nach links zu laufen und zuzusehen, wie die Männer ihm hastig auswichen.

»Herr Professor, sind Sie vollkommen übergeschnappt?« fragte
Reggie, der hinter uns herging. »Bringen Sie sie nicht gegen uns
auf. Unser Leben hängt sowieso schon am seidenen Faden.«

»Wissen Sie, was das hier soll?« erkundigte sich Emerson.

»Nein. Nein, ich habe keine Ahnung. Die Krönungszeremonie
kann es nicht sein; die findet erst in einigen Tagen statt.«

»Das habe ich mir gedacht«, antwortete Emerson. »Wahrscheinlich ist das nur wieder eines von Nastys kleinen Spielchen, um uns zu ärgern. Und ich weigere mich, mich ärgern zu
lassen.«

»Aber du scheinst dich doch zu amüsieren, Liebling«, meinte
ich und nahm seinen Arm. »Benimm dich. Und mach dich auf
das Schlimmste gefaßt. Nastasens kleine Spielchen könnten sich
als recht unangenehm entpuppen.«

Die körperliche Bewegung und die frische Luft taten uns gut,
obwohl das Wetter nicht sehr gesundheitsfördernd war. Ein
Sandnebel verhüllte die Sonne, was allerdings nicht zur Folge
hatte, daß es kühler wurde. Als wir unser Ziel erreichten, war
ich außer Atem – vor gespannter Erwartung und Erschöpfung.
Wir standen vor den großen Toren des Palastes, in dem ich die
Königin besucht hatte.

Ihre hellen und offenen Gemächer hatten sich inmitten von
Höfen und hübschen Gärten befunden. Heute jedoch kamen
wir nicht einmal in ihre Nähe, sondern marschierten schnurstracks durch immer finsterer werdende Räume in den hinteren
Teil des Palastes, der in die Klippen gehauen war. Seine Wirkung war recht beeindruckend, und die Schatten verliehen ihm
eine düster-majestätische Atmosphäre, die ihrem Zweck angemessen schien. Ganz offensichtlich handelte es sich um die mit
Statuen, Wandbehängen und Gemälden ausgestatteten Prunkge-
mächer des regierenden Monarchen. Jedoch fehlten die friedlichen Darstellungen von Vögeln, blühenden Blumen und laufen-
den Tieren, wie Emerson und ich sie in den Palästen von
Amarna ausgegraben hatten. Alle Abbildungen zeugten von der
Herrschaft und der kriegerischen Erfolge des Königs: Die eisen-
beschlagenen Räder seines Wagens zermahlten die von seinen

Pfeilen niedergestreckten Feinde; mit erhobenem Knüppel schlug er einem knienden Gefangenen den Schädel ein.

Schließlich erreichten wir einen Raum, der größer war als alle, die wir bisher hier gesehen hatten. Dutzende von Fackeln und Lampen waren nötig, um allein seine Mitte zu beleuchten. Außerhalb des Lichtkegels sah die Decke aus wie ein dunkler Baldachin, und die Seitenwände versanken in Finsternis. Auf einem Podest vor uns stand ein vergoldeter Stuhl. Seine Füße hatten die Form von Löwenpranken; Löwenköpfe bildeten das Vorderteil der Armlehnen. Der Stuhl war leer bis auf einen Gegenstand, der auf der kissenbedeckten Sitzfläche ruhte. Er war glatt, rund und weiß und in einen Rahmen aus versteiften, blutroten Schilfgräsern eingelassen – die alte Doppelkrone, die die Vereinigung der beiden Länder Ober- und Unterägypten symbolisierte. In dieser abgelegenen Oase jedoch erinnerte sie nur noch an längst verflossene ruhmreiche Zeiten.

Der Saal war voller Menschen. Reglos wie Statuen standen sie da, aber ihre Augen funkelten mir aus der Dunkelheit entgegen, und ich erkannte, daß es sich um Vertreter aller Klassen dieser seltsamen Gesellschaft handelte. Reihe um Reihe bewaffneter Soldaten, Höflinge und Adlige, Männer und Frauen in prächtigen Gewändern. Sogar ein Grüppchen *rekkit* war anwesend; sie drängten sich in einer eigenen Einfriedung und wurden streng bewacht.

Am Fuße der Stufen, die zum Thron hinaufführten, stand im rechten Winkel zum Podest ein weiterer Stuhl, ebenfalls geschnitzt, aber weniger prunkvoll. Ihm gegenüber befanden sich drei schmucklose Holzstühle mit Sitzflächen aus geflochtenem Schilf. Zu diesen wurden wir geführt.

»Offenbar sollen wir nur zusehen und nicht selbst tätig werden«, bemerkte Emerson. Obwohl er nicht lauter sprach als sonst, hallte seine Stimme vielfach von den Wänden wider. Die Augen, die uns beobachteten, blitzten auf, als hätten sie sich für einen Moment alle in unsere Richtung gedreht.

Nachdem wir Platz genommen hatten, geschah lange Zeit nichts. Ich vertrieb mir die Zeit, indem ich den Raum und seine Ausstattung betrachtete. Es gibt eine gute Methode, seine Augen der Dunkelheit anzupassen: Man richtet den Blick auf die finsterste Stelle und vermeidet, die Lampen anzusehen. Allmählich nahm ich Einzelheiten wahr, die mir zuvor entgangen waren. Der Raum wurde etwa im Verhältnis zwei zu drei von einer längs verlaufenden Reihe niedriger Säulen geteilt. Ich nahm an, daß sich hinter mir eine weitere Säulenreihe befand. Hinter dem Thron entdeckte ich eine Tür, die ich nur als ein noch dunkleres Rechteck ausmachen konnte. Zur Rechten dieser Tür tat sich eine andere, größere Öffnung auf...

Ein kalter Schauder durchfuhr mich. Es handelte sich bei dieser Öffnung nicht um eine Tür, sondern um eine tiefe und breite Nische, und es war etwas darin. Was, um Himmels willen, mochte es sein? Obwohl es nicht aus leblosem Stein bestand, ragte es hoch empor wie ein behauener Felsen. Es war lebendig; ich spürte die Bewegung mehr, als daß ich sie sah. Ich hörte etwas – war es das Echo meines eigenen, keuchenden Atems oder das Schnaufen eines riesigen Tiers? Ein Lichtfunke spiegelte sich...

Dann sah ich nichts mehr, denn die Tür wurde plötzlich von Fackelschein erhellt. Die Fackelträger nahmen ihre Plätze hinter dem Stuhl am Fuße des Podestes ein. Darauf folgten einige Priester, angeführt von Pesaker; sie wandten sich nach links und stellten sich Schulter an Schulter vor der Nische auf. Ich hatte den merkwürdigen Eindruck, daß sie weniger das Wesen darin beschützten als es am Herauskommen hinderten.

War es doch ein Tier? Die ägyptischen Pharaonen hatten Löwen gejagt, und obwohl die königlichen Geschöpfe inzwischen in Ägypten ausgestorben waren, kamen sie in Nubien immer noch vor. Ein gefangener Löwe, der sich von Menschenfleisch ernährt, den man abgerichtet hatte, die Feinde des Königs zu zerreißen und zu töten... mir hätte es sehr mißfallen, von einem Löwen gefressen zu werden. Noch mehr hätte es mir mißfallen, mitansehen zu müssen, wie Ramses von einer solchen Bestie gefressen wurde.

»Mein Gott«, murmelte ich.

»Peabody?« Emerson warf mir einen fragenden Blick zu.

»Vielleicht hattest du recht, Liebling, als du sagtest, ich hätte eine blühende Phantasie.«

Das Eintreffen Nastasens in vollem Ornat beendete unser Gespräch. Sein gefälteltes Leinengewand, die goldenen Sandalen und der schwere, mit Juwelen besetzte Kragen, waren die eines Pharaos. Der Griff des Schwertes, das er im Gürtel stecken hatte, bestand aus in Gold gefaßtem Bergkristall. Nur die Krone fehlte noch, und – oh! – wie lüstern er sie beäugte, als er am Thron vorbeiging und auf dem Stuhl darunter Platz nahm.

Wieder folgte Schweigen. Diese Leute hatten einen Hang zum Theatralischen! Die Verzögerung war angsteinflößend, oder hätte wenigstens Menschen Angst eingeflößt, die nicht, wie wir, über britische Unerschrockenheit verfügten. Emerson unterdrückte ein Gähnen. Ich ließ die Augenlider sinken, als langweilte ich mich. Also beschloß Nastasen, die Sache voranzutreiben. Er erhob seinen goldenen Stab und rief: »Bringt sie herein! Bringt die Schuldigen herein, damit sie vor der Macht des Gottes in den Staub sinken!«

Ich hatte schon fast erwartet, Ramses und Tarek zu sehen, und war einen Augenblick lang erleichtert, als ich statt dessen ein kleines Grüppchen Menschen in einheimischen Gewändern erblickte. Doch meine Erleichterung dauerte nicht lange an, denn ich erkannte die Männer und stellte fest, daß sich auch einige Frauen und kleine Kinder unter den Leuten befanden. Emerson stieß einen Fluch aus und wollte schon aufspringen. Doch er wurde von einer Schlinge, die man ihm über den Kopf warf und eng um seine Brust zusammenzog, wieder auf seinen Stuhl zurückgerissen. Auch ich fühlte, wie mir mit einer ähnlichen Fessel Schultern und Arme an den Stuhl gebunden wurden; ein rascher Blick nach rechts sagte mir, daß es Reggie genauso ergangen war.

»Diese Männer sind in doppelter Hinsicht Verräter!« verkündete Nastasen. »Erstens, weil sie ihre Pflicht nicht erfüllt haben. Und zweitens, weil sie ihre Seelen dem weißen Zauberer überantworteten. Sie werden gemeinsam mit ihren Familien sterben. Doch weil sie im Dienste meines Vaters tapfer gekämpft haben

und unter dem Bann des Zauberers standen, werden sie die
Ehre haben, durch Heneshems Hand ihr Leben zu verlieren.«

Die Reihe der Priester vor der Nische teilte sich, und ein
Mann trat heraus. Er war nicht größer als der kleinste der Priester, aber doppelt so breit, und er bestand nur aus Muskeln. Be-
kleidet war er lediglich mit einem Lendenschurz, und man hatte unter Einhaltung der rituellen Reinheitsgesetze seinen
ganzen Körper, auch seinen Schädel rasiert. Durch die vorste-
henden Augenwülste und die runden Wangen wirkten seine Augen wie kleine, schwarze Knöpfe, kalt und funkelnd wie Perlen
aus Obsidian. Sein Hals war so dick, daß sein Kopf direkt auf
den breiten Schultern zu ruhen schien. Obwohl er aussah, als
könne er einen gewöhnlichen Menschen mit bloßer Hand zer-
malmen, trug er eine Waffe – einen Speer, dessen Spitze dunkle
Flecken aufwies; nur ganz oben und an den Kanten funkelte sie
wie poliertes Silber.

Als er näherkam, tauchte das Licht der Fackeln seine geölte
Haut in einen blutroten Schein. Er verbeugte sich tief vor Nastasen und noch tiefer vor der Nische und blieb wartend stehen.

Bis jetzt hatten die Todgeweihten noch keinen Laut von sich
gegeben. Reglos und bleich starrten sie ihren Henker mit leeren
Augen an. Der junge Offizier stand in der ersten Reihe. Er sah
nicht zu uns herüber und achtete auch nicht auf die Frau, die
sich eng an ihn drängte. Sie war noch ein junges Mädchen und
hielt ein Kind im Arm. Zwar blieb ihr Gesicht unbewegt, aber
sie mußte das Kind fester an sich gedrückt haben, denn es fing
an zu weinen.

Der Mund des Henkers verzog sich zu einem Lächeln. »Das
Kind weint? Ich werde seinen Tränen Einhalt gebieten. Und
weil Heneshem gnädig ist, werde ich die Mutter nicht trauern
lassen. Tritt vor, Frau, und halte dein Kind fest.«

Er hob den schweren Speer so mühelos, als ob er ein Zweig-
lein gewesen wäre. Das blutrote Licht glitt seine hervortreten-
den Armmuskeln entlang. Stöhnend bedeckte der junge Vater
die Augen mit den Händen.

Mein Mund war vor Entsetzen wie ausgedörrt. Ich versuchte,

die Arme freizubekommen und nach meiner kleinen Pistole zu greifen, aber ich wußte, ich würde es nicht rechtzeitig schaffen.

Wenn Emerson ein wenig gereizt ist, brüllt er wie ein Stier. Ist er aber wirklich wütend, bewegt er sich so leise und geschmeidig wie ein angreifender Leopard. Ich hörte ein Knacken, als der Strick um seine Brust wie ein Stück Garn zerriß. Mit einem langen Sprung setzte er auf den nächstbesten Wachmann zu, entriß ihm den Speer und stieß den Soldaten zu Boden. Dann sah ich ein Aufblitzen, einen silbrigen Lichtstrahl – und die Speerspitze ragte, nun glanzlos und tropfend, dem Henker etwa dreißig Zentimeter aus dem Rücken.

Ach, hätte ich nur den Pinsel eines Turner, die Feder eines Homer gehabt! Ihr Genie wäre nötig gewesen, um die gewaltige und leidenschaftliche Pracht dieser Szene einzufangen! Emerson stand angespannt und mit geballten Fäusten da. Durch den wuchtigen Schlag waren ihm alle Knöpfe vom Hemd geplatzt, und seine gebräunte Brust hob und senkte sich vor Anstrengung. Obwohl er von Soldaten mit drohend gezückten Speeren umringt wurde, hielt er den Kopf stolz erhoben, und ein höhnisches Lächeln spielte um seine Lippen. Zu seinen Füßen lag der Mörder in einer Blutlache, die rasch größer wurde. Hinter ihm waren die Todgeweihten zum Leben erwacht; sie waren auf die Knie gefallen und streckten die Arme nach ihrem Retter aus.

Emerson holte tief Luft. Seine Stimme füllte den riesigen Saal und brach sich in donnerndem Echo an dessen Wänden. »Die Rache der Götter hat den Mörder kleiner Kinder und unbewaffneter Männer niedergestreckt! Ma'at (Recht, Ordnung) geschieht durch mich – den Vater der Flüche, die Hand des Gottes!«

Alle Anwesenden schnappten ehrfürchtig nach Luft. Nastasen sprang mit wutverzerrtem Gesicht auf. »Tötet ihn!« kreischte er. »Tötet ihn!«

15. KAPITEL

»Der Gott
hat gesprochen«

Der Hals war mir wie zugeschnürt, das Herz zu voll, als daß ich hätte sprechen können. Ich betrachtete meinen heldenhaften Gatten; in seinen leuchtend blauen Augen las ich unerschütterlichen Mut und sein Wissen um die Bewunderung, die ich so gerne ausgedrückt hätte, wäre ich dazu in der Lage gewesen. Seine lächelnden Lippen formten Worte:

»Schau nicht hin, Peabody.«

»Hab keine Angst um mich!« rief ich aus. »Ich werde bis zum Ende und darüber hinaus bei dir sein, mein Liebster. Aber ehe ich dir folge, werde ich dich rächen!«

Nastasen stieß ein haßerfülltes Kreischen aus, dem kein Sinn mehr zu entnehmen war. Sein Befehl war nicht befolgt worden. Die Männer zögerten, da keiner als erster den Zorn des mächtigen weißen Zauberers auf sich ziehen wollte.

Nastasen stammelte. Schaum stand ihm vor dem Mund. Er zückte sein rituelles Schwert und stürmte auf Emerson zu.

Da erhob sich eine Stimme über das Getuschel der Anwesenden. »Haltet ein! Heneshem spricht. Hört auf Heneshems Stimme.«

Es war eine hohe, süße Frauenstimme, und sie brachte Nastasen zum Stehen, als ob er gegen eine unsichtbare Wand gelaufen wäre. Die Stimme fuhr fort: »Die Zeremonie ist vorbei. Bringt die Fremden in ihre Unterkunft zurück. Heneshem hat gesprochen.«

»Aber – aber«, stotterte Nastasen und schwenkte sein Schwert. »Die schuldigen Männer müssen sterben. Sie und ihre Familien.«

Emerson verschränkte die Arme. »Dann müßt Ihr zuerst mich töten.«

»Bringt sie zurück. Sie alle. Erwartet Heneshems Urteil. Die Zeremonie ist vorüber. Die Stimme Heneshems hat gesprochen.«

Die Wachen, die Nastasen nicht gehorcht hatten, befolgten diesen Befehl. Meine Fesseln fielen von mir ab. Als ich aufstand, stellte ich zu meinem Bedauern fest, daß ich ein wenig unsicher auf den Beinen war.

Emerson schob die Speere beiseite und eilte zu mir hinüber. »Was für ein undramatisches Ende«, stellte er fest. »Aber Peabody, du darfst jetzt auf keinen Fall ohnmächtig werden. Wir müssen unser Gesicht wahren.«

»Ich habe nicht die Absicht, etwas so Albernes zu tun«, versicherte ich ihm

»Dann hör auf, mir ins Schlüsselbein zu murmeln, und laß mein Hemd los.«

Ich wischte mir die Augen an den Überresten besagten Kleidungsstücks ab, ehe ich seiner Aufforderung nachkam.

»Schon wieder ein Hemd verdorben, Emerson! Du gehst so achtlos mit ihnen um.«

»Meine Peabody, wieder ganz die alte«, meinte Emerson liebevoll. »Komm rasch, Liebling. Forthright, hoch mit Ihnen, Mann.«

Ich hatte Reggie ganz vergessen, und ich erwarte, daß der werte Leser meine Gründe versteht. Auch er war losgebunden worden, aber er saß immer noch auf seinem Stuhl und starrte vor sich hin wie ein toter Fisch. Inzwischen hatte der Saal sich fast geleert. Das Schlurfen der Sandalen in der Dunkelheit wies darauf hin, daß die letzten Zuschauer sich davonmachten. Nastasen war ebenfalls gegangen. Sein Schwert, das er in einem Anfall kindischen Trotzes zu Boden geschleudert hatte, lag immer noch dort.

Mit dem Schritt eines Schlafwandlers gesellte Reggie sich zu uns, und wir machten uns, umringt von einer sichtlich nervösen Eskorte, auf den Weg zum Ausgang. Als wir an den Gefangenen vorbeikamen, warf sich der junge Offizier Emerson zu Füßen. »Wir gehören dir, Vater der Flüche. Bis in den Tod.«

»Nicht bis in den Tod, sondern ein Leben lang«, gab Emerson zurück, der nie um die richtigen Worte verlegen ist. »Steht auf Männer, und kämpft für das Recht (ma'at).«

»Schade, daß sie kein Englisch verstehen«, stellte ich beim Weitergehen fest. »Durch die Übersetzung hat es ein wenig verloren.«

Emerson kicherte. »Deine Kritik enttäuscht mich, Peabody. Ich dachte, in Anbetracht dessen, daß ich die Sprache nur unvollkommen beherrsche, klang es nicht schlecht.«

»Oh, ich wollte dich nicht kritisieren. Liebling. Du verstehst die Sprache besser als ich. Was war das für ein seltsamer Titel?«

»Keine Ahnung«, antwortete Emerson geschmeichelt. »Wer dieser Heneshem auch sein mag – oder vielleicht ist es ja eine Frau –, er hat hier offensichtlich etwas zu sagen.«

»Es war eine Frauenstimme, Emerson.«

»Die Stimme gehörte einer Frau, die Hand war die eines Mannes. Es handelt sich um Ehrentitel, Peabody, meinst du nicht?«

»Du meine Güte. Daran habe ich gar nicht gedacht. Hast du etwas – oder jemanden – in der Nische gesehen?«

»Heneshems Hand kam dort heraus.«

»Und auch die Stimme. Aber was ich sah und spürte – war etwas anderes.«

»Ein Ungeheuer«, murmelte Reggie. »Entsetzlich.«

»Aha, Sie sind also nicht nur körperlich, sondern auch geistig wieder bei uns«, sagte Emerson. Als wir in den Hof hinaustraten, hob er die Hand schützend vor die Augen. »Kopf hoch, alter Junge, noch sind wir nicht tot.«

»Sie standen kurz davor«, erwiderte Reggie. »Und Ihre Frau und ich einen Schritt hinter Ihnen.«

»Papperlapapp«, meinte Emerson. »Wie oft soll ich Ihnen noch sagen, daß sie uns für eine viel bedeutendere Zeremonie aufbewahren. Nimm meinen Arm, Peabody. Diese Burschen rennen ja förmlich.« Er versetzte dem Soldaten vor ihm einen kräftigen Klaps auf den Rücken. »Langsamer, verdammt (wörtl.: Anubis soll dich holen).«

»Wahrscheinlich brennen sie darauf, uns loszuwerden«, sagte ich. »Bestimmt aus Angst, sie könnten den Zauberkräften des großen Vaters der Flüche zum Opfer fallen.«

Emerson grinste. »Ja, Nastasens kleines Spielchen hat seinen Zweck verfehlt, und der Schuß ist nach hinten losgegangen. Wir stehen höher im Kurs als je zuvor.«

»Du meinst wohl dich selbst, Liebling«, meinte ich und drückte seinen Arm.

Während wir weitergingen, fragten wir uns, wer Heneshem war und über welche Macht er oder sie wohl verfügte. Emerson vertrat stur die Meinung, es handle sich um einen Mann, ich bestand darauf, daß es eine Frau sein müsse. Wir einigten uns darauf, daß seine oder ihre Macht wahrscheinlich auf den religiösen Bereich beschränkt war, obwohl sich diese Unterscheidung am Heiligen Berg nicht so leicht treffen ließ wie bei uns zu Hause. Recht zu sprechen fiel zum Großteil unter die Zuständigkeit religiöser Instanzen, da der Gott der oberste Richter war. Welche Auswirkungen das auf unsere vermutliche Opferung haben würde, konnten wir nicht ergründen, obwohl wir das Thema einige Zeit erörterten.

»Nun denn«, sagte Emerson schließlich. »Wir können nur abwarten. Wenigstens haben wir erfahren, daß es in diesem Spiel noch einen weiteren Teilnehmer gibt, der uns offenbar – zumindest für den Augenblick – wohlgesonnen ist.«

»Hmmm«, brummte ich.

»Was soll das heißen, Peabody?«

»Ich glaube, ich weiß, warum *sie* uns wohlgesonnen ist. Oder besser gesagt: dir.«

»Jetzt hör mal zu, Peabody…«

»Nein, jetzt hörst du mir zu und versucht, meine Logik nachzuvollziehen. Heneshems Hand bringt ihre Opfer mit einem Speer um. Meroitische Reliefs zeigen die Königin, wie sie Gefangene ebenfalls mit einem Speer ersticht. In ägyptischen Tempeln gibt es ähnliche Abbildungen, auf denen Pharaonen Gefangenen mit einem riesigen Knüppel den Schädel einschlagen. Aber der Gottkönig hat die Bluttat doch gewiß nicht selbst begangen. Wir wissen, daß Priester und Beamte viele der Aufgaben übernahmen, die nominell Sache des Herrschers waren. Auch in eben erwähntem Fall muß er einen Stellvertreter gehabt haben, der den Knüppel tatsächlich geschwungen hat. Also ist es um so wahrscheinlicher, daß eine Frau, ganz gleich, wie kräftig gebaut und blutdürstig sie auch ist, einen Stellvertreter ernennt – die Hand Ihrer Majestät –, der den Mord tatsächlich begeht.«

»Willst du damit andeuten, daß diese unbekannte Macht die Königin ist?« rief Emerson aus. »Die nette, dickliche Dame, der du dein Nähetui geschenkt hast, soll die Ermordung einer jungen Frau und ihres Kindes befohlen haben?«

»Auch Schurken können lächeln, Emerson. Eine Frau kann rundlich und häuslich sein und trotzdem nicht dabei finden, kleine Kinder zu ermorden. Und eine hübsche, mollige und jugendliche Witwe könnte an einem Mann Gefallen finden, dessen körperliche und moralische Vorzüge ihr gerade so eindrucksvoll demonstriert wurden.«

Emerson errötete. »Papperlapapp«, murmelte er.

»Hmmm«, brummte ich wieder.

Wegen Emersons Bescheidenheit hatte ich die Angelegenheit untertrieben. Jede Frau, die ihn an diesem Tag in Aktion gesehen hatte, mußte sich einfach auf der Stelle in ihn verlieben. Auch mich hatte die Szene tief ergriffen. Zwar war mir der Anblick von Emersons prachtvollem Körperbau vertraut, aber ihn im Kampf und bei der Verteidigung hilfloser Menschen zu sehen, hatte eine schier übermächtige Wirkung auf mich gehabt.

Ich will nicht behaupten, daß diese ausschließlich auf ästhetischen Kriterien beruhte. Es hing noch mit einem weiteren Gefühl zusammen, das nun immer heftiger in mir aufwallte. Der Ausdruck »fiebrige Erregung« war vielleicht nicht ganz unpassend.

»Du zitterst ja, Liebling«, meinte Emerson fürsorglich. »Wahrscheinlich der Schock. Stütz dich auf mich.«

»Es ist nicht der Schock«, sagte ich.

»Aha«, entgegnete Emerson. Er versetzte dem Soldaten vor ihm einen Schubser. »Du kriechst wie eine Schnecke. Geh schneller.«

Mit sichtlicher Erleichterung übergab unsere Eskorte uns an der Haustür den wachhabenden Soldaten. Emerson, der meinen Arm fest an sich drückte, blieb nur lange genug stehen, um sich zu vergewissern, daß Reggie uns nicht folgte. Dann führte er mich in mein Schlafzimmer.

Der schreckliche Anblick, der sich uns dort bot, ließ uns jedoch unsere ursprünglichen Absichten vergessen. Ich hatte angenommen, Amenit würde ihren Pflichten nachgehen, so daß ich ihre Weiterbehandlung um einige Minuten würde verschieben können – oder auch länger, wenn es sich so ergab. Doch sie war immer noch da und kauerte auf einer Matte neben meinem Bett. Beim Anblick ihres Gesichtes stieß Emerson einen Schreckensschrei aus.

»Mein Gott, Peabody! Was hast du getan?«

Ihre Haut warf nicht nur Blasen und schälte sich, sondern war überdies grün – die ekelhaft fahle Farbe einer modernden Leiche. Zusammen mit ihrem violetten Haar war die Wirkung ganz besonders schauderhaft.

Ich muß zugeben, daß auch ich ein wenig erschrak. Die Paste, die ich ihr aufgetragen hatte, bestand nur aus aufgeweichter Seife. Offenbar hatte Amenit sie nicht vertragen. Außerdem hatte ich nicht erwartet, daß die Kräuter eine derart kräftige grüne Färbung verursachen würden.

Die finstere Miene, mit der sie mich anfunkelte, verbesserte ihr Aussehen nicht unbedingt. »Ihr habt meine Haut in Brand gesteckt, verdammte (hier folgen einige Ausdrücke, deren ge-

naue Bedeutung mir zwar unbekannt, deren allgemeine Ziel-
richtung jedoch unmißverständlich war). Ich werde Euch töten!
Ich werde Euch die Zunge herausreißen, die Haare einzelnen
vom Kopf rupfen. Euch...« Mit einem Schmerzensschrei hielt
sie inne, krümmte sich und hielt sich den Bauch.

Emerson schluckte. »Du hast doch nicht etwa... das Arsen,
Peabody?«

»Nein, natürlich nicht. Aber sie leidet anscheinend unter Ma-
genbeschwerden. Die Seife kann doch nicht... Oh, mein Gott!«
Ich hatte neben Amenits zuckender Gestalt auf dem Boden die
Schale entdeckt, in der ich die Rhizinusbohnen eingeweicht
hatte – sie war leer.

Ich kniete neben dem Mädchen nieder und packte sie an der
Schulter. »Amenit! Habt Ihr dieses Gebräu getrunken? Antwortet
mir sofort!«

Der Krampf hatte nachgelassen. Schlaff und schweißgebadet
lag sie in meinen Armen. »Ja, ich habe es getrunken. Es war ein
wirksamer Zaubertrank, denn Ihr habt viele Beschwörungen
darüber ausgesprochen. Ooooh! Jetzt bin ich häßlich und werde
sterben... aber zuerst bringe ich Euch um!«

Ich stieß ihre Hand weg. »Dummes Ding! Ihr habt zuviel genommen. Darum ist Euer Gesicht geschwollen und voller Blasen. Die Götter haben euch bestraft, weil Ihr meinen Zaubertrank gestohlen habt.«

»Was war drin?« fragte Emerson besorgt. »Wirklich, Peabody,
wenn das Zeug gefährlich war, hättest du es nicht herumstehen
lassen dürfen.«

Und das ausgerechnet von einem Mann, der gerade einen
Menschen mit einem Speer durchbohrt hatte! Und jetzt ver-
wandte er sich für eine Frau, die den eigenen Bruder verraten
und ihn dem Folterknecht und Henker ausgeliefert hatte.
Wahrscheinlich war sie durchaus imstande, uns das gleiche an-
zutun. Manchmal verstehe ich die Männer nicht.

»Das meiste ist sie schon wieder los«, sagte ich angewidert mit
einem Blick auf den verschmutzten Boden. »Ich glaube nicht,
daß sie in Lebensgefahr schwebt. Am besten verabreiche ich ihr

eine ordentliche Dosis Ipecacuanha. Halt ihr den Kopf, Emerson – aber hol erst die Schale.«

Amenit stieß einen schrillen Schrei aus. Ich dachte schon, sie hätte wieder einen Krampf, bis ich Reggie in der Tür entdeckte. »Er darf mich nicht so sehen!« heulte Amenit und rollte sich zusammen. »Schickt ihn weg.«

»Was ist los?« fragte Reggie. »Ich habe Schreie gehört...«

»Sie hat eines meiner Schönheitswässer getrunken«, antwortete ich. »Und das war nicht für die innere Anwendung gedacht.«

Als die angeforderte Sänfte endlich eintraf, wurde sie von einer der vermummten Mägde begleitet. Ich hoffte, sie sei gekommen, um ihre kranke Schwester zu versorgen, doch sie untersuchte diese nur äußerst oberflächlich. Nachdem sie die Sänftenträger angewiesen hatte, Amenit fortzubringen, blieb sie, um die Pflichten ihrer Vorgängerin zu übernehmen. Während sie die Diener bei der Reinigung meines Schlafzimmers beaufsichtigte, nahm ich Emerson beiseite.

»Das ist nicht Mentarit.«

»Woran erkennst du das?«

»Ich habe meine Methoden. Wie ärgerlich! Glaubst du, ich kann es wagen, sie nach Mentarit zu fragen?«

»Ich weiß nicht, was das schaden könnte«, antwortete Emerson. »Wir haben keinen Nachteil davon, und falls Mentarit bereits unter Verdacht steht, kann eine beiläufige Frage ihre Situation nicht verschlimmern. Aber Peabody, du hast keine Gifte mehr herumliegen, oder? Wir wollen doch nicht, daß noch ein Mädchen krank wird.«

»Das kannst du halten, wie du willst, Emerson. Wenn ich ganz sicher wüßte, daß diese junge Frau nicht zu Nefrets wenigen treuen Anhängerinnen gehört, würde ich ohne die geringsten Skrupel alle Gifte in sie hineinschütten, derer ich habhaft werden kann. Und um Amenit brauchst du dir keine Sorgen zu machen. Ihr Puls war kräftig und regelmäßig, und ihre Verdauungsbeschwerden ließen allmählich nach. Natürlich habe ich

alles Belastungsmaterial beseitigt, während wir auf die Sänfte
warteten. Aber ich sollte besser die Aufseherin beaufsichtigen,
damit sie nicht in meinen Sachen herumwühlt.«

Als ich in mein Schlafzimmer kam, betrachtete Reggie gerade
neugierig die Schalen und Krüge auf der Truhe, die ich als Fri-
siertisch benutzte. »Was hat sie denn getrunken, Mrs. Amelia?
Ich hatte ja keine Ahnung, daß süße, unschuldige Damen wie
Sie mit solch gefährlichen Stoffen hantieren.«

»Jeder Stoff ist gefährlich, wenn man ihn übermäßig oder auf
die falsche Weise anwendet, Reggie.«

Reggie nahm eine der Schalen und schnupperte daran – vergeblich, denn ich hatte sie sorgfältig ausgespült. »Sie kommt
doch wieder in Ordnung, oder? Ein solches Gesicht habe ich
mein Lebtag nicht gesehen.«

»Es ist nur ein Ausschlag, der vergeht wieder. Offenbar liegt
Ihnen mehr an Amenits Aussehen als an ihrer Gesundheit, Reggie. Ich hoffe nur, Sie haben ihr keine falschen Versprechungen
gemacht. Es würde mich sehr enttäuschen, wenn Sie sich wie so
viele Ihrer Geschlechtsgenossen als Mann entpuppten, der die
Frauen hinterlistig täuscht.«

Reggie stellte die Schale ab und sah mich ernst an. »Nur wenige Männer hätten Skrupel, sich einer Frau zu bedienen, um
sich und ihren Freunden die Freiheit zu sichern. Und sie hätten
auch kein schlechtes Gewissen dabei. Aber ich – ich liebe dieses Mädchen, ich bete sie an. Nie würde ich sie im Stich lassen!«

»Wir sollten das Gespräch besser anderswo fortsetzen«, meinte
ich mit einem vielsagenden Blick auf die Magd.

»Oh.« Reggie machte ein überraschtes Gesicht. »Glauben Sie,
daß sie...«

Wir zogen uns in den Salon zurück, den wir bis auf drei *rekkit*, die den Tisch fürs Abendessen deckten, leer vorfanden. »Wo
ist der Professor?« fragte Reggie.

»Wahrscheinlich erkundigt er sich bei den Wachen, ob man
eine Spur von Ramses gefunden hat. Auch ich bin ein wenig
neugierig. Wenn Sie mich also bitte entschuldigen wollen...«

»Ich begleite Sie.« Reggie schüttelte den Kopf. »Ich hoffe, der

Professor plant keinen überstürzten Angriff auf die Wachen. Er ist ein sehr tapferer Mann, aber wenn Sie mir die Bemerkung erlauben...«

»Nein, ich gestatte sie Ihnen nicht«, erwiderte ich barsch. »Professor Emerson ist nicht nur ein sehr tapferer Mann, sondern verfügt auch über einen äußerst scharfen Verstand. Zweifellos ist Ihr schwächerer Intellekt nicht in der Lage, den geistreichen Überlegungen zu folgen, die jeder seiner Handlungen vorangehen. Ich dulde keine Kritik an meinem Mann, Mr. Forthright – besonders nicht von Ihnen.«

Zu meiner Überraschung erwiderte Reggie meine Standpauke mit einem Lächeln. Leise klatschte er in die Hände. »Bravo, Mrs. Amelia! Eine liebende Ehefrau erfreut immer wieder mein Herz. Ich verstehe, daß sie keine sehr hohe Meinung von meinem Mut haben, nachdem ich Sie, Ramses und den Professor nicht bei Tareks Befreiung unterstützt habe. Darf ich ein paar Worte zu meiner Verteidigung sagen?«

»Das gebietet die Gerechtigkeit«, forderte ich ihn auf.

»Sie haben das sanfte Herz einer Frau, Mrs. Amelia, und so ist es nur natürlich, daß Sie Mitgefühl für Tarek empfinden, der sich in Napata Ihr Vertrauen erschlichen hat. Zweifellos hat er Ihnen seine Unterstützung und Freundschaft versichert. Doch ich betrachte die Sache mehr von der logischen Warte her. Mich interessiert es einen... äh, nicht im geringsten, welcher von diesen beiden Wilden diese gottverlassene Einöde regiert. Und ich würde keinem von ihnen trauen, und wenn sie bei jedem einzelnen ihrer Götter schwörten. Ich flehe Sie an, Ma'am, Ihr Leben nicht für Tarek aufs Spiel zu setzen. Denken Sie an sich, Ihren Mann und Ihren kleinen Sohn.«

»Ich denke an sie«, erwiderte ich, wobei ich mich fragte, wie ein Mensch nur so beschränkt sein konnte. »Kommen Sie mit, wenn Sie wollen.«

Natürlich folgte er mir. »Der arme Kleine!« rief er aus. »Wie muß er sich an diesem schrecklichen Ort fürchten. Aber geben Sie die Hoffnung nicht auf, Mrs. Amelia. Wir werden ihn schon noch finden.«

»Wie denn?« fragte ich neugierig.

»Amenit kennt diese Gänge wie ihre Westentasche.«

»Aber Amenit ist nicht hier. Dafür aber die Wachen.«

»Ein Jammer, daß sie krank geworden ist«, stimmte Reggie mir zu. »Aber Sie sagten doch, sie wird wieder gesund, und wenn sie zurückkommt, werden wir den Plan ausführen, den sie und ich abgesprochen haben.«

»Und der wäre?«

»Das erkläre ich Ihnen später«, antwortete Reggie, »wenn der Professor dabei ist. Wir sind fast da... Mein Gott! Was tun sie da?«

Seine Frage war durchaus berechtigt. Emerson und die beiden Soldaten kauerten nebeneinander auf dem Boden. Sie hatten uns den Rücken zugewandt und beobachteten gespannt etwas, das sich vor ihnen auf dem Boden befand. Ein seltsames Klappern war zu hören. Dann rief Emerson auf meroitisch: »Sieben! Meiner!«

Einer der Wachmänner machte eine grobe Anspielung auf Bes, den Gott des Spiels. »Emerson!« tadelte ich. »Verdirbst du diese unschuldigen Wilden, indem du ihnen Glücksspiele beibringst?«

Emerson sah sich um. »Das brauchte ich ihnen nicht mehr beizubringen, Peabody. Ich habe ihnen nur ein neues Spiel gezeigt. Zwei Perlenschnüre und ein Messer habe ich schon gewonnen.« Er sammelte seine Beute und die Würfel auf und erhob sich geschmeidig. »Lebt wohl, meine Brüder. Ich gehe.«

»Laßt uns wenigstens die Zauberwürfel«, knurrte einer der Soldaten – der ohne Messer am Gürtel.

Grinsend klopfte Emerson ihm auf den Rücken und sagte etwas, das ich nicht verstand. Da beide Männer lachten, vermutete ich, daß das wahrscheinlich besser so war.

»Wie ich annehme, erweiterst du deine Kenntnisse der Umgangssprache«, sagte ich, als ich mit Emerson hinausging.

»Unter anderem«, antwortete Emerson und steckte die Würfel ein.

»Was ist mit dem Jungen?« fragte Reggie. »Es ist nicht richtig, Herr Professor, daß Sie Ihre Frau so auf die Folter spannen.«

»Sie weiß, daß ich sie sofort informiert hätte, wenn ich etwas

Neues wüßte. Sie erbärmlicher Idiot«, knurrte Emerson. »Niemand hat Ramses gehört oder gesehen. Es ist ja erst ein paar Stunden her, Peabody.«

»Ich weiß. Reggie hat einen Plan«, fügte ich hinzu.

»Ich kann kaum erwarten, ihn zu hören«, antwortete Emerson im gleichen Ton.

Und wir bekamen ihn zu hören, in der Abendkühle, als die Dämmerung ihren violetten Schleier über den Garten breitete und der üppige Duft der Lilien in der Luft lag. Auf dem Weg nach draußen trafen wir auf ein braunes Etwas, das bei unserem Anblick spuckte und fauchte und wie ein goldener Blitz über die Mauer sprang.

»Ramses' Katze«, sagte ich. »Ist sie wütend auf uns, weil wir ihn verloren haben? Was meinst du?«

»Du siehst Gespenster, Peabody«, meinte Emerson in dem knurrigen Ton, den er immer anschlägt, wenn er zarte Gefühle verbergen möchte.

»Wollen Sie nun meinen Plan hören oder nicht?« erkundigte sich Reggie.

»Meinetwegen«, sagte Emerson. »Setz dich, Peabody.«

So saßen wir auf der geschnitzten Bank, schnupperten den Lotusduft und lauschten dem Gesang der Vögel und Reggies Plan. Er hatte einiges für sich – und er hätte sogar funktionieren können, hätten wir nicht einige Dinge gewußt, von denen Reggie keine Ahnung hatte.

Sobald Amenit Kamele, Lebensmittel und Führer aufgetrieben hätte, würden wir in derselben Nacht die Wachen betäuben oder ablenken und uns im unterirdischen Labyrinth auf die Suche nach Ramses begeben. Reggie war überzeugt, daß der Junge erst aus seinem Versteck kommen würde, wenn sein Vater ihm versicherte, daß keine Gefahr mehr drohte. Nachdem wir ihn gefunden hätten, würden wir durch Geheimgänge, die Amenit kannte, den Tunnel erreichen, der nach draußen und zur wartenden Karawane führte.

»Nicht schlecht«, urteilte Emerson, als Reggie fertig war. »Allerdings sehe ich einige Hindernisse. Was ist, wenn wir den Jun-

gen nicht finden? Mrs. Emerson und ich würden nie ohne ihn
fortgehen.«

»Ich sage Ihnen doch, Amenit kennt den Weg wie ihre Westentasche. Sie wird ihn finden, selbst wenn er bewußtlos
oder... oder... oder...«

»Ich glaube, im Fall von ›oder‹ gäbe es für uns keinen Grund
mehr zu bleiben«, meinte Emerson, wobei er mir heftig auf den
Fuß trat, damit ich meine Entrüstung für mich behielt. »Aber
das Unternehmen klingt sehr gewagt, Forthright. Diese Gänge
müssen kilometerlang sein. Wie können wir sie alle in einer einzigen Nacht absuchen? Eigentlich haben wir noch weniger Zeit,
denn wen wir bei Tagesanbruch nicht über alle Berge sind, wird
man uns gewiß wieder gefangennehmen. Ganz sicher wird man
uns verfolgen...«

»Warum?«

»Mein Gott«, murmelte Emerson. »Was habe ich nur verbro-
chen, daß ich von solchen Idioten umgeben bin? Weil die jahr-
hundertealten Gesetze des Heiligen Berges es verbieten, daß jemand ihn verläßt, Mr. Forthright! Das haben Sie uns selbst
gesagt.«

»Aber man hat uns doch schon zum Tode verurteilt«, widersprach Reggie wütend. »Schlimmer kann es nicht mehr werden.«

»Darum geht es nicht, Reggie«, mischte ich mich ein. »Die
Schwierigkeit ist, daß eine Nacht nicht ausreicht, um die Gänge
abzusuchen und zu entkommen. Wenn wir Glück haben, finden
wir Ramses sofort, aber auf das Glück, mein junger Freund,
sollte sich ein erfolgreicher Verschwörer nie verlassen.«

Schmollend und verwirrt dachte Reggie darüber nach.
Schließlich erhellte sich seine Miene. »Ich verstehe. Ja, ich verstehe. Dann müssen wir den Jungen zuerst finden – meinen Sie
das?«

Ich nickte, Reggie nickte, und Emerson schnaubte verächt-
lich. »Gut«, fuhr Reggie fort. »Schade, daß Amenit krank ist.
Sonst hätten wir heute nacht mit der Suche anfangen können.
Ich muß mich mit ihr beraten.«

»Natürlich«, sagte Emerson. »Ich glaube, man ruft uns zum

Essen. Ich schlage vor, daß Sie das Thema in Gegenwart der Diener nicht weiter erörtern.«

Dieser Rat, obwohl vernünftig, verhinderte, daß ein Tischgespräch in Gang kam. Reggie brütete über seinem Teller und sagte fast kein Wort. Nachdem er aufgegessen hatte, sprang er auf und verließ mit einer gemurmelten Entschuldigung den Raum.

»Endlich allein«, seufzte Emerson sehnsüchtig.

»Bis auf…« Ich wies auf die verschleierte Gestalt der Magd und die Diener.

»Die gehen mir nicht so auf die Nerven wie Forthright. Er ist wirklich eine entsetzliche Landplage, Peabody. Ich wünschte, er würde verschwinden.«

Sein Wunsch wurde erfüllt, und zwar auf eine Weise, mit der er – wie ich zu behaupten wage – selbst nicht gerechnet hatte. Nur zu bald kehrte Reggie zurück, und wir verbrachten eine Stunde in bedrückendem Schweigen. Reggie ging im Zimmer auf und ab. Emerson paffte riesige Rauchwolken, und die Diener standen herum und versuchten, unseren Blicken auszuweichen. Und ich… ich bemühte mich, nachzudenken und Pläne zu schmieden, aber meine Gedanken kehrten immer wieder zu Ramses zurück. Vielleicht hatte Reggie mit seiner Vermutung recht, er könne nahe an der Treppe geblieben sein und würde antworten, wenn ich ihn riefe. Allerdings war ebenso wahrscheinlich, daß er sich leichtsinnigerweise auf die Suche nach einem anderen Ausgang gemacht hatte. Vielleicht hatte er sich heillos verirrt oder war den Priestern in die Arme gelaufen. Vielleicht war er ja auch in eine Grube gestürzt, von einer Fledermaus gebissen oder von einem Löwen gefressen worden oder… Es gab unzählige Möglichkeiten, eine gräßlicher als die andere.

Ich wurde von Marschschritten aus meinen Gedanken gerissen, die unheilvoll näher kamen. »Nicht schon wieder!« rief Emerson aus und legte die Pfeife weg. »Das ist zu viel. Ich werde mich bei der Direktion beschweren.«

Doch diesmal hatte man es nicht auf uns abgesehen. Die Soldaten wollten Reggie abholen. Er fügte sich ruhig und tapfer in sein Schicksal und meinte nur: »Hoffentlich heißt das, daß sie den Jungen gefunden haben und ihn zu Ihnen zurückbringen, Ma'am. Beten Sie für mich.«

»Das tut sie bestimmt«, sagte Emerson. »Komm, Peabody, begleiten wir ihn zur Tür.«

Die Wachen erhoben keinen Einspruch, als wir ihnen folgten. »Kehren Sie um!« rief Reggie. »Setzen Sie nicht Ihr Leben aufs Spiel. Sie können nicht verhindern, daß sie mich mitnehmen.«

»Rührend, wie er sich um uns sorgt«, bemerkte Emerson, der, die Hände in den Taschen, einherschlenderte.

Ich kannte seine wahren Absichten und war ebenso neugierig wie er, wie weit wir kommen würden, ehe man uns aufhielt. Wir hatten schon die große Tür durchschritten und standen auf der Terrasse vor dem Haus, als der Offizier endlich den Mut fand, sich uns in den Weg zu stellen. Doch selbst dann berührte er Emerson nicht und bedrohte ihn auch nicht mit der Waffe. Er hielt den Speer nur wie eine Schranke vor sich.

Es war dunkel geworden. Die Luft war nun klar, und Millionen von Diamantsplittern funkelten am nachtblauen Himmelszelt. Emerson wandte sich um und ging zur Kante der Terrasse. »Schau, Peabody«, sagte er und zeigte mit dem Finger. »Im Dorf tut sich etwas.«

Wirklich, da unten wimmelten Lichter – es waren nicht die Sterne, die sich da spiegelten, sondern leuchtende Punkte, die bedrohliche Rauchfahnen hinter sich her zogen. »Fackeln«, sagte Emerson. »Sie durchsuchen das Dorf.«

»Nach Ramses?«

»Eher nach Tarek. Offenbar sind sie mit ihrem Latein am Ende, denn dort unten würde er sich niemals verstecken.«

»Hoffentlich brennen sie die Hütten nicht nieder«, meinte ich besorgt. »Oder verletzen jemanden. Glaubst du, daß dein Auftritt heute etwas damit zu tun hat?«

»Ich würde mich freuen, wenn mein Auftritt und unsere übrigen Aktionen Nastasen ordentlich in Schwierigkeiten gebracht haben. Schau dir diesen armen Teufel von einem Wachmann an, wie er versucht, uns mit dem Speer zu drohen und gleichzeitig magische Gesten zu vollführen, um sich vor unserem Zauber zu schützen. Wenn er nicht aufpaßt, stolpert er noch über das verdammte Ding. Gehen wir lieber hinein.«

Nach einem letzten Blick auf Reggie und seine Eskorte, die die Stufen hinabstiegen, kehrten wir in unsere Gemächer zurück. »Nun, da er aus dem Weg ist, können wir uns um unsere Angelegenheiten kümmern«, meinte Emerson vergnügt. »Hast du irgendwelchen Krimskrams, den du entbehren kannst, Peabody? Ich glaube, allmählich ist es an der Zeit, daß sich das Spielerglück gegen mich wendet.«

Wir mußten Ramses' kleine Tasche nach Schätzen durchsuchen, denn ich hatte natürlich den Großteil meines Gepäcks zurückgelassen und wollte mich nur ungern von Teilen meiner Ausrüstung trennen. Ich war erstaunt, was für seltsame Dinge Ramses selbst angesichts des Todes in der Wüste aufbewahrt hatte: Einige Murmeln, ein Stück zerbrochene Kreide, eine mumifizierte Maus, zwei Bleistiftstummel, ein Schnurrbart (leuchtend rot), ein falsches Gebiß (sehr groß und sehr gelb) und einige Stücke Kautschuk befanden sich darunter; den Rest habe ich vergessen. Dafür fehlten einige Gegenstände, die ich zu finden erwartet hatte, unter anderem Ramses zerfleddertes Notizbuch und die Garnspule, die er mir geliehen hatte. Welche Merkwürdigkeiten er eingepackt hatte, konnte ich nur vermuten, doch ich empfand ihr Fehlen als beruhigend, besonders das des Notizbuchs. Ramses nahm es überallhin mit. Wenn er die Zeit und die Muße gehabt hatte, solche Dinge einzustecken, war seine Lage vielleicht doch nicht so verzweifelt wie befürchtet.

Emerson nahm die falschen Zähne, den Schnurrbart (der sich, wie er mir später erzählte, als großer Renner entpuppte), die Murmeln und die Bleistiftstummel an sich und ging pfeifend von dannen. Mir überließ er die Aufgabe, Amenits Nachfolgerin Informationen zu entlocken.

Ich fand, daß ein langes, beruhigendes Bad genau das richtige für diesen Zweck war. Zuerst einmal neigen Frauen eher dazu, einander während des Körperpflegerituals Vertrauliches preiszugeben, und außerdem war ich der Meinung, daß ich es mir nach den aufregenden Ereignissen dieses Tages verdient hatte, mich ein wenig verwöhnen zu lassen. Das Bad hatte eindeutig eine erholsame Wirkung auf mich, und die Frauen versahen sorgfältig ihre Pflichten. Allerdings machten sie mir währenddessen deutlicher klar, als Worte es vermocht hätten, daß sich unsere Stellung geändert hatte. Früher hatten die Frauen unbefangen geplaudert, ihr gebrochenes Englisch an mir erprobt und über meine Versuche, mich in ihrer Sprache auszudrücken, gekichert. Nun aber antworteten sie nur noch mit »ja« und »nein« oder überhaupt nicht, obwohl ich das Meroitische inzwischen fließender beherrschte. Anscheinend war es unmöglich, eine vertrauliche Atmosphäre zu schaffen, solange sie alle beisammen waren. Also schickte ich sie nach meinem Bad hinaus, und bat nur die Magd, mir bei meinen Vorbereitungen zum Zubettgehen behilflich zu sein.

Doch sie hätte genausogut taub sein können. Ich konnte sie nicht überreden, ihren Schleier abzulegen; meine interessanten Fläschchen und Tinkturen kümmerten sie überhaupt nicht. Sie verriet mir, ihr Name sei Maleneqen, und nachdem ich sie einige Zeit beharrlich nach Mentarit befragt hatte, erkundigte sie sich gnädigerweise, warum ich etwas über sie wissen wolle. Ich erklärte ihr, Mentarit sei freundlich und liebenswürdig zu mir gewesen. Außerdem habe ihre Pflege mir das Leben gerettet. »Wir Engländer sind Menschen, die uns helfen, dankbar«, fuhr ich fort. »Wir erwidern Freundlichkeit mit Freundlichkeit, nicht Gutes mit Schlechtem.«

Diese pathetische Ansprache führte weder zu einer sichtbaren, noch einer hörbaren Reaktion, und auch meine weiteren Bemühungen scheiterten. Als ein vergnügtes Pfeifen Emersons Rückkehr ankündigte, entließ ich das Mädchen erleichtert und legte mich zu Bett.

Bald gesellte sich Emerson zu mir, doch es kostete ihn einige Auseinandersetzung mit Maleneqen, bis sie endlich einwilligte, uns alleinzulassen.

»Verdammte Frauenzimmer«, knurrte Emerson, während er ins Bett kletterte. »Sie werden mit jedem Tag lästiger. Konntest du etwas über Mentarit erfahren?«

»Erzähl du zuerst, Emerson.«

»Selbstverständlich, mein Liebling.« Er zog mich an sich und küßte mich sanft. »Leider habe ich nichts zu berichten. Ich überredete meine Würfelbrüder, mich die Falltür öffnen zu lassen, indem ich ihnen einfach die Wahrheit sagte − nämlich, daß ich hoffe, ein Anzeichen dafür zu finden, daß Ramses zurückgekommen ist. Aber ich fand nichts, Peabody. Allerdings gelang es mir, ihm eine Nachricht zu hinterlassen.«

»Ich befürchte, es ist zu spät, Emerson. Bestimmt ist er fort − für immer in der Dunkelheit verloren...«

»Aber, aber, mein Liebling. Ramses ist schon aus schlimmeren Situationen heil wieder herausgekommen − und wir auch. Morgen nacht müssen wir selbst nach ihm suchen.«

»Oh, Emerson, ist das möglich? Hast du das Vertrauen der Wachen gewinnen können?«

»Zumindest insoweit, als ich sie in aller Freundschaft zu einem Becher Bier einladen konnte. Ich hatte heute abend einen Krug mitgenommen. Das Bier war harmlos − ganz im Gegensatz zum morgigen, falls du noch etwas Laudanum vorrätig hast. Und was ist mit dir? Hast du von dieser sauertöpfischen jungen Frau etwas erfahren können?«

»Sie heißt Maleneqen, und es dauerte schon eine Ewigkeit, ihr selbst das aus der Nase zu ziehen. Bestimmt gehört sie zu Nastasens Verbündeten, Emerson. Ich habe ihr unzählige Gelegenheiten gegeben, sich mir anzuvertrauen. Aber über Mentarit verriet sie mir nicht mehr, als daß sie fort ist.«

»Fort? Wohin?«

»Ich weiß es nicht. Das war das Wort, das sie benutzte, und sie wollte es nicht näher erklären. Und dann − das wird dich sicherlich interessieren − sagte sie... um Himmels willen!«

Das hatte Maleneqen nicht gesagt, und auch Emerson wußte das, denn er hatte ebenfalls gespürt, was mich zu diesem Ausruf veranlaßt hatte − eine plötzliche Bewegung, verstohlen und geschmeidig am Fußende unseres Bettes. Als Emerson versuchte, die Bettdecke zurückzuschlagen, führte das nur dazu, daß wir beide uns noch mehr darin verhedderten. Das Wesen, was immer es auch sein mochte, schlich völlig geräuschlos zum Kopfende des Bettes. Nur an einem Zupfen am Leintuch und an dem Eindruck, daß sich etwas regte, war zu erkennen, wie es

sich Schritt für Schritt und unaufhaltsam näherte. Mit einem
plötzlichen Sprung stürzte es sich auf mich; ich bekam keine
Luft mehr, denn Mund und Nase waren mir verstopft...

...mit Fell. Das Geschöpf drängte sich heiser schnurrend zwischen uns, anschmiegsam und mit Nachdruck, wie Katzen es
nun einmal tun.

Das leise Geräusch, das sich Emersons Kehle entrang, ähnelte
einem Kichern, doch ich glaube eher, daß es sich um eine unterdrückte Schimpfkanonade handelte. Ich meinerseits war son-
derbar bewegt. Als ich wieder frische Luft bekam, flüsterte ich:
»Ich möchte ja nicht, daß du mich für abergläubisch hältst,
Emerson, aber ich kann mich des Gefühls nicht erwehren, daß
es mit dieser Erscheinung eine seltsame übernatürliche Be-
wandtnis hat. Nachdem die Katze zuerst vor uns geflohen ist,
legt sie nun eine geradezu ungewöhnliche Zuneigung an den
Tag, fast, als sei sie ein Zeichen – nein, daran wage ich gar
nicht zu denken – von... von...«

»Zum Teufel, du hast recht, Peabody«, keuchte Emerson.
»Hast du mir nicht erzählt, daß die Katze ein Halsband trägt?«

Diese brillante und scharfsinnige Frage vertrieb die Wolken
des Aberglaubens. Gemeinsam stürzten wir uns auf die Katze –
allerdings selbstverständlich mit dem diplomatischen Geschick,
das Katzen – wie wir durch Bastet gelernt hatten – von einem
erwarten. Während ich die Katze streichelte und mit Schmeicheleien überschüttete, gelang es Emerson, ihr den Kragen abzunehmen. Er stieß einen unterdrückten Schrei aus.

»Vermißt du eine Haarnadel, Peabody?«

»Diese Frage kann ich dir unmöglich beantworten, Emerson.
Haarnadeln gehen ständig verloren. Hast du denn eine gefunden?«

»Ich habe mich gerade damit in den Finger gestochen. Sie
wurde benutzt, um ein Stück Papier am Halsband zu befestigen.
Hier, halt mal« – er meinte die Katze, die Anstalten machen
wollte, uns zu verlassen – »ich lege ihr das Halsband besser wieder um.«

Die Katze ließ das verhältnismäßig geduldig über sich ergehen. Nachdem sie davongeschlichen war, lutschte ich an mei-

nem zerkratzten Finger. »Ist es eine Nachricht?« fragte ich. »Von wem? Was steht drin?«

»Es ist Papier, nicht das Zeug, das man hierzulande als solches bezeichnet«, antwortete Emerson. »Das allein läßt einiges vermuten. Aber mehr kann ich nicht sagen, ohne es gelesen zu haben. Dürfen wir es wagen, eine Lampe anzuzünden?«

»Wir müssen es riskieren«, flüsterte ich. »Ich kann die Spannung kaum noch ertragen. Warte, ich hole ein Streichholz.«

Emerson wartete nicht. Er folgte mir, als ich ein Streichholz aus der Blechdose an meinem Gürtel nahm und eine der kleinen irdenen Lampen anzündete. Dann steckten wir die Köpfe zusammen und lasen im flackernden Licht die Worte auf dem Papier.

»*Tutus sum, liber sum, et dies ultionis meae est propinqua. Nolite timere pro filio vestro fortimissimo et astutissimo. Cum summa peritia et audacia ille viam suam ad me invenit. Conviemus in templo in die adventus dei. Usque ad illud tempus manete; facite nihil.*«

»Dem Himmel sei Dank«, flüsterte Emerson. »Unser Sohn ist in Sicherheit. Das ist seine Handschrift. Tarek muß es ihm diktiert haben.«

»Einige der Ausdrücke weisen stark darauf hin, daß Ramses es nicht nur geschrieben, sondern auch selbst verfaßt hat«, erwiderte ich. »›Astutissimo‹, du meine Güte! Wahrscheinlich hat er Lateinisch geschrieben, damit niemand die Botschaft versteht, falls sie abgefangen wird.«

(Für diejenigen unter meinen Lesern, die die Sprache der Cäsaren nur unvollkommen beherrschen, füge ich eine Übersetzung bei: »Ich bin wohlauf, ich bin frei, und der Tag meiner Rache ist nah. Fürchtet nicht um Euren äußerst tapferen und klugen Sohn. Mit ungewöhnlichem Geschick und Mut hat er den Weg zu mir gefunden. Wir treffen uns im Tempel am Tage, da der Gott erscheint. Bis dahin wartet; unternehmt nichts.«)

Emerson blies die Lampe aus. »Zurück ins Bett, Peabody. Wir haben viel zu besprechen.«

»Ich habe das unangenehme Gefühl, daß uns jemand beobachtet, Emerson.«

»Davon kannst du mit Gewißheit ausgehen, Liebling. Aber ich bin trotzdem froh, daß wir es riskiert haben. Jetzt, da ich weiß, daß Ramses in der Obhut unseres Freundes ist, kann ich ruhiger schlafen. Doch das Warten wird mir schwerfallen. Wir müssen herausfinden, wann die Zeremonie stattfindet.«

»Das wollte ich dir gerade erzählen, als die Katze uns störte. Emerson. Sie findet in zwei Tagen statt – übermorgen.«

Die Botschaft ließ Raum für unzählige Vermutungen. Wie hatte Ramses den Weg zu Tarek gefunden? Wo waren die beiden jetzt? Was hatte der Prinz genau vor? Offenbar war er sehr zuversichtlich, daß sich alles zu seinem Vorteil entwickeln würde. Aber wir waren uns einig, daß wir uns wohler fühlen würden, hätten wir seine Absichten gekannt. Tareks (oder Ramses') Anordnung, nichts zu unternehmen, verärgerte Emerson ein wenig. »Das riecht mir eindeutig nach Kritik, Peabody. Findest du nicht auch? Ganz so, als ob wir bereits zu viel getan hätten. Und wie kann er von uns erwarten, daß wir drei Tage lang herumsitzen und Däumchen drehen? Das ist menschenunmöglich. Was ist, wenn seine Pläne scheitern?«

Das alles waren berechtigte Fragen, doch leider fielen mir auch nicht mehr vernünftige Antworten ein als Emerson.

Der nächste Tag ist mir als der zweifellos unangenehmste unseres gesamten Abenteuers in Erinnerung geblieben. Zu verdursten ist nicht unbedingt eine Erfahrung, auf deren Wiederholung ich großen Wert lege; jeden Augenblick mit Emersons gewaltsamem Tod rechnen zu müssen, war ebenfalls ein äußerst schmerzliches Erlebnis gewesen; und die Angst, Ramses könne für immer im felsigen Inneren der Klippen verschollen sein, hatte meine Nerven ernstlich in Mitleidenschaft gezogen. Doch im großen und ganzen ist jede Form des Handelns dem Warten vorzuziehen, besonders wenn man davon ausgehen muß, daß am Ende dieser Wartezeit ein gräßlicher Tod steht.

Wir hatten alle uns möglichen Vorbereitungen getroffen. Ich hatte mich vergewissert, daß mein kleiner Revolver geladen und mein Messer griffbereit waren, und mich durch gymnastische Übungen für eventuelle körperliche Strapazen gestählt. Die Gymnastik hatte eine unerwartet angenehme Nebenwirkung. Sobald ich anfing zu springen, zu hüpfen und mit den Armen zu rudern, ergriffen die Diener panisch die Flucht. Wahrscheinlich hielten sie meine Bewegungen für eine Art Zaubertanz.

Da Emerson und ich nun endlich unsere Ruhe hatten, nutzten wir die Zeit so gut wie möglich. Nur dank des Umstandes, daß jedem von uns die Gegenwart des anderen so lieb und teuer war, konnten wir den endlos langen Tag ertragen. Die Katze kam nicht zurück, obwohl ich einige Zeit an der Gartenmauer stand und nach ihr rief. Auch von Reggie oder Amenit erhielten wir keine Nachricht. Niemand erschien, weder um uns zu bedrohen, noch um uns zu beruhigen.

Glücklicherweise jedoch stand uns kein weiterer solcher Tag bevor. Am späten Vormittag kamen sie uns holen, und als der Vorhang beiseite geschoben wurde, stieß Emerson einen tiefen, erleichterten Seufzer aus. »Wie ich gehofft und erwartet habe. Also geht es um zwölf Uhr mittags los.«

Wir waren gezwungen, noch länger als eine Stunde herumzusitzen, da wir uns rundheraus weigerten, uns irgendwelchen Reinigungszeremonien zu unterziehen oder die schönen Gewänder anzulegen, die man uns reichte. »Wenn wir untergehen, dann nicht kampflos und auf alle Fälle in den Kleidern einer englischen Lady und eines englischen Gentlemans«, beschloß ich.

Emerson musterte mich von Kopf bis Fuß; um seine Lippen zuckte es. »Eine anständige englische Lady würde beim Anblick deines Aufzugs auf der Stelle in Ohnmacht fallen, Peabody.«

Und er hatte recht. Ich hatte mein möglichstes getan, um unsere von der Reise verschmutzten Sachen zu glätten und auszubürsten. Allerdings hatte ich weder die Risse flicken noch die fehlenden Knöpfe annähen können, denn ich hatte vergeblich nach der schmuddeligen Garnspule gesucht, die Ramses mir geliehen hatte. Man brauchte nicht viel Phantasie, um zu verste-

hen, warum er sie mitgenommen hatte, aber es kam trotzdem
ziemlich ungelegen. Da Emersons Hemd ohnehin nicht mehr
ausgebessert werden konnte, trug er eines aus hiesiger Herstellung, und ich muß zugeben, daß es ihm sehr gut stand – vor
allem deshalb, weil es offenbar für einen viel zierlicheren Menschen geschneidert worden war.

»Was eine anständige englische Lady bei deinem Anblick tun
würde, wage ich lieber gar nicht zu denken, Emerson«, erwiderte ich lächelnd. »Bist du sicher, daß ich dir nicht mein Messer
leihen soll?«

»Nein, danke, Liebling.« Geistesabwesend reckte Emerson die
Arme. Einer der Diener, der sich ihm ängstlich genähert hatte,
sprang mit einem Aufschrei zurück.

»Aber an deiner Aufmachung fehlt etwas«, meinte ich stirnrunzelnd. »Warum legst du nicht diesen Perlenkragen um? Und
ein paar Armbänder?«

»Ich will verdammt sein…«, fing Emerson an.

»Einige der wunderschönen, *schweren* Goldarmbänder«, sagte
ich.

»Oh«, antwortete Emerson. »Ausgezeichnete Idee, Peabody.«

Nachdem er sie angelegt hatte, waren wir bereit. Allerdings
galt das nicht für unsere Eskorte. Ich habe keine Ahnung, woher die Diener die genaue Zeit wußten, da sie keine Uhren besaßen, aber anscheinend waren wir zu früh dran. Nach einer
ausgedehnten Debatte kam man schließlich überein, es sei besser, zu früh zu kommen als zu spät.

»Haben wir alles dabei, Peabody?« fragte Emerson, während
er seine Pfeife ausklopfte und sie vorsichtig in die Hosentasche
steckte.

»Ich glaube schon. Notizbücher« – ich tastete meine Bluse ab –
»meinen Gürtel samt Ausrüstung, meine Waffen, deine Pfeife und
den Tabak… Ich bin bereit.«

Als die Wachen uns umringten, warf ich einen letzten Blick
auf das Zimmer, in dem wir so viele schmerzliche, wenngleich
fesselnde Stunden verbracht hatten. Was auch geschah, wir würden wahrscheinlich nicht zurückkehren. Wir waren zu dem
Schluß gekommen, daß Tarek vermutlich während der Zeremo-

nie einen Angriff auf die Soldaten seines Bruders unternehmen würde. Selbstverständlich würden wir unseren Freund mit aller Kraft unterstützen, doch falls er mit seinen hehren Zielen scheitern sollte, würden wir versuchen zu entkommen. Wie wir das zustande bringen wollten, wußten wir nicht genau, denn das hing von zu vielen unbekannten Faktoren ab. Der wichtigste von ihnen war, ob Ramses und Nefret auch anwesend sein würden. Wenn wir sie mitnehmen konnten, würden wir uns über die Klippen oder durch den Tunnel davonmachen, Kamele und Vorräte stehlen und wie von wilden Furien gehetzt zum Nil reiten. Wenn nicht, würden wir uns in den Tunnels verstecken müssen, bis wir beide Kinder gefunden hatten, denn wir konnten – wie Emerson bereits gesagt hatte – das Mädchen mit dem goldenen Haar, dessen Mut und Schönheit unsere Herzen erobert hatte, ebensowenig zurücklassen wie unseren eigenen Sohn.

Das Wetter war eindeutig günstig. Die Sonne schien von einem wolkenlosen Himmel herab; kein Wind oder Sandnebel verschleierte die ruhige, klare Luft. Als wir Hand in Hand, eng umringt von schwerbewaffneten Wachen, weitermarschierten, fing Emerson zu pfeifen an, und meine Stimmung stieg beträchtlich. Wir würden endlich etwas tun, und wenn die Emersons gemeinsam handeln, gibt es nur wenige, die sich ihnen in den Weg stellen können. Etwas würde sich schon ergeben.

Ich weiß nicht, ob ich meiner werten Leserschaft, die vermutlich mit derartigen Gebäuden nicht so vertraut ist wie wir, den Grundriß des Tempels bereits erläutert habe. Im großen und ganzen ähnelte er seinen altägyptischen Vorbildern: Nachdem der Besucher die großen Eingangssäulen passiert hat, steht er in einem von Säulengängen umgebenen Hof. Durch immer dunkler werdende Räumer, Hallen und Gänge erreicht er schließlich das Allerheiligste, das Heiligtum, die Heimstatt des Gottes selbst. So sah der einfache Grundriß aus; im Laufe der Jahre hatte man in Ägypten wie auch hier weitere Hallen und Säulen hinzugefügt, sofern der Platz es gestattete. Dieser Tempel war wie der von Abu Simbel zum Großteil aus den Klippen gehauen. Aufgrund der Raumnot in der Stadt waren mehr und mehr

Kammern im Felsen hinzugekommen, die vielerlei Zwecken dienten.

Ich vermutete, daß es außer den Räumen, die wir gesehen hatten, noch geheimere und heiligere Kammern gab, denn die letzten Geheimnisse des Gottes blieben gewöhnlichen Gläubigen verborgen und waren nur den Priestern und Priesterinnen zugänglich. Da es sich um eine öffentliche Zeremonie handelte, ging ich davon aus, daß sie im äußeren Hof stattfinden würde, was auch der Fall war. In der Hypostylenhalle wimmelte es von Menschen. Wie die Ölsardinen drängten sie sich in den Säulengängen zu beiden Seiten und auf dem offenen Platz in der Mitte. Zwei Reihen bewaffneter Wachen hielten eine Gasse frei, durch die man uns zu dem Säulengang gegenüber des Tors führte. Dieser Bereich war den oberen Zehntausend und ihrem Hofstaat vorbehalten – hochrangigen Priestern mit rasierten Schädeln und leuchtend weißen Gewändern; Adligen beiderlei Geschlechts, mit funkelndem Gold und Juwelen behängt; Musikerinnen mit Harfen, Flöten und Trommeln – und unseren Wenigkeiten. Wir nahmen die uns zugewiesenen Plätze ein und betrachteten die Szenerie mit großem Interesse.

»Ich frage mich, ob ich hier rauchen darf«, sagte Emerson.

»Das wäre unhöflich, Liebling. Schließlich handelt es sich um eine Art Gotteshaus.«

»Hmmm«, brummte Emerson. Wie ich musterte er gebannt den Gegenstand, der über dem Platz vor den Arkaden aufragte. Es war ein massiver Gesteinsquader, dessen Verzierungen wegen der Verwitterung und der häßlichen Flecken, die auf seiner Oberfläche und an seinen Seiten ein bizarres Muster bildeten, kaum noch zu sehen waren. Eine dunkle Wolke schien über dem Block zu liegen, als scheue selbst das helle Sonnenlicht vor ihm zurück. Im alten Ägypten hatte man keine Menschenopfer dargebracht; das Blut auf den Altären war das armer, verängstigter Rinder und Gänse gewesen. Aber hier... Nun, das würden wir zweifellos bald herausfinden.

Ich wandte mich einem erfreulicheren Anblick zu und betrachtete die festlich gekleideten Adligen. Es waren auch Kinder darunter – Mädchen, denen man goldene Ringe ins dunkle

Haar geflochten hatte, und kleine Jungen, deren einzelne Haarlocken im Sonnenlicht schimmerten wie die Flügel eines Raben. Einer ähnelte Ramses so sehr, daß mein Herz einen Moment aussetzte. Doch als er sich umdrehte und mich anstarrte, war die Ähnlichkeit wie weggeblasen.

Wie dumm von mir anzunehmen, er könne hier sei. Tarek hätte einem so kleinen Jungen nie gestattet, sein Leben im Kampf aufs Spiel zu setzen. Ich fragte mich, wo sich Tareks Männer wohl sammeln mochten. Nastasens Soldaten waren überall. Sie umringten die Zuschauer und mischten sich unters Publikum. Ihre Speerspitzen blitzten in der Sonne, daß einem die Augen schmerzten. Offenbar rechnete auch Nastasen mit einem Angriff. Mir kam es vor, als stünden seine Chancen besser, nicht nur, weil er die zahlenmäßig überlegenere Truppe besaß, sondern auch, weil das Gebäude ihm Schutz bot. Es würde schwierig werden, den Tempel durch diesen engen und gut bewachten Eingang zu stürmen.

Nastasens Elitetruppen, hochgewachsene, kräftige Burschen im besten Mannesalter, umringten den Thron und den eigenartigen kleinen Pavillon dahinter. Er bestand aus geflochtenem Schilf, war vergoldet und mit schweren Tüchern verhängt. Seiner Form nach ähnelte er mit seinem abfallenden Dach und den Randleisten denen, die ich auf ägyptischen Reliefs gesehen hatte. Ich versetzte Emerson, der finster die Reihen der Zuschauer musterte, einen Schubs. »Glaubst du, sie ist da drin?«

»Wer? Wo? Ach, da! Hmmm. Schon möglich. Aber im Augenblick interessiert mich viel mehr, wo Ramses stecken könnte.«

Ich erklärte ihm meinen Verdacht. »Ohne Zweifel«, antwortete Emerson gereizt. »Aber ich wünschte, sie würden endlich anfangen. Wahrscheinlich müssen wir den Großteil der verdammten Zeremonie über uns ergehen lassen. Wenn Tarek nur die geringste Ahnung von Strategie hat, wird er bis zum Höhepunkt warten, da das Publikum dann abgelenkt ist.«

Eine Bewegung ging durch die Menge, und ein aufgeregtes Raunen wies darauf hin, daß sich endlich etwas tat. Von unseren Plätzen aus konnten wir den Eingang nicht sehen, so daß wir den Neuankömmling erst erkannten, als er vor uns stand.

Es war Reggie, gekleidet wie ein Adliger bis hinauf zu der Perücke aus grobem, dunklem Haar, die seinen leuchtenden Rotschopf verbarg.

Vielleicht ist dem werten Leser bereits aufgefallen, daß Reggie in unseren Fluchtplänen keine Rolle spielte. Das war nicht so herzlos von uns, wie es den Anschein hatte. Was der Tag auch für Tarek bringen mochte, Reggie hatte auf jeden Fall größere Überlebenschancen als wir. Falls Amenit ihn nicht retten konnte, würden wir wahrscheinlich auch nicht mehr zuwege bringen. Sollte uns die Flucht gelingen, würden wir sofort eine weitere Expedition losschicken. Im Augenblick jedoch ging das Leben der Kinder – Ramses' und Nefrets – vor.

Glücklicherweise ahnte Reggie nichts von unserem kaltblütigen Entschluß und begrüßte uns mit einem tapferen Lächeln. »So sehen wir uns schließlich wieder. Wenigstens werden wir gemeinsam sterben.«

»Ich habe nicht die geringste Absicht zu sterben«, fauchte Emerson. »Sie sehen lächerlich aus, Forthright. Warum haben Sie sich in diese Kleider stecken lassen?«

»Was spielt das noch für eine Rolle?« Reggie seufzte. »Mir macht nur das Schicksal des armen kleinen Jungen Sorgen. Auch wenn er noch am Leben ist, wird er ohne seine Eltern wohl kaum durchkommen.«

»Ich ziehe es vor, dieses Thema nicht zu erörtern«, entgegnete Emerson. »Aha, ich glaube, die Vorstellung fängt an.«

Durch den Eingang zum inneren Hof kam Nastasen herein. Abgesehen von seinem langen, schwarzen Haar trug er die Tracht eines einfachen Priesters. Ihm folgten eine kleine Gruppe hoher Würdeträger, die beiden Hohepriester, weitere Wachen – und noch ein Mensch, bei dessen Anblick ich mich fragte, ob die vorgestrigen Ereignisse nicht nur ein schrecklicher Alptraum gewesen waren: Er sah genauso aus wie Heneshems »Hand«, der Mann, den Emerson beseitigt hatte; derselbe gedrungene, muskulöse Körper, dasselbe derbe Gesicht, derselbe schimmernde Speer und derselbe knappe Lendenschurz.

»Verdammt!« rief Emerson aus. »Ich dachte, ich hätte das A… umgebracht.«

»Emerson, bitte, mäßige dich! Es ist nicht derselbe Mann, das ist einfach nicht möglich.«

»Dann muß er sein Bruder sein«, murmelte Emerson. Und wirklich, der widerwärtig lüsterne Blick, den der Mann meinem Gatten zuwarf, wies auf eine Vorfreude hin, die nicht nur in seinem Berufsethos begründet sein konnte.

Dann erschien, begrüßt von Musik und Tanz, dem Klappern der Sistren und den Rufen der Gläubigen, der Gott selbst.

Mit funkelnden Augen beugte sich Emerson vor. »Du meine Güte, Peabody, sieh dir das an! Es ist die Barke des Gottes – das Schiff, das auf alten Reliefs abgebildet ist. Noch keinem Wissenschaftler hat sich jemals eine solche Gelegenheit geboten.«

Diejenigen unter meinen Lesern, die gern mehr über die Bedeutung von Schiffen in altägyptischen religiösen Zeremonien erfahren möchten, verweise ich auf Emersons Artikel im *Journal für ägyptische Archäologie*. An dieser Stelle will ich nicht mehr verraten, als daß der fragliche Gegenstand den heiligen Barken nachempfunden war, in denen der Gott seine verschiedenen Heiligtümer besucht. An Bug und Heck war der Kopf des Gottes eingeschnitzt: Amon-Re mit gehörnter Krone und Scheibe. Auf langen Stangen steckten die heiligen Insignien des Amon, und in der Mitte des Boots befand sich ein Schrein (oder Tabernakel) aus hellem Holz, der mit Tüchern verhängt war. Obwohl es sich nur um einen Nachbau im kleineren Format handelte, waren fünfundzwanzig bis dreißig Träger nötig, um es von der Stelle zu bewegen.

Der Gott, der sich gewöhnlichen Sterblichen sonst nicht zeigte, war nun zu sehen, denn man hatte die Vorhänge zurückgezogen. Eine derart merkwürdige Statue war mir noch nie untergekommen, und sie mußte unglaublich alt sein. Sie war etwas über einen Meter hoch und bestand aus bemaltem und vergoldetem Holz. Ihre Arme waren vor der Brust verschränkt; in den Händen hielt sie das Zwillingszepter. Ein zartes Leinengewand verhüllte ihre nackten Glieder; die breite Brust schmückte ein fünfzehn Zentimeter breiter Kragen.

Emerson juckte es in den Fingern. Er brannte darauf, sich Aufzeichnungen zu machen. Eine solche Zeremonie mitzuerle-

ben, die schon oft erwähnt, doch niemals in allen Einzelheiten
geschildert worden ist, war wie eine Reise in die Vergangenheit.
Ich vergaß fast, welchen entsetzlichen Zweck die Zeremonie
verfolgte und in welchen Abscheulichkeiten sie gipfeln sollte.

Die Träger näherten sich, gebeugt unter der Last der vergoldeten Statue, langsam der Gasse inmitten der Menge, die zum
Tor des Tempels führte. Grob stießen die Wachen die Zuschauer
beiseite, deren Gesamtheit einem Ameisenhaufen glich. Flehen-
de und bewundernde Ausrufe waren zu hören, und die Leute
reichten Kinder über die Köpfe in der ersten Reihe hinweg, damit sie mit ihren kleinen Händen das heilige Gefährt berühren
konnten. Alles kämpfte drängelnd und schubsend um die besten
Plätze. Zum erstenmal wurde mir wirklich klar, welche Macht
der Aberglaube ausübt, und ich erkannte, daß die Religion, die
ich mit wissenschaftlicher Distanz studiert hatte, damals wie
heute eine lebendige Kraft ist. Diese Menschen glaubten aus
ganzem Herzen. Sie würden die Entscheidung des Gottes annehmen und den verteidigen, den er erwählte.

Nachdem die Träger einen Teil des Ganges zurückgelegt hatten, blieben sie plötzlich stehen. Ein Mann löste sich aus der
Menge, und die Wachen machten ihm Platz. Zwar konnte ich
nicht hören, was er sagte, aber ich nahm an, daß es sich um
eine Bitte oder Frage handelte – und daß er die Wachen und
Träger gut bestochen hatte, damit er den Gott nicht nur ansprechen durfte, sondern auch die gewünschte Antwort erhielt. Ich
stand auf und stellte mich auf die Zehenspitzen, um die Antwort des Gottes zu sehen, aber leider drehte er mir den Rücken
zu, und vor mir drängten sich die Leute. Ich erkannte nur, daß
der Bittsteller zusammenfuhr, die Hände vors Gesicht schlug
und rückwärts taumelte. Durch die Menge ging ein erstauntes
Murmeln. Kurz darauf setzte das Schiff seinen Weg fort.

Dieser Vorfall wiederholte sich zweimal, aber die Zuschauer
versperrten mir die Sicht. Dann hatte das Schiff das Tor erreicht und machte sich wieder auf den Rückweg. Diesmal kam
es schneller und ohne anzuhalten voran. Atemlos verstummte
die Menge. Da erhob sich die volltönende Stimme des Hohepriesters: »Oh, Aminreh, König der Götter – der Pharao erwar-

tet dich. Gib ihm deinen Segen, oh, Aminreh, auf daß das Land
unter Seiner Majestät blühe und gedeihe.«

Mit einem selbstgefälligen Lächeln trat Nastasen vor. Wo
steckte nur Tarek? Jetzt war der Moment, da alle Augen auf die
Barke und den Gott gerichtet waren und die Menschen erwartungsvoll den Atem anhielten. Ich konnte den Blick nicht von
der grotesken hölzernen Statue lösen. Das bemalte Gesicht
starrte geradeaus. Die Augenhöhlen... sie waren leer, nicht bemalt oder mit eingelegten Kristallen versehen. Aber es befand
sich etwas dahinter, denn ich konnte ein Funkeln entdecken.
Außerdem stellte ich fest, daß die Arme des Gottes nicht aus
dem gleichen Stück geschnitzt waren wie der Körper, sondern
daran befestigt waren – und in diesem Moment, als das Schiff
Nastasen fast erreicht hatte, bewegten sich die Arme. Die schwere hölzerne Peitsche schlug einem Träger auf die Schulter, der
einen Schmerzensschrei ausstieß, ins Stolpern geriet und die
Tragestange losließ. Im Fallen stieß er gegen den Mann, der vor
ihm stand. Das ganze Boot geriet ins Schwanken, als sich die
anderen Träger bemühten, nicht das Gleichgewicht zu verlieren
und die Stangen festzuhalten. Der Arm des Gottes hob sich –
nicht derselbe wie vorhin, sondern der, dessen Hand den
Krummstab hielt. Sanft landete er auf dem Kopf des Mannes,
der plötzlich aus den Reihen der Zuschauer getreten und neben
dem Schrein aufgetaucht war. Sein weißes Gewand war das eines gewöhnlichen Priesters. Das Gesicht gehörte Tarek.

Über das erstaunte Schweigen erhob sich eine Stimme wie
der Schall einer Trompete. »Der Gott hat gesprochen! Volk des
Heiligen Berges, siehe deinen König!«

16. KAPITEL

»Schlaf,
Diener Gottes«

Ich erkannte die Stimme – also stand Murtek doch auf Tareks Seite! Er hatte genau den richtigen Zeitpunkt abgepaßt. Während die Zuschauer starr vor Staunen dastanden, riß Tarek sich die festliche Perücke vom Kopf und streifte die Gewänder ab. Auf seiner Stirn waren die Zwillingskobras, die Symbole der Herrschaft, zu sehen, auf seiner Brust lagen die heiligen Insignien – Skarabäus, Kobra und Nekhbet-Geier. Er zog sein Schwert, erhob es und rief: »Ich bin der König! Verneigt euch vor dem Erwählten Aminrehs, der dem Land *ma'at* bringt, dem Verteidiger des Volkes!«

Im ganzen Hof entledigten sich andere Männer ihrer Verkleidung, zückten die Waffen, holten aus Verstecken unter ihren Gewändern rote Federn hervor und schoben sie sich ins Stirnband.

»Bravo!« rief Emerson aus. »Was für ein Stratege! Das hätte ich selbst nicht besser machen können.«

Es war ein Geniestreich, und einen Augenblick lang glaubte ich fast, Tarek würde die Krone ohne Gewalt und Bruderkrieg erringen können. Doch seine roten Federn waren Nastasens Lederhelmen zahlenmäßig unterlegen. Außerdem würde der Hohepriester Aminrehs nicht zulassen, daß die Macht ihm so mir nichts dir nichts entglitt.

»Verrat!« schrie Pesaker. »Gotteslästerung! Dieser Verbrecher hat keinen Namen. Er ist nicht der Erwählte Aminrehs, sondern ein Verräter und zum Tode verurteilt! Ergreift ihn!«

Ein entsetzlicher Tumult brach los. Nastasens Männer versuchten, den Befehl des Hohepriesters auszuführen, und die Aufständischen beeilten sich, ihrem Anführer beizustehen. Auf so engem Raum waren Pfeil und Bogen und die langen Speere nutzlos; die Soldaten kämpften mit Schwertern und Messern, Mann gegen Mann. Emerson konnte vor Aufregung kaum stillsitzen. »Verdammt, Peabody, laß meine Arm los! Gebt mir ein Schwert! Gebt mir eine Feder!«

Ich mußte schreien, um mir trotz der Schlachtrufe und des Schepperns der Waffen Gehör zu verschaffen. »Emerson – schau hin!«

Über den Köpfen der Kämpfenden schwankte die Barke des Gottes wie ein echtes Schiff auf stürmischer See. Die Träger verloren einer nach dem anderen das Gleichgewicht und gingen unter dem Menschenansturm zu Boden. Schließlich kippte das Schiff am Bug und fiel krachend zu Boden. Das morsche, alte Holz zerbarst in tausend Stücke; der Schrein stürzte zusammen, als sei er aus Streichhölzern gebaut. Auch die Statue zerbrach in zwei Teile und zum Vorschein kam, wie ein Schmetterling aus der Puppe, eine kleine Gestalt und purzelte den Kämpfenden hilflos vor die Füße. Mit lautem Gebrüll stürzte sich Emerson in das Tohuwabohu. Als er wieder erschien, hielt er Ramses in den Armen.

Ich zog meine Pistole und feuerte, ohne mit der Wimper zu zucken, auf den Soldaten, der Emerson gerade sein Schwert über den Kopf ziehen wollte. Mit einem Satz landete Emerson neben mir und warf mir Ramses ohne viel Federlesens vor die Füße. »Mein Gott, Peabody, paß doch auf, wohin du schießt!

Die verdammte Kugel flog so nah an mir vorbei, daß sie mir einen Scheitel gezogen hat.«

»Besser so als mit einem Schwert«, entgegnete ich. Wieder stürzte sich ein Soldat mit Lederhelm auf uns. Ich zielte auf seinen Arm, aber ich mußte ihn verfehlt haben, denn er blieb nicht stehen. Also beschloß ich, daß ich mir unter diesen Umständen keine Zimperlichkeit leisten konnte. Der zweite Schuß brachte ihn zu Fall, so daß er beinahe auf Ramses stürzte. Gerade noch rechtzeitig ergriff Emerson sein Schwert und wehrte den wütenden Hieb eines anderen Angreifers ab. Nun eilten weitere Männer auf uns zu; allerdings trugen einige von ihnen die rote Feder und wollten uns zur Hilfe kommen. Meiner Ansicht nach war der Zeitpunkt da, meinem Sohn einen Moment Aufmerksamkeit zu schenken.

Offenbar war das Innere der Statue seit Jahren nicht gesäubert worden. Spinnweben zierten Ramses' Haar (was davon übrig war), und sein Rock war schmutzig. Auf seinem Bauch entdeckte ich einen deutlich auszumachenden Sandalenabdruck, was sein Schweigen erklärte. Ich schüttelte ihn. »Bist du verletzt, Ramses?«

Doch Ramses gab nur ein Keuchen von sich, während er versuchte, wieder zu Atem zu kommen.

Mit gezückter Pistole wandte ich mich um, denn ich wollte feststellen, ob Emerson meine Hilfe brauchte. Doch er schlug sich sehr wacker. Anscheinend hatte er heimlich Fechtunterricht genommen, denn seine Fähigkeiten hatten sich seit jenem unvergeßlichen Tag, an dem er mit dem Meisterverbrecher um meine bescheidene Person gekämpft hatte, sehr verbessert. Meiner Meinung nach hätte er mit seinem Gegner rasch fertig werden können, hätte er nicht versucht, den Mann nur kampfunfähig zu schlagen, sondern ihn statt dessen getötet.

Einer unserer Retter fiel; sein Blut spritzte auf meine Stiefel. Eine Kugel aus meiner verläßlichen kleinen Pistole setzte seinen Mörder schachmatt. Eilig lud ich nach. Der Kampf tobte. Ich sah, wie sich Tarek, in dessen Kopfschmuck rote Federn steckten, den Weg zu seinem Bruder freischlug, der sich hinter den Thron geflüchtet hatte. Vor dem Thron, wo Nastasens treue

Gefolgsleute einen wilden Ansturm der Aufständischen abwehr-
ten, wogte die Schlacht. Selbst Pesaker hatte sich mit gezücktem Schwert ins Getümmel geworfen.

Allerdings gab es selbst inmitten der Schreie, des Krachens
der Schwerter und des Kampfeslärms einen Hort der Ruhe: den
kleinen Pavillon mit den Vorhängen am hinteren Ende des Säu-
lengangs. Denn davor stand Heneshems »Hand« auf seinen
Speer gelehnt. Niemand wagte, sich ihm zu nähern. Es war, als
seien er und das Gebäude, das er bewachte, von einer unsicht-
baren, undurchdringlichen Mauer umgeben.

Das Gemetzel war fürchterlich. Auf dem Boden wanden sich
zuckende Gestalten in Blutlachen. Wer würde siegen? Ich konnte es nicht feststellen. Auf beiden Seiten waren viele tapfere
Männer gefallen. Welch tragische, entsetzliche Verschwendung!
Von Trauer erfüllt, brannte ich darauf, die Verwundeten zu pfle-
gen und die Witwen und Waisen zu trösten.

Ich weiß nicht, ob Tarek von demselben edlen Gefühl beseelt
wurde oder ob er einfach befürchtete zu unterliegen. Ich hoffte,
daß ersteres zutraf. Nachdem er den letzten der Männer, mit
denen er gerade rang, niedergeschlagen hatte, erhob sich seine
Stimme über das Schlachtgetümmel: »Zu viele tapfere Männer
sind für dich gestorben, mein Bruder, während du dich hinter
dem Thron versteckst. Komm heraus und kämpfe mit mir
Mann gegen Mann um die Krone. Oder fürchtest du dich?«

Es wurde still. Nur das Stöhnen der Verwundeten und das
Keuchen der Männer waren zu hören, die ihre Schwerter senk-
ten und auf Nastasens Antwort warteten. In vielen Gesichtern
erkannte ich, daß die Kampfeslust gewichen war und sich nun
Ekel und Entsetzen breitmachten. Freund hatte gegen Freund,
Bruder gegen Bruder gekämpft.

Die Klinge von Emersons Schwert war rot bis zum Heft. Ich
spürte kein Bedauern für das, was er getan hatte, denn schließlich hatten es die Männer, die er umgebracht hatte, auf unser
Leben abgesehen. Doch es schmerzte mich, daß es überhaupt
nötig gewesen war. Nicht alles Blut auf seinen Kleidern war das
seiner Gegner. Ein Hieb hatte ihm die Wange bis hinunter auf
den Knochen gespalten, und wenn ich die Wunde nicht rasch

nähte, würde eine häßliche Narbe zurückbleiben. Von seinen übrigen Verletzungen war offenbar die an seinem Unterarm am schwersten, denn er blutete heftig. Ich steckte die Pistole in den Halfter und holte das Leinenstück hervor, das ich als Taschentuch benutzte.

»Anscheinend habe ich schon wieder ein Hemd verdorben«, stellte Emerson fest, als ich ihn an mich zog. »Aber diesmal war es nicht meine Schuld, Peabody.«

»Solange du dir deine Risse und Wunden bei unserer Verteidigung zuziehst, kann ich mich nicht beklagen, Liebling. Laß mich deinen Arm verbinden.«

»Mach kein Theater, Peabody. Es ist noch nicht vorbei. Ich möchte sehen, was… Aha, da kommt Nastasen. Er konnte sich der Herausforderung schlecht entziehen, aber findest du nicht auch, daß er ein Gesicht macht, als müsse er zum Zahnarzt?«

Die Zuschauer waren zurückgewichen und hatten zwischen Tarek und seinem Bruder eine Gasse freigelassen. Obwohl Tarek aus vielen Wunden blutete, war seine Haltung majestätisch. Ein höhnisches Lächeln stand auf seinen Lippen. Der augenscheinliche Unterschied zwischen den beiden Brüdern – der eine bedeckt mit den Wunden eines ehrenhaften Kampfes, der andere in seinen reinen, vornehmen Gewändern – ließ ein Raunen durch die Menge gehen, und es waren nicht nur Tareks Anhänger, die murrten. Vielleicht verlieh die Erkenntnis, daß seine Männer von ihm abfielen, Nastasen neuen Mut; vielleicht lag es auch an der unverhohlenen Verachtung, die sein Bruder ihm entgegenbrachte; möglicherweise hoffte er auch, Tarek sei erschöpft und durch den Blutverlust geschwächt. Jedenfalls löste Nastasen seinen juwelenbesetzten Gürtel und warf ihn und sein Gewand beiseite. »Ich bin unbewaffnet«, sagte er. »Töte einen wehrlosen und unbewaffneten Mann, wenn du es wünscht – Bruder.«

Tarek winkte einen seiner Männer zu sich. »Gib ihm dein Schwert.«

Nastasen nahm es mit einer spöttischen Verbeugung entgegen. Er vollführte einige Kunststücke, als wolle er prüfen, wie die Waffe in der Hand lag. Dann stürmte er ohne Vorwarnung auf

Tarek zu. Dieser hatte keine Zeit mehr zu parieren. Nur ein rascher Sprung zur Seite rettete ihn.

Die Zuschauer rückten näher und schubsten einander, um besser sehen zu können, wie Männer bei einer Sportveranstaltung. Es war eine widerwärtige Zurschaustellung aller primitiven Gefühle, die im Herzen eines Mannes wohnen. Als Ramses auf einen Stuhl kletterte, sich auf Zehenspitzen stellte und versuchte, über die Köpfe der Zuschauer hinwegzublicken, packte ich ihn am Arm. »Komm auf der Stelle herunter und bleib in meiner Nähe. Wenn ich dich wieder verliere, bekommst du Schwierigkeiten mit mir. Emerson, kannst du... Ach, verdammt! Wo steckt denn dein Vater?«

»Da drüben«, antwortete Ramses und deutete mit dem Finger in eine Richtung. Emerson war zu den Zuschauern hinübergelaufen. Sein Kopf hüpfte auf und nieder, während er Tarek gute Ratschläge zurief, die diesem, wie ich befürchtete, wahrscheinlich nicht viel weiterhalfen. Ich glaube nicht, daß Wörter wie »Finte« und »ausfallen« irgendeine Bedeutung für ihn hatten.

Die Angelegenheit dauerte um einiges länger, als ich erwartet hatte, und allmählich machte ich mir Sorgen. Nur das Krachen der zusammenschlagenden Schwerter und das Schreien und Stöhnen der Zuschauer verrieten mir, was vor sich ging. Ich zweifelte nicht an Tareks überlegenen Fähigkeiten, aber sein Bruder war ausgeruht und unverwundet. Was würde aus uns werden, wenn Tarek fiel?

Als ich mich umsah, stellte ich fest, daß Ramses und ich allein waren. Die Wachen waren verschwunden, um sich das Duell anzusehen, und Reggie... Wann hatte er uns verlassen? Hatte er sich am Kampf beteiligt? Ich konnte ihn nirgendwo entdecken. Inzwischen schien auch der geheimnisvolle Pavillon leer zu sein, denn die »Hand« stand nicht länger davor.

Die Menge schrie auf. Ein gewaltiger Schlag, vielleicht ein tödlicher, war gefallen – doch wer hatte ihn ausgeführt? Meine geringe Körpergröße verfluchend, kletterte ich auf einen Stuhl. So konnte ich den Kopf eines der Kämpfenden sehen. Nur einer stand noch auf den Beinen. Das Herz blieb mir stehen, denn ich erkannte Nastasens Gesicht. Doch dann – sah ich den

Blutstrom aus seinem offenen Mund, sah, wie sein Körper steif
wurde und zu Boden stürzte. Tarek erhob sich nach dem kraft-
vollen Hieb, der seinen Feind niedergestreckt hatte. Einen Moment lang stand er blutüberströmt und siegreich da. Dann
schloß er die Augen und sank ohnmächtig in die Masse aus Armen und Leibern.

Ich sprang vom Stuhl und rannte zu ihm hinüber, wobei ich
Ramses hinter mir herzerrte.

Mit seiner tatkräftigen Hilfe und mittels meines zuverlässigen
Sonnenschirms bahnte ich mir einen Weg durch die Menge und
vertrieb die Gratulanten von der niedergesunkenen Gestalt unseres königlichen Freundes. Wie ich gehofft hatte, war er nicht
tot. Ein Schluck Brandy aus der Flasche an meinem Gürtel
brachte ihn rasch wieder zu sich, und als er wieder die Augen
aufschlug, fiel sein Blick zuerst auf Ramses, der sich über ihn
beugte und ihm besorgt ins Gesicht schnaufte. »Ach, mein junger Freund«, sagte Tarek mit einem schwachen Lächeln. »Wir
haben gesiegt, und du bist ein Held. Ich werde dir im Hof des
Tempels ein Denkmal errichten lassen…«

»Schont Eure Kräfte«, mahnte ich streng und flößte ihm noch
einen Schluck Brandy ein. »Wenn Ihr Euch von Euren Männern
nach Hause tragen laßt, werde ich Eure Wunden versorgen.«

»Später, Herrin – ich danke Euch. Aber es gibt noch viel zu
tun, bevor ich mich ausruhen kann.« Er erhob sich und richtete
sich hoch auf. »Aber wo ist der Vater der Flüche? Ich möchte
auch ihm danken, denn seine weisen Worte und seine mutigen
Taten haben mir viele Anhänger gewonnen.«

Zu meiner Verlegenheit mußte ich zugeben, daß ich den
Kopf verlor, als ich Emersons Verschwinden bemerkte. Ich lief
hin und her, rief seinen Namen, drehte Leichen um und starrte
in gespenstisch verzerrte Gesichter. Sänftenträger hatten schon
begonnen, die Verwundeten vom Hof wegzutragen. Ich stellte
mich ihnen in den Weg und verlangte, mich selbst davon zu
überzeugen, daß Emerson sich nicht darunter befand.

»Er kann sich doch nicht in Luft aufgelöst haben!« rief ich
händeringend. »Noch vor einer Minute stand er hier, unverwun-

det – wenigstens nicht schwer verletzt, das glaubte ich zumindest… Mein Gott, was ist mit ihm geschehen?«

Tarek legte mir eine blutige, aber sanfte Hand auf die Schulter. »Keine Angst, Herrin. Wir werden ihn finden, und wenn ihm ein Leid geschehen ist, werde ich diejenigen, die ihn verschleppt haben, mit meiner königlichen Hand töten.«

»Das nützt mir viel!« rief ich aus. »Und jetzt wollen wir alle aufhören zu schreien und uns beruhigen. Ein Mensch kann nicht einfach verschwinden. Bestimmt hat jemand etwas beobachtet! Wer könnte ihn entführt haben? Denn ich glaube nicht, daß er freiwillig fortgegangen ist, ohne mir Bescheid zu sagen.«

»Nicht alle Anhänger meines Bruders wurden getötet«, sagte Tarek langsam. »Und sie werden einen Weg suchen, sich an mir zu rächen. Sie haben allen Grund, den Vater der Flüche zu hassen.«

»Vielleicht haben sie auch Reggie verschleppt!« fiel mir plötzlich ein. »Nicht, daß mich sein Schicksal sonderlich interessiert… Murtek! Wo habt Ihr Euch versteckt?«

Der ehrenwerte Priester kam auf uns zu, wobei er vorsichtig über die Leichen hinwegstieg und die Röcke raffte, damit sie nicht in den Blutlachen schleiften. »Hinter dem Thron«, erwiderte er ohne eine Spur von Verlegenheit. »Ich kämpfe nicht mit dem Schwert. Nun, da mein Prinz gewonnen hat, bin ich gekommen, um ihm zu huldigen. Heil dir, mächtiger Horus, Herrscher des…«

»Schon gut. Ihr hattet einen ausgezeichneten Beobachtungsposten und müßt etwas gesehen haben. Was ist mit dem Vater der Flüche geschehen?«

Murtek wich meinem Blick aus. Er fuhr sich mit der Zunge über die Lippen. »Ich habe nichts…«

»Euer Gesicht verrät Euch!« rief ich aus und schwenkte meinen Sonnenschirm. »Was habt Ihr gesehen?«

»Sprecht!« befahl Tarek streng. »Ihr seid mein Freund und mein treuer Anhänger, aber wenn Ihr etwas über den Vater der Flüche wißt und schweigt, werde ich Euch nicht vor der Frau beschützen, die tobt wie eine Löwin, wenn ihr Junges in Gefahr ist.«

Murtek schluckte. »Ich sah... ich sah Heneshems Wachen
eine Sänfte in den Tempel tragen. Die Gestalt darauf war bedeckt, auch ihr Gesicht, wie bei einer Leiche, die man zum Ein-
balsamieren bringt. Die ›Hand‹... die ›Hand‹ ging daneben
her.«

Wieder dieser seltsame Titel, den Emerson und ich nicht verstanden hatten. Ich weiß nicht, warum mich die Erkenntnis gerade in diesem Augenblick traf wie ein Blitzschlag. Vielleicht
wurde mein Verstand von der Todesangst geschärft. Im Laufe
vieler Jahrhunderte hatte sich die Aussprache des Wortes verwa-
schen, und man hatte die einzelnen Silben zusammengezogen.
Aber dennoch war es – daran bestand kein Zweifel – der alte
Titel der Hohepriesterin Amons, die unter den Pharaonen der
neuen Dynastie in Theben regierte. Hatte der große kuschitische Eroberer Piankhi nicht die damalige Hohepriesterin gezwungen, seine Tochter zu adoptieren, um seinen Anspruch auf
den ägyptischen Thron zu stärken?

»Hem netcher Amon«, wiederholte ich, indem ich die Worte
auf die moderne, stilisierte Weise aussprach. »Wie konnte ich
nur so blind sein? Es war auch der Titel der Königin und wies,
wie ich schon immer gesagt habe, auf ihren Status als Thron-
erbin hin... Nicht nur wegen ihrer göttlichen Würde, sondern
auch wegen ihrer extremen Dickleibigkeit mußte sie Vertreter
ernennen, die ihre weltlichen Pflichten übernahmen: die
›Hand‹, um Verbrecher hinzurichten, die ›Stimme‹, um ihre Befehle weiterzugeben, die... äh... Konkubine, die leichtgeschürz-
te Dame, die vor der Statue des Gottes so eindeutige Gesten
vollführte... Sie ist die wahre Macht hinter dem Thron, die
letztendliche Autorität – die Königin, die Candace –«

»Nein, Herrin«, widersprach Tarek. »Nein. Ihr versteht nicht.«

»Ich verstehe lediglich, daß sie meinen Mann entführt hat,
und nur das spielt eine Rolle. Bringt mich sofort zu ihr, Tarek.«

»Ihr könnt nicht... Ihr dürft nicht zu ihr gehen. Wenn Heneshem ihn zu sich genommen hat...«

»Ihr wollt mir Vorschriften machen?« donnerte ich. »Wie
könnt Ihr es wagen, Tarek? Bringt mich sofort zu ihr.«

Tarek ließ die breiten Schultern hängen. »Ich kann es Euch

nicht verweigern, Herrin. Aber vergeßt nicht, wenn Ihr seht, was Ihr sehen werdet, daß ich versucht habe, Euch zu schonen.«

Selbstverständlich konnte diese geheimnisvolle Warnung meine Entschlossenheit nur steigern, obwohl sie auch einige unangenehme Vorstellungen in mir wachrief. Gab es noch einen schlimmeren Anblick als das Blutbad, das ich heute miterlebt hatte? Ja, den leblosen Körper meines Gatten. (Doch wenn sie vorgehabt hätten, ihn umzubringen, hätte für Feiglinge wie sie ein Stoß in den Rücken genügt, während alle aufmerksam den Kampf der beiden Brüder beobachteten.) Ja, mitanzusehen, wie sie ihn langsam zu Tode quälten. (Aber falls das ihre Absicht war, hatte ich um so mehr Grund, mich zu beeilen.) Ja, zu erleben, wie die Gemahlin des Gottes sich gleich einer riesigen Vampirfledermaus an meinen Gatten klammerte, um ihm bei lebendigem Leib das Blut aus den Adern zu saugen... Ich rief mich zur Vernunft. Diese schreckliche Frau hatte es gewiß nicht auf Emersons *Blut* abgesehen.

Ich muß wohl kaum betonen, daß ich bereits ins Innere des Tempels hastete, während mir diese Gedanken durch den Kopf schossen, wobei ich Tarek mit meinem Sonnenschirm zur Eile antrieb. Ramses lief neben mir her; uns folgte der alte Murtek, dessen unersättliche Neugier − sein ausgeprägtester Charakterzug − stärker war als seine Angst.

Als wir durch Korridore, die nur schwach von qualmenden Lampen erleuchtet wurden, tiefer und tiefer ins Zentrum des Berges vordrangen, hörte ich huschende Schritte. Wahrscheinlich würde sich so eine Katze fühlen, wenn sie in der Lage gewesen wäre, durch die Gänge von Mäusen und Maulwürfen zu kriechen. Die kleinen Tiere würden vor ihr fliehen, genau so wie sich die Bewohner dieses finsteren Labyrinths vor uns in Sicherheit brachten − sie wußten nicht, welches Schicksal ihnen bevorstand, und fürchteten das Schlimmste.

Während wir Seite an Seite weitergingen, flüsterte Tarek eindringlich: »Ehe die Morgensonne den Tag begrüßt, müßt Ihr weit fort von hier sein, Herrin. Die Karawane sammelt sich schon; sie wird Euch zur Oase führen und Euch den richtigen

Weg zeigen. Ich verlange nicht, daß Ihr Geheimhaltung schwört, denn ich weiß, Euer Wort gilt mehr als der Eid eines jeden Mannes. Ich bitte Euch nur, das Geheimnis zu wahren, bis ich mein Volk auf den unausweichlichen Augenblick vorbereiten kann, an dem die Welt da draußen wie ein Wolfsrudel über uns herfällt. Ihr könnt mitnehmen, was Ihr wollt – Gold – Schätze –«

»Ich will Euer Gold nicht, Tarek. Ich will nur meinen Mann – und das Mädchen, um dessentwillen Ihr so viel erduldet habt.«

»Ja, Herrin, deshalb habe ich Euch hierhergebracht, obwohl ein Licht erlöschen wird, das mein Leben erhellt, wenn sie mich verläßt. Doch das Weiße vereint sich nicht mit dem Schwarzen...«

»Redet keinen Unsinn, Tarek. Ihr schwatzt wie ein Schauspieler mit Lampenfieber. Was ist los?«

Tarek blieb stehen. Obwohl die Luft im Tunnel feucht und kalt war, glänzten die Schweißperlen auf seiner Stirn. »Herrin, ich flehe Euch an. Geht nicht weiter. Ich werde... ich werde gehen und den Vater der Flüche zu Euch zurückbringen.«

Meine Antwort fiel knapp und barsch aus. Tarek warf Murtek einen hilfesuchenden Blick zu.

»Die Götter haben es beschlossen«, sagte der alte Heuchler. »Wie kann man den Wind am Wehen hindern? Oder eine Frau daran, daß sie ihren Willen durchsetzt?«

»Besonders diese Frau hier«, entgegnete ich und umfaßte fest meinen Sonnenschirm. »Schnell, Tarek.«

Tarek erhob keinen weiteren Einspruch. Zuerst ging er so rasch, daß Ramses rennen mußte, um mit ihm Schritt zu halten. Doch allmählich wurde er langsamer, und als wir ein mit bestickten Wandbehängen und Kissen prächtig ausgestattetes Vorzimmer erreichten, blieb er stehen. In Nischen brannten Lampen; niemand war zu sehen. Tarek wies auf die Vorhänge am gegenüberliegenden Ende des Raums. Ich ergriff den Sonnenschirm mit der linken Hand und stürmte hinein.

In diesem geheimen und abgeschiedenen Raum hatte man die prächtigsten Schätze des Königreichs gesammelt. Jedes Möbelstück war mit gehämmertem Gold überzogen und mit Juwelen und Emaille verziert. Bestickte Wandbehänge verbargen die

steinernen Mauern. Die Gefäße auf den Tischen bestanden aus
purem Gold und quollen von den verschiedensten Speisen über.
Tierfelle bedeckten den Boden. In einem mit einem Vorhang
versehenen Alkoven stand eine niedrige Liege. Darauf lag
Emerson mit geschlossenen Augen. Sein Gesicht wurde von einer Lampe an der Ecke hell beleuchtet. Und über ihn beugte
sich die verschleierte Gestalt einer Frau.

In meiner Phantasie hatte ich eine solche Szene schon gesehen, obwohl es sich hier um eine groteske Verzerrung meines
Traumbildes handelte. Die gebräunten, männlichen Züge meines Gatten hatten nicht die geringste Ähnlichkeit mit dem klas-
sischen goldblonden Romanhelden, und aus der Gestalt, die neben ihm aufragte, hätte man vier geheimnisvolle Verführerinnen
machen können. Sie war so gedrungen und fett wie eine riesige
Kröte.

Während ich entgeistert dastand, schlug Emerson die Augen
auf. Ein höchst sonderbarer, entsetzter und überraschter Ausdruck huschte über sein Gesicht, und er fiel prompt wieder in
Ohnmacht.

Der Sonnenschirm entglitt meiner zitternden Hand. Dadurch
wurde die Frau auf mich aufmerksam. Langsam und bedächtig
wie eine riesige Made richtete sie sich auf und drehte sich um.

Ich hörte die Vorhänge hinter mir rascheln und wußte, daß
Tarek hereingekommen war. Doch ich konnte meine Augen
nicht von diesem Anblick abwenden. Ich hatte mich geirrt. Dieses Ungeheuer konnte nicht die Königin sein. Nur unvorstellba-
res Grauen hatte dazu führen können, daß der tapferste aller
Männer die Besinnung verlor. War es die Fleischwerdung eines
altägyptischen Tiergottes? Das verhutzelte, mumifizierte Antlitz
einer tausend Jahre alten Frau?

Aber ich bekam etwas weitaus Schrecklicheres zu sehen, und
in diesem Augenblick der Erkenntnis verstand ich Emersons
Entsetzen und Tareks Warnung. Es war das Gesicht einer unglaublich dicken Frau, deren Züge wegen der aufgeplusterten
Wangen kaum noch zu erkennen waren. Außerdem war es *weiß*
– blaß und fahl wie das einer Leiche. Ihr Haar, das ihr über die
Schultern fiel und fast bis auf den Boden reichte, war silber-

blond; die Augen, die mich durch die Fleischwülste musterten, hatten das zarte Blau von Kornblumen, wie man sie auf einer englischen Wiese findet.

So ruhig wie der Himmel, dessen Farbe sie hatten, betrachteten mich diese Augen – gefühllos und desinteressiert. So hätte eine gewöhnliche Frau vielleicht eine Fliege angesehen, die es gewagt hatte, sich auf ihrer Hand niederzulassen. Durch den Nebel des Schreckens, der mir den Verstand verschleierte, war mir, als hörte ich Emersons Stimme die Worte wiederholen, die er mir erst vor wenigen Monaten an einem regnerischen Abend in England gesagt hatte: »Ein bezauberndes Geschöpf, das nicht älter aussah als achtzehn; mit großen, träumerischen blauen Augen, Haaren wie eine Kaskade gesponnenen Goldes, einer Haut so weiß wie Elfenbein...«

»Mrs. Forth«, keuchte ich entsetzt. »Sind sie das etwa?«

Falten traten auf ihre breite Stirn. »Ich kenne diesen Namen«, antwortete sie in Meroitisch mit starkem englischem Akzent. »Er gehört jemandem, den ich hasse. Geh fort, Frau, und sprich ihn nie mehr aus.«

Nun ahnte ich die traurige und schreckliche Wahrheit. Nach der Geburt ihres Kindes war sie tatsächlich gestorben; nur ihr Körper hatte weitergelebt. Auf solchen Fällen beruhen die alten Legenden über Menschen, die von bösen Geistern besessen sind – ein Mann oder eine Frau kann die Leiden des Daseins nicht mehr ertragen, verabschiedet sich von der Wirklichkeit und nimmt eine neue Identität an. Sie war nicht mehr Willoughby Forths Frau, sondern die göttliche Gemahlin Amons. Ihre Tochter, ihren Gatten und die Welt, aus der sie kam, hatte sie vergessen.

Konnte ich sie retten? Mir blieb nichts anderes übrig, als es zu versuchen. Denn selbstverständlich kam es nicht in Frage, daß ich sie ihrem Schicksal überließ.

Also wandte ich mich in flammenden Worten an sie. Ich versicherte ihr, daß ich für sie nichts als das zärtlichste Mitgefühl empfände (trotz ihrer ungehörigen Avancen an einen verheirateten Mann). Dank meines von aufgewühlten Gefühlen erschütterten Zustandes, erhob ich mich in ungeahnte rhetorische Höhen.

Emersons Augen blieben zwar geschlossen, aber ich wußte, daß er wieder zu sich gekommen war. Allerdings unterließ er es klugerweise, sich in das Gespräch einzumischen.

Ihr Gesicht zeigte keine Regung, bis mir, wie ich im Licht der folgenden Ereignisse zugeben muß, ein Fehler unterlief. »Wir werden Sie mitnehmen, Mrs. Forth. Sie erwartet ein Zuhause, wo man sie lieben und schätzen wird – der Vater Ihres Gatten lebt nur für den Augenblick, da er sie wieder in die Arme schließen kann…«

Sie stieß einen Schrei aus. »Fort? Von meinem Tempel, meinen Dienern? Du sprichst, obwohl ich dir zu schweigen befohlen habe. Du bleibst, nachdem ich dir befohlen habe zu gehen. Zuerst wollte ich Gnade walten lassen, aber nun ist meine Geduld mit dir zu Ende, Frau! Töte sie! Töte die Gotteslästerer!«

Aus den Schatten am gegenüberliegenden Ende des Raumes trat die »Hand«, den Speer gezückt, ein widerwärtiges Lächeln auf dem Gesicht. Emerson sprang auf.

»Geh mir aus der Schußlinie, Liebling!« rief ich und legte meine Pistole an.

»Mein Gott, Peabody – nein – nicht –«

Er verhinderte, daß ich abdrückte, indem er auf die »Hand« zustürzte. Die Speerspitze blitzte auf, als sie auf Emersons Brust zusauste. Doch Emerson duckte sich geschmeidig wie eine Katze und fing die Waffe am Schaft – knapp oberhalb der Klinge – auf. Die »Hand« umklammerte das andere Ende des großen Schafts und versuchte, Emerson den Speer zu entreißen. Hin und her schwankten sie, und keiner konnte den anderen an Kraft übertreffen; der hölzerne Schaft zwischen ihnen sah aus wie ein Seil, gespannt in einem Tauziehen zweier Giganten.

Ich stieß Ramses in Tareks Arme. »Haltet ihn fest«, befahl ich. Dann umkreiste ich die Kämpfenden und wartete auf eine Gelegenheit, einen Schuß abzufeuern.

Murtek hatte sich hinter den Vorhängen versteckt, von wo aus er das Schauspiel gebannt und verängstigt beobachtete. Die göttliche Gemahlin (denn so muß ich sie wohl nennen) zitterte so heftig, daß ihre Gewänder ins Flattern gerieten. Sie kreischte Schimpfwörter und Befehle. Als ich mich an ihr vorbeidrängte,

streckte sie einen gewaltigen Arm nach mir aus, doch da sie
sich so langsam bewegte, konnte ich ihr mühelos ausweichen.

Emerson schien das Tauziehen zu gewinnen. Die »Hand«, das
Gesicht vor Anstrengung und Erstaunen verzerrt, stemmte vergeblich die Füße in den Boden und wurde trotzdem immer näher an seinen übermächtigen Gegner herangezogen. Ich wußte
nicht, was Emerson mit ihm anfangen wollte, wenn er ihn erst
einmal in seiner Reichweite hatte, doch die »Hand« rechnete
offenbar mit dem Schlimmsten. Plötzlich ließ der Mann den
Speer los und griff nach dem langen Messer an seinem Gürtel.
Emerson taumelte rückwärts, fand aber rasch sein Gleichgewicht wieder und stieß seinem Gegner das stumpfe Ende des
Speers mit solcher Wucht in den Bauch, daß die »Hand« nach
hinten geschleudert wurde wie ein Stein aus einem Katapult.
Krachend prallte er an der Mauer ab und fiel zu Boden.

»Ein guter Schlag, Papa!« rief Ramses.

»Ist er tot?« fragte Tarek hoffnungsvoll.

»Wahrscheinlich nicht.« Emersons Atem ging stoßweise, und
das Taschentuch, das ich ihm um den Arm gewickelt hatte, war
blutdurchtränkt. »Allmählich wird es lästig. Peabody, mein Liebling, tu mir den Gefallen und steck die Pistole weg, ehe du
mich umarmst.«

Ich hatte vorgehabt, ihn zu umarmen, nicht nur weil das eine
meiner liebsten Gewohnheiten ist, sondern weil er wankte.
Doch etwas ließ mich erstarren, und dieses Etwas war das Gesicht der bedauernswerten Frau. Es war nicht mehr weiß wie
Schnee, sondern puterrot. Und sie kreischte auch nicht mehr
zornig. Statt dessen drang ein gräßliches Gurgeln aus ihrem
weit aufgerissenen Mund.

Sie fiel wie ein riesiger Felsbrocken, den man von einer Klip-
pe gestoßen hat – zuerst ganz langsam, dann immer schneller –,
und schlug schließlich mit einem scheußlichen dumpfen Geräusch auf dem Boden auf.

Das Ausmaß dieses Falls hatte etwas von einer Heldentragö-
die an sich und ließ uns alle einen Augenblick erstarren. Dann
flüsterte Emerson: »Mein Gott, ist sie tot?«

Der Form halber kniete ich neben ihr nieder und fühlte ihr

den Puls. Aber ich hatte schon vor ihrem Sturz geahnt, daß sie
dem Tod geweiht war. Aus ihrer aufgedunsenen, bläulich ver-
färbten Fratze starrten mich ihre blauen Augen leer an. Medizi-
nisch betrachtet, war ihr Tod auf die Folgen blinder Wut zurückzuführen, denn seit sie ihren hohen Rang innehatte, war
ihr sicherlich noch nie widersprochen worden. Natürlich hatten
Überernährung und Bewegungsmangel ihren Körper zusätzlich
geschwächt. Allerdings neige ich dazu, ihr Ableben einer anderen, wohlmeinenden Macht zuzuschreiben. »Sie ist von uns gegangen«, sagte ich feierlich. »Angesichts der Umstände ein gnä-
diges Ende, Emerson.«

»Wie immer spricht die Herrin weise Worte«, meinte Tarek.
»Nur so können ihre Leiden und auch die unseren ein Ende
haben, denn Ihr hättet versucht, sie mitzunehmen, während sie
darum gekämpft hätte zu bleiben. Aber Nefret darf die Wahrheit
nie erfahren.«

Ich zog einen Zipfel ihres Gewandes über ihr schrecklich ver-
zerrtes Gesicht. »Ihr habt Nefret ebenso belogen wie uns?«

»Es war keine Lüge, Herrin. Sie ging aus freiem Willen zum
Gott und verleugnete, wer sie früher einmal gewesen war. Nefret
war ein kleines Mädchen. Warum hätte ich ihr sagen sollen, daß
ihre Mutter sich von ihr abgewandt hatte, nachdem sie zweimal
versucht hatte, sie zu töten?«

»Ich habe des öfteren solche Geschichten gehört«, sagte ich
bedrückt. »Manche Frauen werden nach der Geburt eines Kindes von dieser Krankheit befallen.«

Murtek kauerte sich neben die gewaltige, reglose Gestalt und
begann, Gebete zu murmeln.

»Kommt, Herrin«, sagte Tarek. »Ihr könnt nichts mehr für sie
tun.«

»Du hast ohnehin schon genug getan«, stimmte Emerson ihm
zu. Ich sah ihn prüfend an, da ich glaubte, daß er sich über
mich lustig machen wollte, doch sein Gesicht war ernst und
mitfühlend. Außerdem war es leichenblaß. Obwohl er unbedingt
meiner Pflege bedurfte, konnte ich mich nicht zum Gehen ent-
schließen. Ich zögerte, die arme Frau ohne Abschied zu verlas-

sen. Allerdings kamen mir die edlen Worte eines christlichen Begräbnisgottesdienstes in diesem Fall unpassend vor.

Wie so oft sprang Emerson auch diesmal für mich in die Bresche. Leise und doch volltönend stimmte er »Schlaf, Diener Gottes, im Schutze des Herrn« an.

Mit diesen Worten wenden sich im Islam die Engel an die neugeborenen Seelen der wahren Gläubigen, die die Prüfung bestanden haben und nun die süße Luft des Paradieses atmen dürfen.

»Sehr hübsch, mein Liebling«, meinte ich. »Ganz gleich, woher sie stammen, diese Worte sind jedenfalls schön und tröstend.«

»Und allgemein genug, um für jede Situation zuzutreffen, Peabody.«

»Mich kannst du nicht täuschen, Emerson«, sagte ich und nahm seinen Arm – den ich rasch wieder losließ, als er vor Schmerz aufschrie. »Dein Zynismus ist nur gespielt.«

»Hmmm«, brummte Emerson.

Tarek brachte uns in prächtig ausgestattete Gemächer, die wahrscheinlich noch vor kurzem einen hochrangigen Priester beherbergt hatten.

»Ruht Euch aus und kommt wieder zu Kräften, meine Freunde. Man wird Euch jeden Wunsch erfüllen; Ihr müßt es nur sagen. Verzeiht, wenn ich Euch nun verlasse, aber es gibt viel zu tun. Wenn es dunkel ist, komme ich zurück, führe Euch zur Karawane und sage Euch Lebewohl.«

Er eilte hinaus, ehe ich ihm auch nur eine der vielen Fragen stellen konnte, die mir auf der Zunge lagen. »Stör ihn jetzt nicht, Peabody«, sagte Emerson und ließ sich erleichtert auf ein weiches Sofa sinken. »Ein erfolgreicher Thronräuber ist ein vielbeschäftigter Mann.«

»Er ist kein Thronräuber, sondern der rechtmäßige König, mein Liebling.«

»Hochstapler, Thronräuber, rechtmäßiger Erbe – das Schlüsselwort lautet ›erfolgreich‹, Peabody. Gibt es etwas zu trinken? Meine Kehle ist knochentrocken.«

So an meine Pflichten erinnert, versorgte ich eilig meinen

leidenden Gatten. Die Diener, die uns so ehrfürchtig wie Könige behandelten, brachten mir auf meine Bitten hin Wasser, Speisen, Wein und Verbände. Erst nachdem ich Emersons Wunden verarztet und mich vergewissert hatte, daß sich seine Wangen wieder rosig färbten, erlaubte ich ihm zu sprechen. Allerdings verbrachten wir auch die Zeit bis dahin nicht schweigend, denn Ramses hatte viel zu erzählen.

Ich gestattete es ihm – ja, ich ermunterte ihn sogar –, denn ich war neugierig, wie er vom Tunnel ins Innere der Statue geraten war. Ich tadelte ihn nicht einmal, als er mit vollem Mund sprach. Während er den Braten und das frische Obst verschlang, das man uns gebracht hatte, erklärte er, es handle sich um seine erste Mahlzeit seit fast vierundzwanzig Stunden. »Etwa die Hälfte der Träger waren Anhänger von Tarek. Sie schmuggelten mich vor Tagesanbruch in den Tempel. Wie ihr, Mama und Papa, bestimmt festgestellt habt, ähnle ich den Leuten hier sehr im Aussehen. Also konnte ich mich im Dunkeln des Heiligtums als der Mann ausgeben, der von Nastasen und dem Hohepriester ausgesucht worden war, um die Statue zu bewegen. Der richtige wurde von Tareks Leuten... äh... aus dem Verkehr gezogen. Man versicherte mir, es werde ihm nichts geschehen.«

Als er innehielt, um eine Portion Trauben herunterzuschlucken, an denen ein gewöhnlicher Junge wahrscheinlich erstickt wäre, fragte sein Vater neugierig: »Aber wie hast du Verbindung mit Tarek aufgenommen?«

»Dank deiner Warnung, Papa, konnte ich einige nützliche Gegenstände im Tunnel verstecken, ehe ich selbst dort Unterschlupf suchen mußte. Natürlich hatte ich beobachtet, wie Amenit die Falltür öffnete...«

»Natürlich«, murmelte ich.

»Erwachsene neigen dazu, Kinder zu unterschätzen«, meinte Ramses mit selbstzufriedener Miene. »Sie gab sich alle Mühe, damit *du* nicht sehen konntest, was sie tat, Mama. Aber ob *ich* es sah, kümmerte sie nicht. Außerdem hatte mir Tarek, als ich bei dem Abendessen die Ehre hatte, neben ihm zu sitzen, von einem Fluchtweg durch den Tunnel erzählt, falls wir ihn einmal brauchen sollten. Weitere Botschaften, die zusätzliche Einzelheiten enthielten, wurden mir, befestigt am Halsband der Katze, zugestellt.«

»Aber natürlich!« rief ich aus. »Ramses, warum hast du deinen Eltern nichts davon erzählt?«

»Nun schimpf den Jungen doch nicht aus, Peabody«, meinte Emerson gut gelaunt. »Bestimmt hat er gute Gründe dafür gehabt. Jetzt möchte ich wissen, wie du dich im Labyrinth zurechtgefunden hast, mein Sohn.«

Auf unserem Weg zur falschen Hohepriesterin, und auch als Mentarit uns zu Nefret gebracht hatte, hatte Ramses die Wände mit der Kreide markiert, die er in seiner Tasche oder in seinem Beutel bei sich trug. So hatte er den Raum wiedergefunden, in dem wir Nefret begegnet waren. Er hatte nicht nur meine Streichhölzer und eine Kerze mitgenommen, sondern auch eine Lampe, einen zusätzlichen Krug Öl, einige kleine Wasserkrüge und ein Päckchen Lebensmittel gemopst. Also war er für einen längeren Aufenthalt in besagtem Raum bestens ausgerüstet. In der Botschaft, die er Tarek von der Katze überbringen ließ, teilte er diesem mit, er könne ihn im Falle einer Flucht in den Tunnel dort finden. Die Wartezeit hatte er sich vertreiben, indem er die anderen Gänge erkundete. Um sich nicht zu verlaufen, hatte er Bindfäden benutzt.

»Ich habe einige interessante Gräber entdeckt«, erklärte er. »Und natürlich habe ich mir umfangreiche Aufzeichnungen gemacht.«

»Warst du bis gestern nacht allein?« fragte ich, wobei ich über meinem mütterlichen Stolz ganz vergaß, daß ich eigentlich böse auf ihn war.

»Nein«, antwortete Ramses, »ich war nicht die ganze Zeit allein.«

»Hat Tarek dich besucht?«

Ramses nickte. Sein vorstehender Adamsapfel hüpfte.

»Wer noch? Mentarit?«

Wieder nickte Ramses und schluckte. Sein Gesicht hatte denselben leeren Ausdruck, den ich manchmal bei Evelyns kleinen Kindern festgestellt habe. »Und... SIE...«

Die Großbuchstaben sind keine Marotte von mir, werter Leser. Nur so kann ich wiedergeben, mit welcher Inbrunst Ramses dieses Wort aussprach.

»Ach, du meine Güte«, sagte ich.

»Nefret?« fragte Emerson neugierig. »Was für ein tapferes, kleines Mädchen, ein solches Risiko einzugehen.«

»SIE«, fing Ramses an. »SIE…«

Ich war versucht, ihn zu treten, wie ich entnervte Autobesitzer ihren Wagen habe treten sehen, wenn er sich nicht von der Stelle rührt. Glücklicherweise wechselte Emerson das Thema.

»Nun, mein Junge, ich bin stolz auf dich, und ich weiß, daß es deiner Mama genauso geht. Daß du unter diesen Bedingungen deine archäologischen Studien fortgesetzt hast, ist wirklich großartig. Wo sind deine Notizbücher?«

»Tarek hat sie«, antwortete Ramses, der nie auf den Mund gefallen war – außer bei einem Thema. »Hoffentlich vergißt er nicht, sie mir zurückzugeben, bevor wir aufbrechen.«

»Wir können darauf vertrauen, daß Tarek tut, was notwendig ist«, verkündete ich. »Und er seinerseits vertraut uns in einer ebenso wichtigen Angelegenheit. Ich finde, wir müssen ihm versprechen, daß wir nie über das, was wir hier vorgefunden haben, sprechen oder schreiben werden.«

Bedauernd nickte Emerson. »Tarek hat recht. Schatzsucher, Abenteurer und – nicht zu vergessen – die Soldaten aller europäischen Mächte würden über dieses Tal herfallen und schreckliche Verheerungen anrichten. Wir müssen und werden schweigen. Aber verdammt, Peabody, was für eine Gelegenheit, Forschungen zu betreiben, lassen wir uns hier entgehen! Wir würden dadurch zu den berühmtesten Archäologen aller Zeiten werden.«

»Das sind wir bereits, Emerson. Und selbst wenn es sich anders verhielte, dürften wir unseren Ruhm nicht auf dem Untergang eines unschuldigen Volkes begründen.«

»Sehr richtig, mein Liebling. Und«, fügte Emerson schon etwas vergnügter hinzu, »wir haben genug gesehen und so viele Aufzeichnungen gemacht, um nützliche Erkenntnisse über die alte meroitische Kultur zu gewinnen. Sind wir uns also einig? Stoßen wir darauf an.«

Das taten wir – Ramses trotz seines Einspruchs mit Wasser.

Der Leser weiß wahrscheinlich inzwischen, warum die Karte, die diesem Text beiliegt, und auch unsere Wegebeschreibung absichtlich irreführend sind. Zweifellos wird der Tag kommen, da es neue Erfindungen möglich machen, die westliche Wüste zu entdecken. Dann wird das verborgene Tal der Welt zugänglich sein. Doch der Grund dafür wird niemals darin liegen, daß ein Emerson sein Wort gebrochen hat – was auch für die weiblichen Mitglieder der Familie gilt.

Obwohl ich meinen heldenhaften Gatten drängte, sich einige Stunden dringend benötigten Schlaf zu gönnen, beharrte er darauf, daß er keinen brauchte. »Wir müssen abmarschbereit sein, sobald Tarek uns holen kommt. Wir sind noch nicht in Sicherheit, Peabody, und Tarek weiß das – deshalb wartet er, bis es dunkel ist, um uns aus der Stadt zu bringen. Es geht nicht nur um Nastasens enttäuschte Anhänger, die nach Rache dürsten. Sicherlich gibt es auch Leute – wie zum Beispiel Murtek –, die uns gern hierbehalten, ausfragen und sich unserer Ansehen gerne zunutze machen würden, um damit ihre eigene Position zu stärken.«

»Du hast recht, Papa«, meinte Ramses. »Ich hörte, wie Murtek sich mit Tarek über dieses Thema stritt. Nicht einmal Murtek weiß, daß SIE mit uns kommt. Der Priester hält... SIE... für eine Wiedergeburt der Isis und würde SIE nicht freiwillig gehen lassen.«

Ich hatte den Eindruck, daß mir Ramses mit seinen Großbuchstaben sehr bald auf die Nerven gehen würde, doch jetzt war nicht der richtige Zeitpunkt, um dieses Thema zur Sprache zu bringen. »Das arme Kind«, sagte ich. »Sie hat Schreckliches durchgemacht, und ich befürchte, es wird ihr schwerfallen, sich an ihr neues Leben zu gewöhnen. Wir müssen alles tun, um ihr dabei zu helfen. Ramses, du darfst nie erwähnen, daß ihre Mutter...«

»Mama, bitte«, meinte Ramses in eisiger Würde. »Es kränkt mich sehr, daß du an so etwas überhaupt denken kannst. Das Glück von... von...« – er erstickte fast an den Worten, brachte sie aber dennoch heraus – »von Miss Nefret ist mir ebenso

wichtig wie mein eigenes. Ich würde… ich würde… äh… alles
tun, um ihr Leid zu ersparen.«

»Verzeih mir, Ramses, ich glaube dir.« Was hätte ich auch anderes tun sollen? Seine Augen schimmerten verklärt wie die eines religiösen Fanatikers. Deshalb fügte ich hinzu: »Aber damit
kannst du es gut sein lassen. Ein liebevolles Zuhause und ein
großes Vermögen erwarten sie. Wenn ich nur daran denke, wie
sehr sich ihr guter, alter Großvater freuen wird…«

»Hmmm«, brummte Emerson und räusperte sich. »Ramses,
mein Junge, warum gehst du nicht und wäschst dich ordentlich?«

»Das ist reine Zeitverschwendung«, widersprach Ramses. »Ich
bin sowieso sofort wieder schmutzig. Die Reise durch die Wüste…«

»Wenigstens kannst du sie sauber antreten«, sagte ich. »Du
willst doch nicht, daß SIE – verdammt –, daß Nefret dich so
staubig und zerrauft sieht, oder?«

Ramses hatte schon den Mund geöffnet, um Einspruch zu erheben. Mit träumerischem Blick schloß er ihn wieder und ging
hinaus.

»Ach du meine Güte«, seufzte ich. »Emerson, ich befürchte,
da kommt etwas auf uns zu. Hast du gesehen, wie Ramses…«

»Ich habe gesehen, wie er hinausgegangen ist, und genau das
lag auch in meiner Absicht. Ich möchte nicht, daß er mithört,
was ich jetzt sage.«

»Was ist, um Himmels willen? Du machst mir Angst, Emerson.«

»Es gibt keinen Grund zur Sorge, Peabody – wenigstens nicht
für uns. Es geht um das arme Mädchen, für das ich die gleiche
Zuneigung empfinde, wie sie Ramses, der gute Junge, an den
Tag gelegt hat.«

»Es ist nicht ganz die gleiche Art von Zuneigung«, murmelte
ich.

»Wie bitte, Peabody?«

»Schon gut. Sprich weiter, Liebling.«

»Ich glaube nicht, daß du alle Zusammenhänge verstehst,
Peabody. Erinnere dich daran, wie Willoughby Forth in aller

Unschuld von seiner reinen, jungen Braut schwärmte, und ruf dir auch einen gewissen Satz in seinem Brief an seinen Vater ins Gedächtnis. Dann denk an deine Worte zu der armen Frau, ehe sie einen Tobsuchtsanfall bekam. Und vergiß nicht Nefrets Geburtsdatum... Forths Entscheidung, einen Schlußstrich unter sein altes Leben zu ziehen... den Versuch seiner Frau, im Wahn ihr eigenes Kind zu ermorden. Hinzu kommt, daß sein Vater als alter Schwerenöter bekannt ist...«

»Oh, nein, Emerson«, keuchte ich. »Das darf doch nicht wahr sein!«

»Vielleicht werden wir es nie erfahren«, sagte Emerson, »und ich für meinen Teil möchte es lieber gar nicht wissen. Aber ich werde dieses strahlende junge Geschöpf nicht einem alten Schurken überantworten, einem... ganz egal, was er ist. Jedenfalls ist er kein geeigneter Vormund für ein unschuldiges junges Mädchen. Wenn wir mit unserem Verdacht recht haben, ist er vielleicht sogar skrupellos genug, ihr alles zu verraten. Mit einer so schrecklichen Tat auf dem Gewissen könnte ich nie mehr ruhig schlafen. Das arme Kind würde das nie verkraften. Sie hat bereits genug durchgemacht. Sie braucht... Aber das muß ich dir ja nicht erzählen, Peabody. Du weißt es.«

Ich mußte mich räuspern, ehe ich sprechen konnte. »Nein, Emerson, ich glaube, ich verstehe dich nicht ganz – was braucht sie denn deiner Ansicht nach?«

»Ein normales, geregeltes, liebevolles Zuhause natürlich. Die zärtliche Fürsorge einer Mutter, den Schutz eines starken und doch sanften Vaters, gleichaltrige Spielkameradinnen, die geistig mit ihr auf einer Stufe stehen... Doch das kann ich ja ruhigen Gewissens dir überlassen, mein Liebling. Ich habe vollstes Vertrauen in deine Fähigkeit, für alles Notwendige zu sorgen.«

Anscheinend rechnete er nicht mit einer Antwort, was ein Glück war. Denn ich glaube nicht, daß ich auch nur einen Ton herausgebracht hätte.

Als Tarek uns abholen kam, waren wir bereit und warteten. Die Diener hatten Emerson ein frisches Hemd und uns allen Gewänder gebracht, wie die Beduinen sie tragen. Mehr konnten wir nicht tun, aber ich muß zugeben, daß ich Ramses noch nie so sauber gesehen hatte.

Tarek war mit Schwert, Dolch, Bogen und Köcher ausgerüstet und wie ein Soldat gekleidet. Nur das schmale Stirnband mit der Zwillingskobra wies auf seinen Rang hin. Erschöpft sank er auf einen Stuhl. »Der Mond ist noch nicht aufgegangen. Bis zu Eurem Aufbruch bleibt also ein wenig Zeit. Laßt uns zusammen sprechen, denn mein Herz sagt mir, daß wir einander nie wiedersehen werden.«

»Papperlapapp«, meinte Emerson. »Seid doch nicht so pessimistisch. Wir werden unser Versprechen halten und dafür sorgen, daß niemand vom Heiligen Berg erfährt. Doch das Leben ist lang und steckt voller Überraschungen.«

Tarek lächelte. »Der Vater der Flüche spricht weise Worte.« Liebevoll legte er seine Hand Ramses, der neben seinem Stuhl auf dem Boden saß, auf den kahlgeschorenen Schädel. »Die Steinmetze haben schon angefangen, an der großen Säule zu arbeiten, die dich und deine edlen Eltern ehren soll, mein junger Freund.«

»Danke«, erwiderte Ramses. »Was ist mit meinen Notizbüchern?«

»Ramses!« rief ich aus. »Redet man so mit Seiner Majestät?«

»Die Diener haben sie mitgebracht«, antwortete Tarek lachend. »Und auch alles andere, was du in deinem Zimmer zurückgelassen hast.« Er griff in den Beutel an seinem Gürtel und holte ein Buch heraus, das er mir reichte. »Das gebe ich Euch persönlich zurück, Herrin, da ich es Euch gestohlen habe.«

Ich warf einen Blick auf den Titel und drückte es ihm lächelnd wieder in die Hand. »Es gehört Euch, Tarek. Ich kann mir jederzeit ein neues Exemplar besorgen. Mr. Haggards Werke sind in England sehr beliebt.«

Tareks strahlte übers ganze Gesicht, und zum erstenmal wirkte er so jung, wie er in Wirklichkeit noch war. »Ich darf es behalten? Ein großes Geschenk, ein edles Geschenk. Es wird zu den Schätzen meines Hauses gehören.«

»Ach, du meine Güte«, knurrte Emerson. »Amelia, wenn du damit fertig bist, den Literaturgeschmack einer ganzen Dynastie zu verderben, würde ich gern einige vernünftige Fragen stellen.«

»Bitte«, sagte Tarek, während er *König Salomons Minen* vorsichtig in seinem Beutel verstaute.

»Inzwischen wissen wir, warum Ihr uns unbedingt hierher bringen wolltet, und kennen einige Eurer Pläne«, fing Emerson an. »Aber warum zum Teufel habt Ihr zu solch umständlichen Methoden gegriffen, anstatt einfach von Anfang an die Wahrheit zu sagen?«

Tarek machte ein finsteres Gesicht. »Hättet Ihr mir geglaubt?«

»Aber ja doch!« Als sich Emersons und mein Blick trafen, hatte wenigstens er den Anstand zu erröten. »Nun, vielleicht nicht auf Anhieb. Doch Ihr hättet uns mit der Zeit überzeugen können.«

»Ich hatte keine Zeit«, erwiderte Tarek ernst. »Und ich kannte Euch und die Herrin noch nicht so gut wie jetzt. Auf meiner Reise nach Kairo und später in England habe ich erlebt, wie Menschen Eurer Hautfarbe Leute wie mich behandeln.«

Ich hätte es gern abgestritten, aber ich konnte es nicht. Ich schämte mich so für mein Land, für meine Rasse, daß mir die Röte in die Wangen stieg. Emerson biß sich auf die Lippe. »Ihr habt recht«, meinte er schließlich. »Was soll ich noch dazu sagen?«

»Ihr braucht nichts zu sagen. In Eurem Herzen und in dem der Herrin gibt es keinen Haß – doch Menschen wie Ihr sind rar.«

Tarek erklärte weiterhin, wie traurig und erbittert er bei seiner Ankunft in England über die Herablassung gewesen sei, mit der man ihn – einen Prinzen in seinem Land – behandelt habe. Trotzdem habe er nicht aufgegeben und alle Hindernisse klug und mit außergewöhnlichem Mut überwunden, bis er habe feststellen müssen, daß er Forths Brief nicht selbst überbringen konnte: Die Diener vertrieben ihn von der Tür, und die Polizei drohte, ihn zu verhaften, wenn er nicht aus diesem eleganten Stadtviertel verschwände.

»Ich wußte nicht, was ich tun sollte«, erklärte Tarek ruhig. »Also stahl ich mich nachts zurück und legte das Päckchen auf die Stufen vor der Tür. Doch ich befürchtete, man würde nicht darauf achten oder es wegwerfen. Ich hatte den jungen Mann mit dem Feuerhaar im Haus aus- und eingehen sehen und erfuhr, daß er der Sohn von Forths Bruder war. Allerdings wagte ich nicht, ihn vor dem Haus anzusprechen, denn die Soldaten in Blau (die Polizei) hatten mir mit Kerker gedroht. Also folgte ich ihm statt dessen zu Eurem Haus, obwohl ich erst erfuhr, daß es Euch gehörte, als ich einen Mann auf der Straße danach fragte. Forth hatte mir von Euch erzählt, und ich dachte mir, das sei der Grund, warum der junge Mann zu Euch gekommen ist. Der alte Mann hatte ihm die Botschaft gezeigt, und nun bat er Emerson um Hilfe. Deshalb wartete ich und versteckte mich in der Dunkelheit. Als ich den alten Mann ankommen sah, wußte ich, daß ich recht gehabt hatte.«

»Um so mehr Grund, Euch direkt an uns zu wenden«, sagte Emerson. »Wir hätten Euch nicht davongejagt.«

»Das weiß ich jetzt auch«, erwiderte Tarek. »Aber damals wußte ich es nicht. Ihr habt den Rest noch nicht gehört.« Er zögerte einen Augenblick, als suche er nach den richtigen Worten. »Ich war nicht allein nach England gekommen. Zwei Männer haben mich begleitet. Einen kennt Ihr – Akinidad, der eine Weile bei Euch in Nubien arbeitete und dann meinen Kundschaftern in der Oase meine Befehle überbrachte. Der andere... der andere war mein Bruder Tabirka, der Sohn meines Vaters und seiner liebsten Konkubine. Von all meinen Brüdern stand er meinem Herzen am nächsten.

In jener Nacht war er an meiner Seite. Als die Kutsche des alten Mannes abfuhr, versuchte ich, sie aufzuhalten. Doch der Kutscher schlug mich mit seiner Peitsche und wollte mich überfahren. Viele Stunden lang standen mein Bruder und ich am Tor und besprachen, was wir tun sollten. Niemand war zu sehen; der Regen hatte aufgehört, und die Lichter in Eurem Haus brannten bis spät in die Nacht. ›Geh zu ihnen‹, drängte

mein Bruder. ›Die Männer in Ägypten sagen, Emerson ist ein
großer und guter Mann und nicht so wie die anderen *Inglizi*. Er
war der Freund unseres Vaters Forth. Er wird dich anhören.
Wir wissen nicht, welche Lügen die anderen ihm erzählt haben.‹

Schließlich überzeugte er mich. In Eurem Haus brannte immer noch Licht. Doch als wir uns dem Tor näherten, hörte ich
plötzlich einen Knall. Mein Bruder schrie auf und hielt sich
den Arm. Die Wunde war nur geringfügig, aber als wir fortliefen
– denn ich hatte keine Waffe, und ich kenne das Geräusch von
Kugeln, die einen Menschen aus großer Entfernung treffen –
fielen weitere Schüsse, und mein Bruder wäre gestürzt, hätte
ich ihn nicht festgehalten und weggetragen. Ich legte ihn auf
den Boden und ging das Pferd und den Wagen holen, die wir
gemietet hatten. Als ich zurückkam, war er... Ich hörte Euch
rufen, aber ich konnte ihn nicht wie eine totes Tier ohne Be-
gräbnisriten zurücklassen. Also nahm ich ihn mit; später stahl
ich in einem Bauernhaus einen Spaten und begrub ihn tief in
den Wäldern neben einem großen, aufrecht stehenden Stein.
Wenn Ihr zurückkehrt...«

»Natürlich«, sagte ich sanft. »Ich kenne die Stelle. Kein Wunder, daß Ihr uns nicht vertraut habt. Ihr müßt geglaubt haben,
wir hätten geschossen.«

»Ich habe sonst niemanden gesehen. Nachdem ich Euch nach
Ägypten gefolgt war, habe ich mit vielen Männern gesprochen
und von Euren Plänen erfahren. Außerdem erfuhr ich, daß die
Männer den Vater der Flüche und seine Gemahlin lobten und
priesen. Deshalb schickte ich Akinidad voraus. Er sollte einen
anderen meiner Kundschafter mitbringen und die übrigen an-
weisen, am Gebel Barkal mit mir zusammenzutreffen. Dort standen wir uns endlich gegenüber, Ihr, Euer Sohn und ich, und ich
lernte, Euch zu lieben und zu ehren.« Einen Moment schlug er
die Hände vors Gesicht. Dann erhob er sich. »Aber kommt jetzt.
Die Stunde ist da. Mein Herz leidet, weil ich Euch verlieren
soll, und ein langer Abschied macht das Scheiden noch schwerer.«

»Nefret«, fing ich an.

»Wir treffen sie dort. Beeilt Euch.«

Begleitet von einigen Soldaten, hasteten wir endlose gewundene Gänge entlang, bis wir eine verschlossene, verriegelte Tür erreichten, vor der schwerbewaffnete Wachen standen. Bei unserem Anblick ließen die Männer die Speere sinken, fielen auf die Knie und beugten sich vor, bis ihre Stirn den Boden berührte. Von einem der Männer, dessen Gesicht wir nicht sehen konnten, war eine gedämpfte Stimme zu hören: »Wir sind Eure Diener, Vater der Flüche. Wir werden Euch durchs Leben folgen bis in den Tod.«

»Sieh mal, Peabody!« rief Emerson erfreut aus. »Das sind ja Harsetef und seine Jungs. Also haben sie es doch überstanden. Das ist ja wunderbar!«

Als die Männer sich erhoben, sagte ich: »Ja, Emerson, ich freue mich auch sehr darüber, aber ich hoffe, daß sie das nicht wörtlich meinen. Es wäre recht lästig, wenn sie uns durch ganz London bis nach Kent folgten. Vor allem in diesem Aufzug.«

»Findest du wirklich? Ich hatte mich eigentlich schon darauf gefreut, sie mit Gargery bekannt zu machen. Er hat doch immer so viel Spaß an unseren Abenteuern. Und Peabody – stell dir nur Lady Carringtons Gesicht vor, wenn sie nächstens kommt, um sich über Ramses zu beschweren, und von diesem Trupp hier in voller Uniform empfangen wird...«

»Nein, Emerson.«

»Nein?« Emerson seufzte. »Wahrscheinlich hast du recht. Hört denn, meine tapferen Männer, den letzten Befehl des Vaters der Flüche. Dient König Tarek so treu, wie ihr mir gedient hättet. Das Auge des Vaters der Flüche ruht auf euch, und der Segen...«

»Faß dich kurz, Emerson!« flehte ich, denn Tarek tänzelte vor Ungeduld hin und her. Emerson warf mir zwar einen gekränkten Blick zu, aber er gehorchte und schenkte Harsetef zur Erinnerung seine Pfeife. »Ich habe sowieso keinen Tabak mehr«, erklärte er, als der junge Soldat die heilige Reliquie ehrfurchtsvoll betrachtete.

Wir folgten Tarek gewundene Gänge entlang. Da der Tunnel so schmal war, daß nur zwei Personen nebeneinander hergehen

konnten, hätten wenige Männer genügt, um ihn gegen eine
Übermacht zu verteidigen. Endlich erreichten wir einen von hohen Klippen umgebenen offenen Platz. Wahrscheinlich handelte
es sich um eine Schlucht oder Felsspalte, die sich im Laufe der
Jahrhunderte verbreitert hatte, so daß sie nun groß genug war,
um als Pferch zu dienen. In den Felsen gehauene Nischen wurden als Ställe und Lagerräume genutzt. Ich erkannte im fahlen
Mondlicht, daß wir von einem Dutzend Kamele erwartet wurden. Einige Männer saßen schon im Sattel; andere, in die losen
Gewänder gekleidet, die sich zum Durchqueren der Wüste so
gut eignen, scharten sich auf Tareks leisen Ruf hin um ihren
König. Er gab ihnen einige kurze Befehle, worauf sie sich verteilten, um die Kamele mit der restlichen Ausrüstung zu beladen.

Tarek wandte sich zu uns um. »Nun kommt der Augenblick,
vor dem mein Herz sich fürchtet«, fing er an.

Ich stieß ihn sanft mit meinem Sonnenschirm an, denn ich
wußte, wir würden die ganze Nacht hier herumstehen, wenn er
und Emerson erst einmal anfingen, Komplimente auszutauschen. »Auch unsere Herzen sind schwer, mein Freund. Also
bringen wir es hinter uns. Ihr müßt zurück zu Euren Pflichten.«

»Wohl wahr.« Tarek lächelte wehmütig. »Es besteht immer
noch die Gefahr eines Aufruhrs, und mein Onkel Pesaker sinnt
auf Rache. Außerdem werde ich mich mit Murtek und den anderen Priestern auseinandersetzen müssen, wenn sie herausfinden, daß ich das älteste Gesetz des Heiligen Berges gebrochen
habe. Lebt wohl, meine Freunde, meine Retter…«

»Wo sind die anderen?« unterbrach ich ihn.

»Da kommen sie.« Tarek deutete in eine Richtung, und ich
sah zwei weißgekleidete Gestalten aus dem Tunnel auftauchen.
»Ich sage Euch noch einmal Lebewohl.«

Er umarmte mich und Ramses und hätte dasselbe wahrscheinlich auch bei Emerson getan, hätte dieser das nicht ver-
hindert, indem er Tareks Hand ergriff und sie heftig drückte.
»Auf Wiedersehen, Tarek, und viel Glück. Ihr seid ein netter
Kerl. Besucht uns, wenn Ihr einmal in England seid.«

Tarek nickte und wandte sich ab. Wahrscheinlich versagte

ihm die Stimme, denn ihm stand ein noch viel schmerzlicherer Abschied bevor. Doch als er auf die verschleierte Gestalt zuging, erschütterte plötzlich ein Donnern die Klippen, und eine Flamme schoß züngelnd gen Himmel. Tarek stieß einen deftigen meroitischen Fluch aus. »Genau wie ich befürchtet habe. Ich werde gebraucht. Beeilt Euch, meine Freunde; vielleicht sehen wir uns eines Tages wieder.« Noch während er sprach, rannte er, gefolgt von seinen Wachen, auf den Tunneleingang zu.

Die beiden Frauen kamen näher. Emerson packte mich um die Taille und wollte mich schon auf eines der wartenden Kamele heben. »Warte!« rief ich und sträubte mich. »Was ist mit Reggie?«

»Aber Peabody, hast du immer noch Zweifel wegen dieses jungen Schurken. Er ist…«

»Hier!« Mit einem teuflischen Lachen schlug eine der Gestalten den Schleier zurück. Reggie stürzte sich auf Ramses, packte ihn und hielt ihm eine Pistole an den Kopf. »Nun, Herr Professor«, fuhr er fort. »Sie waren also nicht so leichtgläubig wie ihre kleine Frau. Aber ich hatte bei den Damen schon immer Erfolg.«

»Ich wußte bereits seit langem, daß Sie nicht der sind, für den Sie sich ausgeben!« rief ich empört. »Und wenn ich noch Zweifel gehabt hätte, wären sie nach Tareks Bericht über die Ermordung seines Bruders verflogen gewesen. Sie haben versucht, beide umzubringen, um zu verhindern, daß sie mit uns sprachen. Sie haben an diesem Abend das Haus nicht gemeinsam mit Ihrem Großvater verlassen; Sie trafen vor ihm ein, und zwar in Ihrer eigenen Kutsche. Wußten Sie, daß Tarek dort war, oder trieben Sie sich einfach nur in der Nähe unseres Hauses herum, um uns zu ermorden?«

»Etwas so Dummes würde ich nie tun«, entgegnete Reggie verächtlich. »Sie unterschätzen meine Intelligenz, Mrs. Amelia – das haben Sie ja die ganze Zeit über getan. Natürlich wußte ich, daß Tarek dort war. Mein Großvater hatte mir Onkel Willies verdammte Nachricht gezeigt. Ich versuchte, ihn davon zu überzeugen, daß es sich um eine Fälschung handelte, doch er hörte nicht auf mich. Dann warnte mich einer der Wachtmeister am

Berkeley Square vor dem ›Nigger‹, wie er sich höflich ausdrückte, der sich ständig in der Nähe unseres Hauses herum-
triebe. Ich erkannte Tarek ohne Schwierigkeiten. In unserer Gegend gibt es nicht viele Männer von seiner Körpergröße und
Hautfarbe. Und sobald ich ihn sah, wurde mir klar, daß *er* die
Botschaft aus Afrika überbracht haben mußte. Der Wachtmeister versicherte mir, er werde ihn verhaften, falls er versuchen
sollte, mit Großvater zu sprechen, also hatte ich aus dieser
Richtung nichts zu befürchten. Doch als der alte Mann sich
darauf versteifte, Sie um Rat zu fragen, steckte ich in der Klemme. Ich konnte Tarek zwar von Großvater fernhalten, nicht
aber von Ihnen. Auch wenn Sie an der Echtheit der Botschaft
gezweifelt hätten, hätte die Aussage des Boten Sie sicherlich
überzeugt, denn Sie sind einer der wenigen Menschen auf der
Welt, die imstande gewesen wären, sie richtig einzuschätzen.
Also blieb mir keine andere Wahl, als den Boten zu beseitigen.
Er hatte mich bereits durch ganz London verfolgt, und ich achtete darauf, ihn nicht abzuhängen, als ich zu Ihrem Haus fuhr.
Nachdem ich Sie verlassen hatte, legte ich mich auf die Lauer;
leider kamen Sie aus dem Haus gestürzt, ehe ich ihn umlegen
konnte, und ich war gezwungen, mich zu verdrücken.«

Das Mondlicht fing sich in den Falten seines Ärmels, als er
die Pistole fester umfaßte. Ramses gab keinen Mucks von sich,
doch der arme Junge hätte sich gar nicht rühren können, denn
Reggie hatte ihn am Hals gepackt. Emerson setzte mit einem
Knurren zum Sprung an, aber ich hielt ihn am Arm fest.

»Sie haben damit gerechnet, das Vermögen Ihres Großvaters
zu erben«, sagte ich. »Und Sie konnten den Gedanken nicht ertragen, daß es außer Ihnen noch einen lebenden Erben gibt. Als
es Ihnen nicht gelang, Tarek zum Schweigen zu bringen, be-
fürchteten Sie wahrscheinlich, er könne in Ägypten oder in Nubien mit uns in Verbindung treten und uns überreden, unsere
Meinung zu ändern – was wir selbstverständlich getan hätten,
wäre uns die Wahrheit bekannt gewesen. Dieses Risiko durften
Sie nicht eingehen, denn Sie wußten genau, daß die Emersons
eine Sache, die sie sich einmal in den Kopf gesetzt haben, nie
aufgeben. Also folgten Sie uns nach Nubien. Da Ihre durchsich-

tigen Versuche, uns gegen Tarek einzunehmen, scheiterten, versuchten Sie und Ihr ägyptischer Diener noch einmal, ihn zu töten, als Sie ihn an jenem Abend bei Ramses antrafen. Zu Ihrer Enttäuschung – und gewiß auch zu Tareks Überraschung – überzeugte uns der zerbrochene Pfeil, daß Mr. Forths Geschichte wahr sein mußte. Und weil Ihnen klar wurde, daß wir fest dazu entschlossen waren, uns auf die Suche nach ihm zu begeben, kündigten Sie Ihre Absicht an, das gleiche zu tun – allerdings war Ihr eigentliches Ziel, uns in die Wüste zu locken, wo wir, wären wir der falschen Karte gefolgt, die sie mir anstelle der richtigen übergaben, die sie Emerson entwendeten, jämmerlich verdurstet wären. Der Bote, den Sie uns schickten…«

»Hatte seinen Text gut geübt«, ergänzte Reggie. »Leider wurden wir kurz nach seinem Aufbruch von einer von Tareks Patrouillen gefangengenommen. Sie waren gewarnt worden und sollten nach mir Ausschau halten.«

»Wie sind Sie Nastasen in die Hände gefallen?« fragte ich.

»Mein Gott, Peabody, jetzt ist nicht der richtige Zeitpunkt für langwierige Erklärungen!« brach es aus Emerson heraus.

»Ach, ich habe keine Eile«, erwiderte Reggie. »Ich muß auf meine liebe kleine Cousine warten, damit ich endlich reinen Tisch machen kann.«

Jenseits der Klippen war eine weitere Explosion zu vernehmen. Reggies Zähne blitzten auf, als er die Lippen zu einem bösen und selbstzufriedenen Lächeln verzog. »Ein paar Stangen Dynamit können wirklich für eine hübsche Ablenkung sorgen. Tarek war der einzige, der sie vielleicht erkannt hätte, doch glücklicherweise befand ich mich mit meinem Gepäck bei seiner Rückkehr schon wohlbehalten in der Obhut seines Bruders. Ich hoffe, eine der Ladungen befördert diesen Tarek geradewegs ins Jenseits! Aber da ich mich darauf nicht verlassen kann, muß ich mich noch um Nefret kümmern, ehe ich aufbreche. Selbst wenn ich Sie aus dem Weg schaffe, könnte es Tarek gelingen, das Mädchen zurück nach England zu bringen. Und das darf ich nach all der Mühe, die ich mir gemacht habe, nicht riskieren.«

»Also wußten Sie von Nefret?« fragte ich.

»Ich erfuhr es gleich zu Anfang von Amenit.« Die zweite Frau
hob den Schleier, und ich erkannte das dunkle, schöne Gesicht
der obersten Magd. Der Ausschlag war verschwunden, aber der
Blick, den sie mir zuwarf, machte mir klar, daß sie ihn noch
nicht vergessen hatte.

»Nastasen entriß mich einfach den Soldaten seines Bruders,
während Tarek sich mit Ihnen befaßte«, fuhr Reggie fort. »Er
dachte, ich könnte ihm nützlich sein – und ich wußte, sobald
ich die Situation begriffen hatte, daß ich ihn für meine Zwecke
würde einsetzen können. Wir verfolgten die gleichen Ziele. Er
wollte Tareks Tod und ein kleines Mädchen für seinen Harem,
und das paßte mir sehr gut in den Kram, denn ohne Tareks
Hilfe hatte Nefret keine Möglichkeit mehr, die Stadt zu verlassen. Ich nahm an, Sie wären in der Wüste zugrunde gegangen.
Verdammt, ich hatte schließlich alles unternommen, damit es
auch dazu kam – die falsche Karte, vergiftete Medikamente für
die Kamele und mein zuverlässiger und gut bezahlter Diener
Daoud, der die Männer überredete, Sie im Stich zu lassen. Stellen Sie sich also meine Enttäuschung vor, als Sie hier auftauch-
ten. Natürlich mußte ich deshalb meinen Plan ändern. Verdammt, wo steckt die dumme Göre bloß?«

Er wandte sich um und warf einen finsteren Blick auf den
Eingang des Tunnels.

Emerson knurrte wie ein Raubtier, und in ein solches würde
er sich verwandeln, wenn jemand seinem Sohn auch nur ein
Haar krümmte. Sein Körper zitterte wie eine gespannte Bogen-
sehne, aber er wagte nicht anzugreifen, solange Reggie Ramses
die Pistole an den Kopf hielt. Die Kameltreiber standen da und
starrten uns erstaunt an. Sie hatten kein Wort verstanden, und
selbst wenn sie gewußt hätten, worum es ging, wären sie ebenso
hilflos gewesen wie wir.

Als Reggie sich umwandte, setzte sich der Reiter auf dem Kamel neben ihm plötzlich in Bewegung. Ein Gegenstand, den ich
nicht genau erkennen konnte, hakte sich in den Arm ein, dessen Hand die Pistole hielt, und riß ihn mit einem Ruck hoch.
Der Pistolenschuß hallte von den Wänden wider, daß es klang
wie Maschinengewehrfeuer; noch ehe das Echo erstarb, hatte

Emerson Reggie zu Boden gezerrt. Amenit zog einen Dolch aus ihrem Gewand. Als sie ausholte, um ihn Emerson in den Rükken zu stoßen, ließ ich meinen Sonnenschirm auf ihren Kopf niedersausen. Der Dolch entglitt ihrer Hand. Ich hielt sie in einem Klammergriff, bis die Kameltreiber, die nun endlich begriffen, daß hier Gefahr drohte, mir zu Hilfe eilten. Nach einer Weile gelang es mir, Emersons Finger von Reggies Hals zu lösen. Der junge Schurke war besinnungslos; die Zunge hing ihm aus dem Mund.

»Was machen wir jetzt mit ihnen?« fragte ich atemlos.

»Wir fesseln sie mit ihren eigenen Schleiern und überlassen sie Tarek«, antwortete Emerson. »Er wird sich bestimmt etwas Hübsches für sie ausdenken.«

»Besser *er* tut es als du, Liebling«, meinte ich.

»Danke, daß du mich zurückgehalten hast, Peabody. Wenigstens glaube ich, daß ich dir dafür dankbar bin... Wo zum Teufel steckt denn das Mädchen? Wenn sie nicht bald auftaucht, müssen wir sie suchen gehen.«

»Hier bin ich«, antwortete da eine liebliche, vertraute Stimme. Der Reiter, der uns durch seine schnelle Reaktion gerettet hatte, schlug die Kapuze zurück. Das Sternenlicht fing sich in zwei Zöpfen. »Es war Ramses' Einfall, daß ich mich verkleiden und mich unbemerkt davonstehlen soll«, fuhr Nefret fort. Sie blickte hinab zu Ramses, der sich an das Vorderbein ihres Kamels klammerte und sie mit einem ganz besonders schmachtenden Ausdruck ansah. »Ohne seinen weisen Rat wäre ich vielleicht nie entkommen. Aber wir müssen uns beeilen! Wir dürfen uns nicht aufhalten. Die Morgendämmerung wird schneller da sein, als uns lieb ist.«

»Ganz richtig, liebes Kind«, meinte Emerson, löste Ramses vom Bein ihres Kamels und warf ihn auf einen Sattel. Er hing darauf schlaff wie eine Puppe. »Fertig, Peabody? Sehr gut. Es ist eine Freude, dich bei uns zu haben, kleines Fräulein. Womit hast du dem Schurken so geschickt den Arm weggerissen?«

Aus den Falten ihres Gewandes zog Nefret einen merkwürdigen Gegenstand. Ich mußte ihn zweimal ansehen, um ihn zu erkennen – es war das gebogene Zepter der altägyptischen Pha-

raonen und des Gottes Osiris in seiner Funktion als König der
Toten. »Ich habe alle Kunstgegenstände mitgebracht, derer ich
habhaft werden konnte«, meinte sie gelassen. »Ich dachte, Sie
würden sie vielleicht gerne untersuchen.«

Emerson war sprachlos. Bewundernd starrte er sie an. Jetzt
hatte es alle beide erwischt! Ich versetzte meinem Kamel einen
kräftigen Schlag. Zitternd und ruckelnd setzte es sich in Bewegung; die anderen folgten mir. Die großen Felsen, die den Eingang verbargen, rollten beiseite. Dann bog die Karawane in den
kurvigen Pfad ein, der den äußersten Rand der Klippen umrun-
dete. Bizarre Felsenformationen säumten den Weg, doch über
uns leuchteten die Sterne, und ein kräftiger Nachtwind liebkoste meine Wangen. Frei! Wir waren frei! Vor uns lag die Wüste
mit all ihren Gefahren, und dahinter kam die Zivilisation – die
sogar noch gefährlicher war. Aber die seltsame Vorahnung, die
mich beschlich, hatte nichts mit Gefahren dieser Art zu tun.
Immerhin blieb mir ein Trost: Nefret war der einzige Mensch,
den ich je kennengelernt hatte, in dessen Gegenwart es Ramses
die Sprache verschlug. Man konnte nur hoffen, daß dieser Zustand anhielt.